# 汽车故障综合诊断技术

主　编　卢　华　张红党
副主编　杨宏图　张凤娇　吴海龙
参　编　陈　新　廖旭晖　卞荣花　於立新
主　审　李　彦

北京理工大学出版社
BEIJING INSTITUTE OF TECHNOLOGY PRESS

## 内 容 提 要

本书以《国家职业教育改革实施方案》为引领，按新形态高等职业教育教材要求编写，以在用汽车不解体故障诊断与检测技术为主，分别介绍了汽车故障综合诊断技术的认识、发动机的检测与故障诊断、汽车底盘的机械系统检测与故障诊断、汽车车身电控系统检测与故障诊断、汽车整车检测与故障诊断等内容。全书共分 5 个项目、25 个任务。

本书既有较强的理论性、实践性，又有较强的综合性，可作为职教本科汽车服务工程技术、高职教育汽车检测与维修技术、汽车电子技术、汽车技术服务与营销专业等相近专业的通用教材，亦可作为汽车制造、汽车维修、汽车营销等企业的培训教材或参考用书。

**版权专有　侵权必究**

### 图书在版编目（CIP）数据

汽车故障综合诊断技术 / 卢华，张红党主编 . -- 北京：北京理工大学出版社，2023.12
ISBN 978-7-5763-3268-1

Ⅰ.①汽… Ⅱ.①卢… ②张… Ⅲ.①汽车—故障诊断 Ⅳ.① U472.42

中国国家版本馆 CIP 数据核字（2024）第 005385 号

---

| | |
|---|---|
| **责任编辑**：高雪梅 | **文案编辑**：高雪梅 |
| **责任校对**：周瑞红 | **责任印制**：李志强 |

| | |
|---|---|
| 出版发行 | / 北京理工大学出版社有限责任公司 |
| 社　　址 | / 北京市丰台区四合庄路 6 号 |
| 邮　　编 | / 100070 |
| 电　　话 | /（010）68914026（教材售后服务热线） |
| | （010）68944437（课件资源服务热线） |
| 网　　址 | / http：//www.bitpress.com.cn |
| 版 印 次 | / 2023 年 12 月第 1 版第 1 次印刷 |
| 印　　刷 | / 河北鑫彩博图印刷有限公司 |
| 开　　本 | / 787 mm × 1092 mm　1/16 |
| 印　　张 | / 20 |
| 字　　数 | / 434 千字 |
| 定　　价 | / 95.00 元 |

图书出现印装质量问题，请拨打售后服务热线，负责调换

# 前 言
## PREFACE

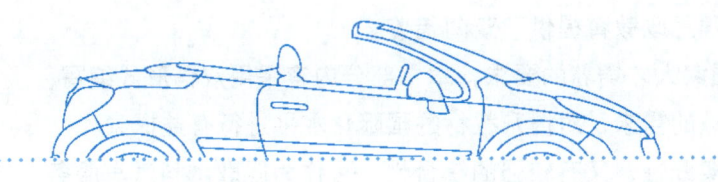

　　为贯彻落实党的二十大精神，落实立德树人根本任务，适应当前经济社会对汽车技术服务行业高素质劳动者和技术技能人才的需求，深化产教融合校企合作，推动人才培养模式改革及信息化教学革新，体现岗课赛证综合育人理念，旨在为汽车技术服务行业培养一大批掌握理论知识与诊断技能、德才兼备的高素质技术技能人才，我们组织教师共同编写了本书。

　　汽车故障综合诊断技术是汽车类各专业的一门专业核心课程，本书以《国家职业教育改革实施方案》为引领，按新形态高等职业教育教材要求编写，以在用汽车不解体故障诊断与检测技术为主，分别介绍了汽车故障综合诊断技术的认识、发动机的检测与故障诊断、汽车底盘的机械系统检测与故障诊断、汽车车身电控系统检测与故障诊断、汽车整车检测与故障诊断等内容。全书共分 5 个项目、25 个任务。

　　在智能制造产业背景下，本书采用"项目引领、任务驱动"的方式，依托合作企业的真实项目开发。学生在完成任务过程中，获取知识、掌握技能，在培养学生获取专业知识和职业素养的同时，更加注重实践动手能力的培养，以便学生毕业后与工作岗位零距离对接。

　　本书将 1+X 证书"汽车检测与维修"职业技能等级标准（中级）的技能点与项目内容进行匹配，把"1+X"考点及对应教学内容融入具体任务实施中，实现书证融通，提升核心职业能力。

　　全书将项目分解为若干任务，每个任务由任务导入、学习目标、相关知识、学习研讨、工作页任务单组成。工作页单独编印成册，便于学生练习。

　　本书以培育社会主义核心价值观、职业素养和工匠精神为课程思政目标，穿插编入了"敬业楷模，学习榜样"（内容见本书相应二维码）思政内容，将"汽车高技能人才，汽车专家、教师""科学家、技术能手"的业绩和人生感悟编入每个任务中，以激发学生持之以恒的学习热情，并从中感悟做人、做事的道理，实现教材德育的隐性渗透，为教师和学生开展课程思政教育提供了双向借鉴。

  为满足"一带一路"沿线国家人才培养的要求，本书部分内容采用双语形式编写，较好地适应汽车维修专业双语教的需求，对提升教材的国际化水平进行有益探索。

  本书既有较强的理论性、实践性，又有较强的综合性，可作为职教本科汽车服务工程技术、高职教育汽车检测与维修技术、汽车电子技术、汽车技术服务与营销专业等相近专业的通用教材，也可作为汽车制造、汽车维修、汽车营销等企业的培训教材或参考书。

  本书是江苏省高水平汽车检测与维修技术专业群系列教材之一。卢华、张红党担任主编，常州市新潮流汽车维修有限公司於立新等工程师参与编写。本书在编写过程中，得到江苏省教育厅、江苏大学、常州机电职业技术学院、江苏理工学院、常柴股份有限公司、常州外汽丰田汽车销售有限公司、常州市新潮流汽车维修有限公司的大力支持与帮助，谨此致谢。

  由于编者水平有限，加上汽车技术的快速发展和职业教育理念的不断更新，书中疏漏之处在难免，诚恳期望得到广大读者的批评指正。

编 者

# 目 录 CONTENTS

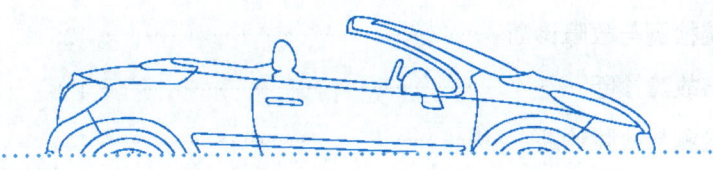

## 项目一　汽车故障综合诊断技术的认识 ......1
　　任务一　绘制汽车故障诊断的基本概况思维导图 ......1
　　任务二　绘制汽车故障综合诊断基础知识图谱 ......5

## 项目二　发动机检测与故障诊断 ......12
　　任务一　正确选择并使用发动机主要检测设备 ......12
　　任务二　发动机功率检测 ......19
　　任务三　气缸密封性检测 ......22
　　任务四　点火系统检测 ......30
　　任务五　发动机异响诊断 ......36
　　任务六　电子控制汽油喷射式发动机检测与故障诊断 ......47
　　任务七　高压共轨柴油机电控系统故障诊断 ......59

## 项目三　汽车底盘机械系统检测与故障诊断 ......73
　　任务一　传动系统检测与故障诊断 ......73
　　任务二　转向系统检测与故障诊断 ......84
　　任务三　行驶系统检测与故障诊断 ......89
　　任务四　制动系统检测与故障诊断 ......97

## 项目四　汽车车身电控系统检测与故障诊断 ......117
　　任务一　电子巡航控制系统故障诊断 ......117

任务二　中央门锁及防盗系统检测与故障诊断 ································ 128

　　任务三　汽车空调系统检测与故障诊断 ······································ 138

　　任务四　汽车安全气囊系统检测与故障诊断 ································ 144

## 项目五　汽车整车检测与故障诊断　153

　　任务一　汽油车排放污染物检测 ·············································· 153

　　任务二　柴油车自由加速烟度检测 ············································ 167

　　任务三　汽车动力性检测 ························································ 175

　　任务四　汽车经济性检测 ························································ 181

　　任务五　汽车侧滑检测 ·························································· 188

　　任务六　前照灯检测 ······························································ 192

　　任务七　噪声检测 ································································ 204

　　任务八　汽车检测站 ······························································ 214

## 参考文献　240

# 项目一
## 汽车故障综合诊断技术的认识

### 项目导入

汽车故障综合诊断技术包括汽车检测技术和汽车故障诊断技术，是指在整车不解体的情况下，确定汽车的技术状况，查明故障原因和故障部位。

汽车在使用过程中，由于某一种或几种原因，动力性、经济性、可靠性和安全性发生了变化，逐渐地或突然地破坏了正常工况，这就是发生了故障。迅速而准确地诊断出故障部位，并及时加以排除，就要求诊断人员不仅要熟悉汽车构造及其工作原理和其他有关理论知识，还要具有一定的操作技能和实践经验。随着近代科学技术的发展，使用仪器检验设备和诊断参数进行诊断的情况日益增多，这更需要具备较高的专业理论和使用仪器、设备等方面的有关知识。

知识拓展：榜样力量一

视频：汽车检测诊断基础知识

## 任务一　绘制汽车故障诊断的基本概况思维导图

### 任务导入

作为一名汽车专业人员，应当了解汽车检测与故障诊断技术的发展状况，并能够回答以下问题：

（1）了解汽车故障诊断技术的基本名词吗？
（2）了解汽车故障的变化规律吗？
（3）了解汽车故障诊断的类型、方法及特点吗？

### 学习目标

1. 了解汽车故障诊断技术的一些基本专业术语；
2. 了解汽车故障的变化规律；
3. 了解汽车故障诊断的类型、方法及特点；
4. 绘制汽车故障诊断基本概况的思维导图；
5. 建立汽车故障分析的标准化、系统化的工作思维模式，培养责任意识、敬业精神、沟通能力及团队协作精神，树立"科学技术就是第一生产力"的意识，培养科技强国与创新精神。

## 相关知识

### 一、基本术语解释

（1）汽车故障：汽车部分或完全丧失工作能力的现象，其实质是汽车零件本身或零件之间的配合状态发生了异常变化。

（2）汽车技术状况：定量测得的表征某一时刻汽车外观和性能的参数值的总和。

（3）汽车检测：为确定汽车技术状况或工作能力而进行的检查和测量。

（4）汽车诊断：在不解体（或仅卸下个别小件）条件下，确定汽车技术状况或查明故障部位、原因进行的检测、分析与判断。

（5）诊断参数：供诊断用的，表征汽车、总成及机构技术状况的参数。

（6）诊断周期：汽车诊断的间隔期。

（7）诊断标准：对汽车诊断的方法、技术要求和限值等的统一规定。

（8）汽车检测站：从事汽车检测的事业性或企业性机构。

### 二、汽车故障的变化规律

汽车故障的产生是有一定规律的。要学习汽车故障诊断与检测技术，首先要掌握汽车故障的变化规律，而要学习汽车故障的变化规律，则需要了解汽车故障产生的原因。

#### （一）汽车故障产生的原因

汽车故障的产生主要是由于零件之间的自然磨损或异常磨损，零件与有害物质接触造成的腐蚀，零件在长期交变载荷下的疲劳，在外载荷及温度残余内应力下的变形，非金属零件与电器元件的老化，以及偶然的损伤等原因造成的。磨损和老化是故障产生的主要原因，其中又以磨损为主，汽车零件的磨损也是具有一定规律的。

#### （二）零件的磨损规律

零件的磨损规律是指两个相配合零件的磨损量与汽车行驶里程的关系，又称为零件的磨损特性。图 1-1 所示为两者的关系曲线——零件的磨损特性曲线。

零件的磨损可分为以下三个阶段。

**1. 零件的磨合期**

由于零件表面粗糙度的存在，在配合初期，其实际接触面面积较小，比压力极高，所以初期磨损量较大，但随着行驶里

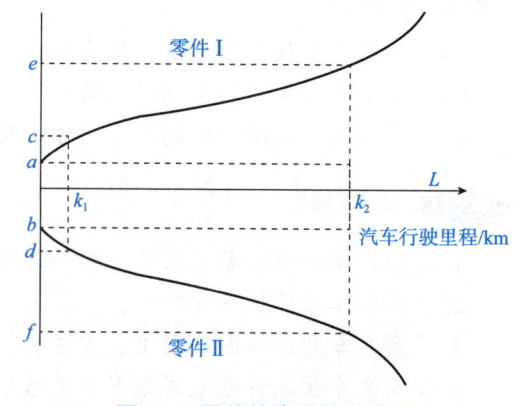

图 1-1 零件的磨损特性曲线

Fig.1-1 Wear characteristic curve of parts

程的增加，配合相应改善，磨损量的增长速度开始减慢。零件在磨合期的磨损量主要与零件的表面加工质量及磨合期的使用有关。

### 2. 正常工作期

在正常工作期（图1-1中的$k_1 \sim k_2$），由于零件已经过了初期磨合阶段，零件的表面质量、配合特性均达到最佳状态，润滑条件也得到相应改善，因而磨损量较小，磨损量的增长也比较缓慢。就整个阶段的平均情况来看，其单位行驶里程的磨损量变化不大。零件在正常工作期间的磨损属于自然磨损，磨损程度取决于零件的结构、使用条件和使用情况，合理使用将会使正常工作期相应延长。

### 3. 加速磨损期

在加速磨损期，零件的配合间隙已超限，润滑条件恶化，磨损量急剧增加，若继续使用，将会由自然磨损发展为事故性磨损，使零件迅速损坏。此阶段的磨损属于异常磨损。

与零件的磨损特性相对应，汽车也会产生相应的故障变化。

### （三）汽车故障的变化规律

汽车故障的变化规律是指汽车的故障率随行驶里程的变化规律。

汽车故障率是指使用到某行驶里程的汽车，在单位行驶里程内发生故障的概率，也称失效率或故障程度。它是衡量汽车可靠性的一个重要参数，体现了汽车在使用中工作能力的丧失程度。

汽车故障的变化规律曲线即汽车的故障率与行驶里程的关系曲线，如图1-2所示，也称浴盆曲线。

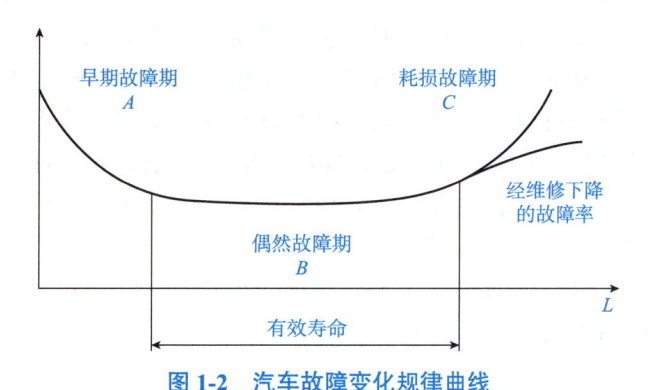

**图1-2 汽车故障变化规律曲线**

Fig.1-2 Change law curve of automobile failure

与零件的磨损规律相对应，汽车故障的变化规律也分为以下三个阶段。

### 1. 早期故障期

早期故障期相当于汽车的磨合期。因为初期磨损量较大，所以故障率较高，但随行驶里程增加而逐渐下降。

## 2. 随机故障期或偶然故障期

在随机故障期，其故障的发生是随机性的，没有一种特定的故障在起主导作用，多由于使用不当、操作疏忽、润滑不良、维护欠佳与材料内部隐患，以及工艺和结构缺陷等偶然因素所致。在此期间，汽车或总成处于最佳状态，其故障率低而稳定，其对应的行驶里程一般称为汽车的有效寿命。

## 3. 耗损故障期

在耗损故障期，由于零件磨损量急剧增加，大部分零件老化损耗，特别是大多数受交变载荷作用及易磨损的零件已经老化衰竭，因而故障率急剧上升，出现大量故障，若不及时维修，将导致汽车或总成报废。因此，必须把握好耗损点，制定合适的维修周期。

综上可知，早期故障期和随机故障期所对应的行驶里程即汽车的修理周期或称修理间隔里程。

### 三、诊断类型、方法及特点

汽车经过长期使用后，随着行驶里程增加，技术状况将逐渐变坏，出现动力性下降、经济性变差、排气污染增加、可靠性降低和故障率升高等现象。汽车的这一变化过程是必然的，是符合发展规律的。但是，如果能按一定周期诊断出汽车的技术状况，并采取相应的维护和修理措施，就可以延长汽车的使用寿命。

汽车技术状况的诊断是由检查、测试、分析、判断等一系列活动完成的。其基本方法主要可分为两种：一种是传统的人工经验诊断法；另一种是现代仪器设备诊断法。

（1）人工经验诊断法：是诊断人员凭借丰富的实践经验和一定的理论知识，在汽车不解体或局部解体情况下，借助简单工具，用眼看、耳听、手摸、鼻子闻等手段，边检查、边试验、边分析，进而对汽车技术状况作出判断的一种方法。这种诊断方法具有不需要专用检测设备、可随时随地应用和投资少、见效快等优点；但是，也具有诊断速度慢、准确性差、不能进行定量分析和需要诊断人员具备较高技术水平等缺点。人工经验诊断法多适用于中、小维修企业和汽车队。该方法虽然具有一定的缺点，但在相当长的时期内仍有十分重要的实用价值。即使普遍使用了现代仪器设备诊断法，也不能完全脱离人工经验诊断法。即使是专家诊断系统，也是将人脑的分析、判断通过计算机语言变成微机的分析、判断。所以，不能鄙薄人工经验诊断法，本书将作为重要内容之一讲授。

（2）现代仪器设备诊断法：是在人工经验诊断法的基础上发展起来的一种诊断法。该方法可在不解体情况下，用现代仪器设备检测汽车、总成和机构的诊断参数，为分析、判断汽车技术状况提供定量依据。采用微机控制的仪器设备甚至能自动分析、判断、存储并打印汽车的技术状况。现代仪器设备诊断法的优点是检测速度快、准确性高、能定量分析；缺点是投资大、占用厂房、操作人员需要培训等。该方法适用于汽车检测站、大型维修企业和特约维修服务站等，是汽车诊断与检测技术的发展方向。

### 学习研讨

通过学习相关知识，了解汽车检测与故障诊断技术的发展状况，就能够回答有关汽车检测与诊断技术发展的问题。具体学习研讨过程扫描右侧二维码。

### 工作页1（任务一　了解汽车故障诊断的基本概况）
见工作页手册

## 任务二　绘制汽车故障综合诊断基础知识图谱

### 任务导入

新购车用户在车辆保养时经常会向维护人员提出以下问题：
（1）汽车的一些数据参数是什么意思？
（2）按什么标准来判断汽车易损件的好坏？
（3）我的车需要多长时间来维护保养？
面对用户的这些问题，维护人员应如何回答？

### 学习目标

1. 学习汽车的诊断参数；
2. 学习汽车的诊断标准；
3. 学习汽车的诊断周期；
4. 具有安全文明生产、节能环保和产品质量和效益等职业意识；具有与客户的沟通应用能力和团队协作能力。

### 相关知识

汽车的故障诊断与检测是确定汽车技术状况的应用性技术，不仅要求有完善的检测、分析、判断手段和方法，而且要有正确的理论指导。因此，在诊断与检测汽车技术状况时，必须选择合适的诊断参数，确定合理的诊断参数标准和最佳诊断周期。诊断参数、诊断参数标准、最佳诊断周期是从事汽车故障诊断与检测工作必须掌握的基础理论知识。

#### 一、诊断参数

参数是表明某一种重要性质的量。诊断参数是供诊断用的，表征汽车、总成及机构技术状况的量。有些结构参数（如磨损量、间隙量等）可以表征技术状况，但在不解体情况下，直接测量汽车、总成和机构的结构参数往往受到限制。如气缸间隙、气缸磨损量、曲轴和凸轮轴各轴承间隙、曲轴和凸轮轴各道轴颈磨损量、各齿轮间隙及磨损量、各轴向间隙及磨损量等，都无法在不解体情况下直接测量。因此，在检测诊断汽车技术状况时，需要采用一种与结构参数有关而又能表征技术状况的间接指标（量），该间接指标（量）称为诊断参数。从中可以看出，诊断参数既与结构参数紧密相关，又能够反映汽车的技术状况，是一些可测量的物理量和化学量。

汽车的诊断参数包括工作过程参数、伴随过程参数和几何尺寸参数。

（1）工作过程参数。工作过程参数是汽车、总成、机构工作过程中输出的一些可供测量的物理量和化学量。例如，发动机功率、驱动车轮输出功率或驱动力、汽车燃料消耗量、制动距离或制动力或制动减速度、滑行距离等，往往能表征诊断对象总的技术状况，适用于总体诊断。例如，通过检测得知底盘输出功率符合要求，这说明汽车动力性符合要求，也说明发动机技术状况和传动系统技术状况均符合要求；反之，通过检测得知底盘输出功率不符合要求，说明汽车动力性不符合要求，也说明发动机输出功率不足或传动系统损失功率太大。因此，可从整体上确定汽车和总成的技术状况。

当汽车不工作时，工作过程参数无法测得。

（2）伴随过程参数。伴随过程参数是伴随汽车、总成、机构工作过程输出的一些可测量。例如，工作过程中出现的振动、噪声、异响、过热等，可提供诊断对象的局部信息，常用于复杂系统的深入诊断。

当汽车不工作（过热除外）时，伴随过程参数无法测得。

（3）几何尺寸参数。几何尺寸参数可提供总成、机构中配合零件或独立零件的技术状况。

例如，配合间隙、自由行程、圆度、圆柱度、端面圆跳动、径向圆跳动等，都可以作为诊断参数来使用。它们提供的信息量虽然有限，但却能表征诊断对象的具体状态。

汽车常用诊断参数见表 1-1。

表 1-1　汽车常用诊断参数

Table 1-1　Common diagnostic parameters for automobiles

| 诊断对象 | 诊断参数 | 诊断对象 | 诊断参数 |
| --- | --- | --- | --- |
| 汽车整体 | 最高车速（km/h） | 汽车整体 | 汽车排放 $CO_2$ 容积百分数（%） |
| | 加速时间（s） | | 汽车排放 $O_2$ 容积百分数（%） |
| | 最大爬坡度（°） | | 柴油车 |
| | 驱动车轮输出功率（kW） | | 柴油车自由加速烟度（Rb） |
| | 驱动车轮驱动力（kN） | 汽油机供油系 | 空燃比 |
| | 汽车燃料消耗量（L/km, L/100 km, km/L） | | 汽油泵出口关闭压力（kPa） |
| | 汽车侧倾稳定角（°） | | 供油系供油压力（kPa） |
| | 汽车排放 CO 容积百分数（%） | | 喷油器喷油压力（kPa） |
| | 汽车排放 HC 容积百万分数（$10^{-6}$） | | 喷油器喷油量（mL） |
| | 汽车排放 $NO_x$ 容积百分数（%） | | 喷油器喷油不均匀度（%） |

续表

| 诊断对象 | 诊断参数 | 诊断对象 | 诊断参数 |
| --- | --- | --- | --- |
| 柴油机供给系 | 输油泵输油压力（kPa） | 曲柄连杆机构 | 气缸漏气率（%） |
| | 喷油泵高压油管最高压力（kPa） | | 曲轴箱窜气量（L/min） |
| | 油泵高压油管残余压力（kPa） | | 进气管真空度（kPa） |
| | 喷油器针阀开启压力（kPa） | 配气机构 | 气门间隙（mm） |
| | 喷油器针阀关闭压力（kPa） | | 配气相位（°） |
| | 喷油器针阀升程（mm） | 点火系 | 断电器触点间隙（mm） |
| | 各缸喷油器喷油量（mL） | | 断电器触点闭合角（°） |
| | 各缸喷油器喷油不均匀度（%） | | 点火波形重叠角（°） |
| | 供油提前角（°） | | 点火提前角（°） |
| | 喷油提前角（°） | | 火花塞间隙（mm） |
| 传动系统 | 传动系统游动角度（°） | | 各缸点火电压值（kV） |
| | 传动系统功率损失（kW） | | 各缸点火电压短路值（kV） |
| | 机械传动效率 | | 点火系最高电压值（kV） |
| | 总成工作温度（℃） | | 火花塞加速特性值（kV） |
| 制动系统 | 制动距离（mm） | 冷却系 | 冷却液温度（℃） |
| | 充分发出的平均减速度（m/s²） | | 冷却液液面高度 |
| | 制动力（N） | | 风扇传动带张力（kN） |
| | 制动拖滞力（N） | | 风扇离合器接合、断开时的温度（℃） |
| 行驶系统 | 车轮静不平衡量（g） | 润滑系 | 机油压力（kPa） |
| | 车轮动不平衡量（g） | | 机油池液面高度 |
| | 车轮端面圆跳动量（mm） | | 机油温度（℃） |
| | 车轮径向圆跳动量（mm） | | 机油消耗量（kg，L） |
| | 轮胎胎面花纹深度（mm） | | 理化性能指标变化量 |
| 发动机总成 | 额定转速（r/min） | | 清净性系数 $K$ 的变化量 |
| | 怠速转速（r/min） | | 介电常数的变化量 |
| | 发动机功率（kW） | | 金属微粒的容积百分数（%） |
| | 发动机燃料消耗量（L/h） | 转向桥与转向系统 | 车轮侧滑量（m/km） |
| | 单缸断火（油）转速平均下降值（r/min） | | 车轮前束值（mm） |
| | 排气温度（℃） | | 车轮外倾角（°） |
| 曲柄连杆机构 | 气缸压力（MPa） | | 主销后倾角（°） |
| | 气缸漏气量（kPa） | | 主销内倾角（°） |

续表

| 诊断对象 | 诊断参数 | 诊断对象 | 诊断参数 |
|---|---|---|---|
| 转向桥与转向系统 | 转向轮最大转向角（°） | 制动系统 | 制动完全释放时间（s） |
| | 最小转弯直径（m） | 其他 | 前照灯光束照射位置（mm） |
| | 转向盘自由转动量（°） | | 车速表允许误差范围（%） |
| 制动系统 | 驻车制动力（N） | | 喇叭声级（dB） |
| | 制动时间（s） | | 客车车内噪声级（dB） |
| | 制动协调时间（s） | | 驾驶员耳旁噪声级（dB） |

### 二、诊断标准

诊断标准是汽车技术标准中的一部分。诊断标准是对汽车诊断的方法、技术要求和限值等的统一规定，而诊断参数标准仅是对诊断参数限值的统一规定，有时也简称为诊断标准。诊断标准中包括诊断参数标准。

#### （一）诊断标准的类型

汽车诊断标准与其他技术标准相同，可分为国家标准、行业标准、地方标准和企业标准4种类型。

（1）国家标准。国家标准是国家制定的标准，冠以中华人民共和国国家标准字样。国家标准一般由某行业部委提出，由国家技术监督局批准、发布，全国各级各有关单位和个人都要贯彻执行，具有强制性和权威性。如《机动车运行安全技术条件》（GB 7258—2017）、《机动车安全技术检验项目和方法》（GB 38900—2020）等都是强制推行的国家标准。《汽车动力性台架试验方法和评价指标》（GB/T 18276—2017）、《汽车综合性能检验机构能力的通用要求》（GB/T 17993—2017）等是推荐性国家级标准。

（2）行业标准。行业标准也称为部、委标准，是部级或国家委员会级制定、发布并经国家技术监督局备案的标准，在部、委系统内或行业内贯彻执行，一般冠以中华人民共和国某某部或某某行业标准，也在一定范围内具有强制性和权威性，有关单位和个人也必须贯彻执行。例如，《道路运输企业车辆技术管理规范》（JT/T 1045—2016）是中华人民共和国交通行业标准，属于推荐性标准。

（3）地方标准。地方标准是省（自治区、直辖市）级、市地级、市县级制定并发布的标准，在地方范围内贯彻执行，也在一定范围内具有强制性和权威性，所属范围内的单位和个人必须贯彻执行。省、市地、市县三级除贯彻执行上级标准外，可根据本地具体情况制定地方标准或率先制定上级没有制定的标准。地方标准中的限值可能比上级标准中的限值要求还要严格。

（4）企业标准。企业标准包括汽车制造厂推荐的标准、汽车运输企业和汽车维修企业内部制定的标准和检测设备制造厂推荐的参考性标准三部分。

1）汽车制造厂推荐的标准是汽车制造厂在汽车使用说明书中公布的汽车使用性能参数、结构参数、调整数据和使用极限等，从中选择一部分作为诊断参数标准来使用。

该标准是汽车制造厂根据设计要求、制造水平，为保证汽车的使用性能和技术状况而制定的。

2）汽车运输企业和汽车维修企业的标准是汽车运输企业、汽车维修企业内部制定的标准，只在企业内部贯彻执行。有条件的企业除贯彻执行上级标准外，往往还能根据本企业的具体情况，制定企业标准或率先制定上级没有制定的标准。企业标准中有些诊断参数的限值甚至比上级标准还要严格，以保证汽车维修质量和树立良好的企业形象。一般情况下，企业标准应达到国家标准和上级标准的要求，同时，允许超过国家标准和上级标准的要求。

3）检测设备制造厂推荐的参考性标准是指检测设备制造厂针对本设备所检测的诊断参数，在尚没有国家标准和行业标准的情况下制定的诊断参数限值，通过检测设备使用说明书提供给使用单位作为参考性标准，以判断汽车、总成、机构的技术状况。

任何一级标准的制定和修订，都要既考虑技术性和经济性，又考虑先进性，并尽量靠拢同类型国际标准。

### （二）诊断参数标准的组成

为了定量地评价汽车、总成及机构的技术状况，确定维护、修理的范围和深度，预报无故障工作里程，仅有诊断参数是不够的，还必须建立诊断参数标准，提供一个比较尺度。这样，在检测到诊断参数值后与诊断参数标准值对照，即可确定汽车是继续运行还是进厂（场）维修。

诊断参数标准一般由初始值（$P_f$）、许用值（$P_d$）和极限值（$P_n$）三部分组成。

（1）初始值（$P_f$）。初始值相当于无故障新车和大修车诊断参数值的大小，往往是最佳值，可作为新车和大修车的诊断标准。当诊断参数测量值处于初始值范围内时，表明诊断对象技术状况良好，无须维修便可继续运行。

（2）许用值（$P_d$）。诊断参数测量值若在许用值范围内，则诊断对象技术状况虽发生变化但尚属正常，无须修理（但应按时维护）可继续运行。超过此值，勉强许用，但应及时安排维修。否则，汽车"带病"行车，故障率上升，可能行驶不到下一个诊断周期。

（3）极限值（$P_n$）。诊断参数测量值超过此值后，诊断对象技术状况严重恶化，汽车须立即停驶修理。此时，汽车的动力性、经济性和排气净化性大大降低，行驶安全性得不到保证，有关机件磨损严重，甚至可能发生机械事故。因此，汽车必须立即停驶修理，否则将造成更大损失。

综上可以看出，通过对汽车进行检测，当诊断参数测量值在许用值以内时，汽车可继续运行；当诊断参数测量值超过极限值时，必须停止运行进厂修理。因此，将诊断参数测量值与诊断参数标准值比较，就可得知汽车技术状况，并做出相应的决断。

诊断参数标准的初始值、许用值和极限值，可能是一个单一的数值，也可能是一个数值范围。这三者之间的关系及诊断参数随行驶里程的变化情况，如图1-3所示。

从图1-3中可以看出，在诊断参数标准$P_f \sim P_d$区间，即$D$区间，是诊断参数$P$允许变化的区间，属于无故障区间；在$P_d \sim P_n$区间，是可能发生故障的区间；在诊断

参数 $P$ 超过 $P_n$ 以后，是可能发生损坏的区间。

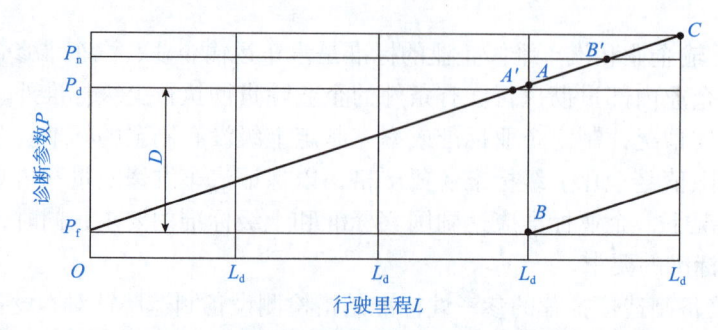

图 1-3　诊断参数随行驶里程的变化情况

Fig.1-3　Changes of diagnostic parameters with mileage

$D$—诊断参数 $P$ 的允许变化范围；$L_d$—诊断周期；$OC$—诊断参数 $P$ 随行驶里程 $L$ 的变化；
$A'$—$P$ 变化至与 $P_d$ 相交，继续行驶可能发生故障；$B'$—$P$ 变化至与 $P_n$ 相交，继续行驶可能发生损坏；
$C$—发生损坏；$A$—$P$ 变化至 $A'$ 后可继续行驶，至最近的一个诊断周期采取维修措施；
$AB$—采取维修措施后，$P$ 降至出事标准 $P_f$，汽车技术状况恢复

### 三、诊断周期

诊断周期是汽车诊断的间隔期，以汽车行驶里程或使用时间（月或日）表示。应在满足技术和经济两个方面的条件下，确定最佳诊断周期。最佳诊断周期是指能保证车辆的完好率最高而消耗的费用最少的诊断周期。

为了保证车辆在无故障状态下运行，又能使我国维修制度中"预防为主，定期检测，强制维护，视情修理"的费用降至最低，最佳诊断周期的确定就显得尤为重要。

制定最佳诊断周期时，应考虑汽车技术状况、汽车使用条件、汽车检测诊断、维护修理及停驶损耗的费用等多项因素。

（1）汽车技术状况。汽车新旧程度不同、行驶里程不同、技术状况等级不同，甚至还存在使用性能、结构特点、故障规律和配件质量不同等情况，显然其最佳诊断周期也不同。凡是新车或大修车、行驶里程较少的车、技术状况等级为一级的车，其最佳诊断周期长；反之则短。

（2）汽车使用条件。汽车使用条件包括气候条件、道路条件、装载条件、驾驶技术、是否拖挂及燃润料质量等条件。凡是气候恶劣、道路状况极差、经常超载、驾驶技术不佳、拖挂行驶、燃润料质量得不到保障的汽车，其最佳诊断周期短；反之则长。

（3）费用。费用包括诊断检测、维护修理和停驶损耗等费用。若使诊断检测和维护修理费用降低，则应使最佳诊断周期延长，但汽车因故障停驶的损耗费用增加；若使停驶损耗的费用降低，则应使最佳诊断周期缩短，但诊断检测、维护修理的费用增加。

由此可见，制定最佳诊断周期应从单位里程费用最小和技术完好率最高两个方面考虑，而两者往往是可以求得一致的。

根据交通运输部《道路运输车辆技术管理规定》，汽车实行"预防为主，定期检

测、强制维护，视情修理"的制度，该规定要求车辆二级维护前应进行检测诊断和技术评定，根据检测结果，确定附加作业或修理项目，结合二级维护一并进行。又规定车辆修理应贯彻视情修理的原则，即根据车辆诊断检测和技术鉴定的结果，视情按不同的作业范围和深度进行，既要防止拖延修理造成车况恶化，又要防止提前修理造成浪费。

从上述规定中可以看出，二级维护前和车辆大修前都要进行检测诊断。其中，大修前的检测诊断，一般在大修间隔里程即将结束时结合二级维护前的检测诊断进行。既然规定在二级维护前进行检测诊断，则二级维护周期（间隔里程）就是我国目前的最佳诊断周期。根据《汽车维护、检测、诊断技术规范》（GB/T 18344—2016）的规定，二级维护周期在 10 000 ～ 15 000 km 范围内依据各地条件不同选定。

### 学习研讨

通过学习相关知识，了解汽车故障综合诊断的基础知识，就能够回答相关用户的问题了。具体学习研讨过程扫描右侧二维码。

### 工作页 2（任务二　学习汽车故障综合诊断基础知识）
见工作页手册

# 项目二
## 发动机检测与故障诊断

### 项目导入

发动机是汽车中最重要的部件之一。发动机不仅结构复杂，而且运行时内部零部件要在高温、高压的苛刻条件下工作，加上转速和负荷经常变化，所以发动机的故障率比较高，常因故障而导致其性能下降以致不能工作。

人们一般从发动机的动力性、经济性和机械磨损等几个方面来评价发动机的技术状况。本项目重点介绍发动机主要检测设备、发动机功率检测、气缸密封性检测、点火系统工作状况检测、发动机异响诊断、电子控制汽油喷射式发动机检测与故障诊断、高压共轨柴油机电控系统故障诊断等方面。

知识拓展：榜样力量二

## 任务一　正确选择并使用发动机主要检测设备

### 任务导入

作为一名汽车检测专业人员，应当掌握汽车发动机主要检测设备的作用及使用方法，能够掌握检测设备检测汽车的相关数据。

（1）用金德KT600解码器检测一辆奇瑞A3进取型轿车的ABS速度传感器的特征波形、读故障码和数据流；

（2）用FSA740综合分析仪对一辆奇瑞A3进取型轿车电控发动机的传感器和执行器进行波形测试；

（3）用FSA740综合分析仪对一辆奇瑞A3进取型轿车电控发动机进行读故障码、数据流。

### 学习目标

1. 掌握汽车万用表、纤维内窥镜的作用及使用方法；
2. 掌握解码器的作用及使用方法；
3. 掌握发动机综合性能分析仪的作用及使用方法；
4. 具备良好的工作方法、工作作风，良好的职业道德、劳动精神、工匠精神；具备创新精神，充分运用7S管理，提高工作现场的管理能力。

## 相关知识

在发动机的综合性能检测中,使用到的检测设备比较多,本任务主要介绍最常见、具有代表意义的汽车万用表、纤维内窥镜、解码器和发动机综合性能分析仪等,有些检测设备结合教学内容在后续课程中介绍。

### 一、汽车万用表

汽车万用表在其他基础课程中已有较详细叙述,本部分不作详细介绍。

汽车万用表可测电压、电流、电阻、温度、转速、触点闭合角。另外,有的汽车万用表,还能进行二极管、频率和占空比等项测试。

视频:万用表的使用

### 二、纤维内窥镜

#### 1. 纤维内窥镜的组成

各种类型的纤维内窥镜,虽然结构不尽相同,但基本结构相似,一般是由目镜、操作部、镜身、头端部、导光光缆及其光源插头等组成的。

#### 2. 纤维内窥镜的功能

在对汽车各总成、机构内部进行不解体检测诊断时,了解内部具体情况,如活塞顶、进排气门、燃烧室等的技术状况。

#### 3. 纤维内窥镜的工作原理

纤维内窥镜的主体是纤维光束。纤维内窥镜遵循光全内反射原理,使光的传导在光学纤维内从一端到另一端有序地进行。当光学纤维弯曲时,反射角相应变化,光的传递就随纤维的弯曲而弯曲。这样,就能看到从任何方向传来的物象。

### 三、解码器

#### 1. 解码器的基本组成

解码器一般由主机、测试卡、测试主线、测试辅线和测试接头组成,并附带一个传感器模拟/测试仪。

#### 2. 解码器的类型

一般带有数据流功能的解码器,可分为原厂专用型和通用型。

视频:KT600检测仪使用

#### 3. 解码器的功能

(1)读取、清除故障码。

(2)能与 ECU 中的微机直接进行交流,显示数据流。

(3)功能强大的解码器,还具有示波器、万用表和打印功能等。

#### 4. 解码器的使用方法

下面以两款解码仪为例,介绍解码器的使用方法。

(1)金德 KT600 汽车电控系统解码仪。金德 KT600 是集多种功能于一体的诊断设备。该设备配用三通道/五通道汽车专用示波器，有纵列、三维、阵列、单缸等多种次级显示方式，并显示点火击穿电压、闭合角、燃烧时间、转速等，可调取各电控系统的故障码及读取数据流，并具备对数据流和波形的显示/存储功能。

1）金德 KT600 的结构如图 2-1 所示。

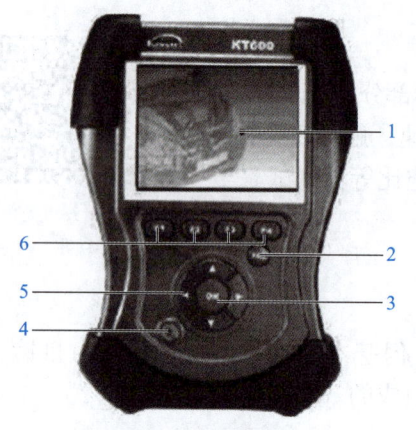

| # | 项目 | 说明 |
|---|---|---|
| 1 | 触摸屏 | TFT600×4 806.4寸真彩屏，触摸式 |
| 2 | ESC | 返回上级菜单、退出 |
| 3 | OK | 进入菜单、确认所选项目 |
| 4 | ⏻ | 电源开关 |
| 5 | [▲][▼][▶][◀] | 方向选择键 |
| 6 | F4 F1 F2 F3 | 多功能辅助键 |

(a)

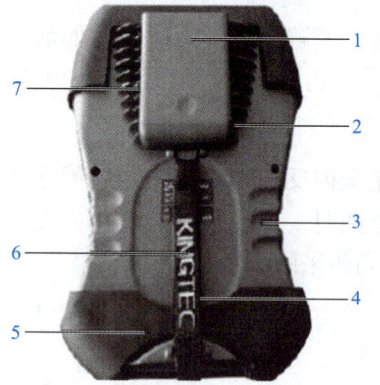

| # | 项目 | 说明 |
|---|---|---|
| 1 | 打印盒 | 内装热敏打印机和2 000 mA·h锂电池 |
| 2 | 打印机卡扣 | 按下打印机卡扣，滑出打印机盒盖板，安装打印纸 |
| 3 | 手持处 | 凹陷设计更人性化，有利于手持使用 |
| 4 | 卡锁 | 锁住诊断盒（或示波盒）确保它们和仪器的连接 |
| 5 | 胶套 | 保护仪器，防止磨损 |
| 6 | 保护带 | 防止手持时仪器滑落 |
| 7 | 触摸笔槽 | 用于插装触摸笔 |

(b)

| # | 项目 | 说明 |
|---|---|---|
| 1 | 网口 | 直插网线可实现在线升级 |
| 2 | PS/2 | 可外接键盘和鼠标，也可通过转接线转成串口和USB口 |
| 3 | CF卡 | CF卡插口 |
| 4 | Power | 接这个端口为主机供电 |

(c)

图 2-1　KT600 的结构图

Fig.2-1　KT600 structure diagram

| # | 项目 | 说明 |
| --- | --- | --- |
| 1 | CH1 | 示波通道1 |
| 2 | CH2 | 示波通道2 |
| 3 | CH3 | 示波通道3/触发通道（在三通道示波卡中） |
| 4 | CH4 | 示波通道4 |
| 5 | CH5 | 触发通道 |

(d)

图 2-1　KT600 的结构图（续）

Fig.2-1　KT600 structure diagram（续）

2）基本操作方法。以金德 KT600 解码仪检测 ABS 速度传感器为例，在"学习研讨"中具体说明仪器的基本操作方法。

（2）车博世汽车故障计算机诊断分析仪。车博世（Autoboss）汽车故障计算机诊断分析仪是深圳市创威联电子开发有限公司开发设计和制造的。该仪器具有汽车电控系统故障诊断、电路图查阅、音响解码、传感器模拟与测试、信号波形显示（即示波器）及信息管理等多种功能。

1）仪器组成。车博世汽车故障计算机诊断分析仪包括主机、适用于不同车型的测试器（又称诊断接头）、主测试线、故障诊断卡、多功能卡、稳压电源、与点烟器相连的电源接线及与蓄电池相连的双钳电源接线等（图 2-2）。

主机面板及各按键功能如图 2-3 所示。测试器接口及主测试线如图 2-4 所示。

图 2-2　主机及附件照片

Fig.2-2　Host and accessory photos

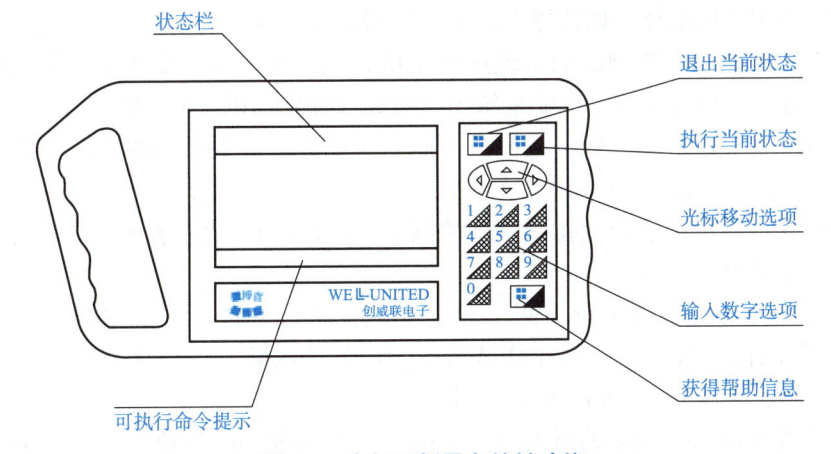

图 2-3　主机面板及各按键功能

Fig.2-3　Host panel and key functions

图 2-4　测试器接口及主测试线

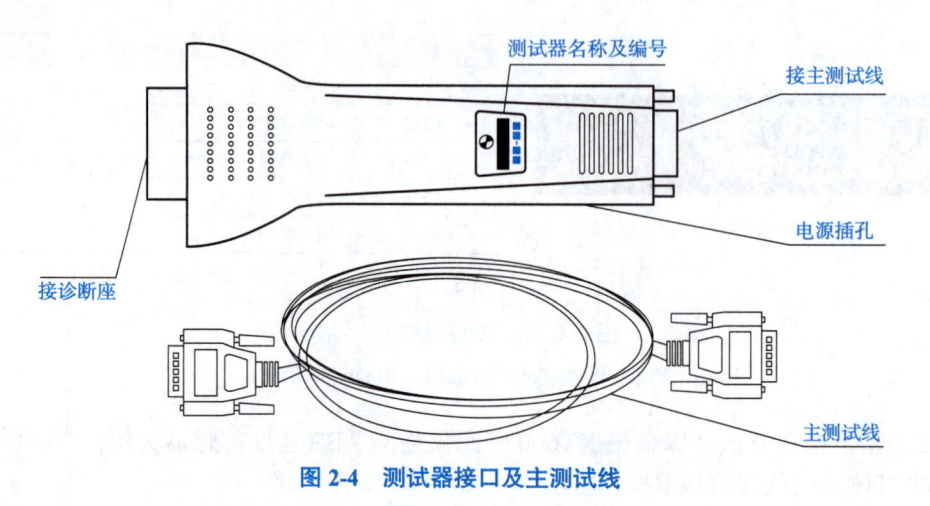

Fig.2-4　Tester interface and main test line

2）操作方法及步骤。

①测试前的准备。

a. 根据汽车上的诊断座，选择相应的测试器。

b. 根据操作目的，选取故障诊断卡或多功能卡，将卡插入主机背后的卡槽。

c. 将主测试线一端连接测试器，另一端连接主机，并将测试器插入汽车的诊断座。

d. 将点烟器接线插入汽车点烟器，或利用双钳电源夹与汽车蓄电池相连，注意红色夹正极，黑色夹负极，电源线另一端插入测试器的电源插孔。

②故障诊断操作步骤。

a. 点火开关转到 ON 位置上，车博世汽车故障计算机诊断分析仪的主机通电后显示开机画面，按 OK 键进入功能选择画面，选择"故障诊断"菜单，按 OK 键。

b. 主机屏幕显示车系选择菜单，有欧洲车、美洲车、亚洲车、国产车及 OBD-Ⅱ 等供选择。例如，选择亚洲车，按 OK 键，会显示丰田、三菱、马自达、本田、日产、大宇及现代等车型供选择，如选择丰田车，按 OK 键。

c. 主机屏幕显示所要测试的系统选择菜单，包括发动机、变速箱、防抱死制动系统、安全气囊、空调及定速（巡航系统）等。如选择发动机，按 OK 键。

d. 主机屏幕显示故障诊断、重阅故障码、存储故障码及打印故障码等选项，如选择故障诊断，按 OK 键。

e. 主机屏幕显示传感器数据、读开关状态、读故障码及清除故障码等选项，利用光标选取读故障码，按 OK 键。

f. 仪器对发动机系统进行检测，如果发动机系统正常，主机屏幕显示"系统正常"。如果发动机有故障，主机屏幕显示所检测到的故障码。如果要查询故障码的内容，移动光标到相应的故障码，按 OK 键。

g. 主机屏幕显示该故障码所表示的故障内容及可能的故障原因分析。根据故障原因的提示信息，进行故障检修。排除故障后，要进行故障码清除。

读取传感器数据流和开关量状态的方法与读故障码类似。

③查阅汽车电路图的方法。使用车博世汽车故障计算机诊断分析仪可以查阅汽车电路图。其方法如下：

a. 安装好故障诊断卡，主机接上电源，主机屏幕显示故障诊断、汽车电路图及显示调整菜单。选择汽车电路图，按 OK 键。

b. 主机屏幕显示欧洲车、美洲车及亚洲车菜单，如选择欧洲车，按 OK 键。

c. 主机屏幕显示奔驰系列、宝马系列及奥迪系列等车系供选择，如选择奔驰系列，按 OK 键。

d. 主机屏幕显示奔驰系列电路图目录，列出不同车型各种系统电路图，移动光标选择所要查询的电路，按 OK 键，调出电路图，用上、下、左、右光标移动键翻动图纸。

3）使用中应注意的事项。

①注意插拔测试卡时一定要先断开电源，再插卡或换卡，卡一定要插到位。插拔诊断接头时，一定要用手护住诊断座，以免弄断诊断座接线引脚。

②使用电瓶夹与蓄电池接线柱连接，注意红色夹正极，黑色夹负极。蓄电池电压范围为 10.5～13.5 V。

③如果被测车较长时间未使用，汽车计算机保存的故障信息可能会丢失，因此，检测前应启动发动机运转 3～5 min。

**学习研讨**

通过学习相关知识，掌握汽车发动机主要检测设备的作用及使用方法，就能够进行操作并检测相关数据。具体学习研讨过程扫描右侧二维码。

**四、发动机综合性能分析仪**

**1. 分析仪的基本组成**

发动机综合性能分析仪如图 2-5 所示。其主要由微机系统、前端处理器及信号提取系统等组成。

视频：博世 KT660 汽车诊断仪视频

图 2-5　汽车发动机综合性能分析仪

**Fig.2-5　Automobile engine comprehensive performance analyzer**

微机系统主要包括主机、显示器、键盘、打印机等部件，其承担测试过程的数据采集、处理、显示和打印等工作。

前端处理器包括部分采集信号的预处理和信号转接，并承担与主机并行通信的工作。它可将发动机的所有传感信号，经衰减、滤波、放大、整形处理后，转换成标准的数字信号，送入信号采集系统。

信号提取系统由各类夹持器、探针、传感器和连接电缆等组成，用来提取发动机的各种状态信号。信号提取系统的任务在于拾取汽车被测点的参数值，鉴于被测点的机械结构和参数性质不同，信号提取系统必须根据其任务不同使用相应的夹持器、探针等以适应不同的测试部位。

**2. 分析仪的主要功能**

发动机综合性能分析仪不仅可以测试各种发动机的动力性能、发动机各系统运行状况，还可以测试电喷发动机传感器信号参数及进行故障分析诊断等。可以通过它的主菜单来了解其主要功能，具体如下：

（1）无外载测功功能，即加速测功法。

（2）检测点火系统。初级与次级点火波形的采集与处理，平列波、并列波与重叠角的处理及显示，闭合角和开启角及点火提前角的测定等。

（3）机械和电控喷油过程各参数（压力、波形、喷油、脉宽、喷油提前角等）的测定。

（4）进气歧管真空度波形的测定与分析。

（5）各缸工作均匀性的测定。

（6）启动过程参数（电压、电流、转速）的测定。

（7）各缸压缩压力的判断。

（8）电控供油系统各传感器的参数测定。

（9）万用表功能。

（10）排气分析功能等。

**3. 使用方法**

以博世 FSA740 发动机综合性能分析仪为例，在"学习研讨"中具体说明仪器的基本操作方法。

### 学习研讨

通过学习相关知识，掌握汽车检测与故障诊断主要设备的作用及使用方法，就能够进行操作并检测相关数据。具体学习研讨过程扫描右侧二维码。

工作页 3（任务一　掌握发动机主要检测设备的使用方法）见工作页手册

## 任务二　发动机功率检测

### 任务导入

一辆行驶 25 万千米的奇瑞 A3 进取型轿车，出现启动困难、动力不足、行驶中加速无力的现象。如何排除故障？

### 学习目标

1. 掌握发动机功率检测的方法和特点；
2. 掌握发动机无负荷测功的一般方法；
3. 利用无负荷测功设备检测发动机的单缸功率；
4. 具有耐心细致的工作作风和严肃认真的工作态度，以及小组协作完成检修项目的团结协作意识。

### 相关知识

一般所说的发动机的额定功率，就是指发动机携带必要的部件运转时所发出的最大功率。发动机在使用一段时间后，能够输出的最大功率会比刚出厂时要小，因而其动力性能逐渐变差。因此，测量发动机最大功率的下降程度，可以作为衡量发动机使用前后或维修前后技术状况变化的一个指标。《机动车运行安全技术条件》（GB 7258—2017）规定，在用车发动机功率不得低于原额定功率的 75%，大修后发动机功率不得低于原额定功率的 90%。

测量功率的试验通常也称测功试验。测量发动机的功率可以有稳态测功和动态测功两类方法。

（1）稳态测功：也称有负荷测功，是指在发动机节气门开度一定、转速一定和其他参数不变的稳定状况下，通过给发动机加一定的模拟负载，来测量发动机的转速、扭矩和功率的方法。这种方法测试结果准确，但需要在专门的试验台架上进行，所以也比较费时费力。通常，在汽车制造厂和科研部门较多使用这种方法。

（2）动态测功：也称无负荷测功或无外载测功，是指发动机在不带负荷的情况下，突然开大节气门，使发动机克服惯性和摩擦阻力而加速运转，通过测量发动机的加速性能来测量所发出瞬时功率的方法。这种方法操作简单，不需将发动机从车上拆下来，所用的仪器设备也比较轻便，但是测量精度不高。交通运输监理部门和维修厂家较多使用这种方法。

### 一、无外载测功

#### 1. 无外载测功的原理

无外载测功是在发动机节气门开度和转速均为变化的动态情况下，测量发动机功率的一种方法。其可分为两类：一类是通过测量速度和加速度计算发动机的瞬时功率，该试验比较复杂，使用较少；另一类是通过测量加速时间来计算发动机的平均功率，此方法常用。

无外载测功的原理：当发动机与传动系统分开时，将发动机从怠速或某一低转速急加速至节气门最大开度，此时发动机产生的动力克服各种阻力矩和本身运动件的惯性力矩，迅速达到空载最大转速。对于某一结构的发动机，其运动件及附件的转动惯量可以认定是一定值，因而，只要测出发动机在指定转速范围内急加速时的平均加速度，即可得知发动机的动力性；或者说通过测量某一一定转速时的瞬时加速度，就可以确定发动机功率的大小。瞬时加速度越大，则发动机功率越大。

测量节气门开度变化时，利用发动机从低速加速到高速所用的时间可间接得到平均功率，平均功率与发动机加速时间成反比，即加速时间越短发动机功率性越好；反之亦然。该方法常用。

**2. 无外载测功试验的操作方法**

（1）接好电瓶电压线和一缸信号线，并将发动机充分暖车。

（2）进入发动机综合性能分析仪的主菜单后，选择"无外载测功"子菜单，设定起始转速"n1"（可略高于发动机怠速）和终止转速"n2"（约为发动机最高转速的80%），并键入"当量转动惯量"数值。

（3）当驾驶员准备好后，操作人员按下检测按钮F2，显示器开始显示倒计时。当计数到零时，迅速踩下油门踏板，发动机转速迅速提高。当达到发动机最高转速时，松开油门，使发动机回到怠速工况。

（4）计算机自动计算转速从n1升到n2时发动机输出的功率，并显示相应数据，如图2-6所示。当发动机转速大于终止转速时，自动停止检测。

这种试验要特别注意当量转动惯量（即J值）的选取。有的J值是在发动机台架试验时取得的，这种试验一般不带冷却风扇和空气滤清器等部件，与"就车式"试验（发动机不从车上拆下）条件不同。因此，必须使用有关部门提供的就车试验的J值。

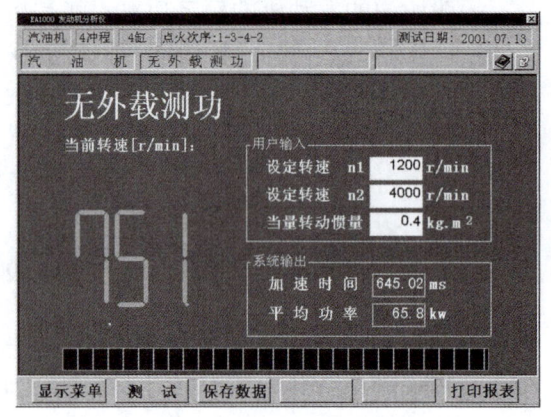

图 2-6 无外载测功页面

Fig.2-6 No external load test page

**二、各气缸功率均衡性检测**

发动机所发出的功率应该是各气缸发出功率的总和。从理论上讲，正常运行时，发动机各气缸所发出的功率应是相同的。但由于结构、供油系统及点火系统方面的差异，各气缸实际发出的功率还是会有所不同；特别是当某气缸有故障时，这种差别就更加明显。例如，当发动机以某一转速运行时，若某气缸火花塞突然断火，该气缸就不能做功，发动机总功率就会下降。

依据这种分析，就可以采用轮流将各缸断火的方法，来判断某缸技术状况是否完好。"单缸断火"的具体测试方法可以有两种：一种是测试功率的变化；另一种是测试转速的变化。

### 1. 单缸功率的检测

利用前面介绍的无外载测功原理，可以测量某单个气缸的功率。其方法是：先测量整个发动机的总功率，然后在某缸断火条件下，再测量发动机的总功率。两次测量功率之差，就应是断火气缸所发出的功率。用这样的方法，依次将各缸断火，分别测量各次断火后的功率，即得出各单缸功率。比较各单缸功率，即可判断各缸工作情况。正常时，各单缸功率应是基本相同的，单缸断火后的功率也应该是相近的，若某缸断火后，测得的功率没有变化，则可以认为这个气缸本来就未参与做功。

### 2. 单缸断火后转速的变化

发动机在一定转速下运行时，若某缸突然断火，则发动机输出功率减少，因而转速也会降低，以寻求与负载和摩擦功率新的平衡。若各缸的功率是均衡的，则当各缸轮流断火时，转速下降的幅度应基本相同；反之，若转速下降的幅度差别很大，则说明有的气缸工作不正常。因而，可以利用单缸断火情况下的转速下降数值，来评价各缸的工作状况。正常时转速下降的平均值与气缸数有关。显然，气缸数越多，单缸断火后转速下降值就应越小。表2-1给出了发动机在以800 r/min的转速稳定工作的条件下，取消一个气缸工作后，转速的平均下降值。一般要求转速下降的最高、最低值之差，不应大于平均值的30%。若某缸断火后，转速下降值远小于平均值，则说明该缸工作不良。若转速下降越小，说明该缸发出的功率也越小；若转速下降为零，证明该缸气缸不工作。

表 2-1　单缸断火后，转速平均的下降值

Table 2-1　Average speed drop after single cylinder misfire

| 发动机气缸数 | 转速平均下降值 / ( r·min$^{-1}$ ) |
| --- | --- |
| 4 | 150 |
| 6 | 100 |
| 8 | 50 |

应该指出，发动机气缸数越多，每个气缸对发动机总功率的贡献率就越低，单缸断火后转速下降值就越小，测量的误差及判断故障的难度也就越大。

### 三、测试发动机性能的仪器设备

做无外载测功试验、功率均衡性检测等，都可以用专门的无外载测功仪进行。但是目前企业中多使用比较先进的发动机综合性能分析仪。这是一种用于检测发动机各系统工作状态和运行参数的功能很强的智能化仪器，不仅可以进行无外载测功试验，

还可以检测发动机各系统的工作状态和运行参数，以及测试点火系统、喷油系统、电控系统传感器和气缸压力的动态波形等。同时，可以对数据结果进行分析、处理和存储，为发动机的技术状态判断和故障诊断提供科学依据。

### 学习研讨

通过学习发动机功率检测等相关知识，可以对本故障进行检测与诊断。

汽车行驶25万千米，出现启动困难、动力不足、行驶中加速无力的现象，其故障原因很多，可能是燃油供给系，可能是点火系，也可能是气缸密封性不好。因此，应当进行发动机功率检测、点火系检测、气缸密封性检测，以确定具体故障部位。

接车后，首先确认故障。发动机确实较难启动，并且启动后发动机怠速抖动，急加速时节气门处有"啪啪"的声音，仪表盘上的发动机故障灯没有点亮。根据维修经验，发动机有"缺缸"的症状。因此，决定对发动机进行单缸功率检测。利用断火试验时的发动机转速下降值判断单缸动力性（断缸排除法），使发动机怠速运转，分别拔掉第1缸、第2缸、第3缸和第4缸喷油器的导线，发现当分别拔掉第1缸、第2缸喷油器的导线时，发动机的抖动症状没有变化，而分别拔掉第3缸、第4缸喷油器导线后，发动机马上熄火了。

以上单缸功率检测试验说明，第1缸和第2缸不工作，第3缸和第4缸工作基本正常。故障部位初步确定。

到底是什么原因引起发动机的第1缸和第2缸不工作，需要进一步检测。此工作任务将在学习"任务三 气缸密封性检测"后实施。

**工作页4（任务二 发动机功率检测）见工作页手册**

## 任务三 气缸密封性检测

### 任务导入

一辆行驶25万千米的奇瑞A3进取型轿车，出现启动困难、动力不足、行驶中加速无力的现象。在"任务二 发动机功率检测"学习研讨中，经过检测发现：发动机的第1缸和第2缸不工作。到底是什么原因引起发动机的第1缸和第2缸不工作？需要进一步检测。

### 学习目标

1. 掌握发动机气缸压缩压力的检测方法与步骤；
2. 掌握发动机进气管真空度的检测方法和步骤；
3. 具有耐心细致的工作作风和严肃认真的工作态度，以及安全生产及规范操作意识。

视频：汽车压缩压力的检测

### 相关知识

气缸密封性与气缸、气缸盖、气缸衬垫、活塞、活塞环和进排气门等零件的技术状况有关。这些零件组合（以下简称为气缸组）起来成为发动机的"心脏"。它们技术状况的好坏，不但严重影响发动机的动力性、经济性和排放净化性，而且决定了发动机的使用寿命。在发动机使用过程中，由于上述零件的磨损、烧蚀、结胶、积炭等原因，引起了气缸密封性下降。气缸密封性是表征气缸组技术状况的重要参数。

气缸密封性的诊断参数主要有气缸压缩压力、曲轴箱漏气量、气缸漏气量、气缸漏气率及进气管真空度等。就车检测气缸密封性时，只要检测出上述诊断参数的一项或两项，就足以说明问题。

### 一、气缸压缩压力检测

检测活塞到达压缩终了上止点时气缸压缩压力（以下简称为气缸压力）的大小，可以表明气缸的密封性。检测气缸压力所使用的检测设备有以下几种。

#### 1. 用气缸压力表检测

（1）气缸压力表的结构与工作原理。使用气缸压力表检测气缸压力，由于仪表具有价格低、轻便小巧、实用性强和检测方法简便等优点，在汽车维修企业中应用非常广泛。

气缸压力表是一种气体专用压力表。它一般由压力表头、导管、单向阀和接头等组成。压力表头多为鲍登管（Bourdon-tube）式，其驱动元件是一根扁平的弯曲成圆圈状的管子，一端为固定端，另一端为活动端。活动端通过杠杆、齿轮机构与指针相连。当气体压力进入弯管时，弯管伸直。因此，通过杠杆、齿轮机构带动指针运动，在表盘上指示出压力的大小。

气缸压力表的接头有两种形式：一种为螺纹管接头，可以拧紧在火花塞或喷油器螺纹孔内；另一种为锥形或阶梯形的橡胶接头，可以压紧在火花塞或喷油器孔上。接头通过导管与压力表头相连通。导管也有两种：一种为软导管；另一种为金属硬导管。软导管适用于螺纹管接头与压力表头的连接；硬导管适用于橡胶接头与表头的连接。

气缸压力表还装有能通大气的单向阀。当单向阀处于关闭位置时，可保持压力表指针位置以便于读数。当单向阀处于打开位置时，可使压力表指针回零。气缸压力表外形如图2-7所示。

（2）气缸压力表使用方法。

1）检测条件。发动机应运转至正常工作温度；用起动机带动已拆除全部火花塞或喷油器的发动机运转，其转速应符合原厂规定。

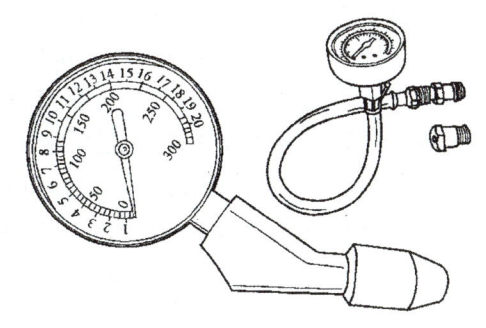

图2-7 气缸压力表外形

Fig.2-7 The appearance of cylinder pressure gauge

2）检测方法。首先，拆下空气滤清器，用压缩空气吹净火花塞或喷油器周围的脏物，拆下全部火花塞或喷油器，并按气缸顺序放置。对于汽油发动机，还应把点火系二次高压总线拔下并可靠搭铁，以防止电击或着火。然后，把气缸压力表的橡胶接头插在被测缸的火花塞或喷油器孔内，扶正压紧。将节气门（带有阻风门的压力表还包括阻风门）置于全开位置，用起动机转动曲轴3～5 s（不少于4个压缩行程），待压力表头指针指示并保持最大压力后停止转动。取下气缸压力表，记录读数，按下单向阀使压力表指针回零。

按上述方法依次测量各缸，每缸测量不少于2次，每缸测量结果取算术平均值。

就车检测柴油机气缸压力时，应使用带有螺纹接头的压力表。如果该机要求在较高转速下测量，此种情况除受检气缸外，其余气缸均应工作。其他检测条件和检测方法同汽油机。

3）诊断参数标准。按照《汽车修理质量检查评定方法》（GB/T 15746—2011）的规定：在正常工作温度下，气缸压力应符合原设计规定，其压力差汽油机应不大于5%；柴油机应不大于8%。

4）结果分析。气缸压力的测得结果如高于原设计值，并不一定表明气缸密封性好，要结合使用和维修情况进行分析。这种情况有可能是由于燃烧室内积炭过多、气缸衬垫过薄或缸体与缸盖接合平面经多次修理加工过甚造成。气缸压力测得结果如低于原设计值，说明气缸密封性降低，可向该缸火花塞或喷油器孔内注入少量机油，然后用气缸压力表再测气缸压力，进行深入诊断并记录。如果：

①第二次测得的结果比第一次高，接近标准压力，表明是气缸、活塞环、活塞磨损过大或活塞环对口、卡死、断裂及缸壁拉伤等原因造成了气缸不密封。

②第二次测得的结果与第一次略相同，即仍比标准压力低，则表明进排气门或气缸衬垫不密封。

③若两次测得的结果均表明某相邻两缸压力都相当低，则说明两缸相邻处的气缸衬垫烧损窜气。

以上仅为气缸组不密封部位的故障分析或判断，并不能十分有把握地确诊。为了准确地测出故障部位，可在测量完气缸压力后，针对压力低的气缸，采用以下方法进行确诊：首先，拆下空气滤清器，打开散热器盖、加机油口盖和节气门，用一条3 m长的胶管，一头连接在压缩空气气源（600 kPa以上）上，另一头通过锥形橡皮头插在火花塞或喷油器孔内；其次，摇转发动机曲轴，使被测气缸活塞处于压缩终了上止点位置；最后，将变速器挂入低速挡，拉紧驻车制动器，打开压缩空气开关，注意倾听发动机漏气声。如果在进气管口处听到漏气声，说明进气门关闭不严密；如果在排气消声器口处听到漏气声，说明排气门关闭不严密；如果在散热器加水口处看到有气泡冒出，说明气缸衬垫不密封造成气缸与水套沟通；如果在加机油口处听到漏气声，说明气缸活塞配合副磨损严重。

用气缸压力表检测气缸压力，尽管应用极为广泛，但存在测量误差大的缺点。研究表明，气缸压力的测量结果不但与气缸内各处的密封程度有关，而且与曲轴的转速有关。某发动机气缸压力与曲轴转速的关系曲线如图2-8所示。从图中可以看出，只有当曲轴转速超过 1 500 r/min 以后，气缸压力曲线才变得比较平缓。但在低转速范围内，即在检测条件中由起动机带动曲轴达到的转速范围内，即使较小的 Δn，也能引起气缸压力测量值较大的变化 ΔP。不同型号的发动机，由起动机带动曲轴的转速不可能一致，即使同一型号的发动机，由于蓄电池、起动机和发动机的技术状况不同，其启动转速也不可能完全一致。这就出现了检测转速是否符合规定值的问题。它是用气缸压力表检测气缸压力误差大的主要原因之一。因此，在检测气缸压力时，应该用转速表监测曲轴转速，这是发现问题、获得正确分析结果的重要保证。

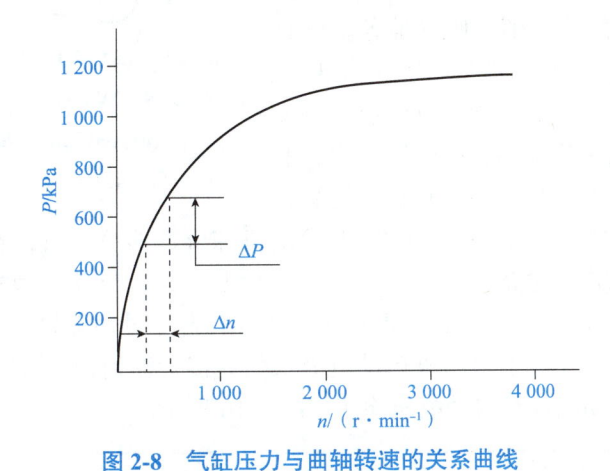

**图 2-8　气缸压力与曲轴转速的关系曲线**

**Fig.2-8　The relationship curve between cylinder pressure and crankshaft speed**

### 2. 用气缸压力检测仪检测

气缸压力检测仪主要有压力传感器式气缸压力检测仪、启动电流式气缸压力检测仪、电感放电式气缸压力检测仪等形式，用于评价各缸气缸压力的均衡情况。

（1）压力传感器式气缸压力检测仪：利用压力传感器拾取气缸内的压力信号，经 A/D 转换器进行模、数转换，再送入显示装置，即可测得气缸压力。用该种方法检测气缸压力时，须拆下被测缸的火花塞，旋上仪器配置的传感器，用起动机带动曲轴旋转 3～5 s 即可。

（2）启动电流式气缸压力检测仪：发动机启动时的阻力矩，主要由曲柄连杆机构产生的摩擦力矩和各缸压缩行程受压气体的反力矩两部分组成。摩擦力矩可认为是稳定的常数，各缸压缩行程受压气体的反力矩是随各缸气缸压力变化的波动量。

起动机带动发动机曲轴旋转所需要的转矩是启动电流的函数，启动电流的变化与气缸压力的变化之间存在着对应的关系，而启动转矩又与气缸压力成正比。因此，只要不是为了获得各缸气缸压力的具体数值，而是为了比较各缸气缸压力是否均衡，完全可以采用通过测量启动过程中启动电流的变化而去评价各缸气缸压力的方法。

国产 WFJ—1 型发动机检测仪，利用电流传感器测出的启动过程中启动电流的变化波形，如图 2-9 所示。从图中可以看出，启动电流波形上的峰值与各缸气缸压力的最大值有关。如果将启动电流各峰值与各缸气缸压力最大值对应起来，只要找准一个缸号，即可按点火次序找出其他各缸的对应关系。在启动电流波形上，凡是峰值高的气缸压力高，峰值低的气缸压力也低，为评价各缸气缸压力的均衡性带来了方便。在测量启动电流波形的同时，用压力传感器测出任一缸（如 1 缸，如图 2-9 所示）的气缸压力值，则其他各缸气缸压力值或百分比就可按电流波形幅度计算出来。

图 2-9　启动电流与单缸气缸压力波形图

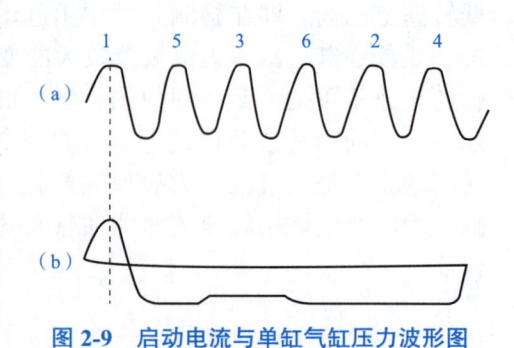

Fig.2-9　Waveform diagram of starting current and cylinder pressure

（a）启动电流波形；（b）单缸气缸压力波形

有不少发动机综合性能检测仪将启动电流的波形变成柱方图来显示各缸的气缸压力，非常直观。其中，元征 EA—1000 型发动机综合性能分析仪就是如此。元征 EA—1000 型发动机综合性能分析仪，在选择"起动机及发电机"后，进入启动电流检测功能。按下"检测"键，启动发动机，分析仪自动发出全部断油指令，屏幕显示出发动机转速、启动电流，同时绘制启动电流曲线和相对气缸压力的柱方图，达到通过检测启动电流从而间接检测到相对气缸压力变化量（%）的目的。汽油机启动电流及启动电压检测如图 2-10 所示。

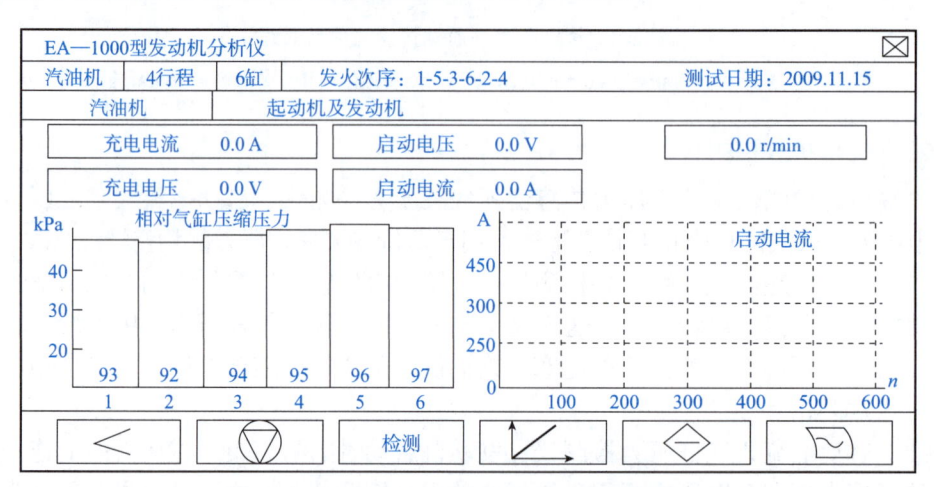

图 2-10　启动电流及启动电压检测

Fig.2-10　Starting current and starting voltage detection

（3）电感放电式气缸压力检测仪：是一种通过检测点火系二次电感放电电压来确定气缸压力的仪器，仅适用于汽油机。汽油机工作中，随着断电器触电打开，二次电压随即上升击穿火花塞间隙，并维持火花塞放电。火花放电电压也称为火花线，属于点火系电容放电后的电感放电部分。电感放电的电压与气缸压力之间具有近乎直线的对应关系。因此，各缸火花放电电压可作为检测各缸气缸压力的信号，该信号经变换处理后即可显示气缸压力。

使用以上气缸压力检测仪检测气缸压力时，发动机不应着火工作。汽油机可拔下二次高压总线搭铁或按检测仪要求处理，柴油机可旋下喷油器高压油管接头断油，即可达到目的。

### 二、进气管真空度检测

发动机进气管的真空度是随其自身密封性和气缸密封性的变化而变化的。因此，在确认进气管自身密封性良好的情况下，利用真空表检测进气管的真空度值，或利用示波器观测真空度波形的变化，以分析、判断气缸的密封性，并能诊断故障。

视频：进气管真空度的检测

#### 1. 用真空表检测真空度

（1）真空表结构与工作原理。真空表由表头和软管组成。真空表的表头与气缸压力表表头相同，多为鲍登管。当真空（负压）进入表头内弯管时，弯管更加弯曲。因此，通过杠杆和齿轮机构等带动指针动作，在表盘上指示出真空度的大小。真空表表头的量程为 0 ～ 101.325 kPa（旧式表头量程：公制为 0 ～ 760 mmHg，英制为 0 ～ 30 inHg）。软管的一头固定在表头上，另一头连接在节气门后方的进气管专用接头上。

（2）真空表使用方法。

1）发动机应预热到正常工作温度。

2）将真空表软管连接在节气门后方的进气管专用接头上。

3）发动机怠速运转。

4）读取真空表上的读数。考虑到进气管真空度有随海拔高度增加而降低的现象（一般海拔每增加 1 000 m，真空度将减少 10 kPa 左右），因此，真空度检测中应根据所在地海拔高度修正真空度标准值。

（3）对指针位置和动作的分析、判断方法。检测中真空表指针的位置和动作如图 2-11 所示。图中，白针表示指针稳定，黑针表示指针漂移；表盘刻度单位为英制 inHg，1 kPa ≈ 0.296 inHg 或 1 inHg ≈ 3.378 kPa。

1）在相当于海平面高度的条件下，发动机怠速运转（500 ～ 600 r/min，下同）时，真空表指针稳定地指在 57 ～ 71 kPa［17 ～ 21 inHg，如图 2-11（a）所示］范围内，表示气缸密封性正常。

2）当迅速开启并立即关闭节气门时，真空表指针随之摆动在 6.8 ～ 84 kPa（2 ～ 25 inHg），则进一步表明气缸组技术状况良好。

3）怠速时，真空表指针在 50.6 ～ 67.6 kPa［15 ～ 20 inHg，如图 2-11（b）所示］摆动，表示气门黏滞或点火系有问题。

4）怠速时，若真空表指针低于正常值［图 2-11（c）］，这主要是由活塞环、进气管或化油器衬垫漏气造成的，也可能与点火过迟或配气过迟有关。此种情况下，若突然开启并关闭节气门，指针会回落到 0，但回跳不到 84 kPa（25 inHg）。

5）怠速时，真空表指针在 40.5 ～ 60.8 kPa［12 ～ 18 inHg，如图 2-11（d）所示］

缓慢摆动，表示化油器调整不良。

6）急速时，真空表指针在 33.8 ～ 74.3 kPa（10 ～ 22 inHg）缓慢摆动，如图 2-11（e）所示，且随发动机转速升高加剧摆动，表示气门弹簧弹力不足、气门导管磨损或气缸衬垫泄漏。

7）急速时，真空表指针有规律地跌落［图 2-11（f）］，表示某气门烧毁。每当烧毁气门工作时，指针就跌落。

8）急速时，真空表指针逐渐跌落到 0［图 2-11（g）］，表示排气消声器或排气系统堵塞。

9）急速时，真空表指针快速地在 27 ～ 67.6 kPa（8 ～ 20 inHg）摆动，如图 2-11（h）所示，发动机升速时指针反而稳定，表示进气门杆与其导管磨损松旷。

(a)　　　　(b)　　　　(c)　　　　(d)

(e)　　　　(f)　　　　(g)　　　　(h)

图 2-11　真空表指针的位置和动作

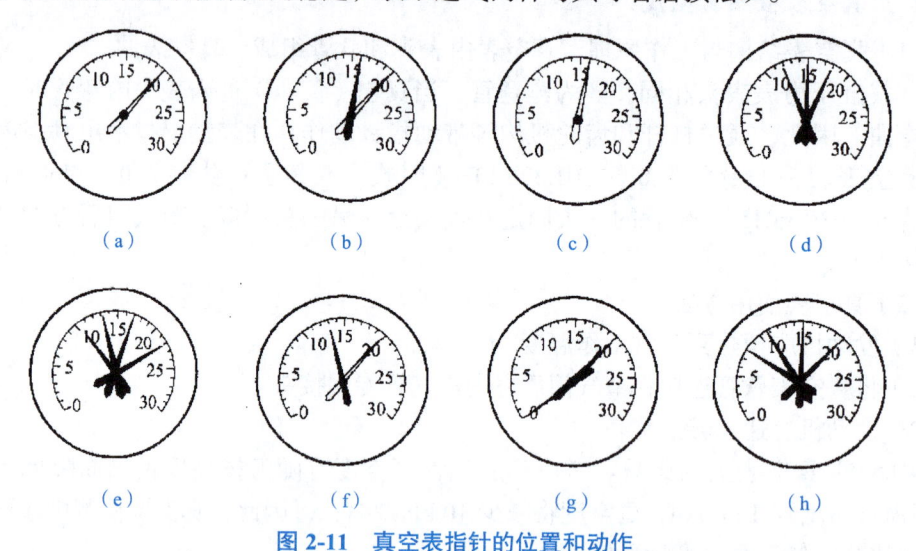

Fig.2-11　The position and movement of the vacuum gauge pointer

进气管真空度是一项综合性很强的诊断参数。若进气管真空度符合要求，不仅表明气缸密封性符合要求，而且表明点火正时、配气正时和空燃比等符合要求。虽然以上只介绍了 9 种典型用真空度分析、判断故障的情况，但实际上真空表能检测的项目还有许多，而且检测时无须拆卸火花塞等机件，在国外被认为是最重要、最实际和最快速的诊断方法之一，现在仍继续使用。但是，进气管真空度的检测也有不足之处，它往往不能指出故障的确切部位。例如，利用真空表能检测出气门有故障，但是，它无法检测出是哪一个气门发生故障。所以，此种情况下，只有结合气缸压力检测或结合气缸漏气量（率）检测，才能加以确诊。

**2. 用示波器观测真空度波形**

用示波器观测真空度波形，同样会起到分析、判断气缸密封性和诊断相关机件故障的作用。当采用元征 EA—1000 型发动机综合性能分析仪检测进气管真空度波形时，方法如下：

（1）发动机运转至正常工作温度。

（2）将分析仪真空度传感器的橡胶软管通过三通接头连接到发动机的真空管上。电控燃油喷射发动机的真空软管一般在发动机总成顶部，拔下一端后通过三通接头连接分析仪传感器。

（3）使发动机转速稳定在 1 700 r/min 左右。

（4）在主菜单下的副菜单上选择"进气管内真空度"，进入真空度检测状态，检测界面如图 2-12 所示。

（5）按下检测界面下方的"检测"按钮，分析仪高速采集进气管真空度值，并显示被检发动机的真空度波形。

（6）对波形进行观测、分析和判断。

（7）按下"检测"按钮，高速采集结束。

（8）必要时可按下 F4 按钮，分析仪提供 4 缸、6 缸或 8 缸的进气管真空度标准波形。其中，4 缸和 6 缸发动机进气管标准波形分别如图 2-13 和图 2-14 所示。除此之外，还提供了进气门开启不良、进气门漏气、排气门开启不良和排气门关闭不良等故障波形，以供观测波形时进行对照、分析和判断。4 缸发动机第 4 缸进气门严重漏气波形图如图 2-15 所示。

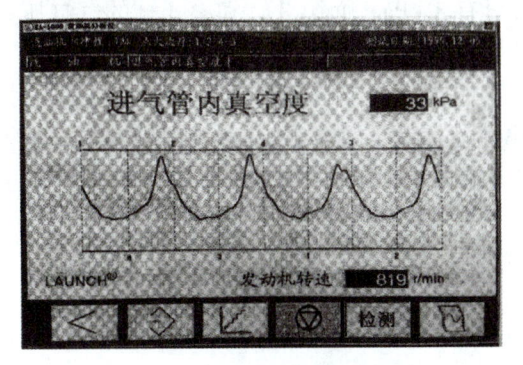

图 2-12  检测进气管真空度
Fig.2-12  Detect the vacuum degree of the intake pipe

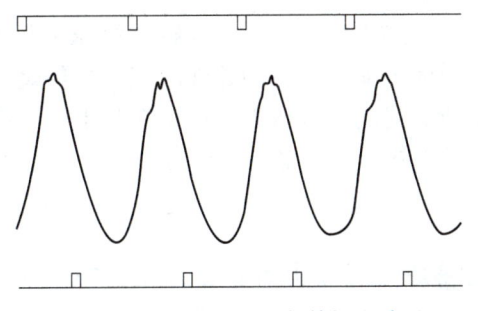

图 2-13  4 缸发动机进气管标准波形
Fig.2-13  Standard waveform of 4-cylinder engine intake pipe

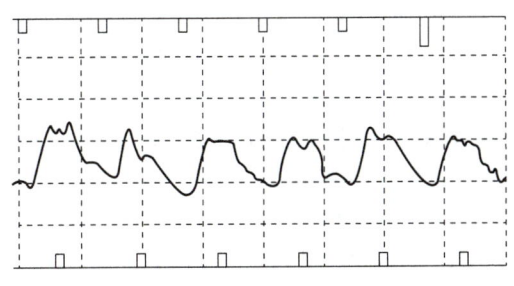

图 2-14  6 缸发动机进气管标准波形
Fig.2-14  Standard waveform of intake pipe of 6-cylinder engine figure

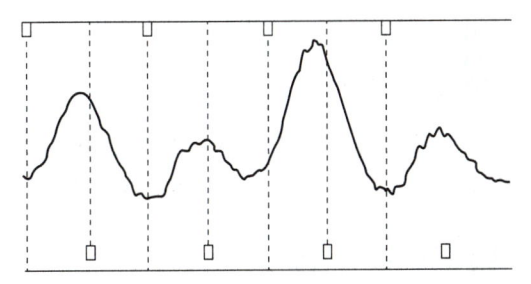

图 2-15  4 缸发动机第 4 缸进气门严重漏气波形图
Fig.2-15  Waveform diagram of serious air leakage of intake valve of 4th cylinder of 4-cylinder engine

（9）按 F2 按钮可对数据进行存储，按 F3 按钮可进行图形存储，按 F6 按钮可进行图形打印。

（10）按 n 按钮，返回主菜单。

### 学习研讨

在"任务二　发动机功率检测"的学习研讨中，经过检测发现：发动机的第 1 缸和第 2 缸不工作。到底是什么原因引起发动机第 1 缸和第 2 缸不工作？

通过学习气缸密封性检测等相关知识，需要对本故障作进一步的检测与诊断，才能确定故障原因。从发动机上拆下火花塞检查，发现第 1 缸、第 2 缸火花塞燃烧较差，而另外两个缸的火花塞燃烧良好。将第 1 缸、第 2 缸火花塞和第 3 缸、第 4 缸火花塞进行调换，调换后故障现象依旧，发动机第 1 缸、第 2 缸还是不工作。将分缸高压线也进行调换，结果第 1 缸、第 2 缸仍然不工作。上述检查说明点火系统发生故障的可能性比较小，于是接着检查燃油系统。拔掉第 1 缸、第 2 缸喷油器导线侧连接器，用发光二极管试灯测量喷油器控制线，启动发动机时，试灯闪烁，说明喷油器线路基本正常。

由于该车已行驶 25 万千米，因此怀疑气缸密封性变差。用气缸压力表测量各缸的气缸压力，发现第 1 缸、第 2 缸的气缸压力只有 3 kPa，而第 3 缸和第 4 缸的气缸压力为 8 kPa。

根据本任务"一、气缸压缩压力检测"中的内容：当某相邻两缸气缸压力低时，其原因可能是两缸相邻处的气缸衬垫烧损窜气。因此，将故障部位锁定在气缸垫，根据所测得的气缸压力，怀疑在第 1 缸与第 2 缸之间的气缸衬垫烧损窜气。拆掉气缸盖取下缸垫，发现确实是在第 1 缸与第 2 缸之间的气缸衬垫烧损窜气。

更换气缸垫后试车，发动机工作正常，故障排除。

工作页 5（任务三　气缸密封性的检测）见工作页手册

## 任务四　点火系统检测

### 任务导入

一辆大众斯柯达轿车，冷车很难启动，要反复多次才能启动。在行驶途中停车时间长一些也会难以启动，而热车启动比较容易。如何排除故障？

### 学习目标

1.掌握汽油发动机传统点火系统点火初级、次级电压标准波形，并会进行典型故障波形分析；

2.掌握发动机点火提前角的作用及测试方法；

3.培养自我管理能力、安全意识、质量意识、工匠精神。

## 相关知识

汽油发动机工作时,不仅需要一定空燃比的混合气,还需要按一定的顺序及时为各气缸提供电火花以点燃混合气。对点火系统的要求如下:

(1)火花要具有足够高的击穿电压;

(2)火花要具有足够高的能量以保证可靠点火;

(3)点火时刻要能够适应发动机工况的变化。

由于点火系统元件较多、工作条件又比较恶劣,因此,使用久了,性能会下降,还可能出现故障,这些都会影响发动机的动力性和经济性,严重时还会造成发动机熄火或不能启动。点火系统的故障,往往是发动机不能正常工作的重要的原因之一。

目前,对点火系统进行检查的方法,主要是利用仪器分析点火初级、次级电压波形(主要是次级电压波形),进而判断点火系统的工作情况及测试点火提前角等。所用的仪器一般为发动机综合性能分析仪,或专用于测试汽车信号的示波器、示波表。

视频:初、次级点火波形检测与故障诊断

### 一、次级电压标准波形分析

点火线圈完全相当于一个变压器。在初级线圈周期性通电和断电的过程中,初级、次级线圈都因电流变化而感应电动势,因而,初级、次级电压随时间变化的规律也是相似的。因次级电压对发动机正常工作至关重要,下面重点分析次级电压的波形。

次级电压标准波形如图 2-16 所示。对此波形可作以下说明。

图 2-16 次级电压标准波形

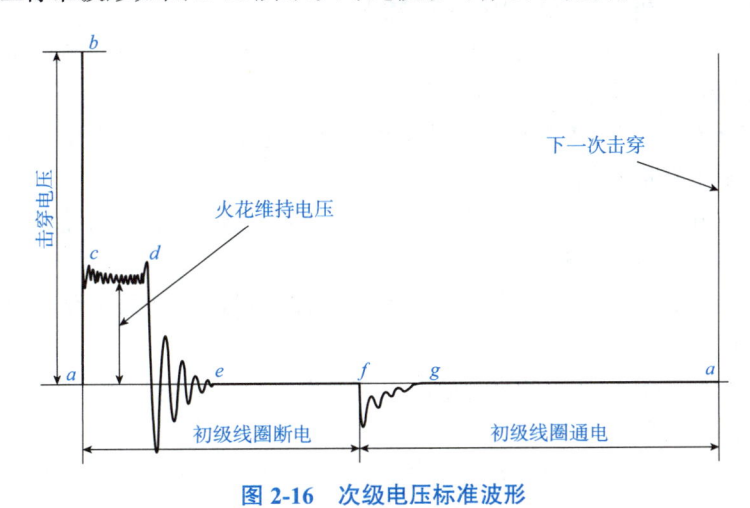

Fig.2-16 Standard waveform of secondary ignition voltage

(1) a 点:断电器触点断开,或电子点火器输出断开,点火线圈初级突然断电,导致次级电压急剧上升。

(2) ab 段:为火花塞击穿电压。传统点火系统的击穿电压为 15~20 kV,电子点火系统的击穿电压可达 18～30 kV。

（3）cd 段：为火花塞电极间的混合气被击穿之后，维持火花放电所需电压，一般为几千伏。这段波形通常也称火花线。火花线应具有一定的高度和宽度，它反映了点火能量的大小，也是保证可靠点火的重要条件。

（4）de 段：火花消失，点火线圈中剩余磁场能量在线路中维持一段衰减振荡。这段也称第一次振荡。振荡结束后，电压降到零。

（5）f 点：断电器触点闭合，或电子点火器输出导通使点火线圈初级突然闭合，初级电流开始增加，引起次级电压突然增大。需要注意的是，在 a 点，初级电流是急剧减小的，而在 f 点电流是逐渐增加的，所以，这两点感应次级电压的方向相反，而且大小也不相同。

（6）fg 段：因初级电流接通而引起回路电压出现衰减振荡。这段称为第二次振荡。振荡消失后，电压恢复到零。

在整个波形中，从 a 到 f 段对应于初级电流不导通、次级线圈放电阶段，对于传统点火系统，也就是断电器触点断开阶段；从 f 到 a 段对应于初级电流导通、线圈储能阶段，也就是传统点火系统中断电器触点闭合阶段。

## 二、次级电压的故障波形分析

若点火系统出现故障，次级电压的波形也会发生相应的变化。因此，可以通过分析次级电压的波形来判断点火系统可能的故障。

点火系统出现故障的原因很多。图 2-17 给出了较常见的一些故障波形。下面对这些故障波形作一些分析（注意图中箭头所指处）。

（1）断电高压产生之前出现小的多余波形，说明断电器触点接触面不平整，在完全断开之前有瞬间分离现象，引起电压抖动。

（2）火花线变短，很快熄灭，说明点火系统储能不足。可能是供电电压偏低或初级电路导线接触不良造成的。

（3）第二次振荡波形之前出现小的杂波，可能是由断电器触点接触面不平整或在完全闭合之前有不良接触所致。

（4）在触点闭合阶段，存在多余的、小的杂波，可能是初级电路断电器触点搭铁不良或各接点接触不良造成的。

（5）第二次振荡波形存在严重的杂波，这一般是由于断电器触点臂弹簧弹力太弱，使触点闭合瞬间引起弹跳所致。

（6）击穿电压过高且火花线较为陡峭，这可能是火花塞间隙太大或次级电路开路等所引起。火花塞间隙越大，所需击穿电压越高，而且往往没有良好的放电过程。

（7）击穿电压和火花线都太低且火花线变长，这可能是火花塞间隙太小或积炭较严重。在这种情况下，击穿电压就会很低，而火花放电时间较长。

（8）火花线中出现干扰"毛刺"，可能是分电器盖或分火头松动。这样，在发动机高速运转时，分电器的振动会使火花塞上的电压不稳定而出现抖动。

（9）完全没有高压击穿和火花线波形，说明火花塞未被击穿，也就没有火花放电过程。产生的原因可能是次级高压线接触不良或断路，或者火花塞间隙过大。

（10）第一次振荡次数明显减少，可能的原因是断电器触点并联的电容器漏电、电容器容量不够或初级线路接触不良，导致线路上电阻增大、耗能增加，火花熄灭后剩余能量小，振荡衰减加快。

（11）整个次级电压波形上下颠倒，说明点火线圈初级两端接反或将电源极性接反，从而初级电流和次级电压都改变了方向。

（12）与正常时相比，触点闭合阶段变短，说明断电器触点间隙过大；反之，若闭合阶段变长，就说明触点间隙太小。

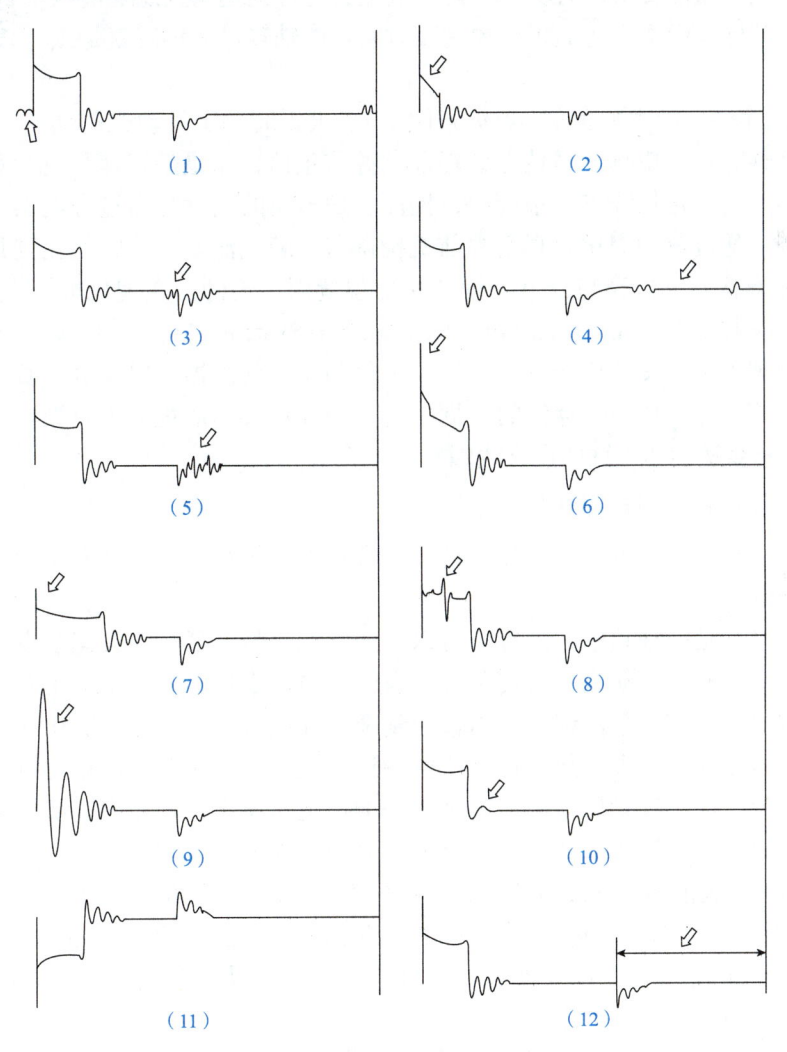

图 2-17 几种次级电压故障波形

Fig.2-17　Several secondary voltage fault waveforms

实际上，次级电压波形不仅与点火系统的状况有关，还要受发动机内部工作状况（温度、压力、燃气成分等）的影响，情况较为复杂。所以，在实践中还可能会遇到很多不同形状的故障波形。只要掌握了点火系统的基本工作原理，就不难根据故障波形作出相应的分析判断。

### 三、点火提前角测试

#### 1. 有关基本概念

发动机内可燃混合气的燃烧是需要一定时间的。从火花塞开始点火到燃气燃烧完毕，需要 2～3 ms。为了使活塞到达上止点时，混合气已经充分燃烧，以便发出最大功率，显然应使火花塞到达上止点之前点火。从点火开始到活塞到达上止点的这段时间，曲轴转过的角度就是点火提前角。

视频：发动机点火正时的检测

调整正确的点火时刻也称"点火正时"。点火正时对于发动机的动力性和经济性有很大影响。最佳点火提前角并非定值，而是随转速、负荷和汽油辛烷值的变化而变化。在传统点火系统中，提前角随转速的变化是通过分电器中的离心提前机构控制；随负荷的变化由真空提前机构调节；随汽油辛烷值的变化则是在静态条件下，通过调整分电器壳与分电器轴的相对位置而实现的。在现代电子点火系统中，尤其是无分电器点火系统（Distributor-less Ignition System，DIS）中，转速和负荷提前量是由微处理器根据发动机转速传感器、节气门位置传感器，以及进气真空度、凸轮位置和水温等信号，从预先存储的数据中选定最佳点火提前角，再由微处理器向电子点火器发出指令送到各气缸的点火线圈。

#### 2. 点火提前角的测试原理

目前，一般是用点火正时灯和发动机综合性能分析仪（或汽车专用示波表）来测试点火提前角。

点火正时灯是一种频率闪光灯，可以按照给定信号（第一缸火花塞点火信号）频率同步闪光。一般在发动机的旋转部件（齿轮或曲轴皮带）上，刻上正时标记，在相邻的固定机壳上也有一个标记。当曲轴转到两个标记对齐时，第一缸活塞正好达到上止点位置。假如没有点火提前，每次活塞到达上止点时点火，并让触发点亮的正时灯照射有标记处，那么正时灯会照亮两个对齐的标记；反之，若点火提前，正时灯将提前点亮，此时第一缸活塞未到达上止点，所以两个标记还未对齐。两个标记之间的角度差，就是点火提前角。图 2-18 形象地说明了测试点火提前角的原理。

实际测试时发动机高速运转，闪光和点火频率高达每秒几百到上千次，每次闪亮时两个标记的相对位置几乎相同。这样，只要发动机转速不变，频闪效应使人们看到旋转体上的转动标记几乎是不动的，它与固定标记之间有一个稳定的角度（图 2-19）。若在闪光灯电路中安装一个电位器，用来调整闪光时刻，那么调节电位器时，可以看到转动标记在前后移动。当调节到使两个标记对齐时，电位器所转过的角度，就是与点火提前角成比例的信号。将此信号送入计算机，即可计算出点火提前角。

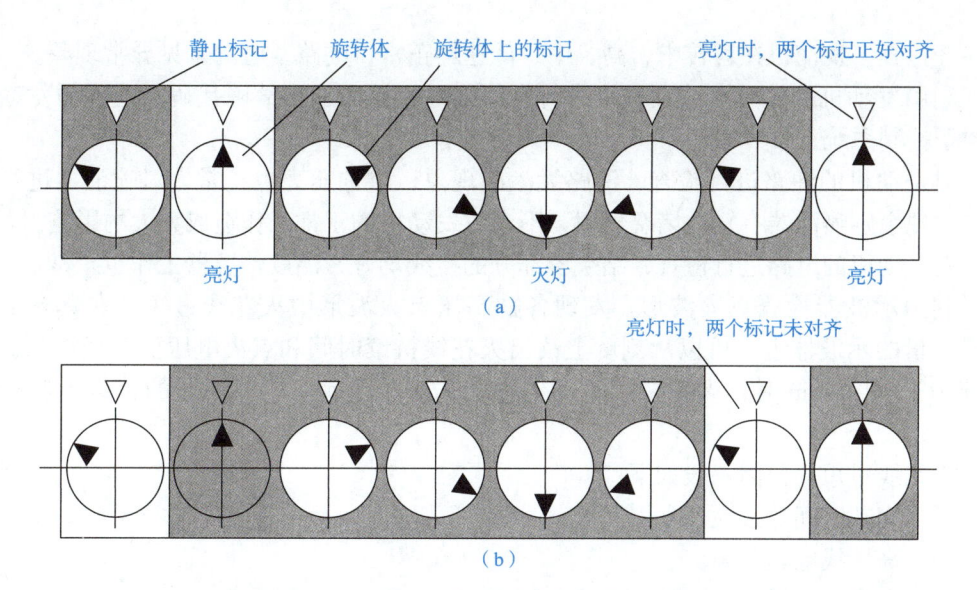

图 2-18 用频闪灯测试点火提前角示意

Fig.2-18　Schematic diagram of testing ignition advance angle with strobe light

（a）无点火提前，亮灯时旋转标记与静止标记对齐；（b）有点火提前，亮灯时两个标记未对齐

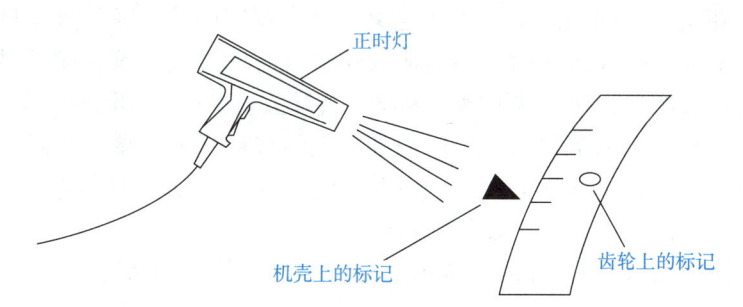

图 2-19 正时灯测试点火提前角示意

Fig.2-19　Schematic diagram of timing lamp test ignition advance angle

汽车在怠速时，离心提前和真空提前基本未起作用，此时测得的点火提前角为初始提前角。为了能够测量不同负荷和转速下的点火提前角，就需要对发动机加载，因此，需要在底盘测功机上进行。在拆去真空管路后，发动机在各种转速下所测得的提前角减去初始提前角，即可得到相应转速下的离心提前角。在连接了真空管路后，在同样转速下测得的提前角减去离心提前角和初始提前角，又可得到真空提前角。测得的各种工况下的提前角应与规定数值比较，以判断是否正常和做必要调整。电子点火系统中的 DIS 部件是不可调整的，但应用上述方法检测后，可以确定是否有故障，以及故障原因是微处理器损坏还是传感器失效。

### 学习研讨

通过学习点火系统检测等相关知识，就可针对大众斯柯达轿车冷车启动困难的问题进行检测与诊断。

经检查，发动机在运转中，高、中、低速均正常，油路、电路未见异常现象。

利用发动机的故障自诊断系统进行自诊断时，没有输出故障代码，这说明发动机的电子控制系统正常。

对发动机的油路进行检查，油路无渗漏现象，供油压力也正常。对喷油器进行测试，发现个别喷油器有轻微堵塞现象，不会对发动机的正常工作造成太大的影响。

对发动机的电路进行检查，结果各部分的接线均好，温度传感器工作也正常。

利用示波器检查点火波形，发现各缸高压点火波形中火花线过短。在具有毫秒扫描装量的示波器上，可以从刻度上读出火花线持续时间和点火电压值。经检测，在转速为 1 000 r/min 时，火花持续时间约为 0.8 ms，远远小于 1.5 ms 的正常火花持续时间。

火花线过短，原因一般如下：

（1）火花塞间隙过大。

（2）高压线电阻过高。

（3）混合气过稀。

拆下火花塞进行检查，发现 4 只火花塞的电极间隙超过标准值 2 mm 以上，中心电极已电蚀凹入瓷芯内。很显然，该车的火花塞已超过使用极限。当火花塞超限使用时，易出现火花塞电极间隙过大等损坏现象。当火花塞的电极间隙远超过正常值（正常电极间隙为 0.8～0.9 mm）时，会造成火花持续时间过短，不能保证混合气完全燃烧，同时排气污染增大、动力性下降。因此，会导致发动机启动困难，甚至不能启动。该车之所以在多次启动后能着火，是因为混合气经多次压缩后温度升高，再加上混合气较浓而被点燃。如果火花塞间隙更大一些，超过跳火极限，则火花塞不能跳火，根本不能点燃混合气，发动机也就无法启动了。

换上一组新火花塞，试车，发动机在冷车、热车时均能顺利启动，故障排除。

**工作页 6（任务四　点火系统检测）见工作页手册**

## 任务五　发动机异响诊断

### 任务导入

一辆大众斯柯达轿车，其发动机有比较强烈的异响，怠速停车时在距离车辆很远的地方就能听到。如何排除此故障？

### 学习目标

1. 了解发动机常见的异响；
2. 掌握发动机异响的检测诊断方法；
3. 培养检修过程中严谨的工作作风、诚实守信的职业品德、较强的安全意识。

### 相关知识

技术状况良好的发动机，运转中仅能听到均匀的排气声和轻微的噪声，这是正常响声。如果发动机在运转中出现异常响声，即异响，表明有关部位出现了故障。对于有异响的发动机，应根据故障现象，分析产生的原因，找出异响的部位，准确将其诊断出来。

#### 一、认识发动机异响

**1. 异响类别**

发动机常见的异响主要有机械异响、燃烧异响、空气动力异响和电磁异响等。

（1）机械异响。机械异响主要是运动副配合间隙太大或配合面有损伤，运动中引起冲击和振动造成的。因磨损、松动或调整不当造成运动副配合间隙太大时，运转中引起冲击和振动，产生声波，并通过机体和空气传给人耳，于是人们听到了响声。如曲轴主轴承响、曲轴连杆轴承响、凸轮轴轴承响、活塞敲缸响、活塞销响、气门脚响、定时齿轮响等，多是因配合间隙太大造成的。但有些异响也可能是配合面（如定时齿轮齿面）有损伤或其他原因造成的。

（2）燃烧异响。燃烧异响主要是发动机不正常燃烧造成的。如汽油发动机产生爆燃或表面点火时，柴油发动机工作粗暴时，气缸内均会产生极高的压力波。这些压力波相互撞击并撞击燃烧室壁和活塞顶，发出了强烈的类似敲击金属的声响，是典型的燃烧异响。化油器发出回火声，排气管发出放炮声或"突、突"声，也属于燃烧异响。

（3）空气动力异响。空气动力异响主要是在发动机进气口、排气口和运转中的风扇处，因气流振动而造成的。

（4）电磁异响。电磁异响主要是发电机、电动机和某些电磁器件内，由于磁场的交替变化，引起机械中某些部件或某一部分空间产生振动而造成的。

**2. 异响的影响因素和诊断条件**

发动机的异响与其转速、温度、负荷和润滑条件等有关。

（1）转速。一般情况下，转速越高，机械异响越强烈（活塞敲缸响是一个例外）。尽管如此，在高速时各种响声混杂在一起，听诊某些异响反而不易辨清。所以，诊断时的转速不一定是高速，要具体异响具体对待。如听诊气门响和活塞敲缸响时，在急速下或低速下就能听得非常明显；当曲轴主轴承响、曲轴连杆轴承响和活塞销响较为严重时，在急速和低速下也能听到。总之，诊断异响应在响声最明显的转速下进行，并尽量在低转速下进行，以便于听诊并减少不必要的噪声和损耗。

（2）温度。有些异响与发动机温度有关，而有些异响与发动机温度无关或关系不大。在机械异响诊断中，对于热膨胀系数较大的配合副，要特别注意发动机的热状况，最典型的例子是铝活塞敲缸。在发动机冷启动后，该异响非常明显，然而一旦温度升高，响声即减弱或消失。因此，该异响诊断应在发动机低温下进行。热膨胀系数小的配合副所产生的异响，如曲轴主轴承响、曲轴连杆轴承响、气门响等，发动机温度的变化对异响的影响不大,因而对诊断温度无特别要求。

发动机温度也是燃烧异响的影响因素之一。汽油发动机过热时,往往产生点火敲击声(爆燃或表面点火);柴油发动机温度过低时,往往产生着火敲击声(工作粗暴)。

(3)负荷。许多异响与发动机的负荷有关。如曲轴主轴承响、曲轴连杆轴承响、活塞销响、活塞敲缸响、气缸漏气响、汽油机点火敲击响等,均随负荷增大而增强,随负荷减小而减弱;柴油机着火敲击声随负荷增大而减弱。但是,也有一些异响与负荷无关,如气门响、凸轮轴轴承响和定时齿轮响等,负荷变化时异响并不变化。

(4)润滑条件。无论什么机械异响,当润滑条件不良时,异响一般比较明显。

发动机异响是通过发动机内声源发生振动产生声波传播的。在发动机内,不同的机件、不同的部位和不同工况下,声源所产生的振动是不同的,因而,发出的异响在音调、音高、音频、音强,以及出现的位置和次数等方面也是不同的。我们利用异响的这些特点和规律,在一定的诊断条件下,即可将发动机异响诊断出来。

### 二、常见异响及经验诊断法

发动机常见异响主要有曲轴主轴承响、曲轴连杆轴承响、活塞销响、活塞敲缸响、气门响、汽油机点火敲击响和柴油机着火敲击响等。

#### 1. 曲轴主轴承响

(1)现象。汽车加速行驶或发动机突然加速时,发动机发出沉重而有力的"铛、铛、铛"或"刚、刚、刚"的金属敲击声,严重时机体发生很大振动;响声随发动机转速的提高而增大,随负荷的增加而增强,产生响声的部位在曲轴箱上与曲轴轴线齐平处;单缸断火时响声无明显变化,相邻两缸同时断火时,响声明显减弱或消失;温度变化时响声变化不明显;响声严重时,机油压力明显降低。

(2)原因。

1)曲轴主轴承盖固定螺钉松动。

2)曲轴主轴承减磨合金烧毁或脱落。

3)曲轴主轴承和轴颈磨损过度、轴向止推装置磨损过度,造成径向和轴向间隙过大。

4)曲轴弯曲未得到校正,发动机装合时不得不将某些主轴承与轴颈的配合间隙放大。

5)机油压力太低、黏度太小或机油变质。

(3)诊断方法。诊断方法流程图如图 2-20 所示。

#### 2. 曲轴连杆轴承响

(1)现象。汽车加速行驶和发动机突然加速时,发动机发出"铛、铛、铛"连续明显、轻而短促的金属敲击声(这是曲轴连杆轴承响的主要特征);曲轴连杆轴承严重松旷时,怠速运转也能听到明显的响声,且机油压力降低;发动机温度变化时,响声变化不明显;响声随发动机转速的提高而增大,随负荷的增加而增强,产生响声的部位在曲轴箱上部;单缸断火,响声明显减弱或消失,但复火时又重新出现,即具有所谓响声"上缸"现象。

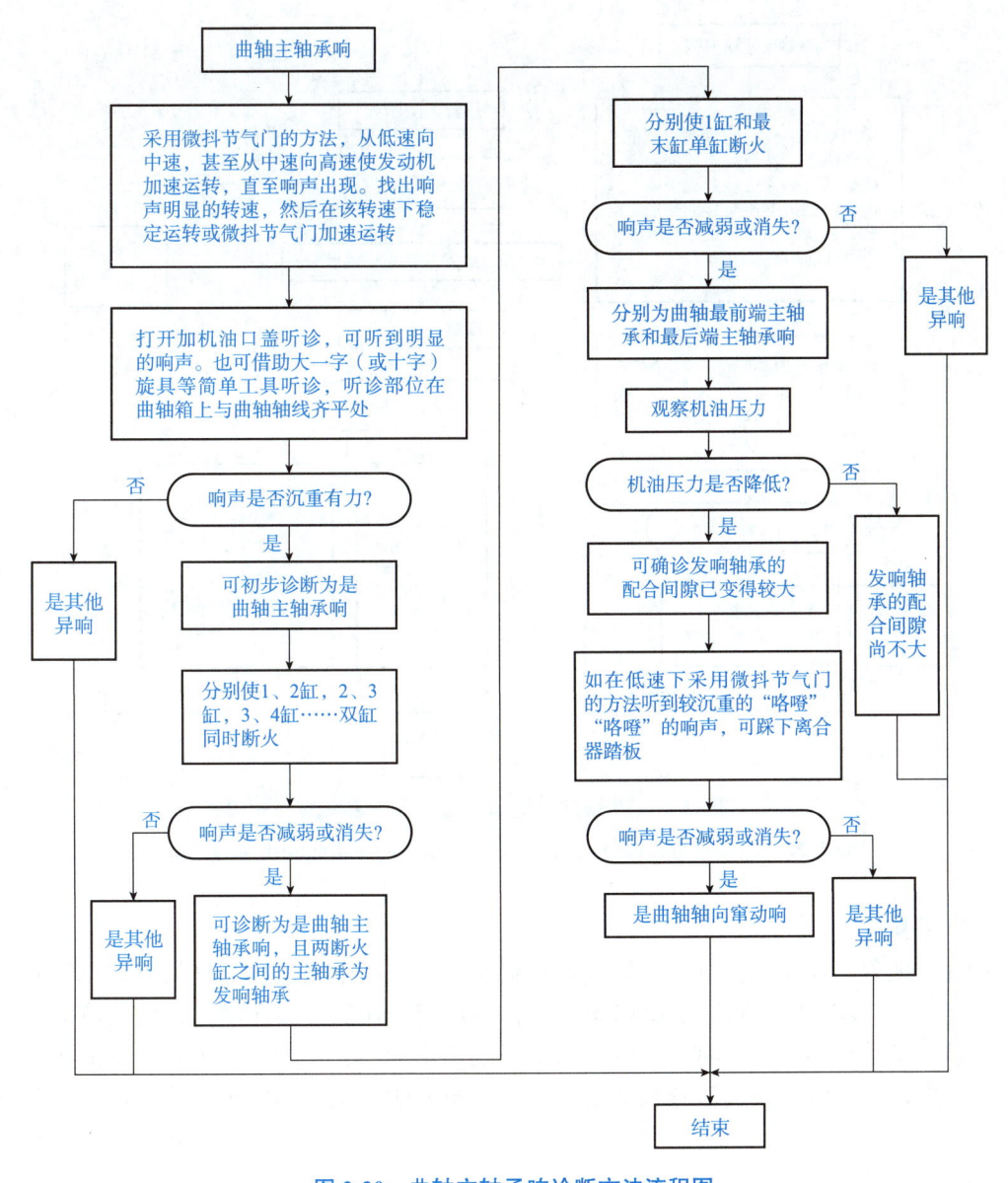

图 2-20　曲轴主轴承响诊断方法流程图

Fig.2-20　Crankshaft main bearing noise diagnosis flowchart

（2）原因。
1）曲轴连杆轴承盖的固定螺栓松动或折断。
2）曲轴连杆轴承减磨合金烧毁或脱落。
3）曲轴连杆轴承或轴颈磨损过度，造成径向间隙太大。
4）曲轴内通连杆轴颈的油道堵塞。
5）机油压力太低、黏度太小或机油变质。
（3）诊断方法。诊断方法流程图如图 2-21 所示。

```
                    ┌──────────────────┐
                    │  曲轴连杆轴承响  │
                    └──────────────────┘
```

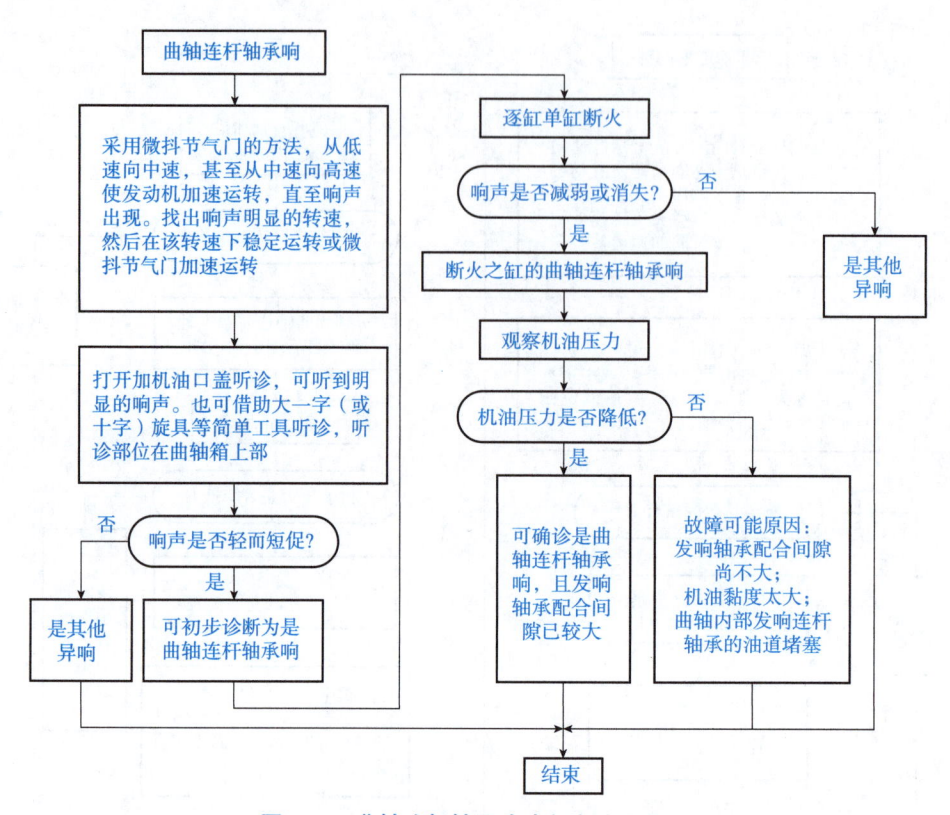

[流程图内容]

采用微抖节气门的方法，从低速向中速，甚至从中速向高速使发动机加速运转，直至响声出现。找出响声明显的转速，然后在该转速下稳定运转或微抖节气门加速运转

打开加机油口盖听诊，可听到明显的响声。也可借助大一字（或十字）旋具等简单工具听诊，听诊部位在曲轴箱上部

响声是否轻而短促？
→ 否 → 是其他异响
→ 是 → 可初步诊断为是曲轴连杆轴承响

逐缸单缸断火
响声是否减弱或消失？
→ 否 → 是其他异响
→ 是 → 断火之缸的曲轴连杆轴承响

观察机油压力
机油压力是否降低？
→ 否 → 故障可能原因：发响轴承配合间隙尚不大；机油黏度太大；曲轴内部发响连杆轴承的油道堵塞
→ 是 → 可确诊是曲轴连杆轴承响，且发响轴承配合间隙已较大

结束

**图 2-21　曲轴连杆轴承响诊断方法流程图**

**Fig.2-21　Crankshaft connecting rod bearing noise diagnosis flowchart**

### 3. 活塞销响

（1）现象。发动机在怠速、低速和从怠速、低速向中速微抖节气门时，可听到清脆而连贯的"嗒、嗒、嗒"的金属敲击声；响声随转速的升高而增大，随负荷的增大而加强；发动机温度变化时，对响声稍有影响但影响不大；响声严重时，机油压力不降低；单缸断火时响声明显减弱或消失，复火瞬间响声又立即出现，甚至连续出现两个响声。

（2）原因。

1）活塞销与连杆小头衬套配合松旷。

2）衬套与连杆小头承孔配合松旷。

3）活塞销与活塞销座孔配合松旷。

（3）诊断方法。诊断方法流程图如图 2-22 所示。

### 4. 活塞敲缸响

（1）现象。发动机在怠速或低速运转时，在气缸的上部发出清晰而明显的"嗒、嗒、嗒"的金属敲击声，而中速以上运转时响声减弱或消失；发动机温度发生变化时响声也变化，多数情况下响声在冷车时明显，在热车时减弱或消失；负荷越大时响声也越大；响声严重时，机油压力不降低；单缸断火，响声减弱或消失。

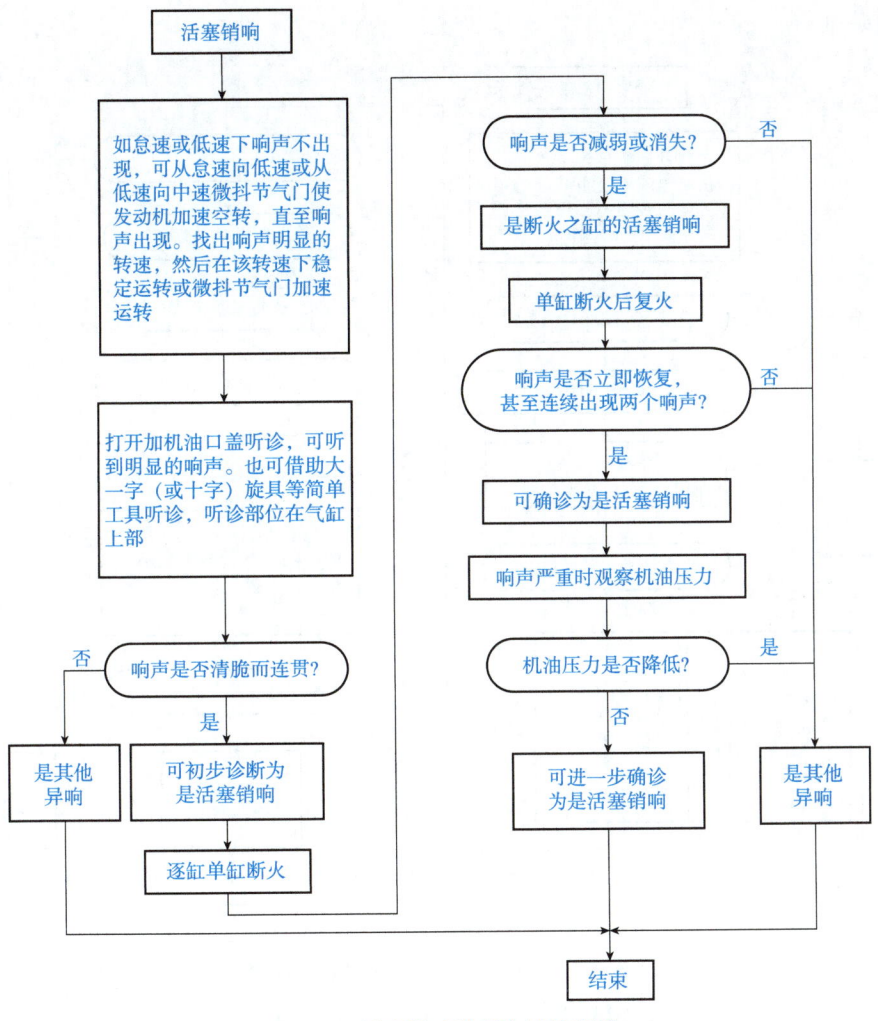

图 2-22　活塞销响诊断方法流程图

Fig.2-22　Piston pin ring diagnosis flowchart

（2）原因。
1）活塞与气缸壁配合间隙太大。
2）活塞与气缸壁润滑状况太差。
3）活塞销与活塞销座孔装配过紧。
4）活塞销与连杆小头衬套装配过紧。
5）连杆轴承装配过紧。
（3）诊断方法。诊断方法流程图如图 2-23 所示。

**5. 气门响**

（1）现象。发动机急速或低速运转时发出连续不断的、有节奏的"嗒、嗒、嗒"（在气门脚处）或"啪、啪、啪"（在气门落座处）的金属敲击声；转速增高时响声也随之增高；温度变化时响声不变化；单缸断火时响声不减弱；若有数只气门响，则声音显得杂乱。

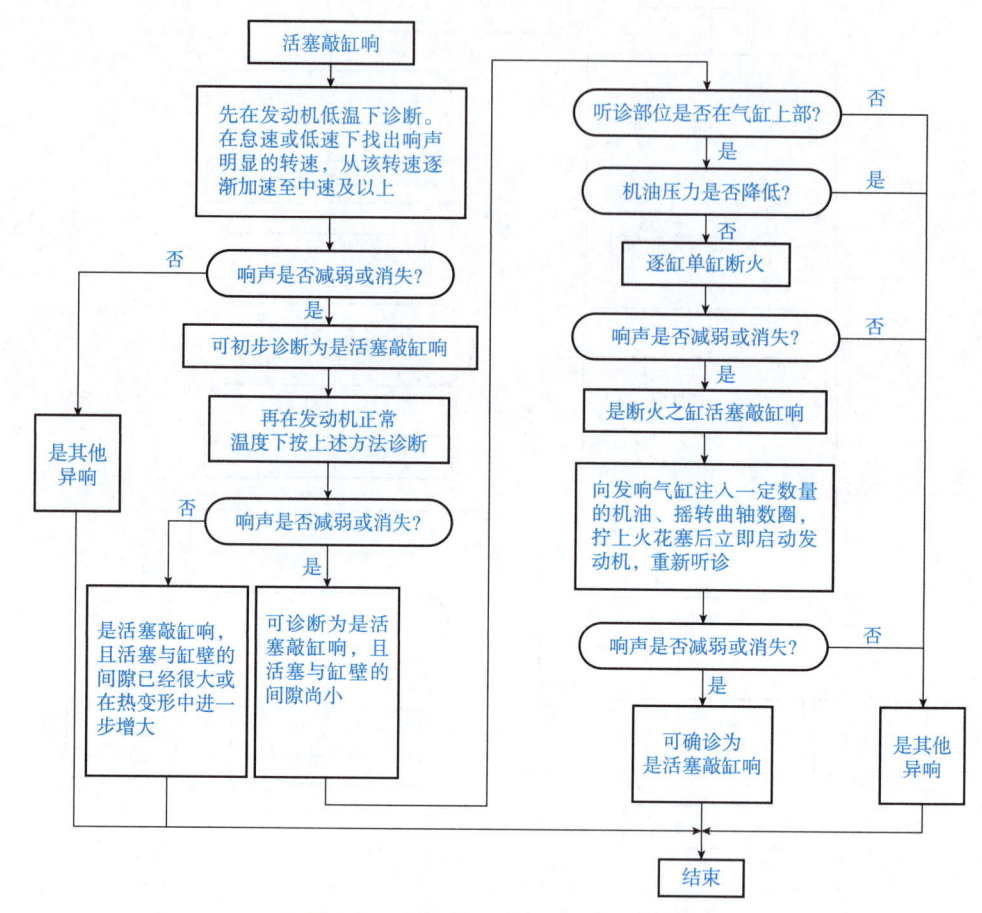

图 2-23　活塞敲缸响诊断方法流程图

Fig.2-23　Piston knocking diagnosis flowchart

气门脚响和气门落座响统称为气门响。

（2）原因。

1）气门脚响。

①气门脚间隙太大。

②气门脚间隙调整螺钉松动或气门脚间隙处两接触面磨损异常。

③配气凸轮外形加工不准或磨损过甚，造成缓冲段效能下降，加重了挺杆对气门脚的冲击。

④气门脚处润滑不良。

2）气门落座响。

①气门杆与其导管配合间隙太大。

②气门头部与其座圈接触不良。

③气门座圈松动。

④气门脚间隙太大。

（3）诊断方法。诊断方法流程图如图 2-24 所示。

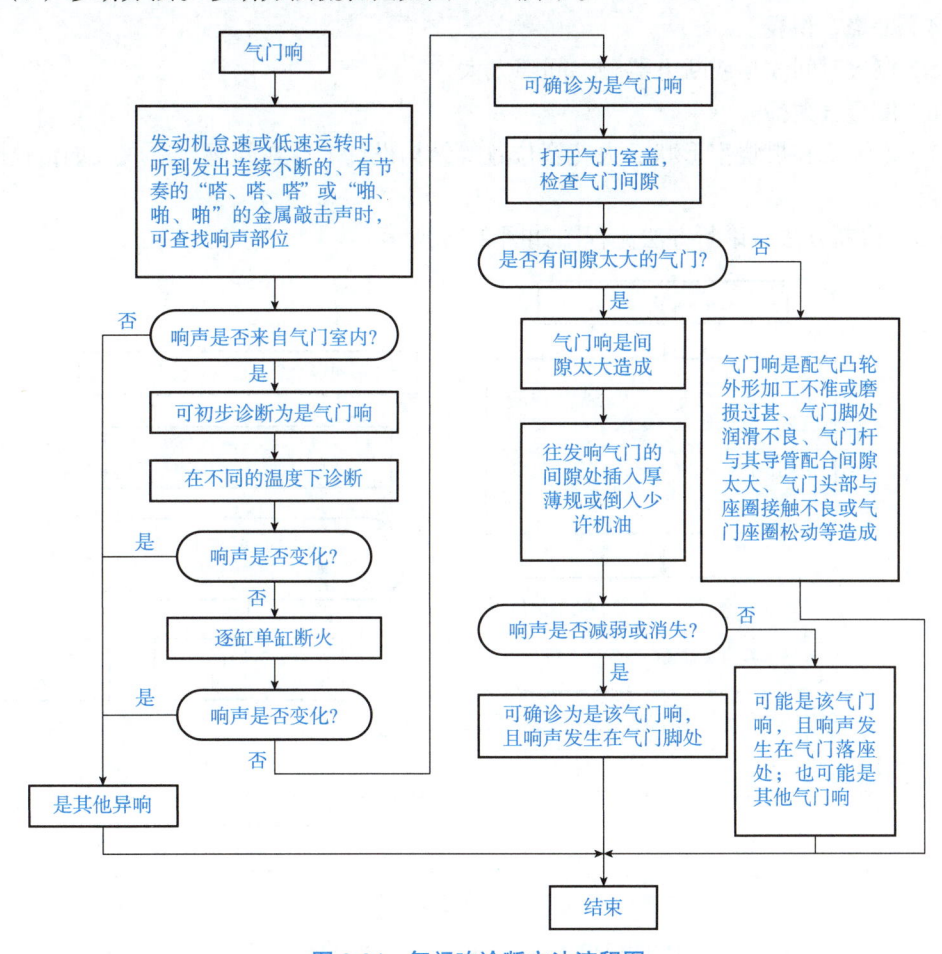

图 2-24 气门响诊断方法流程图

Fig.2-24　Valve sound diagnosis flowchart

### 6. 汽油机点火敲击响

（1）现象。在汽车运行中，当在常用挡由较低车速急加速运行时，可听到汽油发动机发出类似金属敲击的"嘎、嘎、嘎"的响声。此时，稍抬加速踏板，响声便减弱或消失，再踩加速踏板响声又重新出现。发动机温度越高、负荷越大时，响声越强烈。

（2）原因。造成点火敲击响的主要原因是发动机爆燃，其次也可能是早燃。爆燃与早燃虽然发生的时间不同（前者发生在火花塞点火以后；后者发生在火花塞点火以前），但两者有许多共同特点，并且是相互助长的。爆燃可引起早燃，早燃又进一步促进爆燃，因此很难进行区别。产生爆燃与早燃的原因主要有以下几个方面：

1）汽油的品质差，特别是辛烷值含量太低。

2）在发动机使用、维修和改机中造成压缩比太高。

3）发动机过热或负荷太大。

4）燃烧室积炭。

5）点火时间太早或断电器触点间隙太大。

6）混合气太稀。

7）发动机在燃烧室形状、火花塞位置等结构设计上存在问题，造成火焰传播距离太长。

（3）诊断方法。诊断方法流程图如图2-25所示。

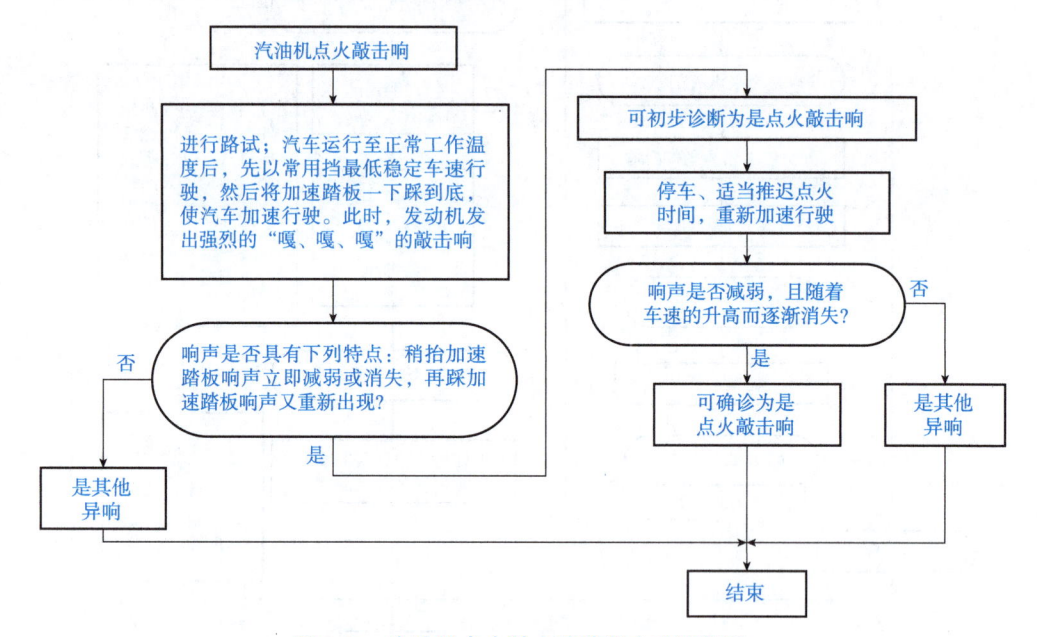

图 2-25　汽油机点火敲击响诊断方法流程图

Fig.2-25　Gasoline engine ignition percussion diagnosis flowchart

诊断中要注意与气门响的区别，不要将点火敲击响误诊为气门响。气门响可发生在任何转速下（包括怠速），而点火敲击响则只发生在汽车加速行驶、爬越坡度和超越车辆等工况下。

发动机产生点火敲击响后，只要适当推迟点火时间，汽车即可继续运行。如推迟点火时间后响声仍不消除，则应进一步找出原因，加以排除，决不能勉强使用。

### 7. 柴油机着火敲击响

（1）现象。柴油发动机在怠速和低速无负荷运转时，有时可听到尖锐、清脆和连续的"嘎啦、嘎啦"或"刚啷、刚啷"的敲击声，冷启动后响声尤其明显；发动机温度升起、转速升高和负荷增大时，响声减弱或消失，但发动机过热和超负荷运转时响声又增大；微抖供油拉杆时，抖得越急，响声越大。

（2）原因。柴油机着火敲击响分为"均匀而粗暴的敲击响"和"非均匀而粗暴的敲击响"两种。柴油机着火敲击响的主要原因是柴油机工作粗暴，而造成工作粗暴的原因是着火落后期太长。产生柴油机着火敲击响的具体原因如下：

1）均匀而粗暴的敲击响。

①柴油品质差，其中特别是自燃性能不好。

②喷油泵供油时间太早。

③发动机超负荷运转。

④发动机过冷或过热。

⑤在燃烧室形式、气缸内涡流运动、压缩终了的温度和压力、供油规律和喷射质量等方面，设计上存在问题。

⑥空气滤清器严重阻塞，使进气量不足。

2）非均匀而粗暴的敲击响。

①个别缸供油时间太早，即供油间隔不均匀。

②个别缸供油量大，即供油不均匀度超过标准。

③个别缸喷油质量不佳。

④个别缸密封性不佳，压缩终了的温度和压力太低。

（3）诊断方法。如果柴油机冷启动后响声较大，而温度升起后响声消失，这是由温度太低造成的，可继续运行。如果温度升高后响声仍存在，可按图2-26所示的方法诊断。

### 三、异响波形观测

发动机异响的仪器诊断法，较常见的是示波器诊断法。利用异响示波器，可观测到异响的波形特征、幅度和产生的缸位等。通过分析、判断异响波形，实现对异响快速诊断。

已如前述，发动机运动件配合间隙过大或配合面有损伤时，在运转中要引起机械振动而形成声源。当将发动机气缸体、气缸盖、油底壳等机件的外表面作为声源的测试部位时，这些测试部位实质上是由主声源激发出来的二次声源。二次声源的振动规律（频率、振幅、相位、持续时间等）既与主声源的振动规律有关，也与测试部位的固有振动频率有关。

用示波器诊断发动机的异响，是利用仪器的加速度传感器（拾振器），将各种异响对应的振动信号拾取出来变为电信号，经过选频、放大后送到示波器显示出振动波形，对异响进行频率鉴别和幅度鉴别，再辅以单缸断火（或单缸断油）、转速变化、听诊等传统手段，就能快速地判断出异响的种类、部位和严重程度。

#### 学习研讨

通过学习发动机异响的检测与诊断等相关知识，就可对本故障进行检测与诊断。

根据本任务中的故障现象，进行如下检测与诊断：

与其他相同配置的斯柯达汽车相比，此车怠速时有明显"嗒嗒"的响声，轻踩油门，响声频率加快。除"嗒嗒"响声外，发动机工作也明显粗暴。在距离车辆5 m左右的地方听车辆怠速声音，能明显听到异响。

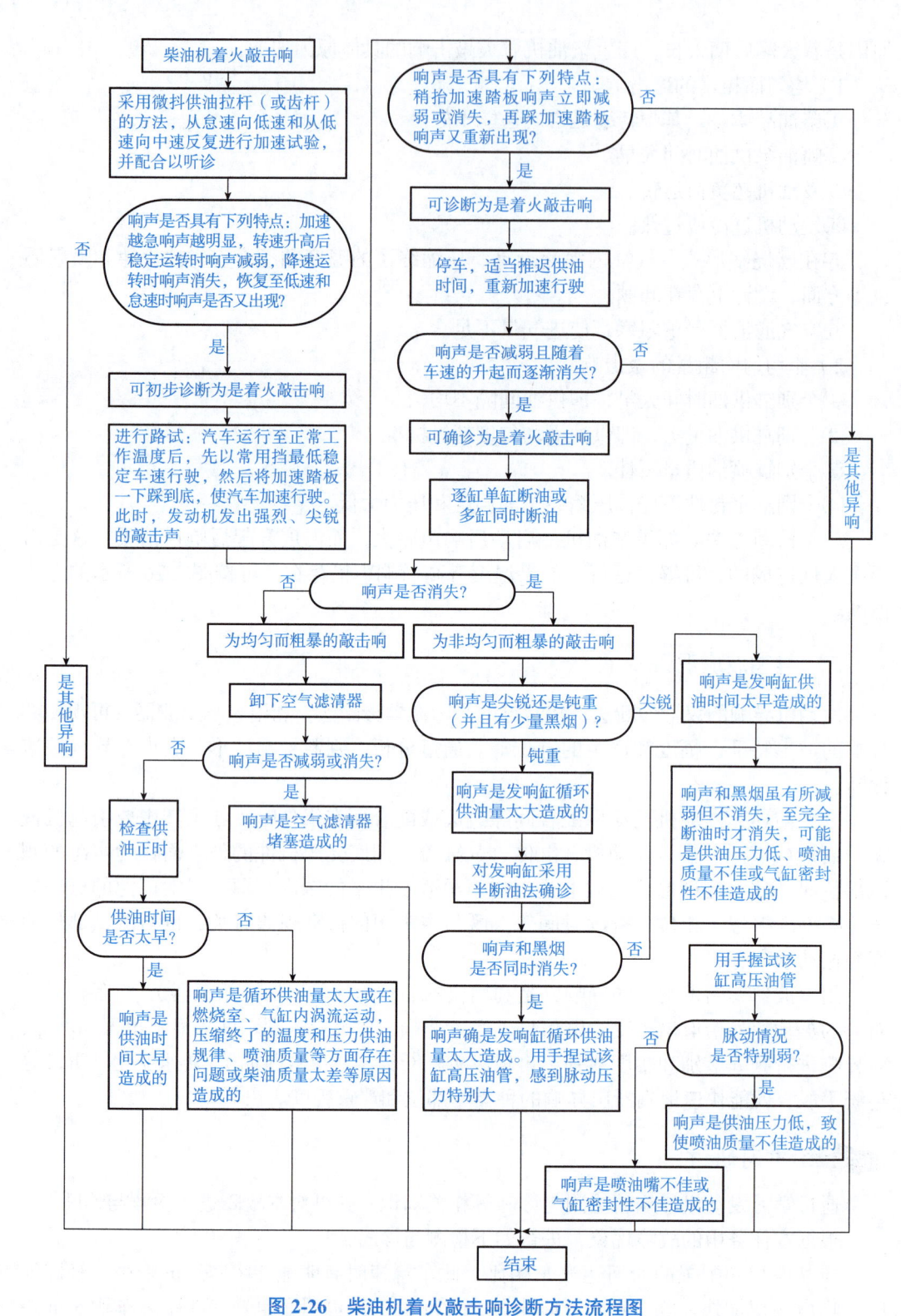

图 2-26　柴油机着火敲击响诊断方法流程图

Fig.2-26　Diesel engine fire and percussion diagnosis flowchart

根据响声类型，首先排除了外部传动带及其驱动部件或正时带及其驱动部件的异响，也不是配气机构中气门或挺杆的声音，因为此车异响显得比气门或挺杆异响更为尖脆，将车辆举升，在发动机下部听异响，发现响声明显在发动机下部。

首先在缸盖处的测压孔测量发动机的机油压力，怠速时机油压力为 200 kPa，加速时达到 300 kPa，与同类车相比，机油压力正常。然后测量 4 个缸的气缸压力，最高值均在 1 600 kPa 左右，用同一缸压表测量其他正常车辆，气缸压力在 1 200 kPa 左右，故障车缸压明显偏高。

解体发动机，发现气缸壁上有一层棕红色胶质，活塞顶部积炭较多，再仔细观察机油，发现机油的颜色呈棕红色。根据维修经验，这种现象一般是由于使用了劣质汽油所致。一般劣质汽油含胶量过多，杂质多，容易产生积炭，且会污染机油。

劣质燃油燃烧后，部分气体经活塞环窜到曲轴箱将机油污染，造成机油润滑效能下降，导致对润滑条件要求苛刻的活塞环磨损加剧，产生"嗒嗒"响声，同时，劣质燃油燃烧产生的胶质将活塞环"黏结"，使活塞环处向曲轴箱的窜气量减少，造成气缸压力过大，发动机工作粗暴。

更换活塞、连杆、活塞销、连杆轴承后，"嗒嗒"响声消失，气缸压力恢复正常。

### 工作页 7（任务五　发动机异响诊断）见工作页手册

## 任务六　电子控制汽油喷射式发动机检测与故障诊断

### 任务导入

某迈腾 1.8 T 轿车怠速抖动严重，加速无力，维修站对其进行故障诊断并维修。

### 学习目标

1. 掌握电子控制汽油喷射式发动机的故障诊断方法；
2. 掌握电子控制汽油喷射式发动机主要元件的检测方法；
3. 具有耐心细致的工作作风和严肃认真的工作态度，具有团队合作精神。

### 相关知识

电子控制汽油喷射系统通常由空气供给系统、燃油供给系统和电子控制系统等组成。电子控制汽油喷射式发动机机械部分的故障与传统发动机基本相似，可参照相关项目内容进行诊断与排除。本项目主要介绍电子控制汽油喷射系统的故障诊断与检测方法。

## 一、电子控制汽油喷射式发动机故障诊断基础

### (一)电子控制汽油喷射式发动机故障诊断方法

#### 1. 电子控制汽油喷射式发动机故障诊断注意事项

(1)发动机电子控制系统(简称电控系统)本身工作可靠,一般不易发生故障,常见故障为机械故障。

(2)在诊断过程中,禁止使用大功率仪器,避免对电控单元(ECU)产生无线电干扰。

(3)在拆除蓄电池的搭铁线之前,应先读取ECU中存储的故障代码(也称故障码)。

(4)检修燃油系统时,应先对油路进行卸压。

(5)在拆卸和插接线路或元件连接器之前,点火开关一定要置于"OFF"位。

(6)ECU的故障率很低,不要轻易拆解ECU。

#### 2. 电子控制汽油喷射式发动机故障诊断方法

(1)问诊法。问诊是对故障进行调查的开始,通过对驾驶员和有关人员的询问,可以了解故障发生、发展的全过程,并获得相关的信息,为进一步诊断打好基础。

(2)直观检查法。直观检查是最基本、最简便、最实用的诊断技术,是正确诊断不可缺少的重要方法。直观检查可分为人工检查和仪器检查两部分。人工检查主要检查空气滤清器滤芯是否堵塞、真空软管是否损坏漏气、电控系统线束连接是否良好、各传感器和执行器是否有明显的损伤及进、排气各接口处是否漏气等;仪器检查主要是检查蓄电池电压、发动机怠速转速、点火正时、燃油系统压力及火花塞的跳火能力等。通过直观检查,可以迅速确定故障部位。

(3)经验法。经验法也是快速、简洁的故障诊断方法。此方法适用于有经验的维修技师。在利用经验法诊断时,将故障现象、特征与以往所遇到的故障相比较,找出相同点与不同点,然后进行具体分析,必要时借助仪器加以确认。

(4)系统分析法。系统分析法是一种通过综合分析解决问题的方法,它将车辆维修过程从故障车进入维修场地到排除故障、试车、合格出厂看成一个整体综合考虑。

当车辆进入维修场地后,首先使用问诊法对驾驶员进行调查,再使用人工检查法进一步缩小故障范围,并对所怀疑的故障部位进行基本检查,然后读取并清除故障码。故障确认后,再一次读取故障码以确认电控系统是否存在故障,如有故障且与所读取故障码一致,则查阅故障码表,并按故障码的提示进行诊断和检测。

#### 3. 电子控制汽油喷射式发动机故障诊断的主要步骤

电子控制汽油喷射式发动机燃油供给系统出现故障时,应先利用油压表检查系统油压。电子控制汽油喷射式发动机系统油压一般为 0.25 MPa,如油压低于规定值,应检查油泵、油压调节器和管路是否工作不良。对电控系统的故障,则应按下述步骤进行检查:

(1)静态模式读取和清除故障码。为了准确地判断故障,必须按表 2-2 所列的步

骤进行检查，并将故障码逐一记录下来，然后清除故障码。

表 2-2 故障码检查表
Table 2-2 Checklist of fault codes

| 故障码检查及清除 | 症状确认 | 故障再次检查 | 症状状况 |
|---|---|---|---|
| 显示故障码 | 症状存在 | 显示同一故障码 | 故障码所指电路故障依然存在 |
|  |  | 显示正常码 | 故障不在故障码所指电路，在另一故障点 |
|  | 症状消失 | 显示正常码 | 第一次显示故障码是历史记录 |
| 显示正常码 | 症状存在 | 显示正常码 | 故障不在诊断电路中，但存在 |
|  | 症状消失 | 显示正常码 | 故障不在诊断电路中，已消除 |

（2）症状确认。症状确认是非常关键的一步，可使用多种方法来进行鉴别诊断，以确定具体故障部位。

（3）症状模拟。在故障诊断时，有时需要对车辆的故障情况进行模拟，常用的方法有振动法、加热法、水淋法、电器全部接通法和冷却法。

（4）动态故障码检查。在动态模式读取动态故障码时，若显示了故障码，应按故障码表进行故障诊断与排除；若无故障码显示，则检查其他系统。

（5）电路检查。通过检查电路，可以判断传感器、执行器、线束、连接器和 ECU 是否正常工作。

（6）部件检查。当故障症状明显显示为某一部件有故障时，应按部件检查方法进行检测。汽油喷射系统中的部件大多不进行修理，确认部件故障后，应予以更换。

（7）调整或维修。在确定了故障的具体部位后，应按维修工艺或维修手册所述步骤检查、调整、修理或更换。

（8）试车检验。在完成调整或维修后，应再进行试车检验，确保整个发动机系统工作正常。

（二）电子控制汽油喷射式发动机故障自诊断

### 1. 故障自诊断系统的功能特点

现代汽车的电子控制系统都配备自诊断系统，ECU 的自诊断系统主要用于检测电子控制系统各部件的工作情况。自诊断系统具有以下功能：

（1）检测电子控制系统的故障。

（2）将故障码存储在 ECU 的存储单元中。

（3）提示驾驶员 ECU 已检测到故障，应谨慎驾驶。

（4）启用故障保护功能，确保车辆安全运行。

（5）协助维修人员查找故障，为故障诊断提供信息。

### 2. 故障自诊断系统的工作原理

发动机电子控制系统工作时，电子控制器 ECU 输入、输出信号的电平是在规定范围内变化的。如果某一输入信号超出规定范围，ECU 就判定该路信号出现故障。

（1）微机系统的故障自诊断工作原理。微机系统一般不容易发生故障，但偶尔发生故障时会影响控制程序正常运行，使汽车不能正常行驶。因此，在电控系统中设有监视回路，用来监视微机的工作是否正常。在监视回路中还设有监视计时器，用于正常情况下按时对微机复位。当微机系统发生故障时，控制程序不能正常巡回，这时如果监视计时器的定期清除不能按时使微机复位，则微机显示溢出，表明微机系统发生故障并予以显示。在微机系统中还设有应急回路，当该回路收到监视回路发出的异常信号时，立即启用应急备用系统，使汽车保持一定运行能力。

（2）传感器的故障自诊断工作原理。如果运转中的发动机的电控系统的传感器发生故障，其输出信号就超出了规定范围。例如，水冷发动机的水温传感器，水温范围设定为 –30 ～ 120 ℃。正常工作时，输出的信号电压为 0.3 ～ 4.7 V。当水温传感器发生故障时，其向 ECU 输出的信号电压就会小于 0.3 V（水温高于 120 ℃）或大于 4.7 V（水温低于 –30 ℃）。ECU 接收到的信号电压超出规定范围时，就判定水温传感器信号电路有短路或断路故障。

ECU 判断出电控系统产生故障后，立即采取三项措施：第一，输出控制信号，使驾驶室组合仪表板上的"发动机报警灯（CHECK ENGINE）"点亮，通知驾驶员电控系统出现故障；第二，将水温传感器的故障信息以代码的形式存入微机存储器，以便检修人员调出诊断代码，快速诊断出故障，及时进行维修；第三，采用预先存储的正常水温（如 80 ℃）对发动机进行控制，使发动机仍能维持运转。

有时，即使水温传感器本身没有故障，但线路开路，自诊断系统同样会显示水温传感器有故障。因此，在判断故障时，除检查水温传感器本身外，还要检查线束、接插件（连接器）和传感器与 ECU 之间的电路。

需要指出的是，自诊断系统对于偶尔出现一次的不正常信号，并不立即判定是故障，只有不正常信号保持一定时间后才被视为故障。

（3）执行器的故障自诊断工作原理。执行器是在 ECU 不断发出各种指令情况下工作的。如果执行器出现了问题，监视回路将故障信息传输给 ECU，ECU 会作出故障显示、故障存储，并采取应急措施，确保发动机维持运转。例如，当点火器中的功率三极管发生故障时，点火器内的点火监视回路就不能将功率三极管正常工作（不断地导通和截止）的信号反馈到 ECU。如果 ECU 得不到这一反馈信号（IGf），就会判定点火系统发生故障，除采取故障显示和故障存储的措施外，其还会立即向喷油器发出停止喷油的指令，使喷油器停止喷油，以防止可燃混合气进入三元催化转换器而将其烧毁。

同样需要说明的是，当 ECU 得不到反馈信号 IGf 达到 6 次时，才会判定点火系统发生了故障。

### 3. 故障自诊断系统显示故障的方式

故障自诊断系统诊断出故障后要进行显示，由于厂牌、车型和生产厂家的不同，因而显示的方式也不同。有用发动机报警灯显示的，有用红、绿发光二极管显示的，还有用数码管显示的。上述方式显示的诊断代码，有一位数的、两位数的、三位数的，也有四位数或五位数的。

用发动机报警灯显示故障的情况如下：大多数汽车的发动机在组合仪表板上设有发动机报警灯，用于故障报警和就车显示诊断代码。发动机启动前点火开关打开时，该灯应点亮。若不亮，说明灯或灯的电路有问题。发动机启动后当转速高于 500 r/min 时，该灯应熄灭，说明发动机无故障；如果该灯继续点亮或在运行中点亮，说明检测到电控系统发生了故障，并以此方式向驾驶员发出报警信号，使驾驶员知道发动机发生了故障。另外，还能通过该灯以不同的频率闪烁，将微机存储器中存储的诊断代码调出，以便检修人员就车读取诊断代码，诊断、排除故障。故障排除后，通过消除诊断代码，该灯才不再点亮。

### 4. 进入故障自诊断系统的方法

由于汽车厂牌、车型和生产厂家的不同，因而进入发动机故障自诊断系统的方法也不同，具体有以下几种方法：

（1）用跨接线进入。用跨接线连接检查连接器有关的插孔，通过驾驶室组合仪表板上发动机报警灯或 LED 的闪烁，就车读取诊断代码。

（2）用按压"诊断按钮开关"法进入，就车读取诊断代码。

（3）用转动微机控制装置上的"诊断开关"法进入，就车读取诊断代码。

（4）用同时按下空调控制面板上的"OFF"键和"WARM"键的方法进入，就车读取诊断代码。

（5）用点火开关 ON—OFF—ON—OFF—ON 循环一次的方法进入，就车读取诊断代码。

（6）用读码器、解码器、扫描仪、电控专用检测仪或发动机综合性能分析仪等仪器进入，用仪器显示诊断代码。

目前，如丰田、日产、三菱、马自达、福特、宝马、菲亚特、标致等汽车，是通过跨接线的方法进入，由发动机报警灯显示诊断代码；奔驰、奥迪、沃尔沃等汽车也是通过跨接线的方法进入，但由 LED 显示诊断代码；凯迪拉克和林肯·大陆等汽车是通过同时按下空调控制面板上的"OFF"键和"WARM"键的方法进入的；而克莱斯勒公司的电控汽车是通过点火开关 ON—OFF—ON—OFF—ON 循环一次的方法进入的。绝大多数汽车都可以通过解码器等专用或通用的仪器进入自诊断系统并解读诊断代码。

### 5. 故障自诊断系统的测试模式

采用上述方法进入故障自诊断系统后，诊断故障的测试模式一般有以下两种：

（1）静态测试模式。静态测试模式即在点火开关打开、发动机处于静止状态下进行检测诊断的一种模式，简称 KOEO（Key ON Engine OFF）模式。该模式主要用于提取存储在存储器中的间歇性故障的诊断代码和在静态下发生故障的诊断代码。

（2）动态测试模式。动态测试模式即在点火开关打开、发动机处于运转状态（包括汽车路试）下进行检测诊断的一种模式，简称 KOER（Key ON Engine Run）模式。该模式主要用于提取存储在存储器中的动态下发生故障的诊断代码或进行混合气成分的检测分析。

有些汽车，如丰田系列汽车，也将静态称为正常状态，将动态称为试验状态。

**6. 故障的确认方法**

当某一电路出现超出规定范围的信号时，诊断系统就判定该电路发生故障。如果故障状态存在超过一定的时间，此故障码就会储存在电控单元（ECU）的随机存储器中。如果在一定时间内该故障状态不再出现，则电控系统将它判定为偶发性故障（也称间歇性故障），如果发动机启动50次故障不再出现，该偶发性故障码就会自动消除。

故障的出现不仅与传感器和执行机构有关，而且与整个线路有关。为了找出故障所在，除检查传感器和执行机构外，还需要检查线束、连接器、ECU及与该信号有关的其他元件。

**7. 故障码的读取与清除方法**

用解码器读取和清除故障码的方法可参见项目二任务一中解码器使用方法。

### （三）用传统方法检查诊断故障的程序和方法

电控燃油喷射发动机装备的故障自诊断系统，利用诊断代码诊断故障，具有故障部位明确、针对性强、能实现快速诊断等优点，为越来越复杂的电控系统的故障诊断带来了方便。因此，电控燃油喷射系统发现故障时，只要显示诊断代码，就应该首先按自诊断系统检测诊断故障的程序和方法进行快速诊断。但是，自诊断系统检测并存储故障的能力是有限的，不可能将所有故障都包括在内。对于那些没有包括在自诊断系统内的故障和虽然包括在自诊断系统内但诊断代码不显示或显示正常代码而故障又确实存在的情况，则无法再使用自诊断系统检测诊断故障，而应采取传统的方法，即在问询汽车用户有关问题后，采用外观检查、基本检查、进入故障征兆一览表、进入疑难故障诊断表和采用故障征兆模拟试验、对比试验等传统方法，将故障诊断出来并排除。

**1. 倾听用户意见**

首先向汽车用户了解故障的现象、出现的时机和条件等情况，并问询该车在此之前是否找其他厂家检修过及检修的具体内容等问题。总之，要注意倾听汽车用户对故障的陈述、意见和要求，以作为诊断的参考性依据之一。

**2. 进行外观检查**

外观检查也称为目视检查，目的是发现并消除从发动机外部能看得见的故障和存在的问题，主要是检查管、线、接插件的连接状况和老化、变质情况。必要时可驾车路试，以体验汽车的运行状况。

**3. 进行基本检查**

基本检查主要是对蓄电池电压、曲轴转动情况、发动机启动情况、怠速运转情况、空气滤清器堵塞情况、进气管与气缸密封性、点火正时、燃油压力、高压线跳火和火花塞技术状况等进行的检查与测量，发现问题及时解决。

#### 4. 使用故障征兆一览表

电控燃油喷射发动机的常见故障包括不能启动、启动困难、怠速运转不好、驾驶性能不良、发动机失速等故障。当发动机发生故障时，如果自诊断系统不显示诊断代码或显示正常代码，在基本检查中也未发现问题，而故障又确实存在，就应查阅该车型维修手册故障征兆一览表，并按表中给定的诊断次序（1、2、3、…）诊断并排除故障。汽车维修手册中一般列有故障征兆一览表，表中列出了故障征兆、怀疑部位和诊断次序。只要按其诊断次序到指定的部位去检查，总能将故障诊断出并排除，因而，使用故障征兆一览表诊断常见故障是十分有效和实用的。

#### 5. 疑难故障诊断与故障征兆模拟试验

经过以上检查、测试后，一般情况下故障就被诊断出来了。但是，有些故障的征兆不明显，而故障又确实存在，这就成为故障诊断中最难以处理的情况，称为疑难故障（有些属于偶发性故障或间歇性故障）诊断。对于疑难故障，诊断时可查阅汽车维修手册中的疑难故障诊断表，根据其上的检查要点和顺序进行。必要时可进行故障征兆模拟试验，再现故障出现的环境和条件，进行全面分析、判断，总能把故障诊断出来。故障征兆模拟试验也适用于用故障自诊断系统检测诊断故障的程序和方法（在试验状态下）。

进行故障征兆模拟试验以前，最好能将可能发生故障的线路、连接器、传感器、执行器或相关部件的范围缩小，以缩短试验和诊断的时间。

在汽车静止发动机运转的情况下，进行发动机故障征兆模拟试验，主要有以下4种方法：

（1）振动法。模拟汽车行驶时的振动，以利于使易松动部位故障再现。

（2）加热法。模拟发动机工作时某一部位的温度，以利于故障再现。

（3）淋水法。模拟雨、雪、雾的高湿度环境，以利于故障再现。

（4）电负荷满载法。模拟汽车使用全部用电负载时的工作情况，以利于故障在用电满负荷或超负荷情况下再现。

#### 6. 对比试验

对比试验是用性能良好的同一型号新部件，替换下被怀疑有故障的旧部件的一种试验。替换后如果故障排除，说明原旧部件确实有问题。

综上所述，电控燃油喷射系统检测诊断的程序和方法如图 2-27 所示。

### 二、电子控制汽油喷射式发动机主要元件检测

电控系统由传感器、ECU、执行机构和线束组成。发动机工作时，ECU 不断检测传感器的性能参数，经计算、处理后，再控制执行机构动作。如果发动机主要元件发生故障，可通过读取故障码的方法，确定故障部位。

视频：发动机转速与曲轴位置传感器检测

#### （一）传感器检测

按信号的产生方式，传感器一般可分为信号改变传感器和信号产生传感器。

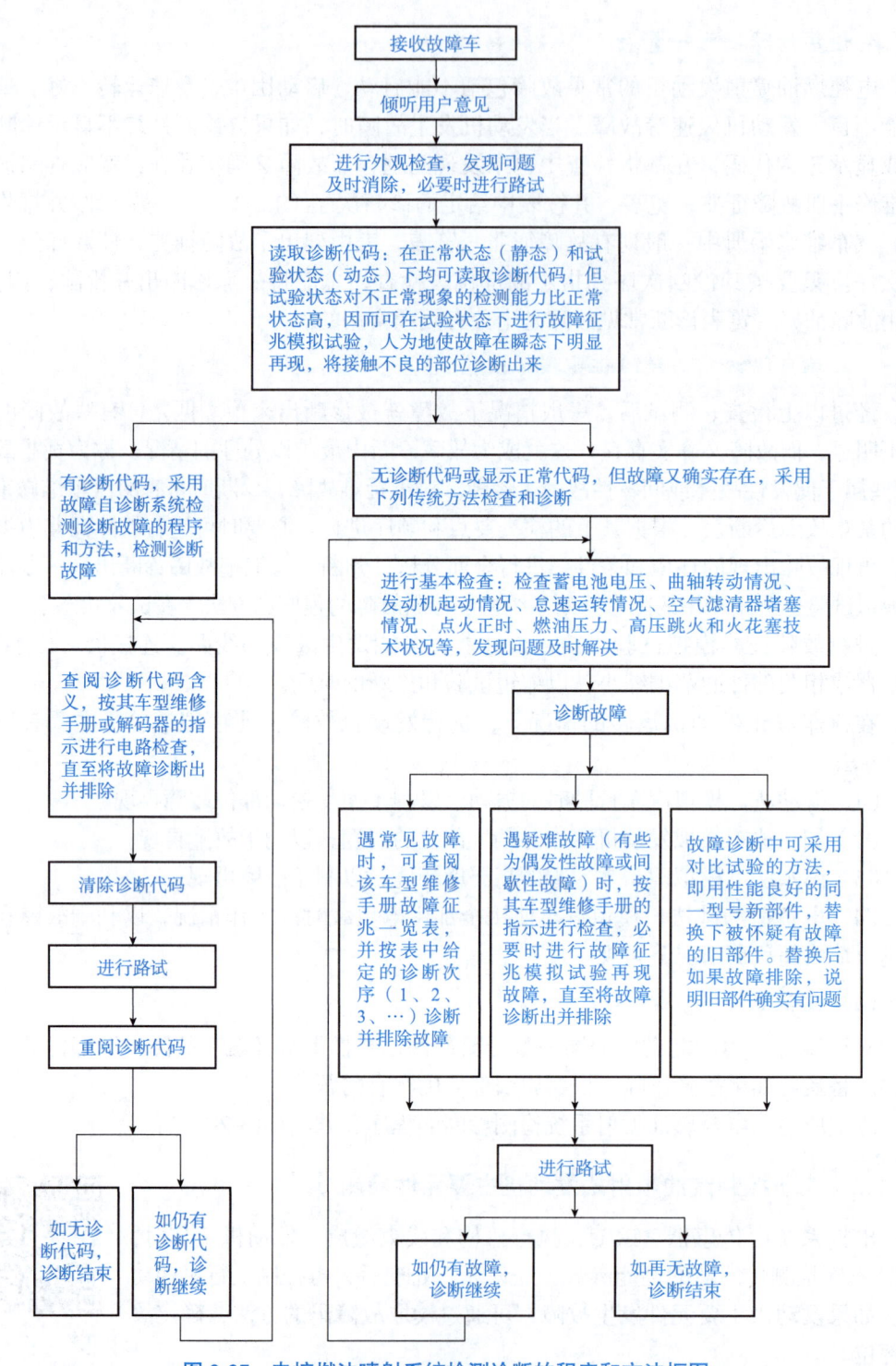

图 2-27 电控燃油喷射系统检测诊断的程序和方法框图

Fig.2-27 Block diagram of the program and method for detection and diagnosis of electronically controlled fuel injection system

**1. 信号改变传感器检测**

信号改变传感器本身没有产生电压的能力，它一般将 ECU 的电压（5 V）当作自己的参考电压，随着发动机状态的变化，改变自己的参考电压值，并将它输送给发动机 ECU。这类传感器主要有空气流量传感器、节气门位置传感器、进气歧管压力传感器、发动机冷却液温度传感器和进气温度传感器等。根据其导线的数目可分为单导线型、双导线型和三导线型。

（1）单导线型信号改变传感器的检测。单导线型信号改变传感器原理电路如图 2-28 所示。其检测步骤如下：

1）断开传感器导线连接器，打开点火开关，测量导线与搭铁之间的电压是否为参考电压。如果测量结果不正确，则应检查导线和 ECU。

2）测量传感器搭铁端子与搭铁之间的电阻值是否为零。

3）接好传感器导线连接器，启动发动机，测量传感器信号端子电压是否随发动机工况的变化而变化。

（2）双导线型信号改变传感器的检测。双导线型信号改变传感器有两根导线：一根为信号线；另一根为搭铁线。如进气温度传感器。双导线型信号改变传感器原理电路如图 2-29 所示。其检测步骤如下：

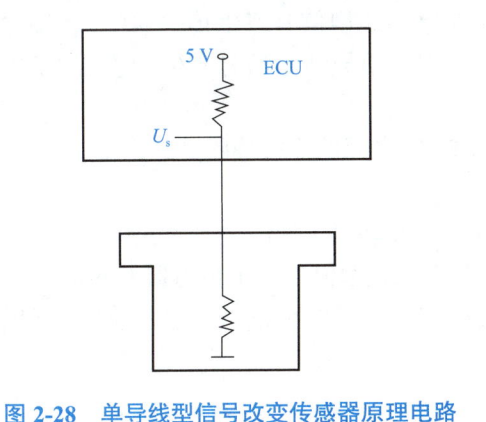

图 2-28　单导线型信号改变传感器原理电路
Fig.2-28　Single-wire signal changes the sensor principle circuit

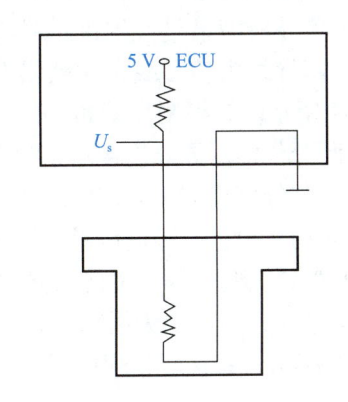

图 2-29　双导线型信号改变传感器原理电路
Fig.2-29　Two-wire signal changes the sensor principle circuit

1）关闭点火开关，断开传感器导线连接器，用万用表欧姆挡测量连接器上各接线与搭铁之间的电阻，找出搭铁线。

2）打开点火开关，用万用表电压挡测量另一根导线与搭铁之间的电压是否为参考电压。若不正常，则检查导线和 ECU。

3）接好传感器导线连接器，启动发动机，测量传感器信号端子的电压是否随发动机工况的变化而变化。

（3）三导线型信号改变传感器的检测。在三导线型信号改变传感器的导线中，一根为 ECU 的电源线，一根为信号线，另一根为搭铁线，如节气门位置传感器。此类传感器原理电路如图 2-30 所示。其检测步骤如下：

1）点火开关置于"OFF"位，断开传感器导线连接器，用万用表欧姆挡测量连接器上各接线与搭铁之间的电阻，确定搭铁线。

2）点火开关置于"ON"位，用万用表电压挡测量其他两根导线与搭铁之间的电压，电压为参考电压的为电源线，剩下的一根导线即信号线。

3）接好传感器导线连接器，启动发动机，测量传感器信号端子和搭铁端子之间的电压是否随发动机工况的变化而变化。

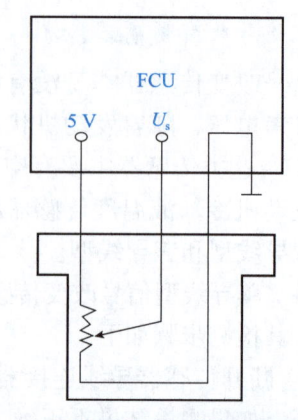

图 2-30　三导线型信号改变传感器原理电路

Fig.2-30　Three-wire signal change sensor principle circuit

**2. 信号产生传感器检测**

信号产生传感器与信号改变传感器的不同点是本身不加参考电压，它根据发动机的特殊工作状态自己产生相应的电信号。典型的信号产生传感器有爆震传感器、氧传感器等。

此类传感器根据其导线的数目可分为单导线型、双导线型。

（1）单导线型信号产生传感器的检测。在单导线型信号产生传感器中，传感器直接搭铁，其导线为信号线，如氧化锆型氧传感器。单导线型信号产生传感器原理电路如图 2-31 所示。其检测步骤如下：

1）断开传感器导线连接器，测量导线与 ECU 之间的连接线路是否正常。

2）检测传感器端子与搭铁之间是否短路。

3）启动发动机，测量传感器端子电压是否随发动机工况的变化而变化。

（2）双导线型信号产生传感器的检测。在双导线型信号产生传感器的两根导线中，一根为信号线，另一根为搭铁线，如爆震传感器。双导线型信号产生传感器原理电路如图 2-32 所示。其检测步骤如下：

图 2-31　单导线型信号产生传感器原理电路

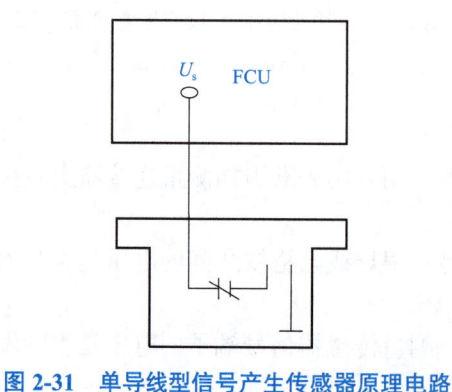

Fig.2-31　Principle circuit of single wire signal generating sensor

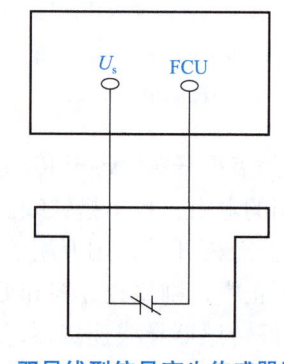

图 2-32　双导线型信号产生传感器原理电路

Fig.2-32　Principle circuit of double wire signal generating sensor

1）断开传感器导线连接器，用万用表欧姆挡测量连接器上各接线与搭铁之间的电阻，找出搭铁线。

2）用万用表电压挡测量另一根导线与 ECU 之间的连接是否正常。

3）启动发动机，测量传感器两端子间的电压是否随发动机工况的变化而变化。

### （二）主要执行元件检测

#### 1. 电动汽油泵

（1）电动汽油泵的控制。装有电控燃油喷射（EFI）系统的汽车，只有发动机运转时，电动汽油泵才开始工作。即使点火开关接通，只要发动机没有转动，电动汽油泵就不工作。压力感应式（D形）和流量感应式（L形）EFI 系统电动汽油泵控制电路各不相同，但一般是当发动机点火开关置于"ON"位时，电动汽油泵运转 2～3 s 后停止，发动机启动后电动汽油泵才继续工作。

（2）电动汽油泵的检测。

1）拆下电动汽油泵。

2）用万用表欧姆挡测量电动汽油泵线圈的电阻。在 20 ℃时，标准电阻值为 0.2～3.0 Ω。如超出标准电阻值范围，则应更换电动汽油泵。

3）将蓄电池正极与电动汽油泵正极相连，负极与电动汽油泵负极相连，检测电动汽油泵的运转情况。如运转不正常，则予以更换。注意：必须采用负极触碰式完成，以免电动汽油泵线圈烧毁。

#### 2. 喷油器

（1）喷油器驱动方法。喷油器驱动方法有电压控制方法和电流控制方法两种。电压控制方法的驱动电路适用于低阻值喷油器和高阻值喷油器；电流控制方法的驱动电路只适用于低阻值喷油器。

（2）喷油器及其控制电路的检测。

1）喷油器检测。喷油器检测主要进行喷油器线圈的电阻、喷油量、雾化效果，以及针阀卡滞和泄漏的检测。

2）喷油器电路检测。喷油器电路检测主要检测喷油器与 ECU 间的导线和连接器是否良好。

#### 3. 急速控制阀（ISC）

（1）步进电机式急速控制阀的检测。

1）拆下急速控制阀，检测线圈的电阻是否正常。

2）给急速控制阀的四个线圈依次通电，急速控制阀应逐渐关闭；若依相反顺序通电，则急速控制阀逐渐打开。若急速控制阀工作不正常，应更换急速控制阀。

3）检测连接线束和 ECU 控制是否正常。

（2）电磁式急速控制阀的检测。

视频：喷油器的检测与诊断

1）拆下怠速控制阀，测量电磁线圈的阻值是否符合要求。

2）分别给两个线圈施加电压，阀门应交替开启和关闭。如不正常，应更换怠速控制阀。

3）检测连接线束和 ECU 控制是否正常。

### （三）ECU 检测

电子控制单元（ECU）是一种电子综合控制装置，它根据各种传感器送来的信号，确定最佳喷油量和喷油时刻。

#### 1. 检测注意事项

（1）不得损坏导线、连接器，避免短路或接触较高的电压。

（2）慎重使用电子检测设备和仪器，高电压会使 ECU 芯片内部电路短路或断路。检测时，最好使用兆欧级高阻抗的数字表。

（3）没有适当的工具和有关知识，禁止拆卸、检测 ECU。

（4）所有的高压元件距离传感器或执行装置的控制线至少 25 mm 以上。

（5）防止静电对 ECU 的损害。

视频：电子控制器（ECU）的检测

#### 2. 导线连接器检测

检测与 ECU 相连的导线连接器时，可用手轻微摇动连接器，查看是否有松动，若有松动，应拔下连接器，检查接触片是否被腐蚀，若有腐蚀现象，需要用铜刷或电器接触清洁剂将其除去。安装时，可用专用的导电油脂涂抹，以防止腐蚀。

#### 3. ECU 基本检测

（1）检测 ECU 的电源线、搭铁线是否良好，导线连接器是否正常。拔下电缆连接器，查看其内部是否有锈蚀、触针是否弯曲，并检查 ECU 上的所有搭铁线是否有腐蚀。如果上述检测一切正常，可用替代法确定 ECU 是否有故障。

（2）检测 ECU 的闭环控制情况。在氧传感器良好的情况下，启动发动机并使其怠速运转，检测氧传感器的信号电压。在正常情况下，其信号电压应在 0.1～0.9 V 不停地变化；否则，说明 ECU 有故障。

### 学习研讨

发动机怠速不稳多数是燃油喷射系统的故障，通过诊断仪进行故障码读取可以查找原因，对其进行维修则需要对电控汽油喷射系统构造足够熟悉。具体学习研讨过程扫描右侧二维码。

### 工作页 8（任务六　电子控制汽油喷射式发动机检测与故障诊断）见工作页手册

## 任务七　高压共轨柴油机电控系统故障诊断

### 任务导入

某车发动机怠速抖动严重，加速时动力不足，排气管排出的尾气呈灰白色状态。

### 学习目标

1. 了解共轨式电子控制柴油喷射系统的构成；
2. 掌握共轨式电子控制柴油喷射系统技术状况的检测方法；
3. 掌握高压共轨柴油机电控系统故障诊断的方法；
4. 培养检修过程中严谨的工作作风、诚实守信的职业品德、较强的安全意识。

### 相关知识

传统柴油机存在的主要缺陷是：柴油机在高转速时，其燃油喷射时间很短，且在喷射过程中高压油管各处的压力随时间和位置的不同而变化，同时，高压油管中燃油产生压力波动，使实际的喷油状态与喷油泵所规定的柱塞供油规律有较大的差异。油管内的压力波动有时还会在主喷射之后，使高压油管内的压力再次上升，产生二次喷油现象。由于二次喷油不可能完全燃烧，因此增加了碳烟和碳氢化合物的排放量，油耗增加。另外，每次喷射循环后，高压油管内的残压都会发生变化，随之引起不稳定的喷射，尤其在低转速区更容易产生上述现象，严重时不仅喷油不均匀，而且会发生间歇性不喷射现象。工作粗暴、冒黑烟、噪声大、工作均匀性差、冷启动困难是传统柴油机的致命缺点。

柴油机电控技术是在解决能源危机和排放污染两大难题的背景下，在飞速发展的电子控制技术平台上发展起来的，其开发研究从 20 世纪 70 年代开始，根据控制方式不同，柴油机燃油喷射系统经历了从"位置控制"到"时间控制"，再到"时间—压力控制"或"压力控制"的发展过程。

共轨式电子控制柴油喷射系统属于"时间—压力式"电控喷油系统。其特点：将燃油压力产生和燃油喷射分离开，燃油共轨中的燃油压力由高压泵产生，由电磁压力调节阀根据发动机工作需要进行连续调节；电控单元以脉冲信号作用于喷油器的电磁阀上，控制燃油喷射过程，喷油量取决于燃油共轨中的油压和电磁阀开启时间长短，以及喷油器液体流动特性。由于共轨式电子控制柴油喷射系统控制精度高，可以优化柴油机的综合性能，因此逐步得到广泛运用。

目前，国内使用的柴油电控技术主要有德尔福电控单体、共轨，博世共轨，电装共轨，康明斯电控共轨，博世单体泵、衡阳单体泵和威特单体泵等。

## 一、共轨式电子控制柴油喷射系统的构成

### 1. 共轨式电子控制柴油喷射系统的基本形式

共轨式电子控制柴油喷射系统有两种基本形式，即高压共轨式和中压共轨式。

（1）高压共轨式系统。高压输油泵（压力在 120 MPa 以上）直接产生高压燃油，输送至共轨中消除压力脉动，再分送到各喷油器；电控单元发出指令信号后，喷油器的电磁阀控制喷油器工作，按需要喷出适量高压燃油。

（2）中压共轨式系统。中压输油泵（压力为 10～13 MPa）将燃油压力提高至中等压力，输送到共轨中消除压力脉动，再分送至带有增压柱塞的喷油器；电控单元发出指令信号后，喷油器电磁阀控制喷油器工作，通过高压柱塞的增压作用，燃油压力升高至高压（120～150 MPa）后喷出。

### 2. 共轨式电子控制柴油喷射系统的构成

根据油路和功能，共轨式电子控制柴油喷射系统可分为以下 3 个部分（图 2-33）。

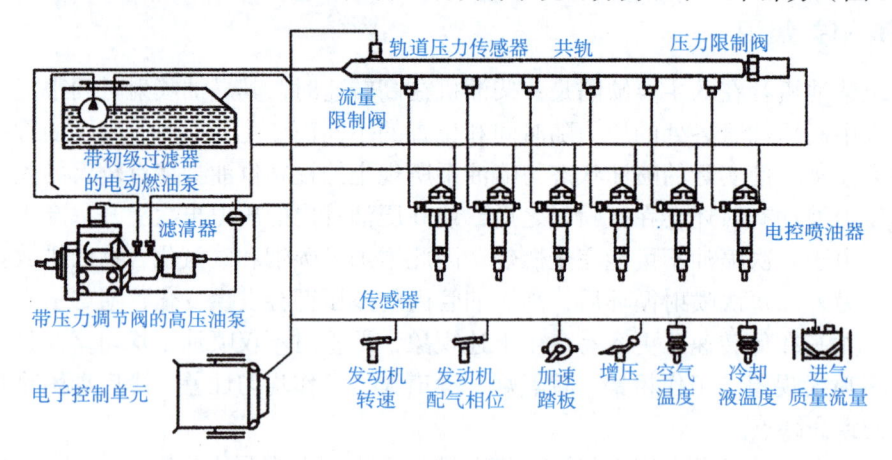

图 2-33 高压共轨式电子控制柴油喷射系统

Fig.2-33　High pressure common rail electronically controlled fuel injection system

（1）燃油输送子系统：包括油箱、输油泵、滤清器和低压回油管等。

（2）共轨压力控制子系统：包括共轨压力控制阀（PCV）、高压油泵、共轨组件、电控喷油器、压力限制阀、流量限制阀等。

（3）电子控制系统：由传感器、EUC 和执行器等组成。

### 3. 共轨式电子控制柴油喷射控制系统的构成

共轨式电子控制柴油喷射控制系统包括传感器及其他信号输入装置、电子控制单元（ECU）和执行机构 3 个部分。

（1）传感器及其他信号输入装置。传感器及其他信号输入装置实时检测柴油机和汽车的运动状态，将监测信号输入电子控制单元。

1）加速踏板位置传感器：检测加速踏板的位置即发动机负荷。

2）转速传感器、曲轴位置传感器：用以检测发动机转速和曲轴位置，确定发动机

工作相位。

负荷信号和转速信号共同决定柴油机喷油量及喷油提前角，是柴油机电控系统的主控信号。

3）空气流量传感器或进气压力传感器：用以监测进入发动机的空气量。

4）进气温度传感器：监测发动机的进气温度。

5）冷却液温度传感器：监测发动机冷却液温度。

6）着火正时传感器：检测燃烧室开始燃烧的时刻，修正喷油正时。

7）E/G 开关：发动机点火开关，向 ECU 输出发动机工作状态信号。

8）A/C 开关：空调开关，向 ECU 输出空调工作状态信号，是怠速控制信号之一。

9）空挡启动开关：向 ECU 输出自动变速器是否处于空挡位置的信号，是怠速控制信号之一。

（2）电子控制单元。电子控制单元的核心是微处理器、输入/输出接口电路和输出电路等，电控柴油喷射系统的各种控制程序和数据存储在微处理器的存储器中。其功能是接收各种传感器和开关输送的各种信息，根据电子控制单元内存储的程序对各种信息进行运算、处理、判断，并将结果作为控制指令输出到执行机构，对柴油喷射过程进行控制。另外，ECU 还能与其他控制系统进行数据传播与交换，能够根据其他系统的实时情况，修正喷油系统的执行命令。与此同时，电子控制单元还可以向其他控制系统输送必要信息。

（3）执行机构。柴油机电控系统执行机构的功能：根据 ECU 的执行命令，调节喷油量和喷油正时等，从而调节柴油机的运行状态。主要执行机构有电动调速器、溢流控制电磁阀、电子控制正时控制阀、电子控制正时器、电磁溢流阀、高速电磁阀和电子液力控制喷油器等。这些执行器实质上是电磁铁、螺旋管、直流电动机、步进电动机和力矩电动机等电器。

## 二、燃油输送子系统主要部件故障诊断

### 1. 电动燃油泵故障诊断

电动燃油泵安装在燃油箱的外面，提供 250 kPa 的泵油压力，最大供油流量为 180 L/h。电动燃油泵由控制单元控制，当点火开关被打开，控制单元将控制电动燃油泵继电器向电动燃油泵供电，如果发动机在 9 s 内没有启动，电动燃油泵电源将被切断。

（1）在车检查。

1）接通点火开关，用备用 10 A 熔丝将电动燃油泵诊断插座两端子短接，察听电动燃油泵有无运转声。

2）如果听不到电动燃油泵运转声，检查进油软管处有无压力。

3）如果既无运转声又无压力，说明电动燃油泵未工作，应检查电动燃油泵控制电路，如果控制电路正常，说明电动燃油泵有故障，应进行修理或更换。

4）启动发动机时，电动燃油泵的 LED 灯应点亮。用万用表分别测量电动燃油泵各端子间的电压，应符合规定值（一般为蓄电池电压）。

（2）压力测试。

1）将油压表连接在燃油管路上，使发动机怠速运转，查看油压表读数，其压力值应符合规定。拔下燃油压力调节器上的真空软管，查看油压表读数，其压力值应符合规定。

2）拔下燃油压力调节器上的真空软管，查看油压表读数，其压力值应符合规定。

3）断开点火开关，使发动机停转，10 min 后查看油压表读数，其压力值降低不应超过 100 kPa。

如果测得值与规定值不符，应检查燃油压力调节器和燃油滤清器是否有故障。如正常，说明电动燃油泵有问题，应修理或更换。

（3）供油量测试。

1）断开点火开关、拆下回油管，并将导管端的回油管插入量杯内。

2）用备用 10 A 熔丝将电动燃油泵诊断插座两端子短接，接通点火开关，使电动燃油泵运转 30 s 左右，查看量杯内的燃油量。

如果测得值与正常值不符，应检查电动燃油泵滤网和燃油滤清器是否堵塞；否则说明电动燃油泵有故障，应进行修理或更换。

### 2. 燃油滤清器故障诊断

燃油滤清器位于发动机室一侧，燃油滤清器总成上还包括燃油温度传感器、燃油阻塞传感器和水分传感器等，分别监测柴油油温、滤清器是否堵塞、燃油中水分。

柴油中混有水分或燃油滤清器阻塞时，仪表板上的警告灯发出警示。因此，警告灯点亮时，应尽快排除故障。否则，由于燃油中混有水分或滤芯阻塞，高压共轨中的器件会很快损坏。当滤芯阻塞且警告灯点亮时，若发动机在高负荷下工作，则会停机，这是由于高压油泵的安全阀开始工作。此时，驾驶员应保持较低发动机转速和小负荷，行驶到最近的维修站进行维修。

诊断燃油滤清器故障时，首先拆下燃油滤清器，检查进油管接头口是否通气。若不通气或阻力很大，则说明燃油滤清器被堵塞。汽车上安装的燃油滤清器大多是不可分解的，一旦堵塞应整体更换。

通常，燃油滤清器的更换期为一年半或 40 000 km。燃油滤清器四周常有渗漏现象，更换时应注意紧固。

### 三、共轨压力控制子系统故障诊断

共轨压力控制子系统包括共轨压力控制阀（PCV）、高压油泵、共轨组件、电控喷油器等。

### 1. 高压油泵故障诊断

（1）结构及工作原理。图 2-34 所示为有三套柱塞组件高压油泵的结构。各柱塞组件由偏心轮驱动，在相位上相差 120°。当柱塞下行时，来自输油泵电压为 0.05～0.15 MPa 的燃油经过低压油路到达各柱塞组件的进油阀，并由进油阀进入柱塞腔，实现充油过程；当柱塞上行时，进油阀关闭，燃油建立起高压；当柱塞腔压力高于共轨中压力时，出油阀打开，柱塞腔的燃油在 PCV 的控制下进入共轨。

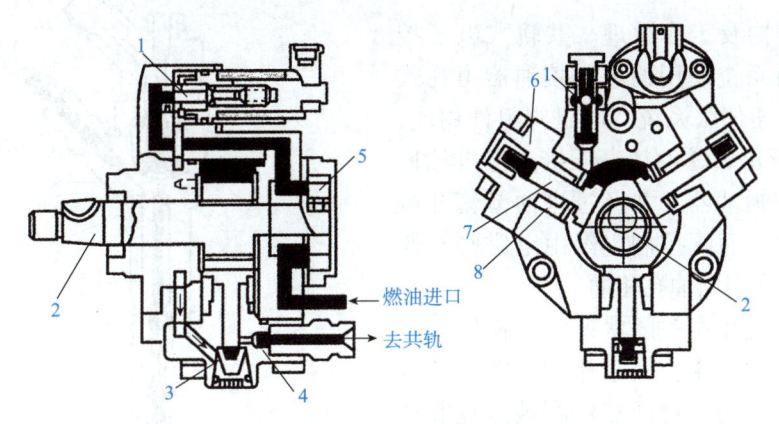

**图 2-34　高压油泵的结构**

Fig.2-34　Structure of high pressure pump

1—调压阀；2—凸轮轴；3—进油阀；4—出油阀；5—输油泵；
6—柱塞腔；7—柱塞；8—柱塞回位弹簧

（2）故障诊断方法。如果高压油泵输出燃油压力不正常，可能故障部位为柱塞偶件、出油阀偶件。

1）柱塞与柱塞套的检查。

①检查柱塞与柱塞套的滑动性能。将柱塞与柱塞套保持与水平线呈 60°左右角度的位置，从几个方向拉出柱塞，能自动慢慢滑下即为合格。

②检查柱塞与柱塞套的密封性能。堵住柱塞套顶上和侧面的进油孔，拉出柱塞，应感觉到有显著的吸力；放松柱塞时，能立即缩回原位即为合格。

③检查柱塞控制套缺口与柱塞下凸块的配合间隙。若超过 0.08 mm，必须进行修整或更换。

④检查柱塞与柱塞套的摩擦面的磨损或刮伤情况。如不符合要求，应成套更换。

2）出油阀及阀座的检查。

①出油阀及阀座密封性检查。堵住出油阀下面的孔，将出油阀轻轻从上向下压。当离开出油阀上端时，如能自行弹回，即为良好。

②若出油阀及阀座磨损过甚或有伤痕，应成套更换。

③弹簧镀层脱落和表面磨损、裂纹等，应予以更换；弹簧上下座应平整。柱塞下端凸缘的顶面与弹簧下端的下表面之间应有一定的间隙。若无间隙，应更换。

3）其他检查。

①挺柱的检查。检查挺柱与泵体座孔和其他有关零件的配合间隙与磨损情况，间隙超过规定或磨损过度时，应修理或更换。

②凸轮轴及轴承的检查。检查凸轮轴弯曲度，如超过 0.05 mm，应冷压校正。检查凸轮轴安装油封处的轴颈，如磨损过度且深度超过 0.1 mm，须修复或更换。检查滚球轴承外径与轴承盖和调速器轴承座孔的过渡配合，如松动，可更换或修复。

## 2. 电控喷油器故障诊断

（1）结构及工作原理。共轨式电子控制柴油喷射系统使用的电控喷油器由孔式喷油器、液压伺服系统、电磁阀组件构成，如图2-35所示。燃油从高压接头经进油通道送往电控喷油器，并经过进油节流孔进入阀控制室，而阀控制室经由电磁阀控制的回油节流孔与回油孔相通。

出油节流孔在关闭状态时，作用在阀控制活塞上的液压力大于作用在喷油器针阀承压面上的力，喷油器针阀被压在其座面上，紧紧关闭通往喷油孔的高压通道，因而没有燃油喷入燃烧室。电磁阀动作时，打开回油节流孔，阀控制室内的压力下降，只要作用在阀控制活塞上的液压力小于作用在喷油器针阀承压面上的力，喷油器针阀立即打开，燃油经过喷油孔喷入燃烧室。

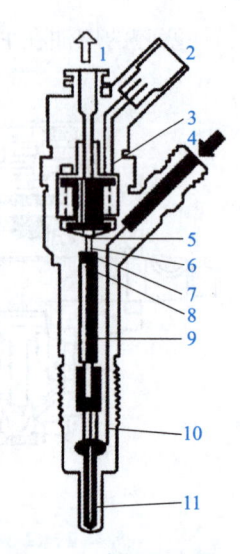

**图 2-35 电控喷油器示意**

Fig.2-35 Schematic diagram of electronically controlled injector

1—回油孔；2—电气插头；3—电磁阀；4—进油孔；5—球阀；6—回油节流孔；7—进油节流孔；8—阀控制室；9—阀控制活塞；10—至喷嘴的进油道；11—喷油器针阀

（2）故障诊断方法。

1）电磁阀诊断方法。

①电磁线圈电阻检测。用万用表检查电控喷油器电磁阀的电磁线圈阻值应符合规定，一般为 0.3～1.0 Ω。如不满足规定，则说明电磁线圈断路或短路。

②电磁阀衔铁动作检查。电控喷油器的喷油量及喷油正时均由电磁阀的通电时刻决定，因此，必须对电磁阀中的电磁线圈的技术状况进行检查。

当电磁阀正常工作时，即衔铁运动时，电磁阀的等效电感变小，电磁阀驱动电流升到一定值后上升速度明显加快，有一个明显的拐点，该点即电磁阀衔铁动作的时刻。当电磁阀的衔铁不运动时，电磁阀的等效电感不变，驱动上升速度没有明显变化。因此，通过检测电磁阀驱动电流变化率，可以检测电磁阀衔铁是否正常吸合，如图2-36所示。

线束连接不好或电磁阀线圈断裂等均会造成电磁阀驱动回路断路。当此故障发生时，即使电磁阀驱动电路正常工作，也会由于没有形成电流回路，电磁阀中的驱动电流为零，电磁阀不工作。

2）电控喷油器诊断方法。电控喷油器应放在专用试验器上进行检查与调整，试验器由手压泵、储油罐及压力表等组成。

①喷油压力测试。以 60 次/min 的速度按压试验器手柄，观察电控喷油器喷油过程中压力表上的读数。各缸喷油器的喷油压力应相同，并应符合制造厂的规定。如6120柴油机的喷油压力应为（17.5±0.3）MPa。

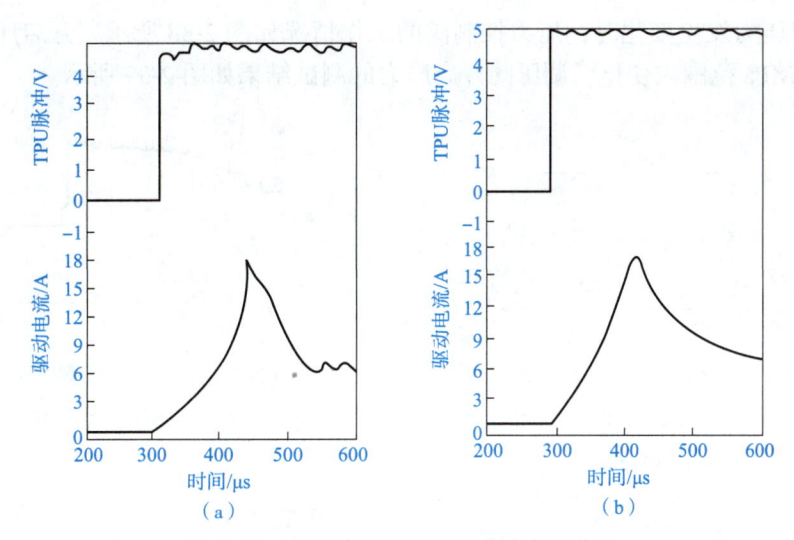

**图 2-36 不同情况下电磁阀驱动电流波形**

Fig.2-36 Solenoid valve drive current waveform under different conditions

（a）正常；（b）电磁阀衔铁未吸合

②密封性检查。按压手压泵手柄到压力上升至 16 MPa，然后，以约 10 次/min 的速度均匀按压手柄直到压力上升至 17.2 MPa，开始喷油。在这段时间内，喷油孔允许有微量的潮湿，但不允许有滴油现象，否则表明锥面密封不佳。以低于标准喷油压力 2 MPa 的油压保持 20 s，电控喷油器端部不得有滴漏和湿润现象；也可以用油压降落（如从 20 MPa 到 18 MPa）的速度来反映油针与电控喷油器圆锥接合部的密封性。

③喷油器喷油质量检查。在标准压力范围内时，以 60～70 次/min 的速度摇动手柄，喷射出的柴油应是锥角适当的均匀雾状油束，没有油流或油滴。

### 3. 压力控制阀故障诊断

（1）结构及工作原理。压力控制阀（PCV）控制共轨式电子控制柴油喷射系统的压力。其结构如图 2-37 所示。球阀是整个共轨式电子控制柴油喷射系统压力控制的关键元件。球阀的一侧是来自共轨燃油的压力，另一侧衔铁受弹簧预紧力和电磁阀电磁力的作用。电磁阀电磁力的大小与线圈中的电流有关。电磁阀没有通电时，弹簧预紧力使球阀紧压在密封座面上，当燃油压力超过 10 MPa 时，才能将其打开；电磁阀通电后，燃油压力除要克服弹簧预紧力外，还要克服电磁力，即电磁阀的电磁力通过衔铁作用在球阀上的力的大小决定了共轨中的燃油压力。电磁阀的电磁力可以通过调整线圈中的电流来控制。

（2）故障诊断方法。在专用试验器上测试压力控制阀的开启压力。当共轨式电子控制柴

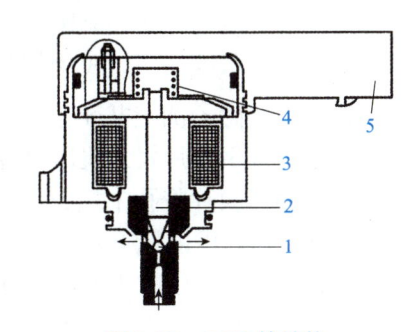

**图 2-37 PCV 的结构**

Fig.2-37 The structure of the PCV valve

1—球阀；2—可动铁芯；3—供油室时控制线圈；
4—弹簧；5—线束

油喷射系统压力发生变化时，压力控制阀的工作情况如图2-38所示。开启压力通常在140～230 MPa范围内变化。调压阀开启压力的测试结果如图2-39所示。

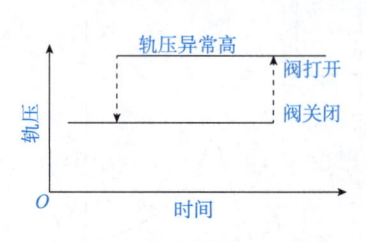

图2-38　压力控制阀工作情况

Fig.2-38　Working condition of pressure control valve

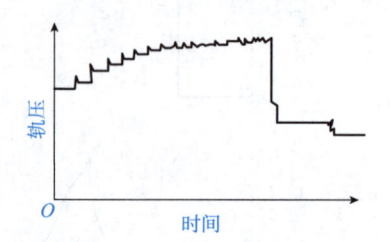

图2-39　压力控制阀测试结果

Fig.2-39　Test result of pressure control valve

**4. 共轨组件故障诊断**

（1）结构及工作原理。共轨组件包括共轨本身和安装在共轨上的高压燃油接头、共轨压力传感器、限压阀、连接共轨和电控喷油器的流量限制阀等，如图2-40所示。

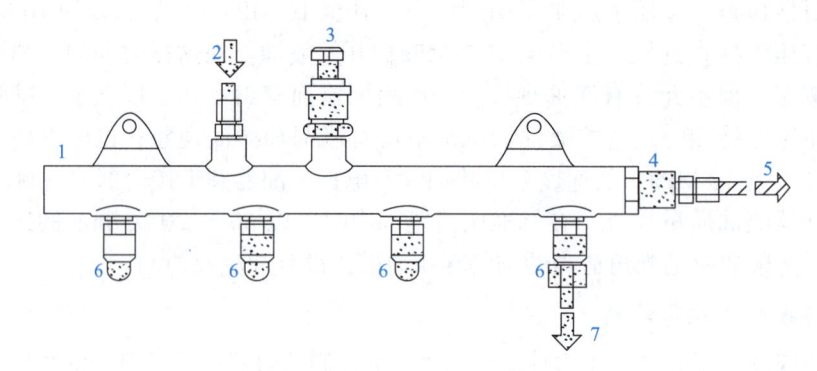

图2-40　共轨组件

Fig.2-40　Common rail components

1—共轨；2—进油管口；3—油压力传感器；4—限压阀；5—回油管口；
6—流量限制阀；7—电控喷油器供油口

共轨压力传感器测定共轨中燃油的实时压力，并向电子控制单元（ECU）提供相应电压信号。常用膜片式共轨压力传感器如图2-41所示。压力燃油经共轨中的孔流向传感器，传感器膜片将孔末端封住。在压力作用下的燃油经压力室孔流向膜片。膜片上装有传感元件，用以将压力转换成电信号。

限压阀限制共轨中的压力过高时打开放油孔卸压（图2-42）。共轨内允许的短时最高压力为150 MPa。

在标准工作压力（135 MPa）下，弹簧将活塞紧压在座面上，共轨呈关闭状态。只有当超过系统最大压力时，活塞才受共轨中压力的作用而压缩，于是处于高压下的燃油流出，经回油管流回燃油箱，使共轨中的压力降低。

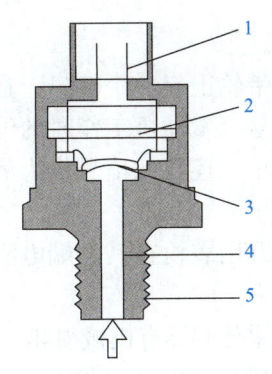

图 2-41 膜片式共轨压力传感器

Fig.2-41 Membrane common rail pressure sensor diagram

1—电气插头；2—求值电路；3—带有传感元件的膜片；4—高压接头；5—固定螺纹

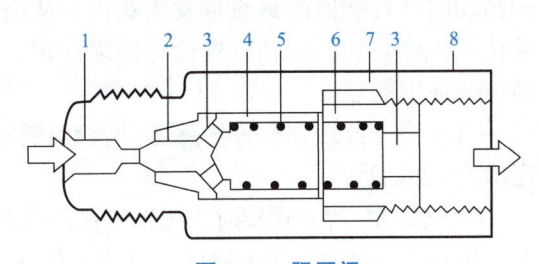

图 2-42 限压阀

Fig.2-42 Pressure limiting valve

1—共轨侧进油口；2—阀头；3—油孔；4—阀；5—弹簧；6—空心螺塞；7—阀体；8—回油口

（2）故障诊断方法。

1）压力传感器输出信号电压测试。发动机工作时，根据燃油压力不同，压力传感器输出的信号电压在 0.5～4.5 V 范围变化。

2）限压阀开启压力测试。限压阀控制共轨中的油压，压力过高时开启油孔卸压，其开启压力应符合规定，一般为 150 MPa。

3）注意事项。禁止自行拆卸共轨压力传感器，有泄漏的危险；高压油轨是敏感的液压元件，禁止敲击、碰撞，对油轨上的部件传感器、限压阀、流量限制阀等部件严禁拆卸；高压油轨是高精度的部件，对清洁度有严格要求，所有油管接头保护套在运输、搬运、库存过程必须完好无损，只能在装配前及时拆封；禁止以任何液体或气体清洗或冲刷高压油轨部件。

## 四、电子控制系统故障诊断

电子控制系统由传感器、电子控制单元（ECU）和执行机构组成。高压共轨喷油器的喷油量、喷油时间和喷油规律除取决于柴油机的转速、负荷外，还与许多因素有关，如进气流量、进气温度、冷却液温度、燃油温度、增压压力、电源电压、凸轮轴位置、废气排放等。所以，必须采用相应传感器采集相关数据。有关传感器的结构原理和故障诊断方法与电控汽油喷射系统的传感器基本相同。

### 1. 转速传感器故障诊断

转速传感器是磁感应式传感器，安装在飞轮上部。发动机曲轴转动时，由于磁通量发生变化，传感器产生电信号。

拔下转速传感器插头，用万用表测量插头端子间电阻，测试结果应符合规定，一般为 1 100～1 600 Ω，否则，应更换转速传感器。

如果转速传感器电阻符合规定，但转速控制不良，则应检查插头至电子控制单元的线束是否短路或断路；如没有问题，更换燃油喷射系统电子控制单元。

### 2. 凸轮轴位置传感器故障诊断

凸轮轴位置传感器位于凸轮轴带轮的后面。由于带轮上有一个缺口，在发动机曲轴转动时，传感器的磁通量发生变化，从而产生电信号。发动机工作时的油相位由飞轮位置传感器和凸轮轴位置传感器来确定。电子控制单元还将此信号作为测量发动机转速的备用信号。

（1）检查接线和位置传感器是否对搭铁短路。用万用表检查其两端电阻值，其额定值为 1.2 kΩ。

（2）发动机停止运转时，拔出位置传感器目测，如果传感器有机械损坏，则应更换。发动机停止运转时，压下速度（位置）传感器，直至限制位置停止，进行功能检查。

（3）连接传感器和发动机电子控制单元接口，进行功能检查。

其他传感器和电子控制单元的故障诊断方法可参考电子控制汽油喷射系统相应传感器和电子控制单元的诊断方法（详见项目二任务六）。

## 五、共轨式电子控制柴油喷射系统技术状况检测

共轨式电子控制柴油喷射系统的技术状况可以用燃油喷射压力、喷油量、喷油提前角和喷油持续时间等评价。

共轨式电子控制柴油喷射系统的测试仪器有数字式万用表、汽车专用示波器和故障诊断仪等。下面以博世公司的共轨式电子控制柴油喷射系统为例，介绍共轨式电子控制柴油喷射系统技术状况的检测方法。

### 1. 喷油压力测试

在喷油系统中，反映工作状态信息量最多的是压力信号。

进行喷油压力测试时，启动发动机并改变加速踏板开度，使转速变化。

（1）用示波器测试燃油压力控制阀端子间信号波形（占空比方波），并测试输出信号电压波形（图 2-43）。

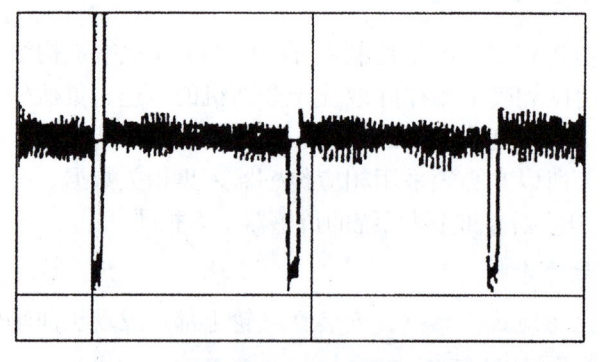

图 2-43 燃油压力控制阀输出信号波形

Fig.2-43 Output signal waveform of fuel pressure control valve

（2）用故障诊断仪读取数据流，分析不同燃油压力（50 MPa、80 MPa、120 MPa）下控制信号的占空比，并与标准值（表 2-3）进行对比。

表 2-3　占空比标准值

Table 2-3　Duty cycle standard value

| 燃油压力 /MPa | 占空比 /% |
| --- | --- |
| 50 | 42.8 |
| 80 | 35.7 |
| 120 | 14.5 |

（3）检测固定的控制频率值，应为 260 Hz（周期 $T$ 为 3.87 ms）。

（4）使用故障诊断仪进行进气压力、空气流量及进气温度数值设置，然后改变发动机转速，测试在发动机不同负荷下的喷射压力。

测量数据应符合如下规律：发动机进气量和转速一定时，负荷增大，燃油压力应增大；当进气温度和转速一定时，进气量增大，燃油压力应增大；当进气量一定时，转速增大，燃油压力应增大。

### 2. 喷油量测试

电子控制单元随着发动机运行工况变化调整燃油喷射量。减速时，切断燃油喷射；发动机温度超过 105 ℃时，减少燃油喷射量；通过切断燃油喷射或降低燃油压力，使发动机转速降至 5 000 r/min；当发动机转速超过 5 400 r/min 时，切断低压电动油泵和喷油器电路。其测试步骤如下：

（1）启动发动机，检测发动机转速为 5 000 r/min 时是否断油。

（2）踩下加速踏板，检测发动机转速超过 5 400 r/min 时燃油泵是否工作。

（3）松开加速踏板，检测减速是否断油。

（4）观察示波器上的燃油喷射控制信号。用示波器检测电控喷油器 1、2 号端子间的信号波形，发动机转速为 1 000 r/min 时，示波器显示的电控喷油器预喷射和主喷射信号波形如图 2-44 所示。可将燃油分为两次喷射，主要是为了降低燃烧噪声和炭烟排放。同时，预喷射与主喷射间安排恰当时间间隔，可以有效减少氮氧化物的产生。

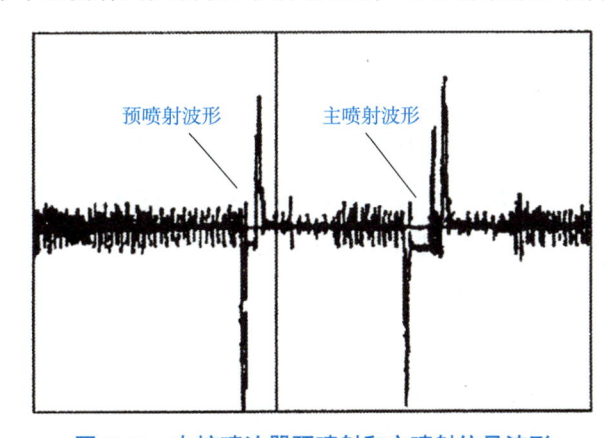

图 2-44　电控喷油器预喷射和主喷射信号波形

Fig.2-44　Electric control injector pre-injection and main injection signal waveform

### 3. 喷油脉宽测试

以玉柴 YC6112 型车用柴油机为例，在 BD850 油泵试验台上进行喷油试验。图 2-45 所示为柴油机在怠速工况下的喷油器脉宽（带预喷射）实测控制信号。

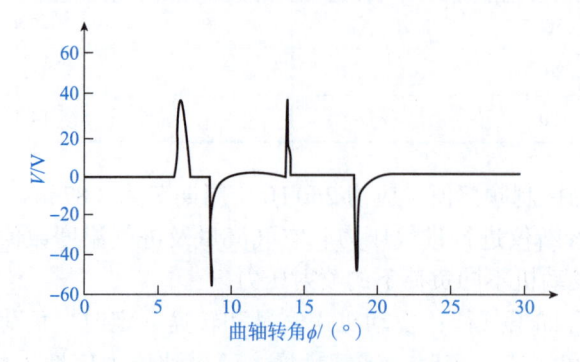

图 2-45　怠速时喷油脉冲实测信号

Fig.2-45　Measured signal of fuel injection pulse at idling speed

图 2-46 所示为共轨压力为 50 MPa 的喷油量随喷油脉宽的变化曲线。

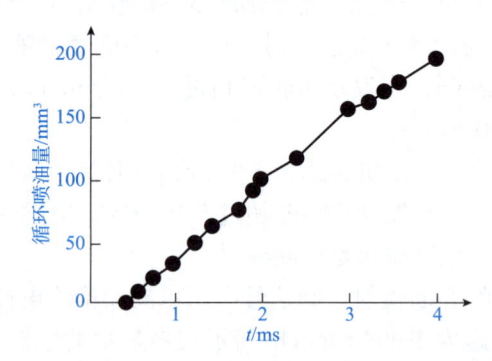

图 2-46　喷油量随喷油脉宽的变化规律（50 MPa）

Fig.2-46　Variation of fuel injection volume with fuel injection pulse width（50 MPa）

### 4. 喷射提前角和喷油时间测试

使用故障诊断仪检测预喷射和主喷射的喷油提前角和喷油时间（喷油量）。当温度为 95 ℃时，发动机在不同转速下的喷油提前角和喷油时间见表 2-4。

表 2-4　发动机不同转速下的喷油提前角

Table 2-4　Fuel injection advance angle at different engine speeds

| 发动机转速 /(r·min⁻¹) | 喷油提前角/(°) 预喷射 | 喷油提前角/(°) 主喷射 | 喷射时间/ms 预喷射 | 喷射时间/ms 主喷射 |
|---|---|---|---|---|
| 1 000 | 22.2 | 3.70 | 0.26 | 0.75 |
| 2 000 | 35.6 | 5.38 | 0.183 | 0.65 |
| 3 000 | 41.02 | 7.62 | 0.14 | 0.54 |

试验表明：随发动机转速提高，预喷射、主喷射提前角加大，预喷射、主喷射之间的时间间隔缩短。

### 六、电控柴油机的故障自诊断

随着电控柴油机控制项目的增多，控制系统越来越复杂。因此，现代电控汽车柴油机都具有故障自诊断功能。当出现故障时，自诊断系统将故障部位、类型以故障码的形式记忆并储存在电子控制单元（ECU）的存储器中，同时发出警示。因此，电控柴油机发生故障时，只要显示故障码，就应该首先进行故障自诊断，根据故障码指示的故障原因和部位，诊断和排除故障。

与电控汽油发动机的自诊断系统相比，电控柴油发动机的自诊断系统的输入信息、控制对象有所不同，但基本控制原理类似。因此，电控柴油机故障自诊断的方法与电控汽油机故障自诊断的方法也类似（详见项目二任务六）。其故障自诊断方法有读取故障码、分析判断故障、清除故障码3个步骤。但故障自诊断分析的具体方法根据车型而定。

### 七、电控柴油机常见故障诊断

（1）柴油机故障诊断的基础。要诊断柴油机故障，特别是电控柴油机故障，以下几项必须掌握：

1）熟悉柴油机的常见故障及故障可能发生的部位。

2）熟悉柴油机的结构及工作原理，特别是要熟悉电控柴油机的电气系统原理。

3）熟悉电控柴油机的线束和控制策略等。

（2）电控柴油机常见故障及原因。

1）柴油机不能启动：燃油量不足；低压油路进入空气；ECU电源故障；输油泵损坏；进气温度压力传感器损坏（拔下插接件立即可以启动）；热保护起作用，导致启动油量过低（先检查引起热保护的原因）；ECU损坏。

2）柴油机运转无力：增压压力不够；进气管松脱、增压压力传感器损坏、增压器损坏；燃油、冷却液、进气温度过高，产生热保护；燃油不够，包括燃油箱的燃油不足、滤网和燃油滤清器堵塞、燃油箱内有杂质或其他异物；进出油管径过小，引起供油不足。

3）柴油机的怠速高：电子加速踏板线束松脱或接错；整车线束插接件和电子加速踏板插接件进水；所配电子加速踏板非生产厂家指定的专用电子加速踏板。

注意：由于冷却液温度低、蓄电池电压低引起的怠速转速提升属于正常现象，是一种控制策略。

4）达不到最高转速（油门开度只有33%左右）：电子加速踏板的线束接错；油路堵塞；转速信号有干扰。

5）高速时车辆发抖：曲轴位置传感器与凸轮轴位置传感器信号不同步，或传感器损坏或曲轴正时齿轮移位；行车过程中出现踩加速踏板时感觉没油，而车向前冲，可能是曲轴位置传感器与凸轮轴位置传感器信号不同步，传感器间隙不够或脏污及损坏。

6）柴油机自动熄火：缺少燃油，低压油路进入空气较多；电路出现故障，所配电子加速踏板非生产厂家指定的专用电子加速踏板。

7)"跛行回家"判断和临时解决措施:

①加速踏板位置传感器损坏。现象:高怠速,踩加速踏板没有反应。处理:耐心开到维修站检修。

②曲轴位置传感器"跛行回家"。现象:怠速或某一高转速不稳,似有缺火,功率不足、难启动。处理:脱开曲轴位置传感器恢复正常,开到维修站检修。

③凸轮轴位置传感器"跛行回家"。现象:怠速或某一高转速不稳,似有缺火,功率不足。处理:脱开凸轮轴位置传感器恢复正常,开到维修站检修。

8)柴油机冒白烟:有1~2缸没有工作,多数是机械故障,如气门推杆损坏或脱落等;油路供油不足。

9)柴油机冒黑烟:喷油嘴损坏;空气滤清器滤芯堵塞;ECU故障。

## 学习研讨

### 一、诊断过程

(1)用VAS5051进入01-02查询存储故障代码:16685-1缸检测到不发火(偶然性)。

(2)检查气缸压力。检查配气正时是否正确,连接压力表测量气缸压力,在不同发动机转速下各气缸压力为30 bar,均符合要求(标准值:25~31 bar)。

(3)1缸不燃烧。通过VAS5051进入01-08-013读取发动机怠速稳定控制,测量数据块显示怠速喷油量过高,13组1缸怠速稳定控制喷油量数值较大,达到2.99 mg/h(标准值:-2.8~+2.8 mg/h)。表明1缸功率较低,电子控制单元相对应增加喷油量,尽可能满足怠速稳定需要。

(4)进入01-08-018显示泵喷嘴状态为0,表明泵喷嘴失效或线路开路。

(5)检查泵喷嘴线路开路:用万用表测量线路,无短路和开路现象。

通过以上分析,表明1缸泵喷嘴存在故障。

### 二、故障原因分析

分析泵喷嘴结构特征:喷油孔径非常小,通过的柴油不能含有其他杂质;进一步分解泵喷嘴,发现泵喷嘴内部双层滤清器大部分被其他杂质堵住,造成1缸喷油量减少,发动机怠速抖动严重,加速时动力不足;13组1缸怠速稳定控制喷油量数值较大,达到2.99 mg/h(标准值:-2.8~+2.8 mg/h),表明1缸功率较低,电子控制单元相对应增加该缸供油量,增加的供油量部分喷入气缸内,但这部分喷油量并没有在气缸内燃烧,而是经过排气管直接排到大气中,造成排气管排出的尾气呈灰白色状态。

### 三、故障处理方法

清洗油箱和油管,更换1缸泵喷嘴,发动机正常工作。

工作页9(任务七 高压共轨柴油机电控系统故障诊断)见工作页手册

# 项目三
## 汽车底盘机械系统检测与故障诊断

### 项目导入

汽车底盘的技术状况关系到整车行驶的安全性、操纵稳定性、舒适性和通过性，影响发动机动力的传递和燃料的消耗。因此，汽车底盘是汽车检测诊断的重点之一。汽车底盘的技术状况主要表现在故障增多、性能降低和损耗增加上。在汽车底盘检测与故障诊断中，一般是根据故障现象查找故障部位，分析故障原因，然后进行相应的维护和修理。

知识拓展：榜样力量三

## 任务一 传动系统检测与故障诊断

### 任务导入

李先生驾驶一辆皇冠轿车，最近行车过程中感觉车辆存在很大的噪声和振动，且车速越高这种现象越明显。经过技师判断是由车辆万向传动装置故障引起的，现在需要你对该车的万向传动装置进行检查修复。

### 学习目标

1. 了解汽车传动系统的基本组成；
2. 掌握影响汽车传动系统的基本参数；
3. 能够掌握汽车传动系统的检测方法；
4. 对工作进行整体组织和寻求解决办法；提高与人合作的团队能力。

### 相关知识

汽车传动系统由离合器、变速器、万向传动装置、主减速器、差速器和半轴组成，四轮驱动车辆还包括分动器。汽车传动系统技术状况的变化，对汽车动力性、燃油经济性和滑行性等性能有直接影响。

传动系统技术状况的好坏不仅直接关系到发动机的动力传递，而且对汽车的操纵方便性和燃油经济性产生较大的影响。因此，对汽车传动系统的整体性能应经常检测，而对传动系统的故障应及时诊断并排除，确保传动系统具有良好的技术状况。

在汽车不解体的情况下，使用仪器既可以检测传动系统的技术参数，如滑行距离、功率消耗和游动角等，还可以对传动系统的主要部件进行检测诊断，如离合器是否打滑、各部分游动角、各部分异响和变速器是否跳挡等。

汽车传动系统的常用诊断参数有游动角度（°）、机械传动效率（%）、功率损失（kW）、振动和异响，其他还包括总成工作温度（℃）、滑行距离（m）和噪声（dB）等。机械传动效率和功率损失可通过检测驱动车轮输出功率或驱动力得到，即通常所说的底盘测功得出。底盘测功在滚筒试验台上进行，该试验台通常称为底盘测功试验台或底盘测功机。

### 一、传动系统游动角度

传动系统游动角度是指离合器、变速器、万向传动装置和驱动桥的游动角度之和，又称为传动系统总游动角度。传动系统游动角度在汽车使用中随行驶里程的增加逐渐增大。因此，检测传动系统游动角度能表征整个传动系统的调整和磨损状况。

#### 1. 传动系统游动角度增大的现象

（1）在汽车起步或车速突然改变时，传动系统发出"抗"的一声。

（2）当驾驶员懒于换入低挡缓慢加速行驶时，传动系统发出"呱啦、呱啦"的响声。

（3）汽车静止，变速器挂在某挡位上，抬起离合器踏板，松开驻车制动器，在车下用手左右转动传动轴时，感到旋转方向的旷量很大。

#### 2. 传动系统游动角度增大的原因

（1）离合器从动片与变速器第一轴的花键配合松旷。

（2）变速器各挡传动齿轮啮合间隙太大或滑动齿轮与花键轴配合松旷。

（3）万向传动装置的伸缩节和各万向节等处配合松旷。

（4）驱动桥内主减速器与主从动齿轮、差速器行星齿轮与半轴齿轮、半轴齿轮与半轴花键等处啮合间隙太大。

#### 3. 传动系统游动角度的检测

传动系统游动角度的检测应在热车熄火状态下进行。检测方法以发动机前置、后轮驱动、驻车制动器在变速器后端的汽车为例，介绍如下：

（1）经验检测法：用经验检测法检查传动系统游动角度时可分段进行，然后将各段游动角度求和即可获得传动系统总游动角度。

1）离合器与变速器各挡游动角度的检测。离合器处于接合状态，变速器挂在要检查挡位上，松开驻车制动器，然后在车下用手将变速器输出轴上的凸缘盘或驻车制动盘（鼓）从一个极限位置转到另一个极限位置，两极限位置之间的转角即在该挡下从离合器至变速器输出端的游动角度。依次挂入每一挡，可获得各挡下的游动角度。

2）万向传动装置游动角度的检测。支起驱动桥，拉紧驻车制动器，然后在车下用手将驱动桥凸缘盘从一个极限位置转到另一个极限位置，两极限位置之间的转角即万向传动装置的游动角度。

3）驱动桥游动角度的检测。松开驻车制动器，变速器置于空挡位置，驱动桥着地或处于制动状态，然后在车下用手将驱动桥凸缘盘从一个极限位置转到另一个极限位置，两极限位置之间的转角即驱动桥的游动角度。

上述三段游动角度之和即传动系统游动角度。每段游动角度值凭经验估算。

（2）数字式游动角度检测仪检测。该检测仪由倾角传感器和测量仪两部分组成，两者以电缆连接，检测范围为0°～30°，电源为12 V。倾角传感器将外壳随传动轴转动的角度转换为相应频率的电振荡，输入主计数器，处理后的结果送入寄存器，并在数码管上显示出来。倾角传感器结构如图3-1所示。

检测时，测出被测部件两个极限位置的倾角读数，两者的差即该部件的游动角度。

将测量仪接好电源，用电缆将测量仪和倾角传感器连接好，按测量仪使用说明书的要求对仪器进行自校，然后将转换开关扳到"测量"位置，就可以进行检测了。在汽车传动系统中最便于固定倾角传感器的部位是传动轴。因此，在整个检测过程中，该倾角传感器一直固定在传动轴上。

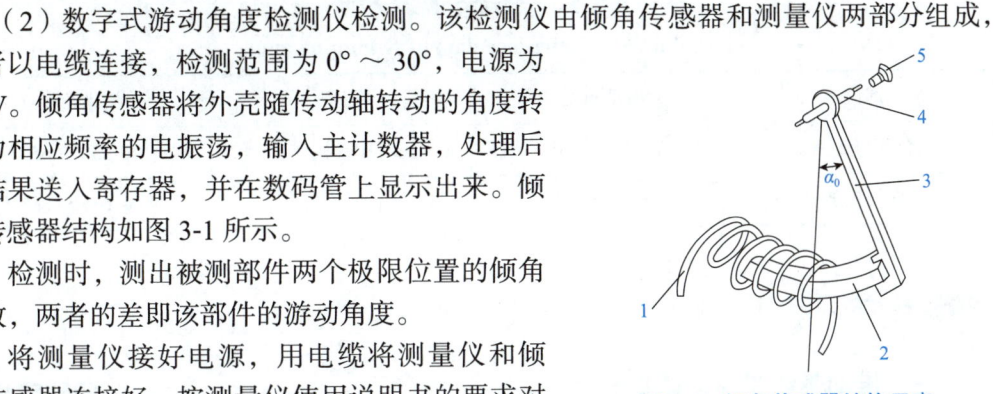

**图 3-1 倾角传感器结构示意**
**Fig.3-1 Schematic diagram of tilt sensor structure**
1—弧形线圈；2—弧形铁氧体磁棒；3—摆杆；4—心轴；5—轴承

1）万向传动装置游动角度的检测。将传动轴置于驱动桥游动范围的中间位置或将驱动桥支起，拉紧驻车制动器。左右旋转传动轴至极限位置，测量仪便直接显示出固定在传动轴上的倾角传感器的倾斜角度。将两个极限位置的倾斜角度记下，其差值为万向传动装置的游动角度。此角度不包括传动轴与驱动桥之间的万向节的游动角度。

2）离合器与变速器各挡游动角度的检测。离合器处于接合状态，变速器挂在要检查的挡位上，松开驻车制动器，传动轴置于驱动桥游动范围中间位置或将驱动桥支起。左右旋转传动轴至极限位置，测量仪便显示出倾角传感器的倾斜角度。求出两极限位置倾斜角度的差值便可得到一游动角度值。该游动角度减去已测得的万向传动装置的游动角度，即在该挡下从离合器至变速器输出端的游动角度。按同样的方法，依次挂入每一挡，可获得各挡下的游动角度。

3）驱动桥游动角度的检测。松开驻车制动器，变速器置空挡位置，驱动桥着地或处于制动状态。左右旋转传动轴至极限位置，即可测得驱动桥的游动角度。该角度包括传动轴与驱动桥之间万向节的游动角度。

对于多桥驱动的汽车，当需要检测每一段的游动角度时，倾角传感器应分别固定在变速器与分动器之间的传动轴、中桥传动轴和后桥传动轴上。

在测量仪上读取数值时应注意，其显示的角度值在0°～30°内有效。出现大于30°的情况，可将固定在传动轴上的传感器适当转过一定角度。若其中一极限位置为0°，另一极限位置超过30°，说明该段游动角度已大于30°，超出了仪器的测量范围。

## 二、诊断参数标准

根据国外资料介绍，中型载货汽车传动系统游动角度及各段游动角度应不大于表 3-1 所列数据。

表 3-1 游动角度参考数据

Table 3-1 Reference data of swimming angle

| 部位 | 游动角度 | 部位 | 游动角度 |
|---|---|---|---|
| 离合器与变速器 | ≤ 5°～15° | 驱动桥 | ≤ 55°～65° |
| 万向传动装置 | ≤ 5°～6° | 传动系统 | ≤ 65°～86° |

## 学习研讨

### 一、传动系统常见故障的检测

传动系统常见故障的检测过程，请扫描右侧二维码查看。

### 二、电控自动变速器的检测

**1. 用故障诊断系统检测**

自动变速器的电控系统设有故障诊断系统。如果电控系统发生了故障，自动变速器电子控制器 ECU（有些车型的自动变速器与发动机共用一个 ECU）将故障以诊断代码的形式存储在存储器中，超速挡关断（O/D-OFF）指示灯（在组合仪表板上）闪烁，以告知驾驶员自动变速器出现故障。就车读取诊断代码的程序和方法如下：

（1）OD/-OFF 指示灯检查。

1）将点火开关转到 ON。

2）检查当超速挡（O/D）开关键处于关闭时，O/D-OFF 指示灯是否亮起（应只亮不闪）；当 O/D 开关键处于打开时，O/D-OFF 指示灯是否熄灭（应熄灭）。O/D 开关键如图 3-2 所示。

（2）读取诊断代码。

1）将点火开关转到 ON，但不启动发动机。

2）将 O/D 开关键置于 ON。如果仅此时 O/D-OFF 指示灯闪烁，说明电子控制器 ECU 中存储有诊断代码。

3）用专用维修工具 SST（跨接线）连接故障诊断通信连接器 TDCL 或检查连接器的端子 $TE_1$ 和 $E_1$，如图 3-3 所示。

4）由 O/D-OFF 指示灯不同的闪烁方式（闪烁时间、闪烁频率和时间间隔等）来显示 ECT 电控系统的技术状况。如果电控系统工作正常，指示灯闪烁 2 次/s；如果电控系统有故障，则显示诊断代码。正常代码和诊断代码 42 的闪烁如图 3-4 所示。当存储器中存储两个以上的诊断代码时，首先显示较低数码的诊断代码。

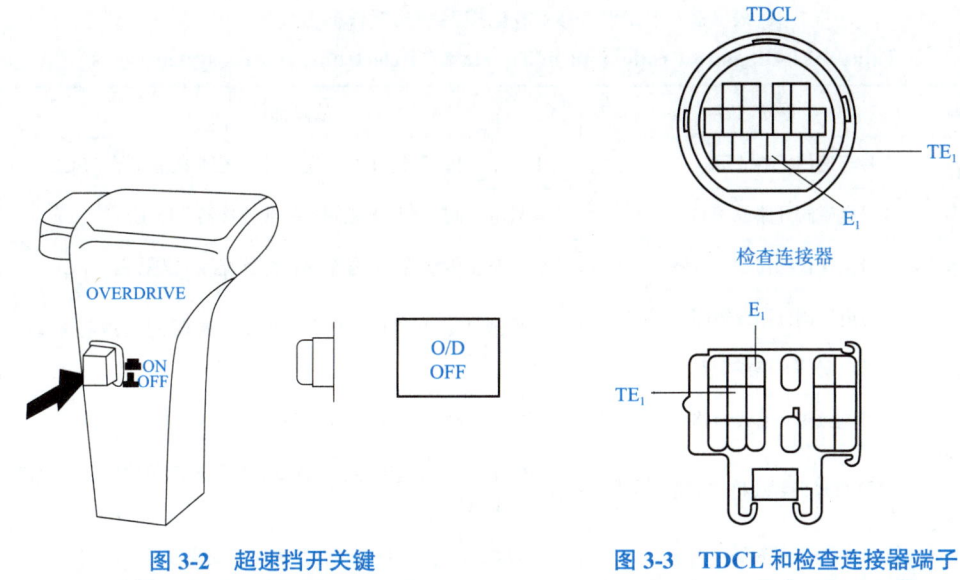

图 3-2　超速挡开关键
Fig.3-2　The key to overspeed shifting

图 3-3　TDCL 和检查连接器端子
Fig.3-3　TDCL and check connector

（3）查阅诊断代码含义，进行电路检查。如果通过 O/D-OFF 指示灯的闪烁读出了诊断代码，说明 ECT 电控系统发生了故障。此时，应根据被检车车型在其维修手册中查出诊断代码代表的故障、故障部位和检查方法，然后进行故障诊断，主要是对电路进行检查。也可以通过解码器或其他专用检测仪读取自动变速器的诊断代码，并获得检修的指示内容。丰田系列汽车 ECT 电控系统诊断代码见表 3-2。在电路检查中，要严格按维修手册中的方法、步骤进行，举例如下。

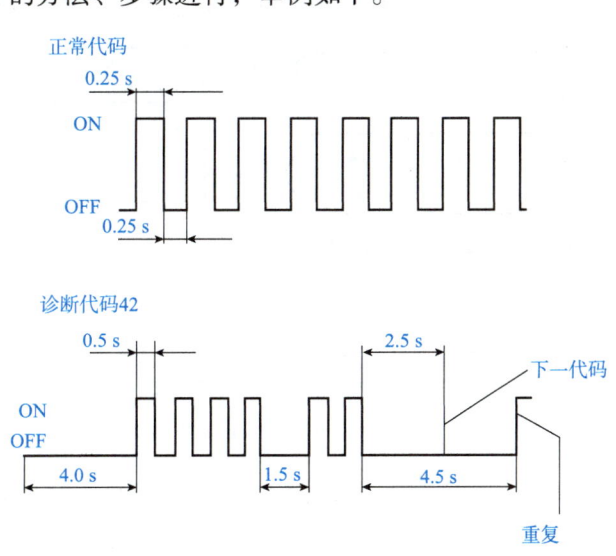

图 3-4　正常代码与诊断代码的闪烁
Fig.3-4　Blinking of normal code and diagnostic code

表 3-2  丰田汽车 ECT 电控系统诊断代码表
Table 3-2  Diagnostic code table of Toyota ECT electronic control system

| 诊断代码 | 诊断内容 | 故障部位 |
| --- | --- | --- |
| 42 | 1号车速传感器故障 | 1号车速传感器、1号车速传感器配线或连接器、ECU |
| 46 | 4号电磁阀开路或短路 | 4号电磁阀、4号电磁阀配线或连接器、ECU |
| 61 | 2号车速传感器信号故障 | 2号车速传感器、2号车速传感器配线或连接器、ECU |
| 62 | 1号电磁阀开路或短路 | 1号或2号电磁阀、1号或2号电磁阀配线或连接器、ECU |
| 63 | 2号电磁阀开路或短路 | |
| 64 | 3号电磁阀开路或短路 | 3号电磁阀、3号电磁阀配线或连接器、ECU |
| 67 | O/D 直接挡转速传感器信号故障 | O/D 直接挡转速传感器、O/D 直接挡转速传感器配线或连接器、ECU |
| 68 | 自动跳合开关短路 | 自动跳合开关、自动跳合开关配线或连接器、ECU |

对于丰田系列汽车，如果读取的诊断代码为 42，通过检查其维修手册得知：故障为 1 号车速传感器故障，需要检查 1 号车速传感器电路。

故障部位为：1 号车速传感器；1 号车速传感器配线或连接器；ECU。

由于 1 号车速传感器是 2 号车速传感器故障时的备用传感器，所以当车辆在除 N 挡外的任何挡位行驶时，2 号车速传感器都有信号输出，而 1 号车速传感器无信号输出。诊断代码 42 可按图 3-5 所示的诊断流程图进行检查和判断。在具体操作中执行流程图中的每一步时，都要对电路进行仔细检查和测量，直至诊断并排除故障。

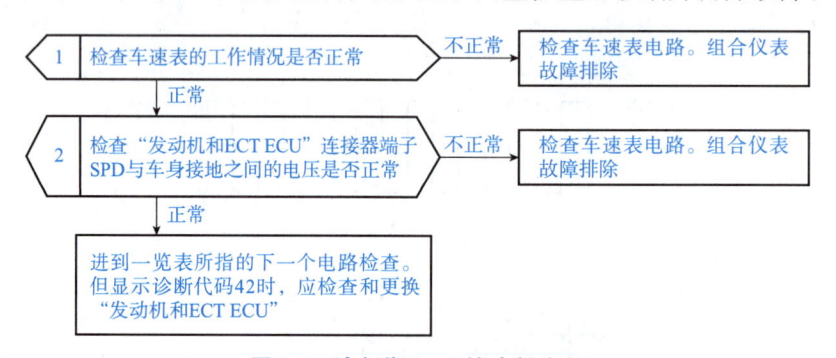

图 3-5  诊断代码 42 的诊断流程
Fig.3-5  Diagnosis process of diagnosis code 42

（4）清除诊断代码。故障诊断并排除以后，在点火开关关断的情况下，拆下电控汽油喷射系统 EFI 的熔丝 10 s 以上，将 ECU 存储器中的诊断代码清除掉。接通熔丝后还要再检查，应能输出正常代码。

**2. 用传统方法检查、试验、诊断故障**

如果超速挡关断（O/D-OFF）指示灯不闪烁或读码时显示正常代码，但自动变速器的故障又确实存在，可采用以下传统方法进行检查、试验和诊断。

（1）基本检查。

1）发动机怠速检查。变速杆置于 N 挡，关闭空调，检查发动机怠速值是否符合原厂规定。发动机怠速一般为 750 r/min 左右。如怠速过低，当从 N 挡或 P 挡换至 R 挡、D 挡、2 挡、L 挡时，会引起车身振动或发动机熄火；如怠速过高，则会产生换挡冲击，当换至行驶挡起步时，车辆自行"爬行"过于明显。

2）节气门全开检查。将加速踏板踩到底，检查节气门能否全开。若节气门不能全开，则会产生发动机加速不良、全负荷时输出功率不足和不能达到最高车速等故障。

3）节气门阀拉索检查。该拉索过松、过紧均不行，必须符合原厂规定。如丰田系列汽车规定当节气门全开时，拉索标记距拉索罩套口的距离为 0～1 mm，如图 3-6 所示。若拉索调整过紧，则使加速踏板控制液压过高，引起换挡点升高而造成换挡冲击，若拉索调整过松，则使加速踏板控制液压过低，引起换挡点降低而造成功率消耗。

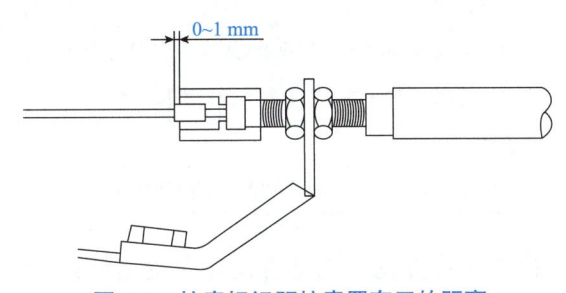

图 3-6 拉索标记距拉索罩套口的距离

Fig.3-6 The distance between the cable mark and the mouth of the cable cover

4）变速杆检查。将变速杆换至 P、R、N、D、2、L 各挡位，检查挡位是否正确和挡位开关指示灯的指示是否正确。否则，应对其传动机构进行仔细调整。

5）液位检查。该项检查必须在自动变速器升温后和发动机怠速运转的情况下进行。先将变速杆从 P 挡换至 R、N、D、2、L 各挡，再从 L 挡换至 2、D、N、R、P 各挡，在每个挡位下都应停留数秒钟，以使各挡位充分排气充油。然后拔出变速器油标尺并擦拭干净，将油标尺重新全部插入套管，再拔出油标尺检查液位。如果液位在油标尺"HOT"上下标记范围之内（图 3-7），则符合要求；如果液位低于"HOT"下限，则须加油。

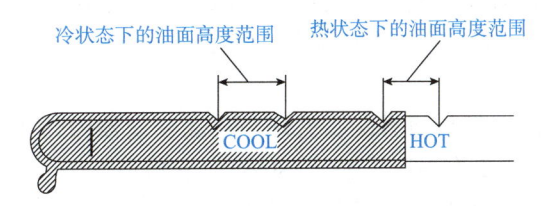

图 3-7 液位检查

Fig.3-7 Liquid level check

自动变速器液位对自动变速器的工作性能影响很大。

如果液位低于规定范围，就会出现自动变速器的离合器和制动器打滑，汽车加速性能变差，换挡时冲击过度，行星齿轮和其他旋转零件润滑不足等问题；如果液位高于规定范围，就会出现油液从加油管或通风管溢出，控制阀阀体内的排泄孔堵塞，阻碍自动变速器的离合器和制动器平顺脱开，造成换挡不平稳等问题。

6）油质检查。自动变速器油液品质发生变化，如颜色变黑、有焦烟味、黏度变大或变小等，则应更换，否则会影响自动变速器的正常工作。检查时，拔出自动变速器油标尺，观察油的颜色，嗅油的气味，用手指捻试油的黏度，凭经验做出判断。油液品质变化与可能形成的原因见表3-3。

表 3-3　油液品质变化与可能形成的原因
Table 3-3　Changes in oil quality and possible causes

| 油液品质 | 可能形成的原因 |
| --- | --- |
| 油液清洁呈红色 | 品质正常 |
| 油液清洁呈深红色或褐色 | 未及时更换油液、长期重载行驶、某部件打滑或损坏等原因造成油液温度过高 |
| 油液中有金属颗粒 | 离合器片、制动器片或单向离合器磨损严重 |
| 油标尺上黏附有胶质油膏 | 油温过高 |
| 油液有焦烟味 | 油面低、油温高、油液冷却器或管路堵塞 |

7）空挡启动开关检查。检查发动机是否仅能在变速杆处于 N 挡或 P 挡时才能启动，而在其他挡位时不能启动。如果在其他挡位能启动，则发动机一启动汽车就开始行驶，因此是不允许的。

8）超速挡控制开关检查。将自动变速器运转至正常工作温度，发动机熄火，打开点火开关连续接通并断开超速挡开关，察听变速器内的电磁阀应有操作声。有操作声说明 3 挡与超速挡之间能够进行相互变换。在汽车路试中，当车速达到超速挡起作用车速以后，接通超速挡开关，在同一发动机转速下车速应有明显升高。

（2）失速试验。自动变速器失速，是指变矩器涡轮在负荷太大而停止转动时泵轮的转速。该试验通过挂挡和制动使涡轮不转，测试泵轮（即发动机）转速，以便分析故障原因。

1）试验目的。在试验条件下通过测试在 D 挡和 R 挡时的发动机最大转速，检查发动机与自动变速器的综合性能。其主要是测试发动机输出功率是否正常，液力变矩器导轮单向离合器是否良好，行星齿轮系统的离合器和制动器是否打滑等。

2）试验方法。
①在行车制动器和驻车制动器性能良好、自动变速器液位正常的情况下，将自动变速器油液温度升至正常工作温度（50～80℃，下同）。
②汽车停于平坦的场地上，用三角木抵住前后车轮，拉紧驻车制动器，发动机在急速下运转，左脚用力踩住制动踏板，将变速杆置于 D 挡，右脚将加速踏板迅速踩到底，使节气门全开，时间不超过 5 s，然后迅速抬起加速踏板。
③当发动机转速上升至稳定值时，读取此时的发动机转速值。该转速称为"失速

转速",一般应为 2 000 r/min 左右（因车型而异，具体数值须查维修手册）。

④按以上方法，将变速杆置于 R 挡，进行同样的试验。

3）试验结果分析。

①如果 D 挡和 R 挡失速相同，且都低于规定值，可能是发动机功率不足或变矩器导轮单向离合器工作不正常造成的。如果失速低于规定转速值 600 r/min，则变矩器可能损坏。

②如果 D 挡失速转速高于规定值，可能是线路油压太低，前进离合器打滑，2 号单向离合器工作不良或 O/D 单向离合器工作不良造成的。

③如果 R 挡失速转速高于规定值，可能是线路油压太低，直接离合器打滑，第一挡及倒挡离合器打滑或 O/D 单向离合器工作不良造成的。

（3）液压试验。

1）试验目的。测试自动变速器液压控制系统中的油液压力，用以判断泵、阀的技术状况、密封性能和节气门阀拉索的调整状况。

2）试验准备。为使液压试验方便，一般在自动变速器壳体的有关位置设有数个测量不同油路液压的测压孔，用于安装液压表，平时用方头螺塞堵住，其具体位置可从该车型维修手册中查到。液压试验前应查到这些测压孔，如果查不到，可采用以下方法找到：

用举升器将汽车升起，发动机怠速运转，分别将各个测压孔螺塞旋松，观察当变速杆处于不同挡位时是否有压力油液流出，依此判断各油路具体位置。

①变速杆位于 R、D、2、L 各挡位时都有压力油流出，为主油路测压孔。

②变速杆位于 D、2、L 各挡位时都有压力油流出，为前进挡油路测压孔。

③变速杆位于 R 挡位时有压力油流出，为倒挡油路测压孔。

④变速杆位于 D、2、L 各挡位时，并且在驱动轮转动后才有压力油流出，为调速器油路测压孔。

3）试验方法。

①主油路液压试验。

a. 自动变速器预热至正常工作温度，找到自动变速器壳体上的主油路侧压孔，连接液压表。当进行前进挡（D 挡、2 挡、L 挡）主油路液压试验时，也可以将液压表连接在前进挡油路测压孔上；当进行倒挡（R 挡）主油路液压试验时，也可以将液压表连接在倒挡油路测压孔上。

b. 拉紧驻车制动器，用三角木塞住四轮，左脚用力踩下制动踏板，变速杆推入 D 挡，测量发动机怠速工况下前进挡的主油路油液压力。

c. 在上述状态下，右脚将加速踏板踩到底，在发动机达到失速转速时读取油液最大压力值，该油液压力值即失速工况下的前进挡主油路油液压力。注意读取油液压力值后要立即抬起加速踏板。

d. 将变速杆分别推入 2 挡、L 挡，重复上述试验，可测得各个前进挡在怠速工况下和失速工况下的拦油路油液压力。

e. 在 R 挡重复上述试验，可测得倒挡在怠速工况下和失速工况下的主油路油液压力。

f. 测出的主油路液压值应与规定值对照。如果未达到规定值，应检查节气门阀拉索的调整状况，视需要重新调整并重复做主油路液压试验。

不同车型自动变速器的主油路液压规定值不完全相同，应查阅维修手册。

g. 试验结果分析。

a）在任何范围油液压力均高于规定值，可能是节气门阀拉索调整不当、节气门阀失效或调速阀失效等造成的。

b）在任何范围油液压力均低于规定值，可能是节气门阀拉索调整不当、节气门阀失效、调压阀失效、液压泵效能不佳或O/D直接离合器损坏等造成的。

c）只在D挡位置油液压力低，可能是D挡油路泄漏或前进离合器故障等造成的。

d）只在R挡位置油液压力低，可能是R挡油路泄漏、直接离合器故障或一倒挡制动器故障造成的。

②调速器液压试验。

a. 用举升器将汽车升起。

b. 在自动变速器壳体调速器测压孔上连接液压表。

c. 启动发动机，变速杆置于前进挡位置，松开驻车制动器，缓慢踩下加速踏板，使驱动轮转动。

d. 读取不同车速下的调速器油液压力。

e. 试验结果分析。将测试结果与规定值比较，如果调速器油液压力太低，可能是主油路压力太低、调速器油路漏油或调速器工作不正常等原因造成的。

（4）时滞试验。发动机怠速运转，移动变速杆从N挡换入前进挡或倒挡时，在换入挡位前会感觉到有一定时间的迟滞或延时，称为自动变速器换挡时滞时间。

1）试验目的。测出时滞时间，用时滞时间的长短检查主油路液压和O/D单向离合器、前进离合器、直接离合器和一倒挡制动器的工作情况是否正常。

2）试验方法。

①变速器预热到正常工作温度，发动机怠速运转，变速杆置于N挡位置，拉紧驻车制动器。

②变速杆从N挡换入D挡，用秒表测量从移动变速杆起到有振动感时止的时间。试验进行3次，时滞时间取3次试验的平均值。

③按上述同样方法，在间隔1 min后测量从N挡换入R挡的时滞时间。

3）结果分析。自动变速器从N挡换入D挡的时滞时间一般应小于1.0～1.2 s，如丰田系列汽车该时滞时间要求小于1.2 s；从N挡换入R挡的时滞时间一般应小于1.2～1.5 s，如丰田系列汽车该时滞时间要求小于1.5 s。

①如果N挡至D挡时滞时间大于规定值，可能是主油路油液压力太低、前进离合器摩擦片磨损或O/D单向离合器工作不良造成的。

②如果N挡至R挡时滞时间大于规定值，可能是倒挡主油路油液压力太低、倒挡离合器或制动器磨损严重造成的。

（5）道路试验。自动变速器的道路试验不仅在其维修前进行，在其维修后也应进行，以检查是否恢复了工作性能。

1）试验目的。用于检查换挡点（升挡和降挡的转速）、换挡冲击和换挡执行元件是否有打滑、振动和噪声等现象。

2）试验方法。自动变速器应预热至正常工作温度。

① D挡试验。变速杆置于D挡位置，打开O/D开关，踩下加速踏板使节气门全开，进行以下试验：

a. 升挡试验。在汽车加速过程中，自动变速器应能自动按1挡至2挡、2挡至3挡、3挡至O/D挡的规律升挡，升挡点应与该车型自动换挡表（因车型而异，须查维修手册）相吻合。在路试中，当自动变速器升挡时，发动机会有短时的转速下降，车身也会有轻微的振动，因而，试车员应能感觉到汽车是否顺利地从1挡升至2挡、2挡升至3挡、3挡升至O/D挡。当试车员感觉到汽车升挡时，及时记下升挡车速。

自动变速器如果有模式选择开关，应在NORMAL（标准）模式和PWR（动力）模式下各进行一次升挡试验。需要注意的是，当发动机冷却水温度低于60 ℃时，不会出现O/D升挡及锁定动作。

分析方法如下：如无1挡至2挡升挡，可能是2号电磁阀卡住或1挡至2挡换挡阀卡住；如无2挡至3挡升挡，可能是1号电磁阀卡住或2挡至3挡换挡阀卡住；如无3挡至O/D升挡，可能是3挡至O/D挡换挡阀卡住；如换挡点不正常，可能是节气门阀、1挡至2挡换挡阀、2挡至3挡换挡阀或3挡至O/D挡换挡阀等发生故障；如锁定不正常，可能是锁定电磁阀卡住或锁定继动器阀卡住。

b. 检查振动及打滑情况。用与"a. 升挡试验"同样的试验方法检查1挡至2挡、2挡至3挡和3挡至O/D挡升挡时的振动及打滑情况。如果振动太大，可能是主油路油液压力太高、蓄压器故障或单向阀故障造成的。

c. 检查不正常噪声和振动。在D挡位置以O/D挡或锁定状态行车，以检查不正常噪声和振动。检查中要非常仔细，因为传动轴、差速器和变矩器不平衡也会引起振动和噪声，要注意区分。

d. 降挡试验。在D挡位置以O/D挡、3挡、2挡行车，检查降挡车速是否与自动换挡所示O/D挡至3挡、3挡至2挡、2挡至1挡降挡点一致。如降挡车速有异常，可能是节气门阀拉索调整不当或相关挡换挡阀有故障。

检查降挡时有无反常振动及打滑现象。

e. 检查锁定机构。在D挡位置以O/D挡稳定行驶，车速在75 km/h左右，使变矩器锁止离合器啮合，踩下加速踏板，发动机转速应无突然改变，而是与车速同步上升。如发动机转速猛增，说明锁止离合器未锁定，可能是锁止离合器的控制系统有故障。

② 2挡试验。变速杆置于2挡位置，将加速踏板稳定在节气门全开位置，在路试中检查下列内容：

a. 能否自动地从1挡升至2挡，升挡点是否与自动换挡表相符合。试验中注意，2挡位置无O/D升挡及锁定动作。

b. 在2挡位置以2挡行车，松开加速踏板检查发动机制动效果。如无制动效果，可能是2挡制动器有故障。

c. 检查有无不正常振动和噪声。

③ L挡试验。变速杆置于L挡位置，路试中不应出现1挡至2挡升挡现象。松开

加速踏板应有良好的发动机制动效果，否则为一倒挡制动器失效。加、减速行驶时，应无不正常振动和噪声。

④R挡试验。变速杆置于R挡位置，节气门全开行驶，应能迅速倒车，不应有倒车打滑现象。

⑤P挡试验。将车停于一斜坡（大于5°）上，变速杆置于P挡位置，松开驻车制动器，检查停车锁爪是否可以将车停在原处。

⑥强制低挡试验。使汽车在D挡位下中速行驶，迅速踩下加速踏板，此时自动变速器应自动降低一个挡位，并有明显的增扭效果，抬起加速踏板后又能自动回到原来的高挡位，说明自动变速器强制低挡功能正常。

a. 如果迅速踩下加速踏板后未自动降低一个挡位，说明自动变速器强制低挡功能失效。

b. 如果迅速踩下加速踏板后能自动降低一个挡位，但发动机转速异常升高，抬起加速踏板升挡时出现换挡冲击，说明换挡执行元件磨损严重（打滑）。

工作页10（任务一　传动系统检测与故障诊断）见工作页手册

## 任务二　转向系统检测与故障诊断

### 任务导入

一辆一汽丰田锐志轿车进4S店维修，客户反映该车无论是在行驶中还是停车状态下调整方向都很费力，并且即使车速提升了，调整方向依然很费力。

### 学习目标

1. 了解转向系统技术要求和诊断参数标准；
2. 掌握转向系统的检测方法；
3. 掌握悬架装置与转向系统间隙的检测方法；
4. 具有良好的心理素质和克服困难的能力；遵守安全操作规范和职业道德规范。

视频：转向系统检测与故障诊断

### 相关知识

汽车转向系统的性能检测对于汽车安全行驶非常重要。转向系统的检测包括四轮定位的检测、车轮定位的检测、转向盘自由行程和转向力的检测。电动助力转向系统的基本结构如图3-8所示。

**1. 转向系统技术要求**

汽车转向系统的检测项目主要有转向盘检测、最小转弯直径检测、前轮侧滑检测。

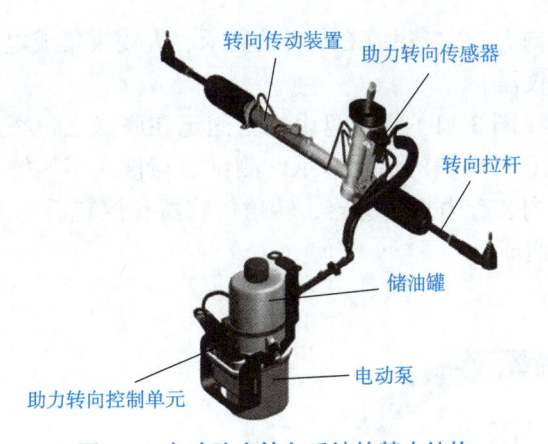

图 3-8 电动助力转向系统的基本结构

Fig.3-8　The basic structure of the electric power steering system

（1）转向盘。

1）任何操作状态下都不允许与其他部件出现干涉现象。

2）在平坦的路面上行驶时不应跑偏。

3）转向盘操纵轻便、转向灵活。

4）转向盘转向后应能够自动回正。

5）转向盘最大自由转动量不得过大。对于最高设计车速不小于 100 km/h 的机动车，规定转向盘最大自由转动量不应超过 20°。

（2）最小转弯直径。当汽车在直行状态下向左或向右转弯时，转向盘的回转角和回转力不得有明显差异。图 3-9 所示为最小转弯直径。

机动车的最小转弯直径，以前外轮轨迹中心线为基线，测量值不得大于 24 m。当转弯直径为 24 m 时，前转向轴和末轴的内轮差（以两内轮轨迹中心线计）不得大于 3.5 m。

（3）前轮侧滑。机动车转向轮的横向侧滑量，用侧滑试验台检测时应不大于 5 m/km（非独立悬架）。图 3-10 所示为侧滑试验台。

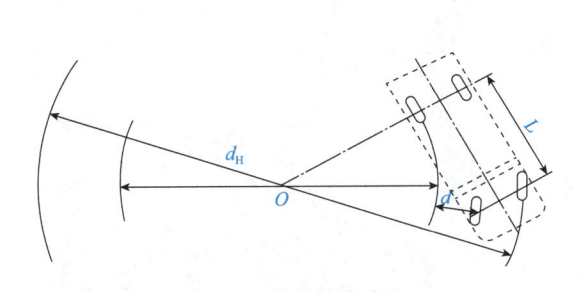

图 3-9　最小转弯直径

Fig.3-9　Minimum turning diameter figure

图 3-10　侧滑试验台

Fig.3-10　Side slip test bench

**2. 转向参数测量仪**

测量汽车转向盘操纵力及转动角度可以使用转向参数测量仪，其主要功能是检测自由转向角和最大转向力。它是由 LCD 液晶显示、大规模集成电路、电子元件和传感器组成的便携式检测仪器。

转向参数测量仪（图 3-11）操纵盘由螺钉固定在底盘上，底盘经力矩传感器同连接叉相连，连接叉上有可伸缩的活动卡爪，测试时与被测车辆的转向盘相连，主机固定在底盘中央，主机内装有力矩传感器、转角传感器和控制板。转角定位器由连接钩、橡皮筋、吸盘三部分组成。

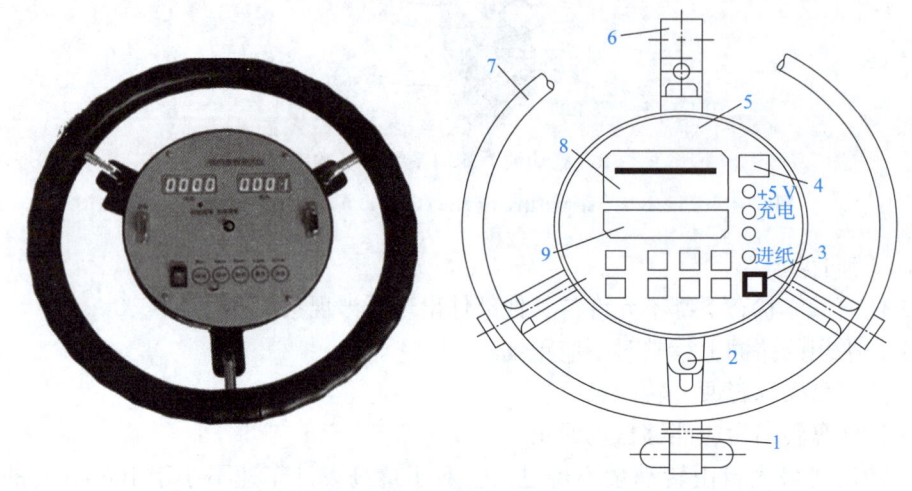

图 3-11 转向参数测量仪

Fig.3-11 Steering parameter measuring instrument

1—定位杆；2—固定螺栓；3—电源开关；4—电压表；5—主机箱；6—连接叉；7—操纵盘；
8—打印机；9—显示器

测量时，把转向参数测量仪对准被测汽车转向盘中心，调整好三个连接叉上伸缩卡爪的长度，与转向盘连接并固定好。当转动操纵盘时，转向力通过底板、力矩传感器、连接叉传递到被测转向盘上，使转向盘转动以实现汽车转向。此时，力矩传感器将转向力转变为电信号，而定位杆内的光电装置也将转向盘转角转变为电信号。最后，电信号由微机自动完成数据采集、转角编码、运算、分析、存储、显示和打印。

### 3. 转向操纵性检测

汽车转向操纵性的检测主要有最大转向力的检测和自由转向角的检测两个方向，主要检测方式是通过将转向参数测量仪安装在被测车辆的转向盘上，然后转动转向盘来实现的。图 3-12 所示为转向操纵性检测。

图 3-12 转向操纵性检测

Fig.3-12 Steering control

（1）转向参数检测。汽车转向参数主要有转向盘自由转动量和转向盘转向力。转向盘自由转动量是指汽车转向轮保持直线行驶位置静止时，轻轻左右晃动转向盘所得的游动角度；转向盘转向力是指在一定行驶条件下，作用在转向盘外缘的圆周力。

这两个汽车转向参数主要用来诊断转向轴和转向系统中各零件的配合状况。该配合状况直接影响汽车操纵稳定性和行车安全性。因此，对于在用车和新车都必须进行上述两个转向参数的检测。转向盘自由转动量和转向力的检测一般采用专用测量仪进行检测。

1）用简易转向盘自由转动量检测仪检测转向盘自由转动量。简易转向盘自由转动量检测仪只能检测转向盘的自由转动量。该仪器由刻度盘和指针两部分组成，如图 3-13 所示。刻度盘和指针分别固定在转向盘轴管和转向盘边缘上。固定方式有机械式和磁力式两种。磁力式使用磁力座固定指针或刻度盘，结构更为简单，使用更为方便。

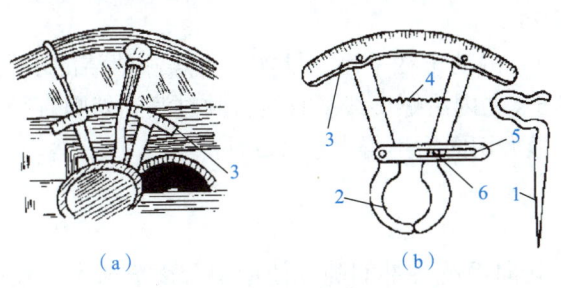

图 3-13 简易转向盘自由转动量检测仪

Fig.3-13 Simple steering wheel free rotation detector

（a）检测仪的安装；（b）检测仪
1—指针；2—夹臂；3—刻度盘；4—弹簧；5—连接板；6—固定螺钉

测量时，应使汽车的两转向轮处于直线行驶位置不动，轻轻向左（或向右）转动转向盘至空行程的极限位置（感到有阻力），调整指针指向刻度盘零度。然后，再轻轻转动转向盘至另一侧空行程的极限位置，指针所示刻度即转向盘的自由转动量。

2）用转向参数测量仪检测转向盘自由转动量和转向力。国产 ZC-2 型转向参数测量仪是以微机为核心的智能仪器，可测得转向盘自由转动量和转向力。该仪器由操纵盘、主机箱、连接叉和定位杆等组成，如图 3-14 所示。

测量时，将转向参数测量仪对准被测转向盘中心，调整好三个连接叉上伸缩杆的长度，与转向盘连接并固定好。转动操纵盘，转向力通过底板、力矩传感器、连接叉传递到被测转向盘上，使转向盘转动以实现汽车转向。

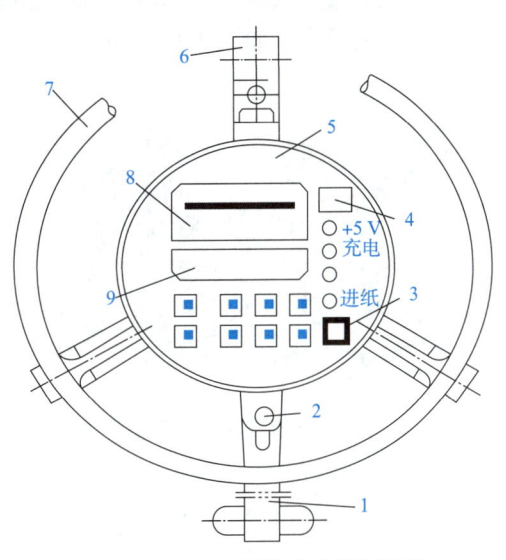

图 3-14 ZC-2 型转向参数测量仪

Fig.3-14 ZC-2 steering parameter measuring instrument

1—定位杆；2—固定螺栓；3—电源开关；
4—电压表；5—主机箱；6—连接叉；7—操纵盘；
8—打印机；9—显示器

此时，力矩传感器将转向力矩转变成电信号，而定位杆内端连接的光电装置将转角的变化转变成电信号。这两种电信号由微机自动完成数据采集、转角编码、运算、分析、存储、显示和打印，以获得转向盘自由转动量及转向力的参数。

（2）诊断参数标准。按照国家标准《机动车运行安全技术条件》（GB 7258—2017）的规定，转向盘自由转动量和转向力应符合以下要求：

1）转向盘自由转动量。机动车转向盘的最大自由转动量从中间位置向左或右的转角均不得大于：

①最大设计车速大于或等于 100 km/h 的机动车为 15°。

②三轮汽车为 35°。

③其他机动车为 25°。

2）转向盘转向力。机动车在平坦、硬实、干燥和清洁的水泥或沥青道路上行驶，以 10 km/h 的速度在 5 s 之内沿螺旋线从直线行驶过渡到外圆直径为 25 m 的圆周行驶，施加于转向盘外缘的最大切向力不得大于 245 N。

### 学习研讨

汽车悬架装置与转向系统各部间隙在使用中会逐渐增大，致使汽车行驶中出现跳动增加、横摆加剧、转向盘自由行程加大、转向轮摆头、轮胎磨损异常和各种冲击增强等现象，严重地影响了汽车的操纵稳定性、行驶平顺性和使用寿命。检测汽车悬架装置与转向系统的间隙，能诊断出悬架装置与转向系统的技术状况，如图 3-15 所示。

悬架装置与转向系统间隙检测仪主要由电控箱、左测试台、右测试台、泵站和手电筒式开关组成，如图 3-16 所示。

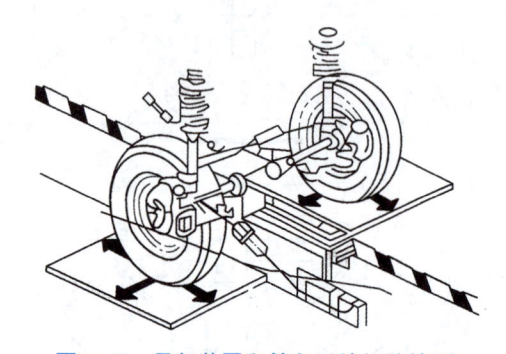

图 3-15 悬架装置和转向系统间隙检测
Fig.3-15 Suspension device and steering system clearance detection

图 3-16 悬架装置与转向系统间隙检测仪示意
Fig.3-16 Schematic diagram of suspension device and steering system clearance detector

1—电控箱；2—手电筒式开关；3—左测试台；
4—右测试台；5—泵站

悬架装置与转向系统间隙检测方法如下。

**1. 仪器准备**

（1）接通电控箱总电源。

（2）将手电筒式开关的工作开关按下，其上工作灯应亮，电控箱上绿色指示灯应亮，电动机应带动油泵工作。否则，应检查并排除故障。

（3）按下手电筒式开关上左、右测试板向前或向后移动的键，系统升压。当测试板移动到一侧极限位置时，检查油压表的压力是否正常。否则应调节溢流阀，使油压达到要求。

（4）检查测试板表面是否沾有泥、砂、油污等。若有，应清除。

### 2. 车辆准备

（1）车辆应运行至正常工作温度。

（2）轮胎气压应符合汽车制造厂的规定。

（3）轮胎上的砂、石、泥、土应清除干净。

### 3. 检测方法

（1）汽车前轮开上悬架装置与转向系统间隙检测仪的测试板，两前轮在两块测试板上居中停放。

（2）汽车驾驶员用力踩住制动踏板，并握紧转向盘。车下检测员按动手电筒式开关上测试板"前后方向移动"键，使悬架装置和转向系统以一定频率反复做前、后方向移动。

（3）车下检测员按动手电筒式开关上测试板"左右方向移动"键，使悬架装置和转向系统以一定频率反复做左、右方向移动。

（4）车下检测员按动手电筒式开关上测试板"前左、后右（对角线）方向移动"键或"前右、后左（对角线）方向移动"键，使悬架装置和转向系统以一定频率反复做前左、后右（对角线）方向移动或做前右、后左（对角线）方向移动。

（5）汽车前轴在做上述移动方向的测试时，车下检测员要始终注意观察并用手触试汽车车轮与制动底板（或制动盘）处、转向节主销处、纵横拉杆球头销处、独立悬架摆臂处、相关悬架U形螺栓处和钢板销处、转向垂臂处和转向器在车架上的固定等处的间隙，做好记录，视必要进行调整或修理。

（6）汽车驾驶员放松转向盘和制动踏板，将前轮开下后轴开上，在测试板上用同样方法检测后轴悬架装置的间隙。

（7）检测完毕，关闭手电筒式开关和电控箱总电源。

**工作页 11（任务二　转向系统检测与故障诊断）见工作页手册**

## 任务三　行驶系统检测与故障诊断

### 任务导入

一辆哈佛轿车车主反映，汽车在急加速或突然制动时，会有侧向甩尾的现象。这种现象危险吗？是什么原因造成的呢？

## 学习目标

1. 了解行驶系统的一般要求；
2. 掌握车轮定位参数；
3. 掌握四轮定位原理和检测方法；
4. 掌握悬架检测方法；
5. 培养勤于思考、举一反三的学习习惯；具有较强的口头与书面表达能力、人际沟通能力。

## 相关知识

汽车行驶系统包括车架、车桥、车轮和悬架等部件。良好的行驶系统能够有效地缓和车辆的冲击振动，保证汽车行驶的平稳性和舒适性。同时，行驶系统与传动、转向和制动系统都有密切关系，所以，行驶系统的技术状况也会影响到行驶的安全性、油耗和转向操纵的稳定性等。

对行驶系统技术状况的检查，除一般外观检查外，主要包括车轮定位检测、前轮侧滑量检验、悬架性能试验及车轮动平衡校验等。

### 一、对行驶系统的一般要求

#### 1. 对车轮和轮胎的要求

（1）对轮胎的要求。汽车轮胎的种类、花纹和气压等直接关系到地面附着力，对于车辆行驶性能和行车安全的影响极大。对此国家标准《机动车运行安全技术条件》（GB 7258—2017）、《机动车安全技术检验项目和方法》（GB 38900—2020）等都做了严格规定，主要内容如下：机动车所装用轮胎的速度级别不应低于该车最高设计车速要求；机动车转向轮不允许装用翻新轮胎；同一轴上的轮胎规格和花纹应相同，并应符合制造厂规定；轮胎负荷不应大于其额定负荷，轮胎气压应符合规定压力；乘用车用轮胎应有胎面磨耗标志；一般乘用车轮胎花纹深度不允许小于 1.6 mm，轮胎表面不得有过长、过深的破裂和割伤等。

（2）对车轮的要求。《机动车运行安全技术条件》（GB 7258—2017）规定总质量不大于 3 500 kg 的汽车车轮横向摆动量和纵向跳动量应不大于 5 mm；最高设计车速大于 100 km/h 的汽车，其车轮的动平衡应符合有关技术规定。随着道路交通的发展，汽车行驶平均车速的逐渐提高，车轮质量均衡问题也日益受到重视。有关动平衡问题，我们将在后面有关章节中专门介绍。

#### 2. 对悬架和车架的要求

国家标准《机动车运行安全技术条件》（GB 7258—2017）、《机动车安全技术检验项目和方法》（GB 38900—2020）中相关要求主要有：悬架、车架和前后桥等结构件应完好无损、连接可靠、安装牢固，都不应有变形和裂纹，悬架部件不允许拼焊。对于最大设计车速大于或等于 100 km/h、轴载质量小于或等于 1 500 kg 的载客汽车的悬架特性应符合有关规定，具体检测方法详见后面有关内容。

### 3. 关于车轮定位参数

为了提高汽车的转向操纵稳定性、使操纵轻便、确保车辆自动直线行驶和自动回正的能力及减少轮胎磨损，汽车车轮和主销都设计有多种角度参数，统称为车轮定位（Wheel Alignment）参数。之前，车轮定位主要是指转向轮前束（或前张）、车轮外倾、主销后倾和主销内倾等角度参数，也统称为前轮定位。现代汽车为了使前后轮更好地配合，对后轮前束（或前张）和后轮外倾也提出要求，称为后轮定位。所以，一般车轮定位包括前后轮定位，也统称为四轮定位。

（1）前轮外倾角。当前轮处于摆正的位置时，从车的前面看，前轮中心平面与地面并不垂直，而是向外倾斜一个角度 $\alpha$（图3-17），称为前轮外倾角。当车轮上端向外倾斜时，规定外倾角为正，若向内倾斜，则外倾角为负。前轮外倾的作用如下：

1）前轮外倾将使车轮接地点靠近主销轴线的接地点，从而减小转向力矩，可使转向操纵轻便。

2）若前轮无外倾，则满载时，车桥和悬架系统将因承载变形，而可能出现内倾。前轮内倾一方面会加速轮胎的偏磨损；另一方面路面对车轮的垂直反力沿轮毂的轴向分力将使轮毂压向轮毂外端的小轴承，加重了外端小轴承及轮毂紧固螺母的负荷，降低它们的使用寿命。

图3-17 车轮外倾
Fig.3-17 Wheel camber
（a）正外倾；（b）负外倾

另外，车轮有了外倾也可以与拱形的路面相适应。

早期使用的大直径窄轮胎外倾角一般比较大，现代汽车多使用直径较小的宽轮胎，为了避免大外倾造成轮胎单边磨损，外倾角都比较小，一般为1°左右。

现代汽车高速行驶时的操纵稳定性至关重要。为提高车辆高速转向时的操纵稳定性，有的汽车更采用了"零外倾"或"负外倾"，这有利于减少高速急转时轮胎外侧边磨损和外侧轮产生不利于转向的"外倾推力"（由车身倾斜、外倾角过大造成），增加车轮接地点的跨度，形成不足转向，增加汽车转弯时的横向稳定性。

车轮外倾是由汽车的悬架、车架及转向节等结构决定的，汽车装配完成后，这些角度就确定了，一般不可以调整。

（2）前轮前束。在安装车轮时，使汽车两前轮的中心平面不平行，两轮前边缘距离 $A$，小于两轮后边缘距离 $B$，$B$ 与 $A$ 之差称为前轮前束，如图3-18所示。不同厂家对前束的测量

图3-18 前轮前束
Fig.3-18 Toe
（a）正前束；（b）负前束

位置有不同的规定。当后边缘的距离比前边缘距离大时，为正前束（Toe-in）；反之为负前束，又称为前张或前展（Toe-out）。前束也可用车轮与正前方偏移的角度 $\psi$ 来表示，称为前束角。

1）前束的作用。前束的作用是消除车轮外倾造成轮胎的侧向力。车轮在向前滚动时，由于外倾角的存在，就会形成类似于圆锥的滚动，出现两个车轮企图向各自的外侧滚开的趋势。由于机械上的约束，车轮将在地面上出现边滚边向内滑的现象，这种横向滑移现象称为侧滑。侧滑会增加轮胎的磨损。

由于前束的存在，车轮在前进时，两轮有向内侧滚动的趋势，同样由于机械上的约束，车轮将出现边滚动边向外滑动的现象。

可见，在侧滑的方向上，前轮外倾与前束是相反的。前束正是为了消除车轮外倾带来的这种不良影响。若前束调整得合适，可以完全抵消前轮外倾引起的侧滑作用。

一般前束数值为 0～12 mm。若折算成前束角，一般不超过 1°。

2）转向时的前张现象。如图 3-19 所示，汽车在转弯时，各个车轮围绕一个共同的中心 $O$ 做圆弧行驶，两个转向轮行驶的圆弧半径不同，两轮的转向角也不同，内侧轮转向角要大于外侧轮，如图 3-19 中 $\psi_1>\psi_2$，称为内外轮转角差。因而，形成了"转向前张"或"转向前展"（Toe-out on Turn）现象。

转向前张是由转向的梯形臂结构决定的，是不可调整的。一般情况下，当内侧轮转过 20° 时，外侧轮所转过的角度应为 18.5°～19°，即此时转角差为 1°～1.5°，也称为"转向 20° 时转角差"。转角差是用于检验诊断转向系统结构有无变形的重要参数。

（3）主销后倾角。车轮转向时，是围绕主销轴线转动的。因悬架结构的不同，有的汽车没有主销，转向节上下球头销之间连线即主销轴线，也是车轮的转向轴线。在纵向平面内，主销上部相对于铅垂线向后倾斜一定角度 $\gamma$，如图 3-20 所示，称为主销后倾角。一般汽车主销都是向后倾斜的，规定其角度为正；也有的汽车主销是向前倾斜的，规定其角度为负。

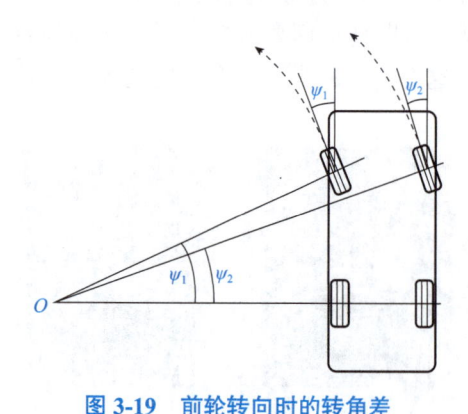

图 3-19　前轮转向时的转角差
Fig.3-19　Angle difference when the front wheels turn

图 3-20　主销后倾角的概念
Fig.3-20　The concept of caster angle

主销后倾的作用是形成稳定的回正力矩。如图 3-21（a）所示，当主销具有后倾角时，车轮与路面的接触面将落在主销轴线延长线与路面交点 $O$ 的后面。当转向轮偶然受到外力作用而稍有偏转或转向盘转向释放之后，由于车辆向前行驶的惯性，车轮在接地面受到来自路面的向后的阻力 $F$，其侧向（横向）分力 $F_n$ 对于转向中心 $O$ 形成一个力矩 $F_n \cdot d$，此力矩就有使车轮自动回正的作用，称为稳定力矩。这与手推车脚轮受力情形是相同的［图 3-21（b）］。无论手推车如何转弯，脚轮与地面接触点永远在转轴后面，从而地面阻力可以保证脚轮总能顺着前进方向。

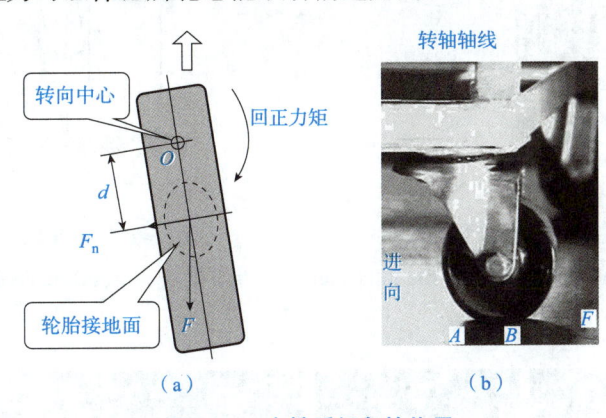

**图 3-21 主销后倾角的作用**

**Fig.3-21 The effect of the caster angle of the kingpin**

（a）车轮偏转后受力情况；（b）脚轮行进时受力情况

主销后倾角的存在有利于汽车稳定直线行驶，但后倾角也不宜太大，否则回正作用过强会造成转向沉重。一般汽车的主销后倾角为 2°～3°。现代汽车由于多用低气压宽轮胎，其弹性增加，行驶稳定性增强，因此，有些汽车主销后倾角可以减少到接近于零（甚至为负值），以减小低速时的转向力。

（4）主销内倾角与包容角。

1）主销内倾角。主销内倾角如图 3-22 所示。在横向平面内，主销上部向内倾斜一个角度 $\beta$，称为主销内倾角，英文缩写为 SAI（Swivel Axle Inclination）或 KIA（Kingpin Inclination Angle）。主销内倾角的作用如下：

①主销内倾角有使车轮自动回正的作用。如图 3-23 所示，汽车行驶时，当转向轮由中间位置偏转一个角度时，因主销轴线有倾斜，转向轮将企图向斜下方转动，但车轮并不会陷入地下，实际结果只会是汽车前部被抬高。当放松转向盘时，汽车的重力就可使转向轮恢复到原来中间位置。

②主销内倾角还能使转向操纵轻便。当汽车转向时，车轮围绕着转向轴线偏转时，会受到地面的阻力矩作用。这种阻力作用在轮胎接地面的中心，从转向轴线接地点到轮胎接地面中心之间的距离（如图 3-23 中的 $c$ 所示）称为偏移距或磨胎半径（Scrub Radius）。主销内倾与前轮外倾共同使偏移距 $c$ 减小，因而也减小了转向阻力。但 $c$ 值也不宜过小，即内倾角不宜过大，否则在转向时，车轮绕主销偏转的过程中，轮胎与路面间将产生较大的滑动摩擦，从而加速轮胎的磨损。一般主销内倾角为 5°～8°。这个角度由车的结构决定，设计时已经确定，一般是不可调的（图 3-24）。

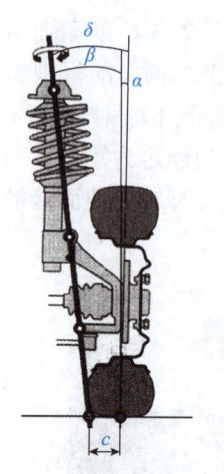

图 3-22　主销内倾角及包容角
Fig.3-22　The inclination angle and the tolerance angle of the kingpin

图 3-23　主销内倾的自动回正
Fig.3-23　Automatic return to the main pin

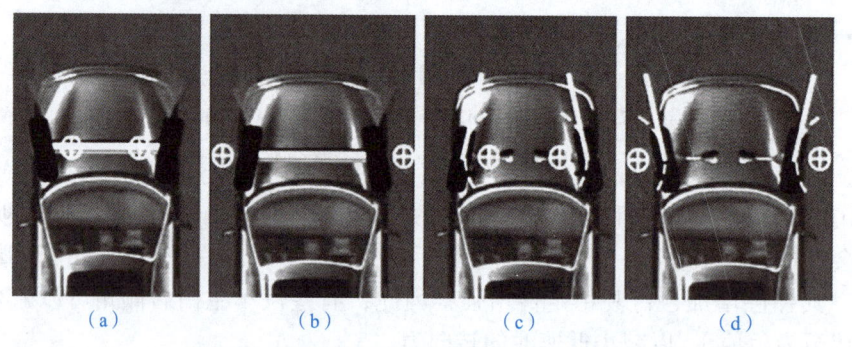

图 3-24　磨胎半径对不同类型汽车前束的影响
Fig.3-24　The influence of tire grinding radius on the toe of different types of cars
（a）后驱车，$c>0$；（b）后驱车，$c<0$；（c）前驱车，$c>0$；（d）前驱车，$c<0$

2）包容角。主销内倾角 $\beta$ 与前轮外倾角 $\alpha$ 之和 $\delta$ 称为包容角（Included Angle），如图 3-22 所示。主销内倾角和前轮外倾角的关系由悬架和转向节的结构所决定。汽车实际行驶时因路面不平整，车轮外倾角和主销内倾角都可能随时变化，但包容角并不改变。所以，检查包容角是否有变化，可以用于检验诊断悬架系统结构定位是否失准。

## 二、四轮定位检验

### 1. 四轮定位检验的意义

四轮定位参数的检验属于静态检验方法，是在汽车静止不动的情况下，借助仪器工具对各车轮定位参数进行测量的方法。

四轮定位检验是汽车综合性能检验的重要项目。车轮定位参数在汽车出厂前都已经做过准确调整，但在车辆使用过程中，由于零部件的磨损、更换及使用不当（超载或碰撞等），可能会导致这些定位参数发生改变，而引起转向沉重、转向盘发抖、车辆容易跑偏、轮胎异常磨损及油耗增加等现象，严重时会影响汽车安全行驶。

一般在下列情况出现时就要做四轮定位检验和调整：

（1）汽车每行驶 10 000 km 或 6 个月后，或新车每行驶 3 000 km 后；

（2）直行时方向盘不正或汽车容易自动跑偏，需要拉住方向盘才能保持直线行驶；

（3）驾驶时感觉车身"发飘"、方向难以操纵；

（4）车辆发生碰撞事故维修之后、换装新的悬架或转向系统配件之后；

（5）出现车轮单边磨损或羽毛状磨损等。

### 2. 前轮定位的测量方法

早期的车轮定位主要是测量前轮的四个参数，测量手段以手工工具和简单的仪器为主，例如，测量前束使用前束尺或光束刻度板，测量其他三个角度参数则主要用气泡水准仪。

（1）前束的测量方法。可以根据前束的定义直接测量左右车轮最后端距离与最前端距离之差，传统方法是可用前束尺、卷尺或光束刻度板等仪器工具进行测量。需要注意的是，当使用长度单位时，不同厂家规定的测量位置可能不同，如图 3-25 所示。另外，测量时转向盘应位于中间位置。

（2）车轮外倾角的测量方法。测量车轮外倾角常用的传统方法是利用气泡水准仪进行测量。在垂直于转向轮旋转平面的中心轴线方向上安装支架和水准仪，水准仪上有可测量倾角的气泡管，气泡管也应保证与车轮

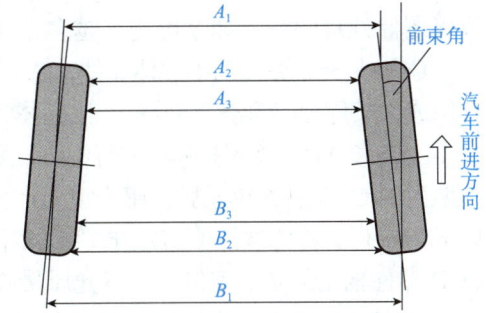

**图 3-25　车轮前束测量**

**Fig.3-25　Wheel toe measurement**

$B_1 - A_1$——在两胎面中心线间测量；
$B_2 - A_2$——在两轮胎内侧凸出点间测量；
$B_3 - A_3$——在两轮辋内侧的外缘间测量

旋转平面垂直。因此，气泡管与水平方向的夹角和车轮外倾角相等。气泡管中的水泡偏移量与倾角大小成比例，可按倾角刻度表示。也可将气泡管调回水平位置，气泡位移量或角度调节量即反映了车轮外倾角 $\alpha$ 的大小。

在测量车轮外倾角时，必须保证车体摆正、转向盘位于中间位置，因为车轮若有偏转，其车轮外倾角将发生变化。

（3）主销后倾角和主销内倾角的测量原理。主销后倾角和主销内倾角也可以用气泡水准仪测量，但均不能直接读出数据，只能采用建立在几何关系上的间接测量。测量时需将转向轮分别向左、向右转动一定角度，此时主销后倾角、主销内倾角及车轮外倾角也会随之改变。当车轮左右转动时，主销后倾角和主销内倾角的存在都会引起车轮外倾角的变化，它们之间有一定几何关系，因而可以通过左右转动的角度值，以及转动后的车轮外倾角的值间接计算主销后倾角和内倾角。

### 3. 现代四轮定位测量技术简介

目前，四轮定位仪已经十分普遍，现代四轮定位仪采用了不少新技术，使测量功能和精度都有很大提高。

（1）有关光学测量技术。四轮定位仪测量水平方向的尺寸、位置或角度如前束（角）、退缩角（轴距差）和推进角等多采用光学方法。

目前，测量装置的光源有激光和红外光两种。红外光由红外发光管产生，所形成的光束精度非常高，测量精度可达到 0.01°。但由于很多物体都可以发出红外光，所以这种测量装置抗干扰能力比较差。

激光是由激光器产生的非常集中的平行光，具有极高的方向性，不容易受干扰，稳定性很好。用于四轮定位的激光一般采用半导体激光器，测量精度相对较低，约为 0.1°。另外，激光由于能量集中，对人眼睛有很强的伤害，使用时务必要小心。

光接收器件以前多用光敏晶体管，目前较多采用 CCD（Charge Couples Devices，电荷耦合器件）和 CMOS（Complimentary Metal-Oxide Semiconductor，互补金属氧化物半导体）等半导体感光器件。CCD 技术和 CMOS 技术本来主要用于数码相机和摄像头等图像处理领域，如今也越来越多地在四轮定位仪中用作光传感器。

CCD 是非常微小的半导体器件，感光单元又称为相敏单元，由充电电容和储电电容耦合组成，又称为"像素"（Pixel），比晶体管小得多。例如，现代工艺可将 CCD 像素做成小到 14 μm，2 000 个像素排列成一行，总长度还不到 30 mm。从光源发出的光束经光学成像系统照射到 CCD 感光单元后，感光单元产生电荷，经过处理后形成感光信号。许多像素可以成行排列，称为线阵 CCD，再将许多行的像素组成一个矩形平面，就称为面阵 CCD。CCD 器件输出的是数字信号，感光质量高、线性度好，是目前广泛采用的光传感器件。

CMOS 技术以前主要用于晶体管和集成电路，近年来 CMOS 技术也开始应用到成像领域。与 CCD 相同，CMOS 也有充电电容结构，也有相对应的储电电容，以类似方法将接收到的光电能以电脉冲信号的方式输出。与 CCD 相比，CMOS 的耗电量非常小，仅为 CCD 电荷耦合器件的 1/10～1/8；信息处理速度比 CCD 电荷耦合器快得多，而且成本较低。

（2）倾角传感器。除上述以光学方法测量的参数外，测量其他以重力方向为基准的角度如车轮外倾角、主销后倾角和内倾角主要使用倾角传感器（或称角位移传感器）。倾角传感器是比较精密的角度传感器，其功能是把物体微小的倾斜角度转换成相应的电信号。倾角传感器根据原理的不同可以有许多种，都是以重力方向为参考基准。例如，有的是基于固体摆的原理，有的是基于液体或气体（气泡）的流动等。以前常使用摆臂电位计式倾角传感器（图 3-26），它有一个精密旋转电位计，其滑动端连接摆臂和重锤。当传感器倾斜时，重锤的重力使滑动端接触点移动，改变了电位计电阻，可输出与倾角成比例的电信号。目前，现代四轮定位仪中越来越多地采用电子倾角传感器，电容式电子倾角传感器是比较先进的一种，在四轮定位中已有较多应用。图 3-27 所示为美国 AccuStar 电子倾角传感器。其内部结构主要是电容器和信号处理电路，电容片经过蚀刻后，成为两个可变电容器，中间充满液体电介质和惰性气体。传感器旋转时使电容量产生线性变化，经电子线路转换处理成角度信号输出。当传感器角度在零位时，两部分电容在液体中浸没面积相同，无信号输出；当转轴产生一定角度偏差时，两部分电容在液体中浸没面积发生偏差，产生差动电容电压信号，将信号进行比较处理后即可得到角度输出。这种传感器内部无可动部件，精度很高，分辨率可达 0.001°。

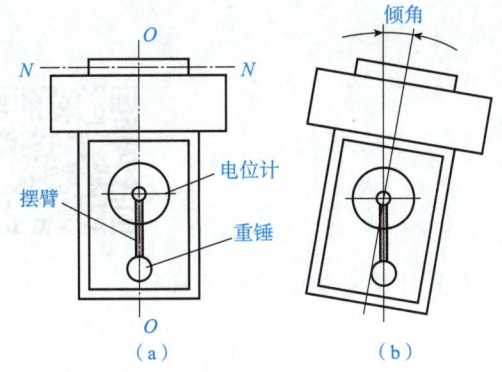

图 3-26　摆臂电位计式倾角传感器　　　　图 3-27　电容式电子倾角传感器
Fig.3-26　Swing arm potentiometer type tilt sensor　　Fig.3-27　Capacitive electronic tilt sensor
（a）无倾角时；（b）有倾角时　　　　　　　　　（a）外形；（b）内部结构

（3）关于蓝牙技术。蓝牙（Bluetooth）是一种短距离的无线电通信技术，这种技术能够将多台数字化设备如计算机、数字照相机、移动电话、汽车等联系起来，取消了设备之间的连线，使用非常方便，成本也很低。

蓝牙技术最早是由瑞典爱立信公司于 1994 年发起，后与诺基亚、IBM、东芝及 Intel 等大公司合作开发成功的。

蓝牙技术已形成国际标准，有效通信距离为 10 ~ 100 m，传输速度可以达到 1 MB/s，工作在 2.4 GHz 频段，这是一种无须申请许可证的工业、科技、医学（ISM）无线电波段。因此，蓝牙技术一经推出，便得到了空前广泛的应用。而且其系统体积小、功耗低，已成为设备间进行短距离无线通信的更开放、更简单、更便捷的方法。

目前很多品牌的四轮定位仪都采用了蓝牙通信技术，取消了安装在车轮上的传感器与计算机主机之间的信号线，为操作使用带来很大的方便。

**学习研讨**

四轮定位测量和悬架性能测试过程，请扫描右侧二维码查看。

**工作页 12（任务三　行驶系统检测与故障诊断）见工作页手册**

## 任务四　制动系统检测与故障诊断

**任务导入**

某车主驾车来到汽车维修站，向维修主管讲述自己的轿车最近制动效果不太好，制动时有跑偏的现象，要求检修。根据车主的要求，请你做出工作计划和信息采集，完成检修工作任务。

### 学习目标

1. 了解汽车制动性能、作用及制动过程；
2. 掌握对制动系统的基本要求及评价指标；
3. 学会正确使用制动性能检测设备；
4. 掌握制动性能检测方法；
5. 遵守安全操作规范和职业道德规范；具有良好的心理素质和克服困难的能力。

视频：汽车动力性能的评价指标

### 相关知识

#### 一、制动性能的概念及作用

汽车制动性能（Braking Properties of Motor）是指汽车在行驶中能强制地减速以致停车，或在下坡时保持一定速度行驶的能力，也包括在坡道上长时间保持停驻的能力。

制动性能的作用主要表现在以下三种场合：第一，强制正在行驶的车辆减速以致停车；第二，使静止的汽车保持不动（即驻车制动），防止汽车停在坡路上自行下滑；第三，限制下坡行驶的汽车车速。其中第一种作用是最主要的。

汽车制动性能的好坏对行车安全有重要的影响。据统计，某市一年内发生的250起重大交通事故中，因制动距离太长和跑偏所造成的事故有100起，占事故总数的40%。近年来，随着城市立体交通和城间高速公路的发展，改善了道路条件，汽车平均车速在逐渐提高，从而制动性能对道路交通事故的影响也在加大。

#### 二、制动过程分析

**1. 制动时车轮受力情况**

汽车的制动过程是人为地增加汽车的行驶阻力，通过制动车轮与道路路面的相互作用而产生与汽车行驶方向相反的路面对车轮的切向反作用力（即制动力），减缓汽车行驶速度，其最大值取决于轮胎与路面之间的附着力。图3-28所示为汽车制动实物图。

以图3-29所示的蹄鼓式制动器为例，当驾驶员突然踩下制动踏板时，制动鼓受到制动蹄的压力$F_x$而形成摩擦制动力矩$M_\mu$，力矩方向与车轮转动方向相反，即

$$M_\mu = F_x \cdot \mu \cdot r \tag{3-1}$$

式中　$M_\mu$——制动力矩（N·m）；

　　　$F_x$——制动蹄压向制动鼓的法向力（N）；

　　　$\mu$——制动蹄、鼓间的摩擦系数；

　　　$r$——制动鼓半径（m）。

图 3-28　汽车制动实物图
Fig.3-28　Physical image of car brake

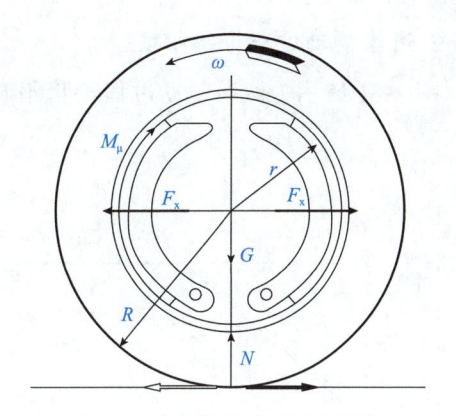

图 3-29　车轮制动时受力示意
Fig.3-29　Schematic diagram of the force exerted by wheels during braking

制动力矩 $M_\mu$ 传到车轮后，对车轮外缘产生的制动力，称为制动器制动力。它相当于把汽车架离地面后，踩住制动踏板，在轮胎外缘推动车轮直到它能转动所需的力。也可以写成 $M_\mu = F_b \cdot R$。因此，

$$F_b = \frac{M_\mu}{R} = \frac{F_x \cdot \mu \cdot r}{R} \quad (3-2)$$

式中　$F_b$——制动器制动力（N）；

　　　$R$——车轮半径（m）。

实际上，对汽车的最终制动作用是通过地面实现的。制动时，车轮基本不转动或慢速转动而汽车因惯性作用有继续前进的趋势，于是这种制动作用使车轮对地面产生一个向前的作用力 $F_\mu$，其反作用力就是地面对车轮的制动力，称为地面制动力，用 $F_g$ 表示。

$F_b$ 与 $F_g$ 是两个不同的概念。由式（3-2）可知，$F_b$ 是与制动蹄的压力 $F_x$ 成正比的。理论上只要不断加大制动蹄的压力 $F_x$，$F_b$ 就可以一直增加。而 $F_g$ 是地面给车轮的作用力，它不会超过车轮与地面之间的附着力 $F_\varphi$，即

$$F_\varphi = G \cdot \varphi \quad (3-3)$$

式中　$G$——轮重（N）；

　　　$\varphi$——车轮与地面的附着系数。

若驾驶员逐渐加大施于制动踏板的力 $F_p$，制动蹄鼓间的压力 $F_x$ 将从零逐渐增加，$F_b$ 也逐渐增大，此时地面制动力 $F_g$ 也随之增加。在 $F_p$ 小于一定值 $F_{p0}$ 的情况下，地面制动力 $F_g$ 就等于制动器制动力 $F_b$，而车轮可能由纯滚动逐渐进入边滚动边滑动的状态。当踏板力 $F_p \geq F_{p0}$ 后，$F_b \geq F_\varphi$，而 $F_g (= F_\varphi)$ 不再增加。此时车轮被制动器抱死，再不能滚动，汽车将处于完全滑移状态。

图 3-30 所示为几种作用力之间的关系。

## 2. 汽车制动过程轮胎印痕

图 3-31 所示为汽车制动过程轮胎印痕。

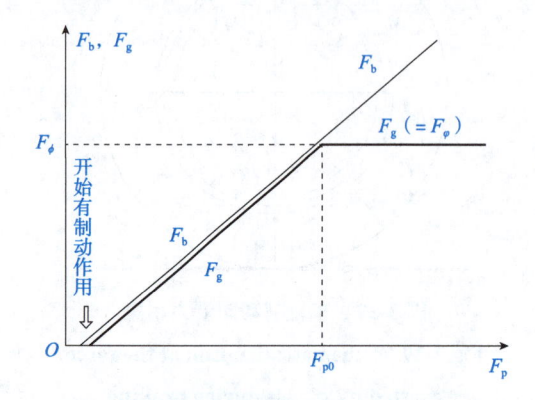

图 3-30　制动过程中 $F_b$、$F_g$ 与 $F_p$ 的关系

Fig.3-30　The relationship between $F_b$, $F_g$ and $F_p$ during braking

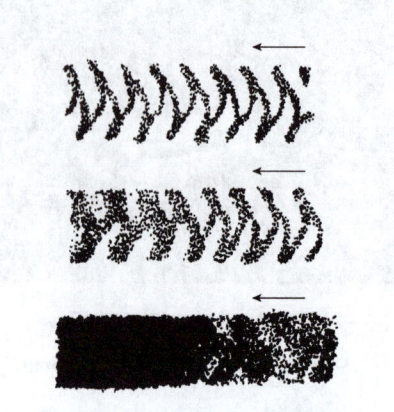

图 3-31　汽车制动过程轮胎印痕

Fig.3-31　Tire impressions during braking

第一阶段：单纯滚动，印痕的形状基本与轮胎胎面花纹一致。

第二阶段：边滚边滑，可辨别轮胎花纹的印痕，但花纹逐渐模糊，轮胎胎面相对地面发生一定的相对滑动，随着滑动成分的增加，花纹越来越模糊。

第三阶段：拖滑，车轮抱死拖滑，粗黑印痕，看不出花纹。

## 3. 紧急制动过程分析

紧急制动过程可以用图 3-32 来说明。从驾驶员收到需紧急制动的信号到踩踏板制动，直到制动结束，全部过程可详细分为如下几个时间段：

（1）驾驶员反应时间 $t_1$。驾驶员反应时间是驾驶员从收到需紧急制动的信号，到踩到制动踏板所需的一段时间。它由 $t_1'$ 和 $t_1''$ 两部分组成。其中，$t_1'$ 是驾驶员从收到制动信号到开始刹车动作的反应时间；$t_1''$ 是从刹车动作开始到右脚踩到制动踏板的一段时间。

驾驶员反应时间一般为 0.3～1.0 s，它主要与驾驶员的生理和心理状况有关。

（2）制动器作用时间 $t_2$。制动器作用时间是指从制动器开始动作到它能够产生最大制动力的一段时间。它由 $t_2'$ 和 $t_2''$ 组成。其中，$t_2'$ 是从驾驶员踩到踏板到产生制动作用的一段时间，也称制动器反应时间，这是由于制动器踏板有自由行程和制动器摩擦副存在间隙所造成的；$t_2''$ 是制动力逐渐增大的过程所对应的时间，或称为制动力上升时间。

制动器作用时间一般为 0.2～0.7 s，主要取决于制动系统的结构形式，以及驾驶员踩踏板的速度。

（3）制动力持续时间 $t_3$。在制动力持续时间中，制动力达到稳定的最大值，制动作用得到充分发挥。因此该段时间也是使汽车稳定减速的一段时间。

制动力持续时间的长短是不一定的。这取决于制动前汽车的初速度、制动力的大小、制动器的性能及路面情况等。一般情况下，紧急制动的目的是要停车，所以，制动力一般要持续到车停下来为止。在进行检测时，制动持续时间大约维持 2 s 就可以了。

（4）制动释放时间 $t_4$。制动释放时间是从驾驶员松开踏板直到制动完全消除所需的一段时间，一般为 0.2～1.0 s。

#### 4. 制动减速度与制动距离的分析

（1）制动减速度。根据牛顿第二定律 $F = m \cdot a$，若 $m$ 代表行驶汽车的总质量（考虑了回转部分质量），$F$ 代表汽车受到来自地面的制动力，则 $a$ 就是制动时汽车的减速度，并且由于可以认为 $m$ 是固定值，$a$ 与 $F$ 成正比关系，因此图 3-32 中制动力 $F$ 随时间变化的曲线与制动减速度的变化曲线是基本一致的（不考虑迎风阻力等因素变化的影响）。

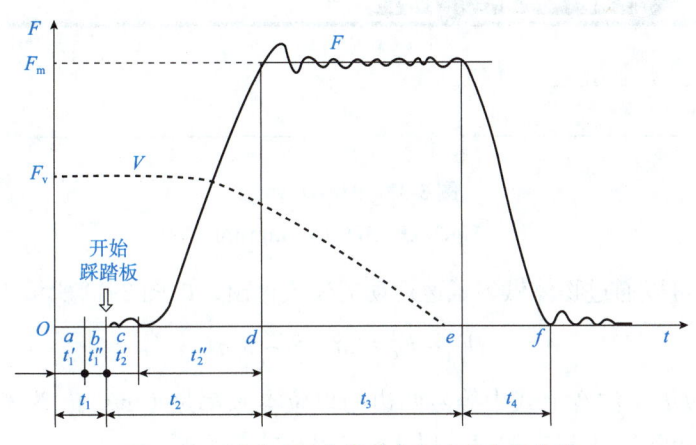

图 3-32　制动过程中制动力和速度变化曲线

Fig.3-32　Variation curve of braking force and speed during braking

以前一般用"平均减速度"或"最大减速度"作为衡量制动性能的一个指标，但"平均"或"最大"的概念不是很明确。在《机动车运行安全技术条件》（GB 7258—2017）标准中，采用了"充分发出的平均减速度"（Mean Fully Developed Deceleration，MFDD）的概念。MFDD 是车辆制动过程中制动减速度的一个比较稳定的平均值，能真实地反映车辆制动系统的实际状况。MFDD 的定义是在制动过程中，车速从 $0.8V_0$ 到 $0.1V_0$ 时段内的平均减速度（$V_0$ 为制动初速度，单位为 km/h），即

$$MFDD = \frac{V_b - V_e}{3.6 t_{be}} \tag{3-4}$$

式中　MFDD——充分发出的平均减速度（m/s²）；

$V_b$——$0.8V_0$ 时的车速（km/h）；

$V_e$——$0.1V_0$ 时的车速（km/h）；

$t_{be}$——车速从 $V_b$ 减到 $V_e$ 所用的时间（s）。

注意式（3-4）分母中的 3.6 是速度单位由标准单位（m/s）改成惯用单位（km/h）后的换算系数。

在国家标准《机动车运行安全技术条件》（GB 7258—2017）及实际生活中，采用下式计算 MFDD：

$$MFDD = \frac{V_b^2 - V_e^2}{25.92\,(S_e - S_b)} \qquad (3\text{-}5)$$

式中　$S_b$——在速度 $V_0$ 和 $V_b$ 之间车辆驶过的距离（m）；
　　　$S_e$——在速度 $V_0$ 和 $V_e$ 之间车辆驶过的距离（m）。

图 3-33 表示了这些数值间的关系。

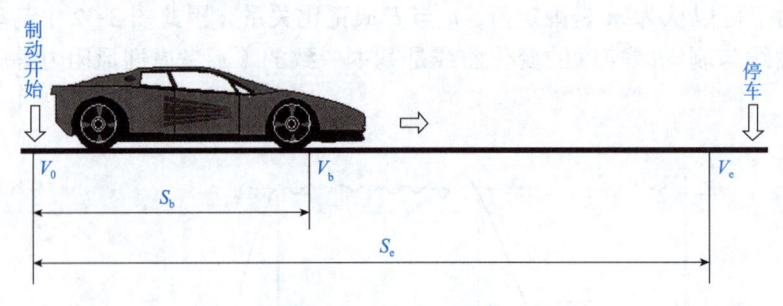

图 3-33　MFDD 示意

Fig.3-33　MFDD diagram

式（3-5）可以通过物体做匀减速运动的公式得出，即图 3-33 所示 MFDD 示意。

$$V_b^2 - V_e^2 = 2a\,(S_e - S_b)$$

其中，$a$ 即 MFDD。注意上式中等号两边的单位本来都是（m/s²），为了将速度单位改成惯用单位（km/h），上式左边应除以 3.6²，等式才能平衡。

（2）制动距离。制动距离是指在紧急制动情况下，从驾驶员踩到制动踏板开始到汽车完全停止所驶过的距离。

首先简单地分析各时间段内汽车运动情况。对图 3-32 中制动力的变化作简化，如图 3-34 所示。

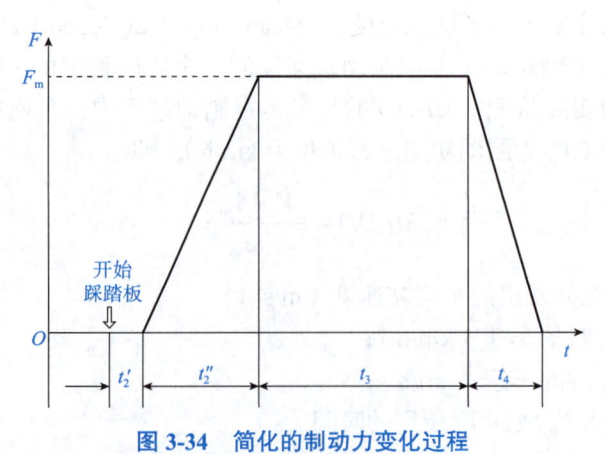

图 3-34　简化的制动力变化过程

Fig.3-34　Simplified braking force change process

在 $t_2'$ 段，由于制动器还未起作用，故这段时间内汽车做匀速运动。

在 $t_2''$ 段，制动力逐渐增加，汽车的减速度也相应增大。

在 $t_3$ 段，制动力达到稳定的最大值，汽车做匀减速运动。

在 $t_4$ 段，制动踏板松开，制动力逐渐减小到零。由于实际制动时，汽车一般会在 $t_3$ 段结束前停下来，因此可以不考虑 $t_4$ 这段时间对汽车运动的影响。

因为制动期间速度和加速度等都在变化，所以制动距离的计算比较复杂。在作了一定简化之后，制动距离可用以下公式计算（公式推导略）：

$$S = \frac{1}{3.6}\left(t_2' + \frac{t_2''}{2}\right) \cdot V_0 + \frac{V_0^2}{25.92a} \tag{3-6}$$

式中　$S$——制动距离（m）；

　　　$V_0$——制动初速度（km/h）；

　　　$a$——充分发出的平均减速度 $MFDD$（m/s²）。

**5. 紧急制动时的轴荷转移现象**

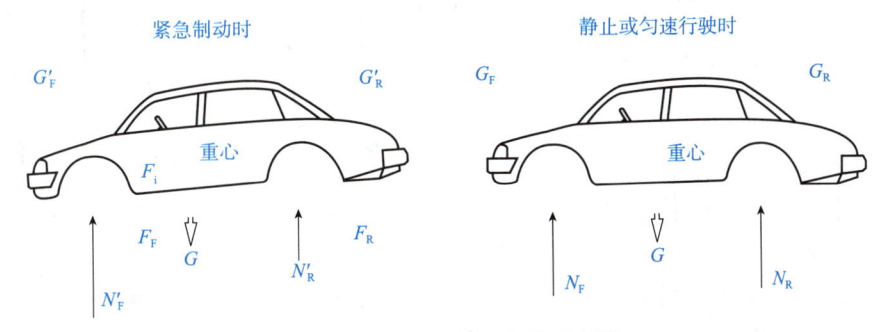

紧急制动时，汽车各轴的实际载荷（动态轴荷）与静态时的载荷（即轴重）是不同的。制动时，汽车速度急剧减小，而因惯性作用汽车有继续向前冲的趋势（坐在汽车里可以明显地感受到这种作用）。可以认为，汽车受到了一个很大的惯性力，如图3-35中的 $F_i$。$F_i$ 作用于汽车的重心，并指向汽车前进的方向，而向后的制动阻力 $F_F$、$F_R$ 作用在车轮与地面的接触点。根据力学的分析很容易知道，这些力的共同作用使图3-35中的汽车有向前倾的趋势。而汽车质量是通过有弹性的悬架系统作用在车轮上的。这就造成了紧急制动时汽车的"点头"和"翘尾"现象。其最终结果是，尽管汽车的总质量未变，但与静态时相比，前轴动态载荷增大，而后轴动态载荷减小。如图3-35所示，设汽车总质量为 $G$，静止或匀速行驶时前、后轴重分别为 $G_F$、$G_R$，受地面支撑力分别为 $N_F$、$N_R$（分别等于前、后轴重），显然有 $G = G_F + G_R$；紧急制动时，前、后轴动态载荷分别为 $G_F'$、$G_R'$，受地面支撑力分别为 $N_F'$、$N_R'$（分别等于前、后轴动态载荷），显然也有 $G = G_F' + G_R'$。其中，$G_F' = G_F + \Delta G$；$G_R' = G_R - \Delta G$。$\Delta G$ 即由后轴"转移"到前轴的那部分载荷，其大小与制动力、轴距和重心高度有关。

图 3-35　紧急制动时汽车的受力情况

Fig.3-35　The force of the car during emergency braking

### 6. 制动跑偏与制动侧滑现象

制动跑偏与制动侧滑现象都是制动时容易出现的故障现象，两者都与制动时的受力情况有关。

（1）制动跑偏。简单来说，制动跑偏是由制动时的左右不对称因素所引起的。例如，左右轮（尤其是转向轮）产生的地面制动力大小不等、轮胎结构或气压不同、悬架刚度有差异、车辆左右两边载荷不均及路面状况不同等。其结果都会使车辆制动时左右两侧地面制动阻力不等，车辆就容易驶向阻力大的一侧。图 3-36 给出了一种示例。图中 $F_1$、$F_2$、$F_3$ 和 $F_4$ 分别为各轮所受地面制动力，其中，左前轮制动力偏大。$F_i$ 为汽车总的惯性力。显然，制动力的合力并不在汽车中心线上，而是偏向左侧。这样，在惯性力 $F_i$ 和制动阻力共同作用下，汽车就容易向左跑偏。

（2）制动侧滑。制动侧滑就是制动时车辆产生横向滑移的现象。本来车辆在正常行驶或虽制动而车轮未被抱死的情况下，车轮是有一定的横向（即侧向）附着力的。但车轮在抱死制动时，横向附着力几乎全部丧失，因而很容易受横向力的干扰而发生制动侧滑现象。理论分析和实践都已证明，若制动时前轮先抱死而后轮未抱死［图 3-37（a）］，则前轮首先失去横向附着力。此时若前轮受到小的干扰力 $f$，就很容易横向移动（侧滑），整车会以其后轴 $S$ 处为中心发生偏转。但因汽车重心在 $S$ 点前面，惯性力 $F_i$ 具有自动回正作用，所以整车尚处于稳定状态，能够按直线减速停车，但在弯道上行驶时容易失去方向控制能力。若后轮比前轮先抱死［图 3-37（b）］，则后轮失去横向附着力，在受到横向干扰而侧滑时，前轴 $S$ 处成了偏转中心。此时因惯性力 $F_i$ 作用在 $S$ 点的后面，导致车辆立即失去稳定性，极易出现甩尾或打转现象。所以，后轴先抱死是非常危险的。若前、后轮同时抱死，则可以避免后轴侧滑，还可以最大限度地发挥前、后轴的制动效能，可以说是三者中最好的一种状况，但制动过强时汽车也会丧失转向能力。可见，完全抱死的制动对安全行车是不利的。

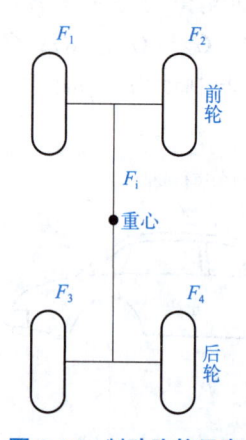

图 3-36 制动跑偏示意

Fig.3-36 Schematic diagram of braking deviation

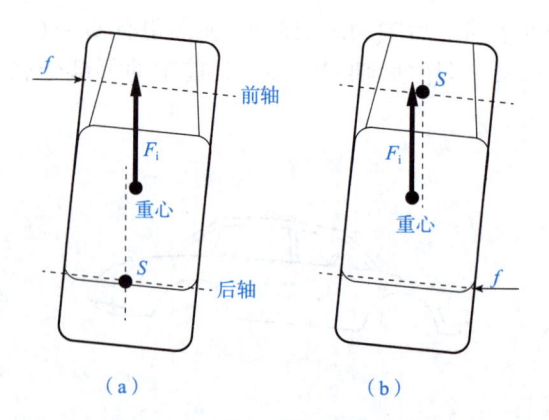

图 3-37 车轮抱死时的运动状态

Fig.3-37 State of motion when the wheel is locked

（a）前轴先抱死；（b）后轴先抱死

## 三、对制动系统的基本要求及评价指标

### 1. 对制动系统的基本要求

为保证行车和停车的安全,对制动系统有以下基本要求。

(1)要有足够的制动力,以保证汽车能够迅速、平稳地停车。

(2)制动操作要轻便,无论踏板力还是手刹力都不应过大,否则容易引起驾驶员的疲劳,降低制动操作能力。《机动车运行安全技术条件》(GB 7258—2017)对驾驶员在进行制动时的施力大小作了规定。

(3)应具有停车制动的功能(即驻车制动)。使用驻车制动器应能保证车辆停放在停车场或一定坡度的坡路上原地不动而不至于下滑。

(4)汽车应具有应急制动功能。应急制动必须能在行车制动失效后,在规定的制动距离内将车辆停住。

(5)不能自行制动。在无须制动时,不能因车体振动或转向等引起制动作用;放松踏板后,制动力应能迅速消失,不应出现残余制动力(这种现象称为拖滞或阻滞),以免造成行车阻力。

(6)应具有制动方向稳定性,即在紧急制动时,汽车能够保持稳定的方向,不至于出现跑偏、侧滑(甩尾)之类的现象。制动力在前、后轴间的分配,是影响制动方向稳定性的重要因素。只有合理地分配,才能保证后轴不会提前抱死,防止后轴侧滑;与此同时,也能充分利用前、后轴的附着力以提高整车的制动效果。

(7)应具有制动效能恒定性。也就是指制动器摩擦副的摩擦系数应尽量不受制动器工作时产生的高温和外界进入的水分的影响。

### 2. 制动性能的评价指标

制动性能的评价指标主要是指对行车制动性能的评价。汽车的制动性能是指汽车在行驶中能够强制减速、停车或下坡时限速的能力。可以从制动效能、制动效能的恒定性及制动时方向的稳定性三个方面综合评价汽车的制动性能。

(1)制动效能。所谓制动效能,指的是制动距离、制动减速度、制动力和制动时间等方面的性能。

1)制动距离。从行车安全的角度看,将制动距离作为评价制动性能的指标是合理的、直观的,也为大多数国家所采用。

2)制动减速度。由于制动减速度的变化反映了制动力的变化,所以用制动减速度评价制动性能也是可行的。如前所述,对制动起决定影响的是在制动过程的中间一段,因此,可以用前述的平均减速度 $MFDD$ 的大小来评价制动性能。

3)制动力。由于制动力是产生制动作用的根本原因,所以制动力是从本质上评价制动性能的一个指标。

利用检测制动力的方法来评价制动性能有许多好处。因为可以检查每个轮子制动力的大小,因而可以检查前、后轴的制动力的分配是否合理、制动力左右是否平衡等,对分析制动器的故障和维修也很有帮助。

4)制动时间。如前所述,制动过程可分为若干时间段。对制动作用影响较大的是

制动持续时间（图 3-34 中的 $t_3$）和制动协调时间。

在国家标准《机动车运行安全技术条件》（GB 7258—2017）中，参考了"制动系统标准"和国外相关标准的规定，将制动协调时间定义为：在紧急制动中，从踏板开始动作至减速度或制动力达到标准规定值的 75% 时所需的时间。

制动时间并不作为独立的制动性能评价指标。实际上，只是将制动协调时间作为检测制动力或制动减速度的一个辅助检测项目（后面详述）。

（2）制动效能的恒定性。我们不仅希望车辆具有良好的制动效能，而且希望这种制动作用能够持久。这里有以下两个问题：

1）要求制动器材料具有抗热衰退的能力。制动器摩擦材料因制动时摩擦生热，温度升高，可能引起摩擦系数减小，制动力下降，甚至摩擦片磨损烧坏，而影响制动性能。因此，摩擦片应具有高的抗热衰退能力，这在汽车高速制动、短时间重复制动或下坡连续制动时是极其重要的。

2）制动器应具有较好的水湿恢复能力。当制动器被水浸湿后制动力会下降，要求它能够尽快恢复其制动性能。

（3）制动时方向的稳定性。如前所述，要求制动时车辆不应出现跑偏、侧滑等现象。检验时，要求车辆的任何部位都不得超出给定宽度的试车道。

### 四、国标对检验制动性能的有关规定

根据国家标准《机动车运行安全技术条件》（GB 7258—2017）对检验制动性能的规定，可将检验方法分为路试和台试两类。路试就是在规定的路面上进行的试验项目；台试就是利用试验台进行测试的项目。

#### 1. 路试检验

汽车制动性能的路试检验方法有制动距离法和制动减速度法（图 3-38）。

图 3-38 路试检验场地

Fig.3-38 Road test inspection site

（1）制动距离法。

1）道路准备。在平坦（坡度不应大于 1%）、干燥和清洁的硬路面（轮胎与路面之间的附着系数不应小于 0.7）上进行，在试验路面上画出与制动稳定性要求相应宽度的试验车道边线。

2）车辆准备。在被测汽车的制动踏板上安装提供信号用的踏板套，在汽车适当位置安装速度计或第五轮仪等检测仪器。

3）路试检验。将被测汽车沿着试验车道的中线行驶至高于规定的初速度后，设置变速器于空挡（自动变速汽车可设置变速器于 D 挡），当滑行到规定的初速度时，急踩制动踏板制动，使汽车停住，并同时操作速度计或第五轮仪等检测仪器，测出汽车的制动距离。

（2）制动减速度法。

1）道路准备。在平坦（坡度不应大于 1%）、干燥和清洁的硬路面（轮胎与路面之间的附着系数不应小于 0.7）上进行，在试验路面上画出与制动稳定性要求相应宽度的试验车道边线。

2）车辆准备。在被测汽车的制动踏板上安装提供信号用的踏板套，在汽车适当位置安装速度计或第五轮仪等检测仪器。

3）路试检验。将被测汽车沿着试验车道的中线行驶至高于规定的初速度后，设置变速器于空挡（自动变速汽车可设置变速器于 D 挡），当滑行到规定的初速度时，急踩制动，使汽车停住，利用仪器测出汽车充分发出平均减速度公式（3-4）中的相关参数，经计算确定 MFDD。

用路试的方法主要检验行车制动性能和应急制动性能。这些检验应在平坦、坚实、清洁、干燥的水泥或沥青路面上进行，并且轮胎与地面的附着系数应不小于 0.7。

①用制动距离检验行车制动性能。机动车在规定初速度下的制动距离和制动稳定性应符合表 3-4 的要求。对空载检验制动距离有质疑时，可用表中满载检验的要求进行。

表 3-4　制动距离和制动稳定性要求

Table 3-4　Braking distance and braking stability requirements

| 机动车类型 | 制动初速度/<br>(km·h$^{-1}$) | 空载检验制动距离要求/m | 满载检验制动距离要求/m | 试验通道宽度/m |
|---|---|---|---|---|
| 三轮汽车 | 20 | ≤ 5.0 | | 2.5 |
| 乘用车 | 50 | ≤ 19.0 | ≤ 20.0 | 2.5 |
| 总质量不大于 3 500 kg 的低速货车 | 30 | ≤ 8.0 | ≤ 9.0 | 2.5 |
| 其他总质量不大于 3 500 kg 的汽车 | 50 | ≤ 21.0 | ≤ 22.0 | 2.5 |
| 铰接客车、铰接式无轨电车、汽车列车 | 30 | ≤ 9.5 | ≤ 10.5 | 3.0 |
| 其他汽车 | 30 | ≤ 9.0 | ≤ 10.0 | 3.0 |
| 两轮普通摩托车 | 30 | ≤ 7.0 | | — |
| 边三轮摩托车 | 30 | ≤ 8.0 | | 2.5 |
| 正三轮摩托车 | 30 | ≤ 7.5 | | 2.3 |
| 轻便摩托车 | 20 | ≤ 4.0 | | — |
| 轮式拖拉机运输机组 | 20 | ≤ 6.0 | ≤ 6.5 | 3.0 |
| 手扶变型运输机 | 20 | ≤ 6.5 | | 2.3 |

②用充分发出的平均减速度 MFDD 检验行车制动性能。在规定的初速度下紧急制动时，MFDD 和制动稳定性应符合表 3-5 的要求。并且汽车单车制动协调时间应不大于 0.6 s，汽车列车制动协调时间应不大于 0.8 s。

表 3-5 制动减速度和制动稳定性要求
Table 3-5 Requirements for braking deceleration and braking stability

| 机动车类型 | 制动初速度 /($km \cdot h^{-1}$) | 空载检验充分发出的平均减速度 /($m \cdot s^{-2}$) | 满载检验充分发出的平均减速度 /($m \cdot s^{-2}$) | 试验通道宽度 /m |
|---|---|---|---|---|
| 三轮汽车 | 20 | ≥ 3.8 | | 2.5 |
| 乘用车 | 50 | ≥ 6.2 | ≥ 5.9 | 2.5 |
| 总质量不大于 3 500 kg 的低速货车 | 30 | ≥ 5.6 | ≥ 5.2 | 2.5 |
| 其他总质量不大于 3 500 kg 的汽车 | 50 | ≥ 5.8 | ≥ 5.4 | 2.5 |
| 铰接客车、铰接式无轨电车、汽车列车 | 30 | ≥ 5.0 | ≥ 4.5 | 3.0 |
| 其他汽车 | 30 | ≥ 5.4 | ≥ 5.0 | 3.0 |

当对空载检验制动性能有质疑时，可用表 3-5 中满载检验的制动性能要求进行。

注意这里的制动协调时间就是指在紧急制动时，从踏板开始动作到车辆减速度（或制动力）达到表 3-6 规定的车辆 MFDD（或表 3-7 所规定的制动力）的 75% 时所需的时间。

表 3-6 台试检验制动力要求
Table 3-6 Braking force requirements for bench test inspection

| 机动车类型 | 制动力总和与整车质量的百分比 空载 | 制动力总和与整车质量的百分比 满载 | 轴制动力与轴荷[①]的百分比 前轴[②] | 轴制动力与轴荷[①]的百分比 后轴[②] |
|---|---|---|---|---|
| 三轮汽车 | — | — | — | ≥ 60[③] |
| 乘用车、其他总质量不大于 3 500 kg 的汽车 | ≥ 60 | ≥ 50 | ≥ 60[③] | ≥ 20[③] |
| 铰接客车、铰接式无轨电车、汽车列车 | ≥ 55 | ≥ 45 | — | — |
| 其他汽车 | ≥ 60 | ≥ 50 | ≥ 60[③] | ≥ 50[④] |
| 普通摩托车 | — | — | ≥ 60 | ≥ 55 |
| 轻便摩托车 | — | — | ≥ 60 | ≥ 50 |

注：①用平板制动检验台检验乘用车时应按左右轮制动力最大时刻所分别对应的左右轮动态轮荷之和计算。
②机动车（单车）纵向中心线中心位置以前的轴为前轴，其他轴为后轴；挂车的所有车轴均按后轴计算；用平板制动试验台测试并装轴制动力时，并装轴可视为一轴。
③空载和满载状态下测试均应满足此要求。
④满载测试时后轴制动力百分比不做要求；空载用平板制动检验台检验时应大于等于 35%；总质量大于 3 500 kg 的客车，空载用反力滚筒式制动试验台测试时应大于等于 40%，用平板制动检验台检验时应大于等于 30%。

表 3-7 应急制动性能要求

Table 3-7 Emergency braking performance requirements

| 机动车类型 | 制动初速度 /（km·h⁻¹） | 制动距离 /m | 充分发出的平均减速度 /（m·s⁻²） | 允许操纵力应小于等于 /N 手操纵 | 允许操纵力应小于等于 /N 脚操纵 |
|---|---|---|---|---|---|
| 乘用车 | 50 | ≤ 38 | ≥ 2.9 | 400 | 500 |
| 客车 | 30 | ≤ 18 | ≥ 2.5 | 600 | 700 |
| 其他汽车（三轮汽车除外） | 30 | ≤ 20 | ≥ 2.2 | 600 | 700 |

③应急制动检验。汽车在空载和满载情况下进行应急制动性能检验。应急制动性能应符合表 3-8 的要求。

表 3-8 空载状态驻车制动性能要求

Table 3-8 No-load parking brake performance requirements

| 车辆类型 | 轮胎与路面间附着系数 | 停驻坡道坡度（车辆正反向）/% | 保持时间 /min |
|---|---|---|---|
| 总质量 / 整备质量 <1.2 | ≥ 0.7 | 15 | ≥ 5 |
| 其他车辆 | ≥ 0.7 | 20 | ≥ 5 |

④驻车制动性能检验。在空载状态下，驻车制动装置应能保证车辆在坡度为 20°（总质量为整备质量的 1.2 倍以下的车辆为 15°）、轮胎与路面之间的附着系数不小于 0.7 的坡道上正、反两个方向保持不动，其时间不少于 2 min。检验时操纵力应符合以下规定。

——手操纵时，乘用车应小于或等于 400 N，其他机动车应小于或等于 600 N。

——脚操纵时，乘用车应小于或等于 500 N，其他机动车应小于或等于 700 N。

**2. 台试检验**

台试就是在试验台上进行制动性能测试。与路试检验方法相比，台试检验方法更省时、省地，也更方便，所以目前应用十分普遍。

（1）制动力检验。各种汽车在制动试验台上测出的制动力应符合表 3-9 的要求。其中对空载检验制动力有质疑时，可用表 3-9 中规定的满载检验制动力要求进行检验。

检验时制动踏板力或制动气压应符合有关规定。

空载状态驻车制动性能要求见表 3-8。

（2）制动力平衡要求。关于左右制动力的平衡要求，在《机动车运行安全技术条件》（GB 7258—2017）做出如下规定："在制动力增长全过程中同时测得的左右轮制动力差的最大值，与全过程中测得的该轴左右轮最大制动力中大者之比（当后轴制动力小于该轴轴荷的 60% 时为与该轴轴荷），新注册车，对前轴不得大于 20%，对后轴在后轴制动力大于等于后轴轴荷的 60% 时不得大于 24%；当后轴制动力小于后轴轴荷的 60% 时，在制动力增长全过程中同时测得的左右轮制动力差的最大值不得大于后轴轴荷的 8%。在用车，对前轴不得大于 24%，对后轴在后轴制动力大于等于后轴轴荷的 60% 时不得大于 30%；当后轴制动力小于后轴轴荷的 60% 时，在制动力增长全过程中同时测得的左右轮制动力差的最大值不得大于后轴轴荷的 10%。"

（3）制动力协调时间。国标《机动车运行安全技术条件》（GB 7258—2017）规定，汽车的制动协调时间，对液压制动的汽车应小于或等于 0.35 s，对气压制动的汽车应小于或等于 0.60 s 的铰接客车、铰接式无轨电车的制动协调时间应小于或等于 0.80 s。

（4）阻滞力（拖滞）。如前所述，阻滞力即解除制动后车轮转动时受到的残余阻力。《机动车运行安全技术条件》（GB 7258—2017）规定，各车轮的阻滞力均不得大于轮轴荷的 10%。

（5）驻车制动性能检验。用制动试验台检验驻车制动力时，车辆应空载，乘坐一名驾驶员，驻车制动力的总和应不小于该车在测试状态下整车质量的 20%；对总质量为整备质量 1.2 倍以下的车辆，此值为 15%。驻车制动性能要求见表 3-9。

表 3-9 驻车制动性能要求
Table 3-9 Parking brake performance requirements

| 车辆类型 | 手操纵时操纵力 /N | 脚操纵时操纵力 /N |
| --- | --- | --- |
| 乘用车 | ≤ 400 | ≤ 500 |
| 其他车辆 | ≤ 600 | ≤ 700 |

应该指出，上述路试和台试的各种方法，并不需要全部检验。国家标准《机动车运行安全技术条件》（GB 7258—2017）规定：路试检验行车制动性能时，只要符合表 3-8 或表 3-9 之一者，即为合格。当车辆经台试检验后，对其制动性能有质疑时，可用路试检验进行复检，并以满载路试的检验结果为准。

由此可见，要全面评价行车制动系统的制动性能，只要选择检验以下三项之一即可：

1）制动距离及制动方向稳定性（路试）；

2）制动减速度、制动协调时间及制动方向稳定性（路试）；

3）制动力、制动协调时间及阻滞力（台试）。

### 五、制动检测设备及检验原理

以下介绍一些常用的制动性能检测设备的结构原理及检验原理。

#### 1. 第五轮仪

第五轮仪能够测量时间、速度和行程等参数，因此，它常用以测量制动距离来检验制动性能。它由机械和电子两部分组成。其机械部分（图 3-39）主要就是一个车轮，使用时拖在车后，故称为

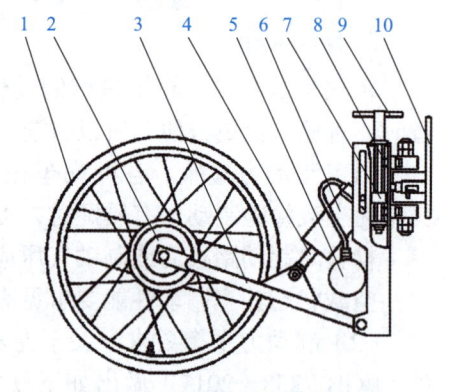

图 3-39 第五轮仪的机械结构
Fig.3-39 The mechanical structure of the fifth wheel

1—自行车轮；2—电磁传感器；3—叉架；4—活塞杆；5—储气筒；6—气缸；7—螺母；8—丝杆；9—手柄；10—固定板

"第五轮"。为保证车轮转动时与地面可靠接触而不致跳动，轮旁装有储气筒、气缸、活塞杆等装置，以保持车轮和地面之间的压力。

电子部分包括传感器和单片机等信号采集与处理装置。电磁传感器安装在第五轮轴上，它由磁环、内外齿轮和线圈等组成。当车辆行驶时，第五轮跟随转动，内外齿轮相对运动，引起磁路磁阻发生变化，线圈内便感应出交变电压信号。经放大处理后，形成频率与车轮转速成正比的脉冲信号。由于车轮外径是固定的，所以根据单片机在一定时间内记录的脉冲数，就可以计算出汽车的车速及走过的路程。例如，在检测制动性能时，可以首先监视车速使之达到规定的速度，然后立即踩制动踏板，同时记录脉冲个数，直到车停下为止。通过在制动过程中记录的脉冲个数就可以计算出该车的制动距离。

### 2. 减速度仪

减速度仪通过测量制动减速度来检测制动性能。从机械结构方面看，减速度仪有摆锤式和滑块式两种。两者所依据的基本原理都是牛顿第二定律，即一定质量物体的加（减）速度与所受的力成正比。通过直接或间接测量所受的力的大小，就可以计算出物体的减速度。从仪表显示方面看，既可以通过机械指针直接读数，也可以采用数字方式显示，还可以将数据记录和打印出来。

下面以图3-40所示的摆锤式减速度仪为例说明其工作原理。

如果将减速度仪安装在汽车内，当汽车处于静止或匀速运动时，摆锤会保持铅垂位置。若汽车做加速或减速运动，则摆锤会因惯性作用（可将这种作用称为惯性力）而偏斜一个角度 $\theta$。与摆锤固定连接的大齿轮及所啮合的小齿轮都会随之转动，小齿轮又带动指针偏转。利用指针偏转角度即可指示出汽车的减速度值。

若设摆锤质量为 $m$，所受重力为 $G$，在匀减速运动时所受惯性力为一恒定值 $F$，$G$ 与 $F$ 两者沿摆锤运动的切向分力分别为 $G_t$ 和 $F_t$，则摆锤将在 $G_t$ 和 $F_t$ 平衡时保持一个固定位置。

根据力的平衡关系，可以得到

$$G\sin\theta = F\cos\theta$$

因 $G = mg$，$F = ma$（其中 $g$ 为重力加速度，$a$ 为制动减速度），故有

$$mg\sin\theta = ma\cos\theta$$

因此可以得到

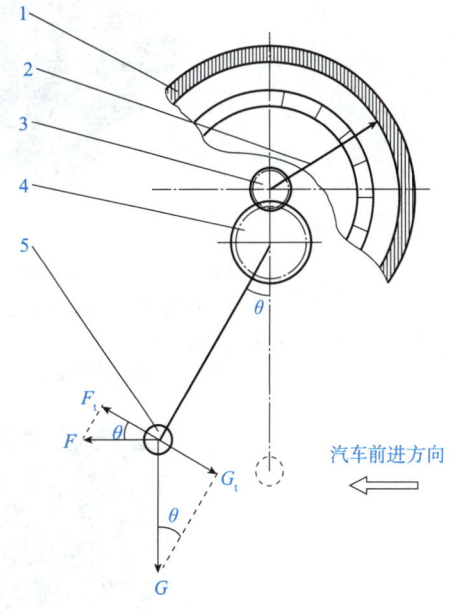

$$a = g \cdot \tan\theta \qquad (3-7)$$

图3-40 摆锤式减速度仪结构示意

Fig.3-40 Structure diagram of pendulum deceleration meter

1—仪表盘；2—指针；3—小齿轮；4—大齿轮；5—摆锤

可见，减速度与摆锤的偏斜角 θ 的正切成正比。因此，只要测量出摆锤的偏斜角 θ，就可以计算出减速度的大小。

### 学习研讨

#### 一、反力滚筒式制动试验台

1. 基本结构

反力滚筒式制动试验台结构可分为机械装置和智能仪表两大部分，如图 3-41 所示。实物图如图 3-42 所示。

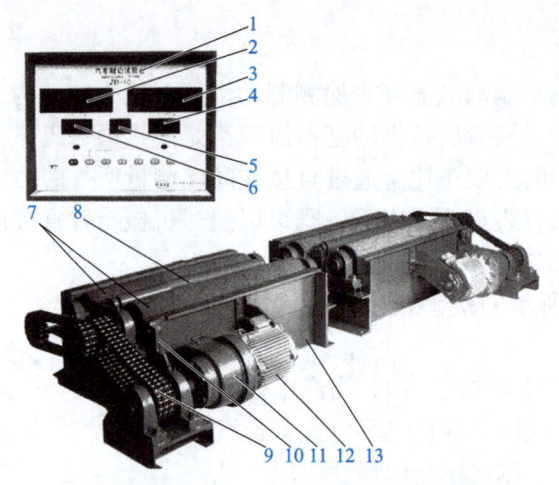

图 3-41 反力滚筒式制动试验台结构

Fig.3-41 Structure diagram of reaction roller brake test bench

1—智能仪表面板；2—左制动力显示；3—右制动力显示；4—右制动力协调时间显示；5—制动力平衡显示；6—左制动力协调时间显示；7—滚筒；8—第三滚筒；9—传动链；10—传感器；11—减速箱；12—电动机；13—机架

图 3-42 反力滚筒式制动试验台

Fig.3-42 Reaction roller brake test bench

机械方面主要包括左右对称布置的两套滚筒（每套两个）、电动机、减速箱等部件。滚筒用于支撑被测车轮，并承受制动力。电动机一方面提供试验台的驱动力，通过减速箱和传动链带动滚筒转动；另一方面接受制动反作用力并将其传递给传感器。

滚筒的直径和表面材料直接影响到测量的精度。从模拟路面的角度看，滚筒的直径应尽可能大一些，转速应尽量高一些。但直径太大、转速太高，则设备费用较高，且占地面积也大。目前，在进口或国内开发的制动试验台产品中，大体上可划分为两类：一类是日本式，特点是小滚筒、低转速、低成本；另一类是欧洲式，产品倾向于大滚筒和高转速，成本也比较高。为增加与轮胎间的附着系数，钢制滚筒表面多用刻槽、堆焊或粘砂等方法处理。其中，表面粘砂效果较好，也比较受用户欢迎。

两类制动试验台主要性能规格对比见表 3-10。

表 3-10　日式与欧式制动试验台主要技术参数对比
Table 3-10　Comparison of main technical parameters of Japanese and European brake test benches

| 项目 | 日本式 | 欧洲式 |
| --- | --- | --- |
| 滚筒直径 | 105～120 mm | 170～320 mm |
| 表面材料形状 | 钢板表面刻槽 | 钢板表面粘砂或堆焊 |
| 滚筒与车轮间附着系数 | 干态：0.65<br>湿态：0.45 | 干态：0.9<br>湿态：0.7～0.9 |
| 检测车速 | 0.1～0.2 km/h | 2.5～5.0 km/h |

图 3-42 所示的试验台在前后滚筒之间还有一个细长的第三滚筒或称第三轴。它本身既可以滚动，又可以上下摆动，其一端装有转速传感器。检验时被测车轮支撑在前后滚筒之间，并将第三滚筒压下，第三滚筒随车轮一起转动。当车轮制动接近抱死时，控制装置根据传感器发出的信号及时使驱动电动机停止转动，从而保护电动机，也保护车轮避免过度磨损。

也有的试验台没有第三滚筒，而是在前后滚筒之间安装举升器，如图 3-43 所示。举升器是一套气动装置。在测试前和测试后，举升器支撑板处于升高位置，以便抬起车轮，

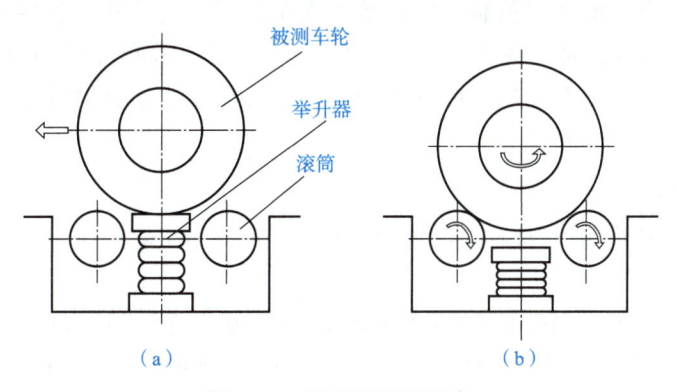

图 3-43　举升器作用示意
Fig.3-43　Schematic diagram of lifter function
（a）举升器升起：车辆驶入或驶出；（b）举升器降下：测试

帮助汽车驶入和驶出试验台。在测试中则是处于下降位置，使车轮落到两滚筒之间。

在仪表方面，目前多用配有单片机的智能控制仪表。它将来自传感器的信号经放大处理后，送到数显装置上显示检测结果。这种数显仪表可以同时显示被测轴的左右轮制动力、左右轮制动力的平衡性及制动协调时间等。配用打印机时还可以打印制动过程曲线。

### 2. 检测原理

反力滚筒式制动试验台不是直接测量滚筒所受的制动力，而是测量电动机所受的反作用力。所以，它被称为反力式制动试验台。电动机的定子机壳并不固定，而是在定子机壳上安装一个测力臂，测力臂另一端则压在传感器上（图3-44）。这样，当电动机通电后，转子转动时，因定子、转子的相互作用，定子所受反作用转矩将会通过测力臂对传感器施加一个压力。图中的虚线箭头分别表示定子、转子相互作用时的转矩方向。若压力为 $F$（N），测力臂长度为 $L$（m），转矩则为 $T = F \cdot L$（N·m）。

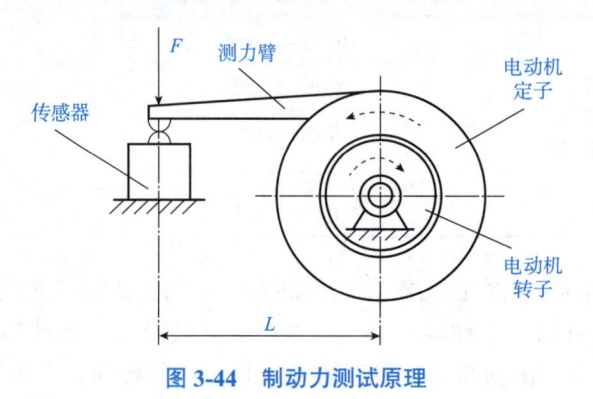

图 3-44　制动力测试原理

Fig.3-44　Schematic diagram of braking force test

测量时，将被测车轮置于滚筒上，由电动机驱动滚筒及车轮一起转动。当汽车刹车时，车轮受到很大的制动力，它也对转动的滚筒产生了制动作用。对驱动滚筒的电动机而言，则相当于增大了负载，也就是增大了定子、转子相互作用转矩，最终是加大了对传感器的压力。通过测量此压力，就可以计算出汽车的车轮制动力。

传感器一般使用压力或拉力传感器均可，也可以用类似弹簧秤之类的测力器件来代替。

### 3. 检测步骤

（1）将汽车按垂直于滚筒方向驶入试验台，使前轴车轮处于两滚筒之间的举升平板上。

（2）启动电动机，使滚筒带动车轮转动，2 s 后测得车轮阻滞力。

（3）踩下制动踏板，测取制动力的最大值，同时测取制动协调时间。

（4）升起举升器，驶出已测车轴，驶入下一车轴，用同样的方法进行测量。

（5）在行车制动完全放松的情况下，用力拉紧驻车制动，检测驻车制动性能。

（6）所有车轴的行车和驻车制动性能检测完毕后，升起举升器，汽车驶出试验台。

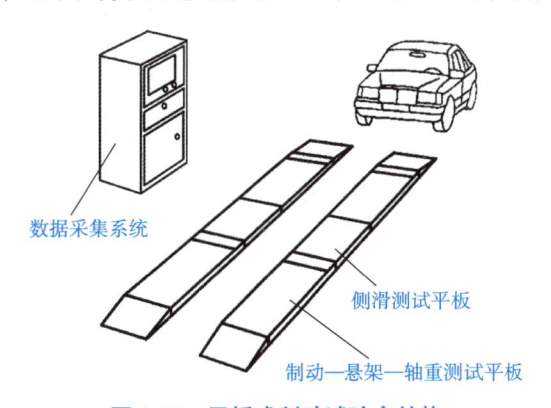

## 二、平板式制动试验台

平板式制动试验台（图 3-45）主要由前引板、前测试平板、过渡板、后测试平板、控制和显示装置、后引板、拉力传感器、压力传感器、面板、钢球、底板等结构组成。

以上分析说明，滚筒试验台自身的检测能力已难以适应现代汽车结构的发展。由于滚筒试验台有时不能如实地测量前轴最大制动力，近年来人们研制了平板式制动试验台，从根本上解决了这个问题。

图 3-45　平板式制动试验台

Fig.3-45　Flat brake test bench

### 1. 平板式制动试验台的结构原理

平板式制动试验台是一种新型的制动检测设备，它利用汽车低速驶上平板后突然制动时的惯性力作用，来检验制动效果。这是一种综合性试验台，除能检验制动性能外，还可以测试轮重和前轮侧滑量等参数。

平板式制动试验台结构比较简单，主要由几块表面轧花的测试平板、传感器及数据采集系统等组成，图 3-46 所示为一种常用结构。平板共六块，其中四块为制动—悬架—轴重测试平板，一块为侧滑测试平板，还有一块为空板（不作测试用）。数据采集系统由力传感器、放大器和多通道数据采集板组成。来自各传感器的模拟量信号经放大后进入数据采集板，再由计算机进行数据处理，以显示和打印数据结果。

图 3-46　平板式制动试验台结构

Fig.3-46　Flat brake test bench structure

平板式制动试验台的工作原理如图3-47所示。检验时，车辆以5～10 km/h的车速驶上测试平板并进行紧急制动。显然，汽车因惯性作用有继续前进的趋势，于是平板将受到来自车轮的向前的作用力$F_\mu$。在车轮未抱死时，$F_\mu$就是所要测的制动力；当车轮抱死之后，$F_\mu$就是所能测到的最大制动力即附着力。拉力传感器可以感受到此拉力信号，同时，承重传感器能够感受制动过程中各轮的动态载荷。这些信号经放大处理之后，智能仪表就能够记录或显示各轴制动力和动态载荷的变化过程。

图3-47 平板式制动试验台原理

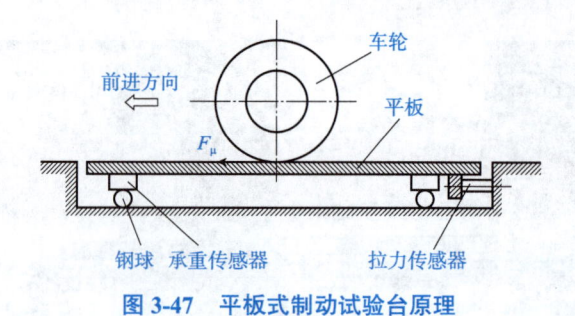

Fig.3-47 Schematic diagram of flat brake test bench

### 2. 平板式制动试验台的检测步骤

（1）将车辆以5～10 km/h的速度驶上制动平板，前轮驶上平板后踩下离合器，在4个车轮驶上各种平板后，根据刹车指示灯的提示踩下制动踏板。

（2）汽车在惯性作用下，通过车轮在平板上附加与制动力大小相等、方向相反的作用力，平板开始沿纵向位移，经传感器测出各轮的制动力，并由显示装置显示检测结果。

（3）测量结束后，将车辆驶离试验台，按Esc键返回画面测试准备首页，可以继续测试。

**工作页13（任务四　制动系统检测与故障诊断）见工作页手册**

# 项目四
## 汽车车身电控系统检测与故障诊断

### 项目导入

现代汽车是一个集机、电、液、气于一体的交通运输工具，人们在设计、制造中能及时、广泛地采用世界上最先进的技术、工艺和材料，特别是大量采用了电子技术和微机控制技术，使汽车上的电控装置越来越多，使用性能越来越完善。

在现代汽车的电控系统中，除发动机电控系统外，还有汽车车身电控系统。如电子巡航控制系统、安全气囊系统、中央门锁及防盗控制系统、汽车空调系统等。在汽车使用性能提高的同时结构也越来越复杂，因而，对故障诊断、维护修理的要求也越来越高。

知识拓展：榜样力量四

## 任务一 电子巡航控制系统故障诊断

### 任务导入

一辆道奇 Caravan 汽车，因发动机的机械故障，对发动机进行了拆装维修。装复之后，定速巡航功能即失去作用。请你对其进行检查，并予以修复。

### 学习目标

1. 理解汽车巡航控制系统的作用及工作原理；
2. 掌握定速巡航控制系统的组成及其作用；
3. 掌握定速巡航控制系统设定的方法；
4. 能够完成定速汽车巡航控制系统的诊断及检修；
5. 树立责任意识、安全意识，具有学技能、爱岗敬业的职业理念。

### 相关知识

#### 一、巡航控制系统认知

**1. 巡航控制系统的定义**

巡航原意是指飞机从一个航口飞到另一个航口的巡逻航行。巡航控制系统的英文是Cruise Control System，缩写为CCS。汽车巡航是指汽车以一定的速度匀速行驶，因此，汽车巡航控制系统又称为"恒速控制系统"。

**2. 巡航控制系统的功能**

巡航控制系统是一种利用电子控制技术保持汽车自动等速行驶的系统。当汽车在高速公路上长时间行驶时，接通巡航控制主开关，设定希望的车速，巡航控制系统将根据汽车行驶阻力的变化，自动增大或减小节气门开度，使汽车按设定的车速等速行驶，驾驶员不必操纵加速踏板。

**3. 巡航控制系统的优点**

（1）减轻驾驶员的劳动强度，提高行驶安全性；
（2）行驶速度稳定，提高乘坐舒适性；
（3）节省燃料消耗，提高燃油经济性和排放性能。

## 二、汽车电子巡航控制系统的组成与工作原理

**1. 汽车电子巡航控制系统的组成**

巡航控制系统按其控制节气门的方式不同，可分为真空控制式和电动机控制式两种。采用真空控制式的如日本本田轿车和美国通用别克轿车；采用电动机控制式的如日本丰田皇冠、凌志、佳美轿车等。电动机控制式巡航控制系统是采用步进电动机，由ECU来控制节气门的转动。而真空控制式巡航控制系统是根据设定的车速信号和车速传感器输送给ECU的实际车速信号相比较，由ECU发出控制信号控制真空系统，来控制节气门开度。汽车电子巡航控制系统由巡航控制开关、传感器、巡航控制ECU、执行器等组成。

（1）主开关。主开关（MAIN）是巡航控制系统的主电源开关，位于巡航控制开关的端部，为按键式开关。图4-1所示为主开关示意，图4-2所示为主开关实物图。

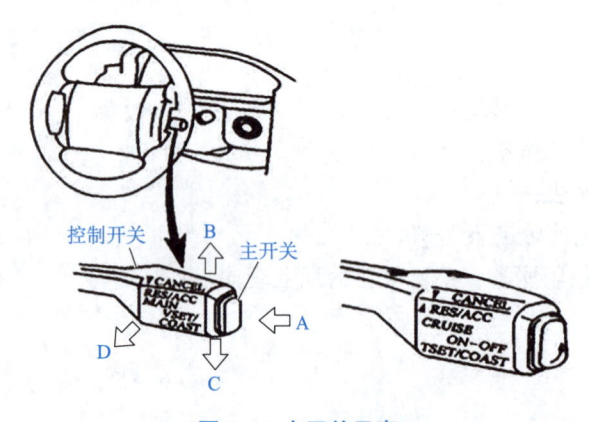

图4-1 主开关示意
Fig.4-1 Main switch diagram

图4-2 主开关实物图
Fig.4-2 Physical picture of main switch

（2）控制开关。当向下推控制开关，设定/减速（SET/COAST）开关接通；当

向上推控制开关，恢复/加速（RES/ACC）开关接通；当向后拉控制开关，取消开关（CANCEL）接通。定速巡航控制区域一般在方向盘后方或集成在多功能方向盘上。图 4-3 所示为巡航开关操作手柄的外形结构与内部电路。

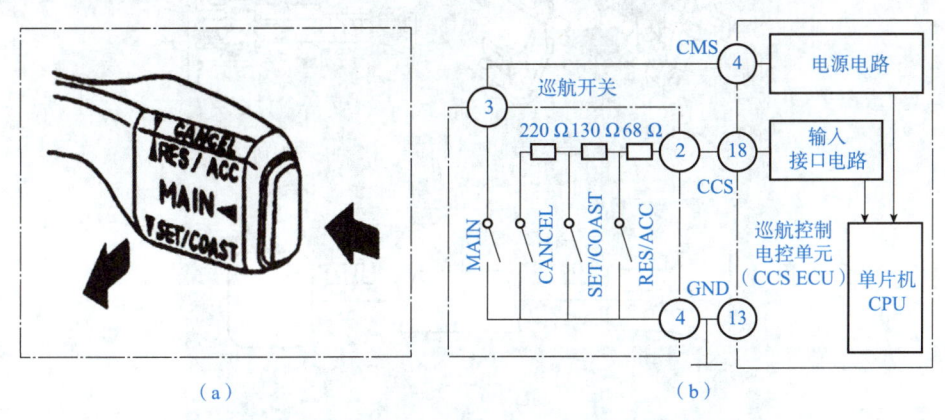

**图 4-3　巡航开关操作手柄的外形结构与内部电路**

Fig.4-3　Shape structure and internal circuit of cruise switch operating handle

（a）操纵手柄外形图；（b）巡航开关电路图

（3）退出巡航控制开关。除取消开关外，还包括制动灯开关、驻车制动开关、离合器开关和空挡启动开关。

（4）传感器。

1）车速传感器。车速传感器为巡航控制 ECU 提供车速信号，用于巡航车速的设定及将实际车速与设定车速进行比较，以便实现等速控制。如图 4-4 所示为车速传感器原理。

2）节气门位置传感器。节气门位置传感器为巡航控制 ECU 提供节气门位置信号，用于计算输出与节气门开度的关系，以确定输出量的大小。

3）节气门控制摇臂传感器。对巡航控制 ECU 提供节气门摇臂位置信号，用于对节气门进行控制。

4）电动机驱动型执行器。电动机驱动型执行器由电动机、传动机构、电磁离合器和电位器等组成，如图 4-5 所示。

如图 4-6 所示，当巡航控制 ECU 给执行器发出控制信号时，电磁离合器 2 和 3 接合；若取消巡航控制，则 ECU 使电磁离合器断电分离，节气门不受电动机控制。电磁离合器及其控制电路将节气门开度转变成电信号送入 ECU，ECU 据此控制节气门开度。

### 2. 汽车电子巡航控制系统的工作原理

巡航控制主开关和多功能控制杆如图 4-7 所示。不同车型的巡航控制主开关的布置和操作方法不尽相同，图 4-7（a）所示为采用分离按钮的主开关，当按下主开关后，巡航指示灯亮，再找到安置在转向柱上的 SET/CRUIST 杠杆——按钮开关，按其规定的标识符号操作后，可设定指定的车速。而有些车型的主开关设置在转向信号控制杆上，如图 4-7（b）所示。

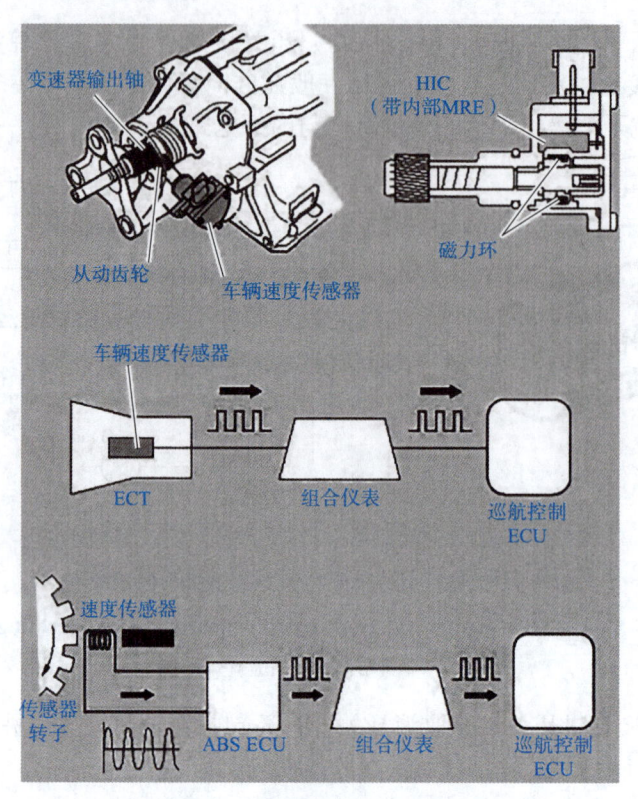

图 4-4 车速传感器工作原理

Fig.4-4　Working principle diagram of vehicle speed sensor

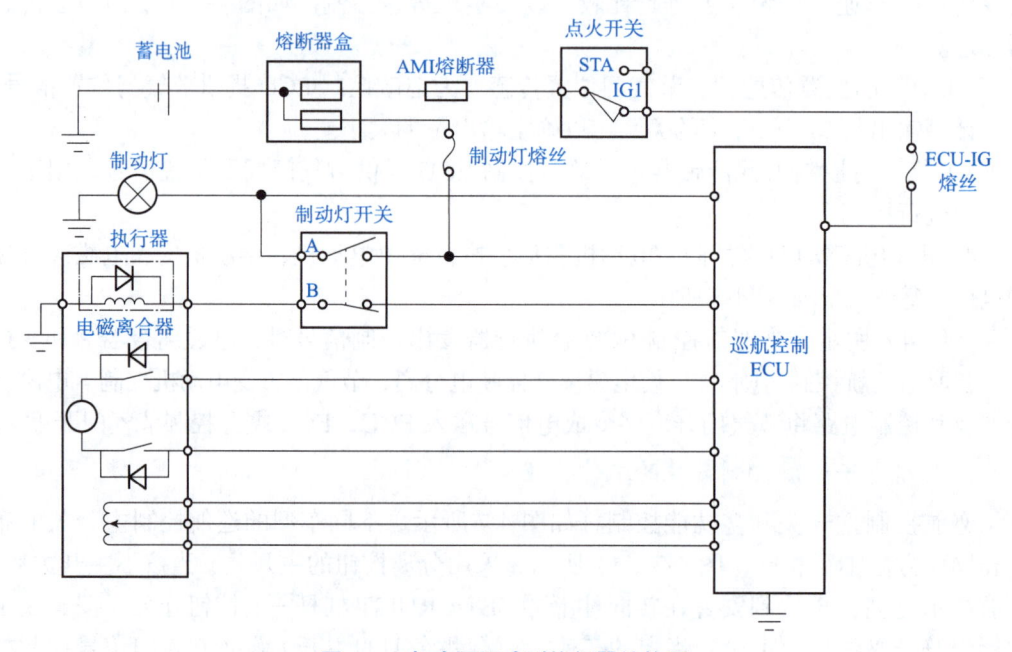

图 4-5　电动机驱动型执行器结构图

Fig.4-5　Structure diagram of motor-driven actuator

（a）

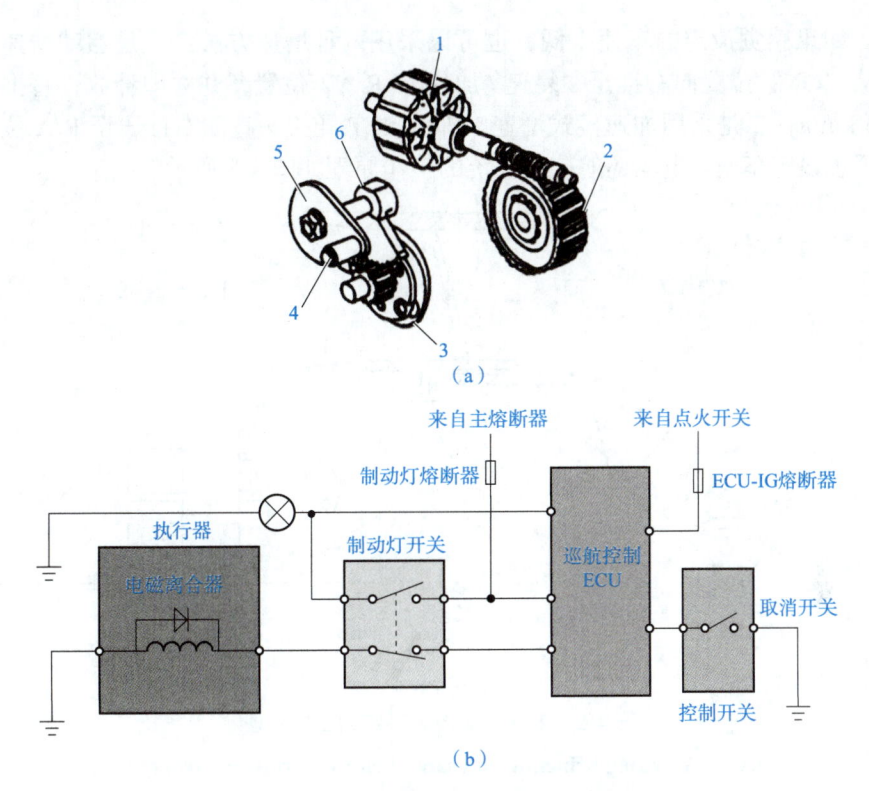

图 4-6 电动机驱动型执行器工作原理

Fig.4-6　Working principle diagram of motor-driven actuator

1—主动齿轮；2—从动齿轮；3—电位器；4—至节气门拉牵；5—控制臂；6—主减速器

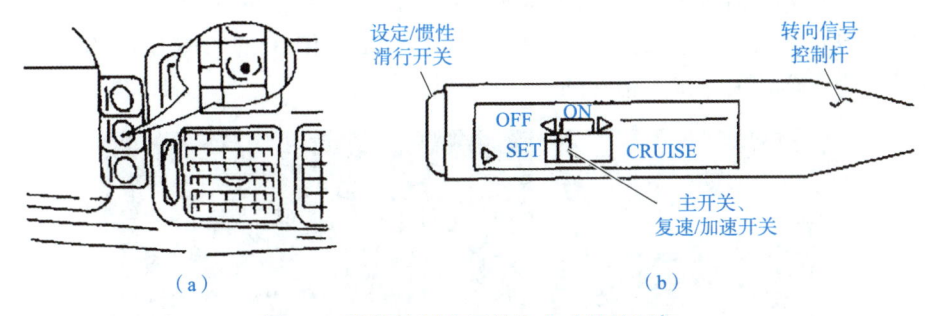

图 4-7　巡航控制主开关和多功能控制杆

Fig.4-7　Cruise control main switch and multi-function lever

（a）按钮式巡航控制主开关；（b）多功能控制杆

图 4-7 中带复速/加速功能的滑动式主开关，虽然也是一种按钮开关，但控制对象与专用的杠杆开关不同，其操作方法如下：若车速达 40 km/h 以上，道路条件良好时，将主开关从"OFF"推向"ON"，则可接通巡航控制系统，如果再按下 SET 主开关，然后立即释放，即可得到一个设定车速。如果感觉此设定车速太高，有两种减速方法：一是点动减速，即按下 SET 主开关并立即释放，每压放一次减速 1.6 km/h；二是利用惯性滑行减速，即一直按下 SET 主开关（让节气门回到怠速位置），直至降至理想的设

定车速。如果感觉设定的车速太低，也可以采用两种增速方法：一是点动增速，即将主开关从"ON"位置向右推至"复速/加速"（R/A）位置，并立即释放，每推放一次增速 1.6 km/h；二是采用加速模式增速，即将 SET 开关一直向右推压至 R/A 位置，直至升到理想设定车速。电动巡航控制系统的工作原理如图 4-8 所示。

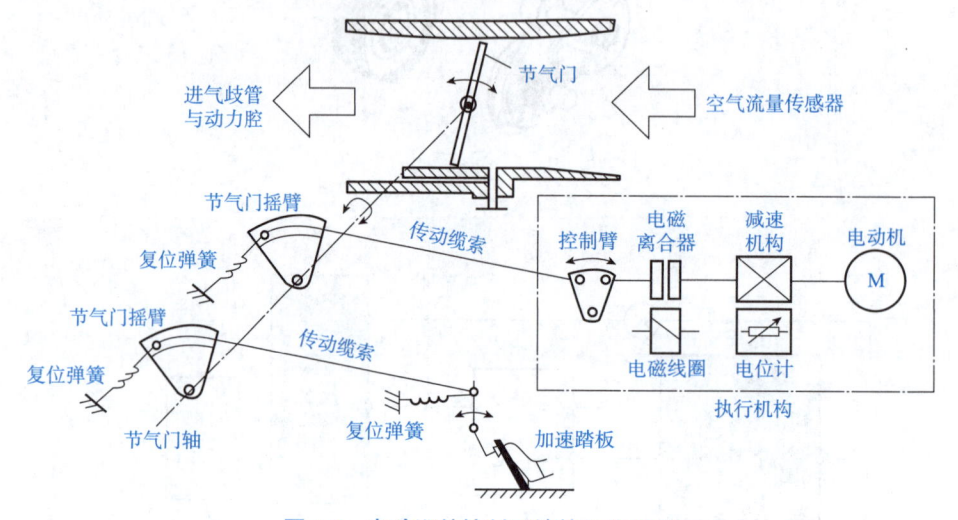

图 4-8　电动巡航控制系统的工作原理

Fig.4-8　Working principle diagram of electric cruise control system

### 三、巡航控制系统的使用

现以电子巡航控制系统的使用为例来说明巡航控制系统的使用方法（以 BORA 为例）。通过转向组合开关上的控制开关 A（ON/OFF）和 B（+、RES/-、SET）操作。图 4-9 所示为组合开关和仪表指示图。

图 4-9　组合开关和仪表指示图

Fig.4-9　Combination switch and meter indication diagram

打开 CCS 将按钮 A 上的开关置于 ON。当巡航装置打开后会在仪表上显示一个警报灯。注意：该警报灯不是在所有装备 CCS 的车上都有。图 4-10 所示为组合开关和仪表报警指示图。

图 4-10　组合开关和仪表报警指示图

Fig.4-10　Combination switch and instrument alarm indication diagram

一般巡航控制系统的操纵手柄四个开关位置、手柄的端部有按钮，这个按钮是巡航控制系统的总开关（CRUISE ON-OFF）。按下按钮时，仪表板上的巡航控制系统的 CRUISE ON-OFF 指示灯亮，表示巡航控制系统可转入运行状态；再按一下，则按钮弹起，指示灯灭，表示巡航控制系统处于关闭状态。操纵手柄朝下扳动是巡航速度的设定开关（SET/COAST）；向上推则是巡航速度取消开关（CANCEL）；朝转向盘方向扳起是恢复/加速开关（RES/ACC）。巡航控制系统的使用方法如下。

### 1. 设定巡航速度的方法

为确保行车安全，巡航控制系统的低速控制点一般为 40 km/h，也就是说车速低于 40 km/h 时巡航系统不工作。设定巡航速度的方法：第一，开启巡航控制系统，按下 CRUISE ON-OFF 按钮，踩下加速踏板，使车辆加速；第二，当车速达到人为设定值时，将巡航控制系统手柄置于 SET/COAST 位置并释放，这就进入了自动行驶状态，驾驶员可将加速踏板松开，巡航控制系统会根据汽车行驶时阻力的变化，自动调节节气门的开度，使车速保持在设定的范围内。若驾驶员想加速，当需要超越前方的车辆时，只要踩下加速踏板即可。超车完毕后再释放加速踏板，汽车便又恢复到已设定的巡航速度行驶。

在巡航状态下，通过踩油门踏板也可提高车速，但当脚离开油门踏板后，车速又会回到以前的设定值。但有一个例外，即如果超过 5 min 以大于设定车速 10 km/h 以上的速度行驶后，就必须重新存储速度值。

如果进行系统临时关闭操作时没有速度值被存储或已存储的速度值被清除了，可以通过以下方法重新存储：开关置于 ON，紧接着按住按钮"+"，直到达到理想的速度值，松开按钮后当前的速度值就被存储下来了。图 4-11 所示为 SET 键。

### 2. 取消设定巡航速度的方法

需要取消设定的巡航速度时，有几种方法可供选择：第一，将巡航控制系统操纵手柄置于 CANCEL 位置并释放；第二，踩下制动踏板使汽车减速；第三，有装备 MT（手动变速器）的汽车踩下离合器踏板即可，有装备 AT（自动变速器）的汽车，将选挡杆置于空挡。

图 4-11　SET 键

Fig.4-11　SET button

当汽车的行驶速度低于 40 km/h 时，则设定的巡航速度将自动取消；而当汽车减速后车速比设定的巡航车速低时，巡航控制系统也将自动停止工作。

另外，汽车行驶时设定的巡航速度如不是由上述原因自动取消，或仪表板上的巡航控制 CRUISE ON-OFF 开关指示灯出现闪烁现象，则表明系统出现故障。

### 3. 设定 AT 汽车加速的方法

将巡航控制系统操纵手柄置于 RES/ACC 方位并保持手柄不动，此时车速将逐渐加快，当车速达到要重新设定的巡航速度时释放手柄。这种加速的方法与前面所述设定巡航速度的操作方法相比，所用的时间较长。

### 4. 设定 AT 汽车车速的方法

将巡航控制系统的操纵手柄置于 SET/COAST 的方位并保持手柄不动，此时车速逐渐减慢，当车速降至所要求的设定速度时释放操作手柄。这种减速方法与踩制动踏板减速相比，减速度要小。

### 5. 更改设定车速

（1）减速/存储。已存储的车速可以通过按"–"按钮有级（步长 1 km/h、2 km/h 或 3 km/h）降低。如果按住该按钮不动，车速会自动降低，直到达到目标车速时松开按钮，当前的车速就被存储下来了。

当按住"–"按钮在车速低于 30 km/h 时松开，存储的车速值被清除。此时只能加速到 30 km/h 以上再重新存储。

（2）加速/存储。通过按"+"按钮使存储的车速有级（步长 1 km/h、2 km/h 或 3 km/h）提高，如果按住该按钮不动，车速会自动提高，直到达到目标车速时松开按钮，当前的车速就被存储下来了。图 4-12 所示为加速/存储键。

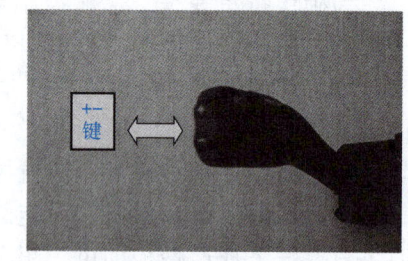

图 4-12　加速/存储键
Fig.4-12　Acceleration/Storage button

### 6. 临时关闭系统

临时关闭：踩制动踏板或将换挡杆置于 P 挡、R 挡、N 挡、1 挡位置。当前存储着的速度值仍被保留着。如果想重新调用已存储的速度，当车速高于 30 km/h 时，松开制动踏板或将换挡杆移到 D 挡、3 挡、2 挡之后，紧接着按 RES 键。

注意：只有当前的交通状况允许，才建议恢复到较高的设定车速。

### 7. 恢复到原来设定的巡航速度的方法

将巡航控制系统操纵手柄置于 RES/ACC 方位，汽车可恢复到原设定的速度做巡航行驶。除非车速已降至 40 km/h 以下或低于设定速度的差值在 16 km/h 以上时，巡航控制系统自动停止工作。图 4-13 所示为恢复键。

图 4-13　恢复键
Fig.4-13　Restore button

### 8. 完全关闭系统

当将开关置于 OFF 或关闭点火开关，此时巡航系统所存储的值被清除，系统被完全关闭。若想再次启动巡航系统，在车速高于 30 km/h 的情况下，将巡航开关置于 ON 位置，并重新设定巡航车速。

## 学习研讨

### 1. 巡航控制系统常见的故障现象

（1）巡航控制系统不起作用；
（2）车速超过或低于设定车速时不能自动调节；
（3）车速瞬时不稳定，即"游车"。

不同车型的巡航控制系统的维修方法大体相同，现以日本丰田公司生产的车型上采用的巡航控制系统为例，来介绍巡航控制系统的维修。

### 2. 丰田公司巡航控制系统概述

日本丰田公司生产的皇冠、凌志、佳美、花冠等车型，在 2.0 L 以上级别的轿车上都配备了巡航控制系统。这些车型的巡航控制系统除配置的开关、传感器有少许区别外，其工作原理和维修方法都是相似的。现以丰田皇冠 3.0 型轿车为例进行介绍。

丰田公司的巡航控制系统对最低起作用车速规定为 40 km/h，若车速低于 40 km/h，巡航控制系统就不起作用。巡航控制系统由巡航控制 ECU、控制开关、触发器、参考信号及传感器、诊断插头五部分组成。其各组成部件在车上的位置如图 4-14 所示。巡航控制系统的电路如图 4-15 所示。

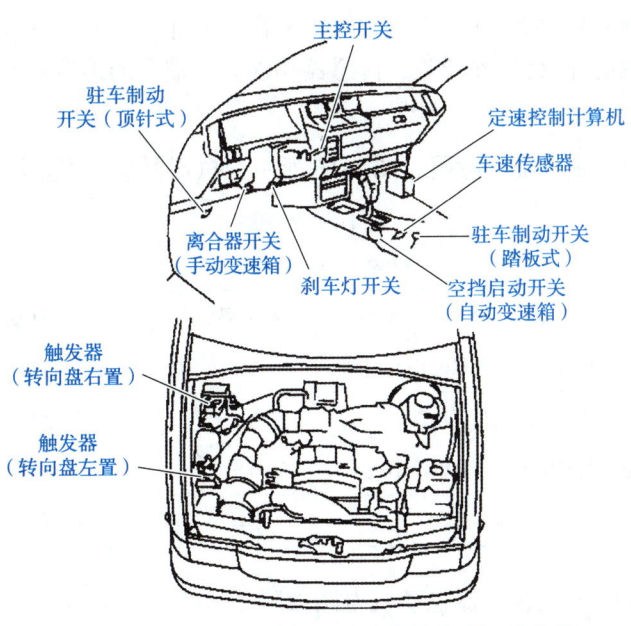

图 4-14 丰田公司巡航控制系统部件在车上的位置

Fig.4-14 The location of Toyota's cruise control system components on the car

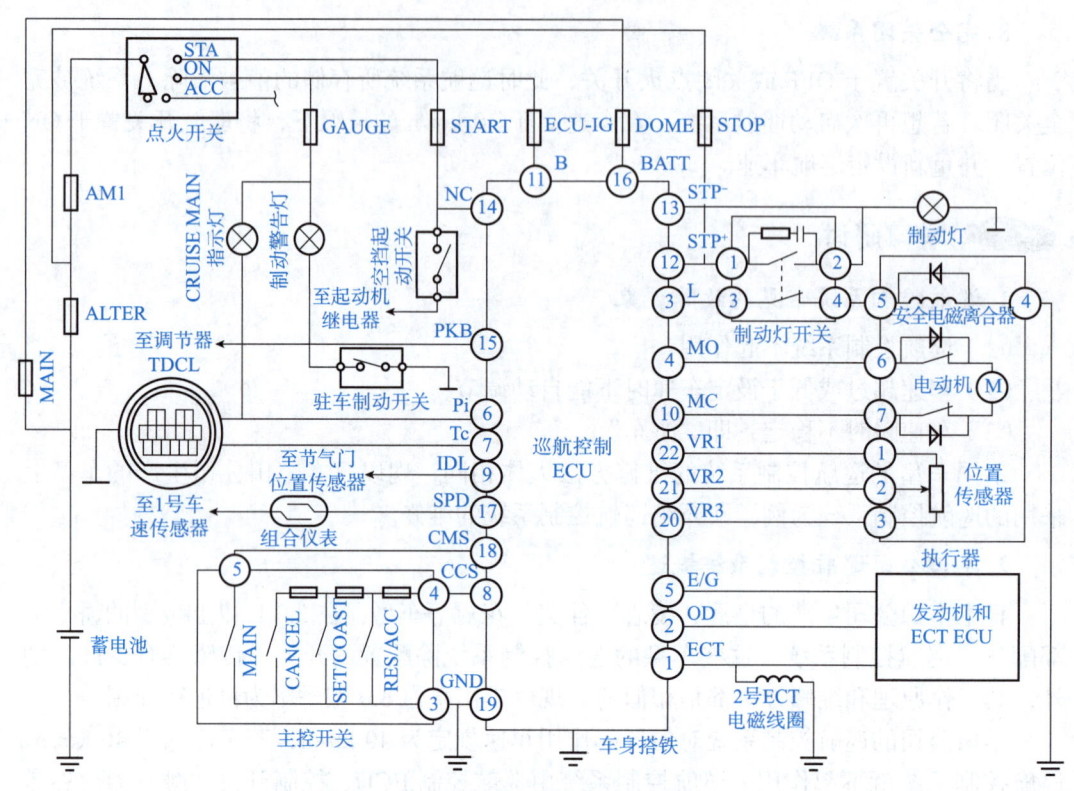

图 4-15　巡航控制系统的电路图

Fig.4-15　Circuit diagram of cruise control system

丰田公司巡航控制系统 ECU 共有 26 个端子，分别与组合开关、发动机 ECM 和电磁阀 PCM、调节触发器及各种开关、传感器相连。各端子的连接列于图 4-15 中。

### 3. 故障码诊断

表 4-1 为巡航控制系统故障码，图 4-16 所示为执行器端子连接图。

表 4-1　故障码

Table 4-1　Fault code

| 故障码 | 故障码的含义 | 故障码 | 故障码的含义 |
| --- | --- | --- | --- |
| 11 | 驱动电动机或安全离合器电路不正常 | 23 | 实际车速低于设定车速 16 km/h 以上 |
| 12 | 安全离合器电路不正常 | 31 | 控制开关电路不正常 |
| 13 | 驱动电动机或安全离合器电路不正常 | 32 | 控制开关电路不正常 |
| 21 | 车速传感器不正常 | 34 | 控制开关电路不正常 |

（1）故障码 11 或 13 执行器电动机电路故障。

1）拔下巡航控制执行器电动机插接器，将蓄电池正极与执行器端子 5 连接，将蓄电池负极与执行器端子 4 连接，确认电磁离合器接合。

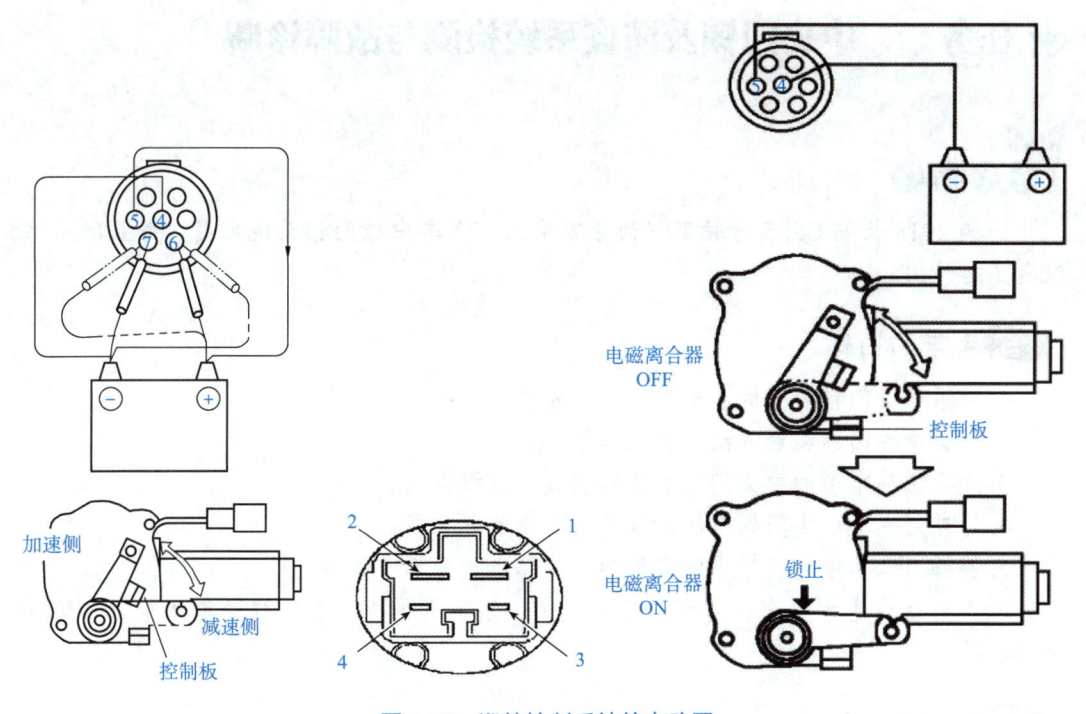

图 4-16　巡航控制系统的电路图

Fig.4-16　Circuit diagram of cruise control system

1—制动灯开关供电端子；2—制动灯开关负极端子；3—制动灯开关供电端子；
4—接电磁离合器线圈端子

2）将蓄电池的正极与执行器端子 6 连接，负极与执行器端子 7 连接，控制臂应平滑地转向节气门打开方向。

3）将蓄电池的正极与执行器端子 7 连接，负极与执行器端子 6 连接，控制臂应平滑地转向节气门关闭方向。

4）当控制臂转到节气门全开或全关的极限位置时，限位开关应使控制臂停止转动。

5）检查巡航控制 ECU 与执行器之间的导线，如果导线有故障，应进行修理。

（2）故障码 11 或 12 电磁离合器电路故障。

1）拔下巡航执行器电动机插接器（电磁离合器分离），用手转动执行器控制臂，应能自由转动。

2）将蓄电池正极与执行器端子 5 连接，将蓄电池负极与执行器端子 4 连接（电磁离合器接合），用手转动执行器控制臂，应转不动；否则更换执行器。

3）拔下制动灯开关插接器，检测开关端子之间的导通性。放松制动踏板时，端子 3 与 4 之间应导通，踏下制动踏板时，端子 1 与 3 之间应导通。

4）检查制动灯开关与巡航控制 ECU 之间的导线、制动灯开关与执行器之间的导线、执行器与搭铁之间的导线的通断。

工作页 14（任务一　电子巡航控制系统故障诊断）见工作页手册

## 任务二 中央门锁及防盗系统检测与故障诊断

### 任务导入

一辆 2018 长安 CS35 行驶里程为 2 万千米，汽车中控门锁系统失灵，并且防盗系统也不起作用。

### 学习目标

1. 熟悉中央门锁装置的各部件名称及安装位置；
2. 理解中央门锁装置的组成和工作原理；
3. 学会常见车型的中央门锁电路的识读、分析方法；
4. 能够对汽车中央门锁系统的故障进行诊断与分析；
5. 能够对汽车中央门锁系统工作异常故障进行分析与修复；
6. 具有质量意识、安全意识、工匠精神、创新思维；具有较强的集体意识和团队合作精神。

### 相关知识

#### 一、中央门锁的作用、组成和基本工作原理

中央门锁是指通过设在驾驶座侧门上开关或利用遥控器，可以同时控制全车车门锁止与开启的一种控制装置。同时，乘客仍可以利用车门的机械式弹簧锁开启或锁止车门，因此使用十分方便，有利于安全。

**1. 中央门锁的作用**

（1）集中锁门——将驾驶员车门锁扣按下时，其他几个车门及行李箱门都能自动锁定；如用钥匙锁门，也可同时锁好其他车门和行李箱门。

（2）集中开门——将驾驶员车门锁扣拉起时，其他几个车门及行李箱门都能同时打开；如用钥匙开门，也可同时打开其他车门和行李箱门。

（3）机械锁有效——个别车门需要打开时，可分别拉开各自的锁扣。

**2. 中央门锁的组成**

中央门锁主要由执行机构和控制电路等组成，如图 4-17 所示。图 4-18 所示为中央门锁各元件在车上的分布位置。

（1）执行机构。执行机构主要是指车门门锁、车门门锁传动机构和车门门锁驱动装置（图 4-19）。

车门门锁及车门门锁传动机构。车门门锁和车门门锁传动机构主要由车门按钮、连接杆、门锁开关、车门锁心、钥匙、锁杆、门锁锁扣等组成，如图 4-20 所示。

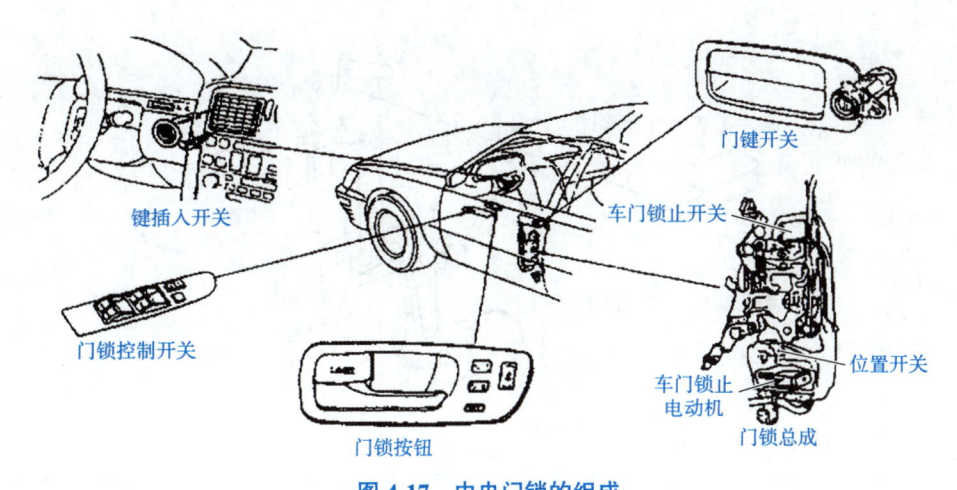

图 4-17　中央门锁的组成

Fig.4-17　The composition of the central door lock

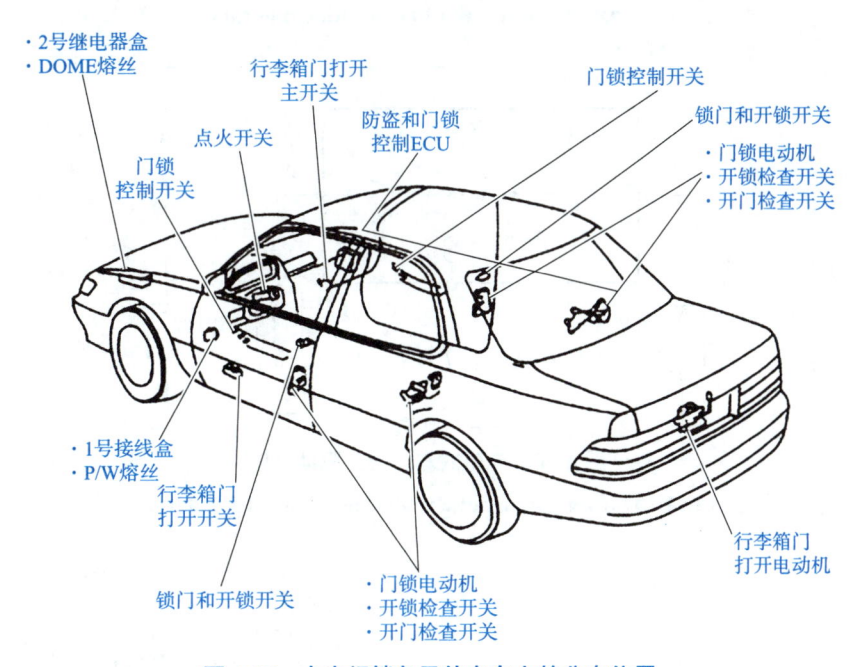

图 4-18　中央门锁各元件在车上的分布位置

Fig.4-18　The distribution position of the central door lock components on the car

执行机构的工作过程：用钥匙插入车门锁心后，门锁开关电路接通，使执行机构动作驱动连接杆（或直接扳动车门按钮，驱动连接杆），对门锁锁扣进行开启或锁止。

（2）车门门锁驱动装置。车门门锁驱动装置是指车门锁止（或开启）的动力装置。常见的有电动式和电磁式两种。图 4-21（a）所示的电动式车门门锁驱动装置由双向永磁电动机及齿轮和齿条等组成，电动机旋转带动齿条伸出或缩回完成车门锁止（或开启）；图 4-21（b）所示的是电磁式车门门锁驱动装置，其工作原理是分别对锁止车门线圈和开启车门线圈进行通电，即可锁止或开启车门。

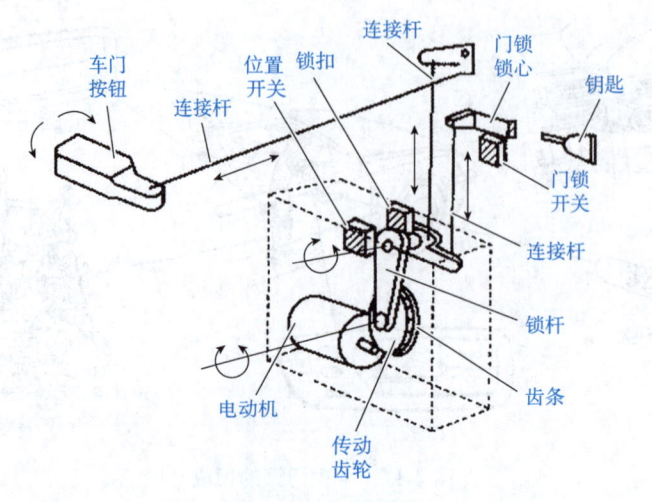

图 4-19　执行机构

Fig.4-19　Executive organization diagram

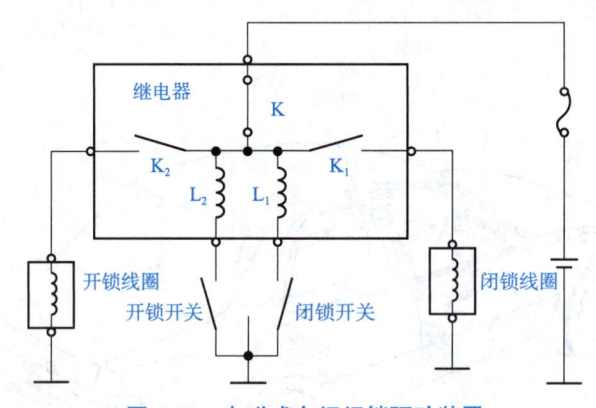

图 4-20　电磁式车门门锁驱动装置

Fig.4-20　Electromagnetic vehicle door lock drive device

（a）

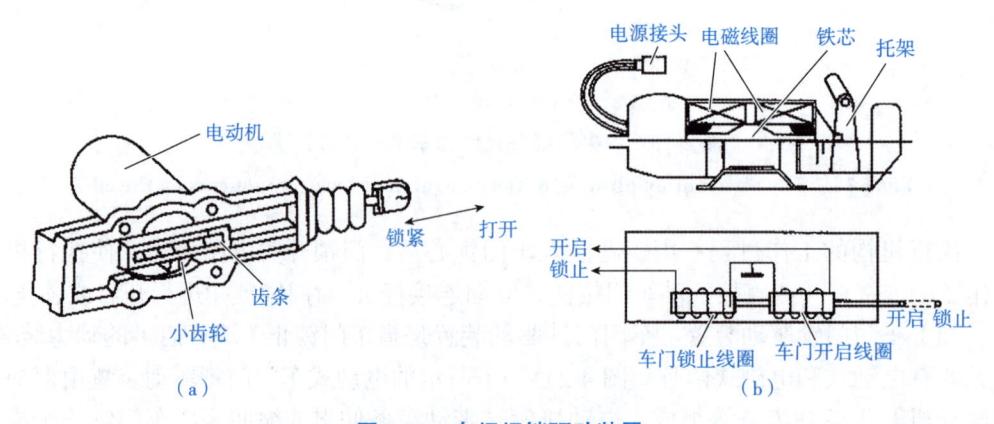

图 4-21　车门门锁驱动装置

Fig.4-21　Door lock driving device

（a）电动式；（b）电磁式

（3）控制电路。控制电路主要由门锁开关、定时装置和继电器等组成。

（4）普通开关控制。

1）中央门锁控制器的控制。图 4-22 所示为中央门锁控制器的控制原理。当接通闭锁开关时，闭锁继电器线圈 $L_1$ 中有电流通过，闭锁继电器触点 $K_1$ 闭合，接通闭锁线圈电路，线圈产生的电磁力吸引执行机构动作，将所有车门锁紧。

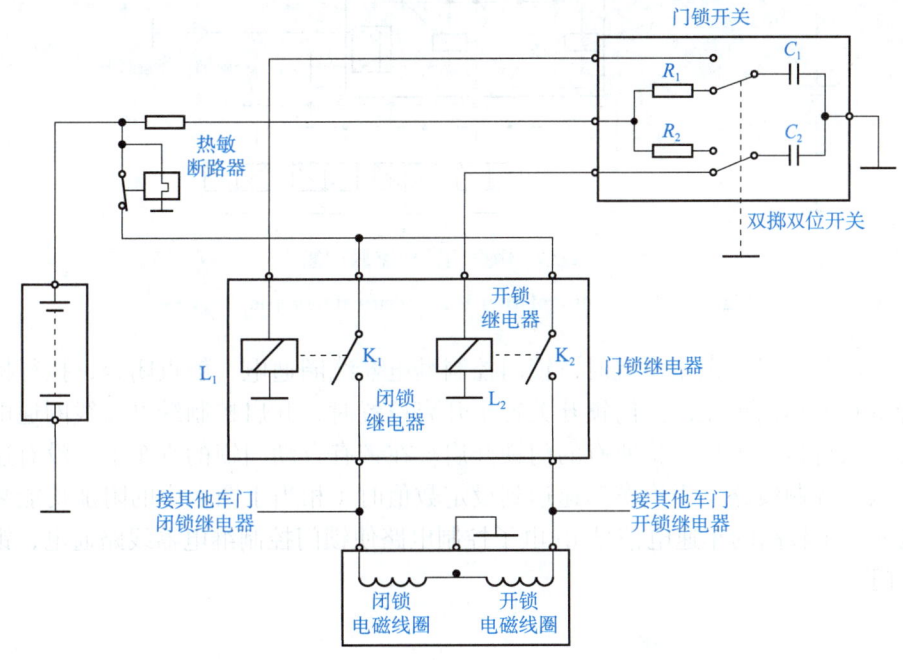

图 4-22　中央门锁控制器的控制原理图

Fig.4-22　The control principle diagram of the central door lock controller

当接通开锁开关时，开锁继电器线圈 $L_2$ 中有电流通过，开锁继电器触点 $K_2$ 闭合，接通开锁线圈电路，线圈产生的电磁力吸引活动铁芯，通过连杆机构拉动锁舌，门锁打开。

2）带电容的开关控制。

①门锁开关。门锁开关用于触发中央门锁系统各车门和行李箱门锁止或开启。当用钥匙来拨动门锁锁心转过一定的角度时，即可接通门锁执行机构的电路，通过门锁电动机运转（或电磁线圈吸、拉）将门锁锁止或开启。

②定时装置。定时装置的基本原理是利用电容器的充放电特性，来控制执行机构的通电时间，使车门锁锁止或开启。当电容器放电结束时，继电器的电流中断，从而切断了驱动装置的电流，以便保护车门锁维持在锁止或开启状态，驱动装置不会过载。

3）继电器。由于在控制电路中的大部分线路所需要的电流较小，而中央门锁执行机构所流过的电流较大，所以必须在电路中安装继电器，执行机构所流过的电流为继电器触点提供，从而提高控制电路的安全性能和使用寿命。

### 3. 中央门锁基本工作原理

中央门锁基本工作原理如图 4-23 所示。

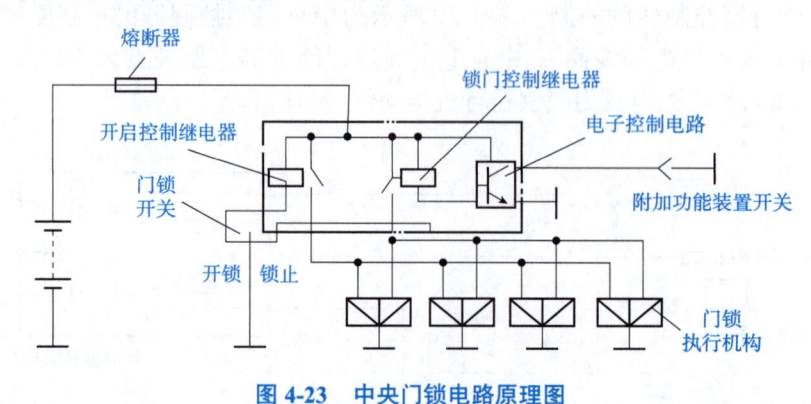

图 4-23 中央门锁电路原理图

Fig.4-23 The control door lock circuit schematic diagram

当门锁开关置于锁止位置时，锁门控制继电器线圈通电，触点闭合，执行机构工作，将所有的车门锁止；当门锁开关置于开启位置时，开启控制继电器线圈通电，触点闭合，执行机构工作，将所有的门锁开启。在带有自动门锁的汽车上，没有速度传感器和电子控制线路。当汽车车速达到设定数值时（相当于图示中的附加功能装置开关，输入一个较高的车速电信号），电子控制电路使锁门控制继电器线路通电，锁止所有的车门。

## 二、中央门锁控制电路

### 1. 简单的中央门锁控制电路

简单的中央门锁控制电路如图 4-24 所示。用钥匙在驾驶员侧或副驾驶员侧的车门钥匙开关上实施锁门（LOCK）或开门（UNLOCK）动作，则可同时驱动汽车 4 个车门上的门锁电动机运转。锁门与开门的转换，就是通过 LOCK 与 UNLOCK 触点的变换，从而切换电动机旋转方向，即可获得锁门与开门的动作。电动机内装有双金属熔断器，当门锁锁止或完全打开后，如果钥匙还未松开，大负荷的电动机会因双金属熔断器流过较大的电流断开而停止转动；一旦电路开路或钥匙松开，双金属熔断器冷却后又恢复闭合的原状，为下一次电动机工作做准备。

### 2. 遥控式中央门锁

遥控式中央门锁控制电路如图 4-25 所示。广州本田雅阁轿车遥控开启车门/防盗系统线路工作过程是通过操作遥控发射器上的"LOCK/UNLOCK"键，发出锁止/解锁的微弱电波，由车辆天线接收该信号，送给中央控制门锁电脑（ECU）识别上锁/解锁的代码（也可以用钥匙插入驾驶员侧或前排乘客侧车门锁开启），如果密码正确，ECU 便接通 A110、A111 端子的电路，锁启动器电动机就能够正向或反向运转，从而使门锁锁止或开启。

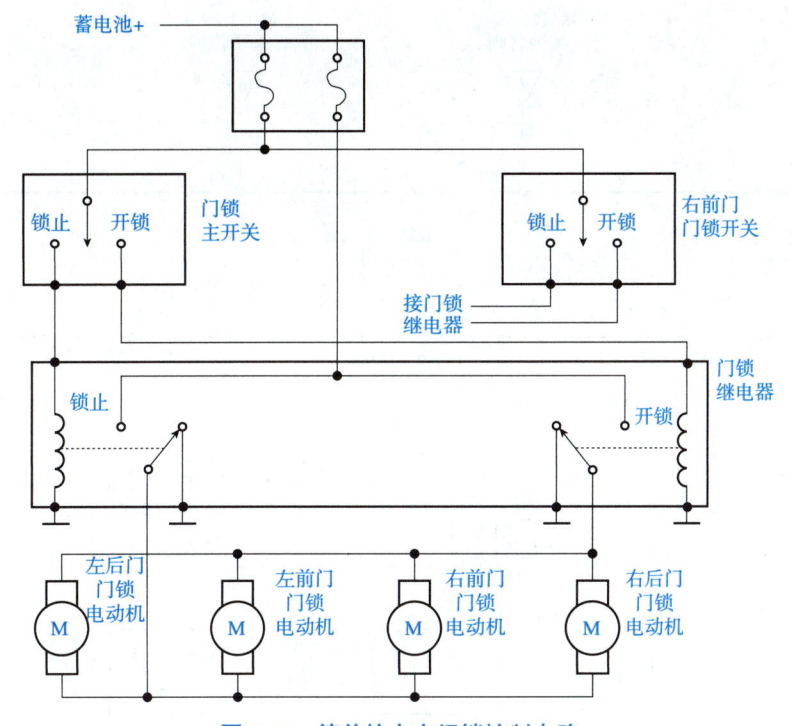

图 4-24　简单的中央门锁控制电路

Fig.4-24　Simple central door lock control circuit

该车种的遥控开启车门 / 防盗安全报警系统是成一体的。系统除用键（点火开关）、门锁开关开锁 / 锁止车门外，还可以用遥控发射器来开锁 / 锁止车门。当第一次按下 UNLOCK 按钮时，只有驾驶员侧车门开锁。当再按下 UNLOCK 按钮时，其余车门均将开锁。在按下 UNLOCK 按钮时，若车内顶灯的开关位于中间位置，车内顶灯则点亮。如果没有开启车门，该灯在 30 s 内熄灭，车门将自动重新锁定且防盗安全系统重新处于警戒状态。如果 30 s 内用遥控器将车门重新锁定，则该灯随之熄灭。如果行李箱门、发动机盖或某一车门没有完全关闭，或者点火开关仍保留在 ON 挡上，按压遥控发射器不能将车门开锁或锁止。如果在行李箱门、发动机盖或某一车门没有完全关闭的情况下使用遥控器实施"锁止"，则报警器将发出"啾啾"声以示提醒。如仅需打开车辆的行李箱门，只需按遥控器上的"Trunk Release"按钮 2 s 即可。当锁定车门 / 开启车门时，系统通过闪烁驻车灯、侧标志灯、后尾灯发出信号。锁止车门时，上述各灯将闪烁一次；开启车门时各闪烁两次。

### 三、防盗系统概述

#### 1. 车辆防盗系统的功能

防止非法进入汽车；防止破坏或非法搬运汽车；防止汽车被非法开走。换而言之，汽车防盗一般应从三个方面考虑，即门锁的工作可靠性、发动机的防盗性、汽车的防盗报警功能。

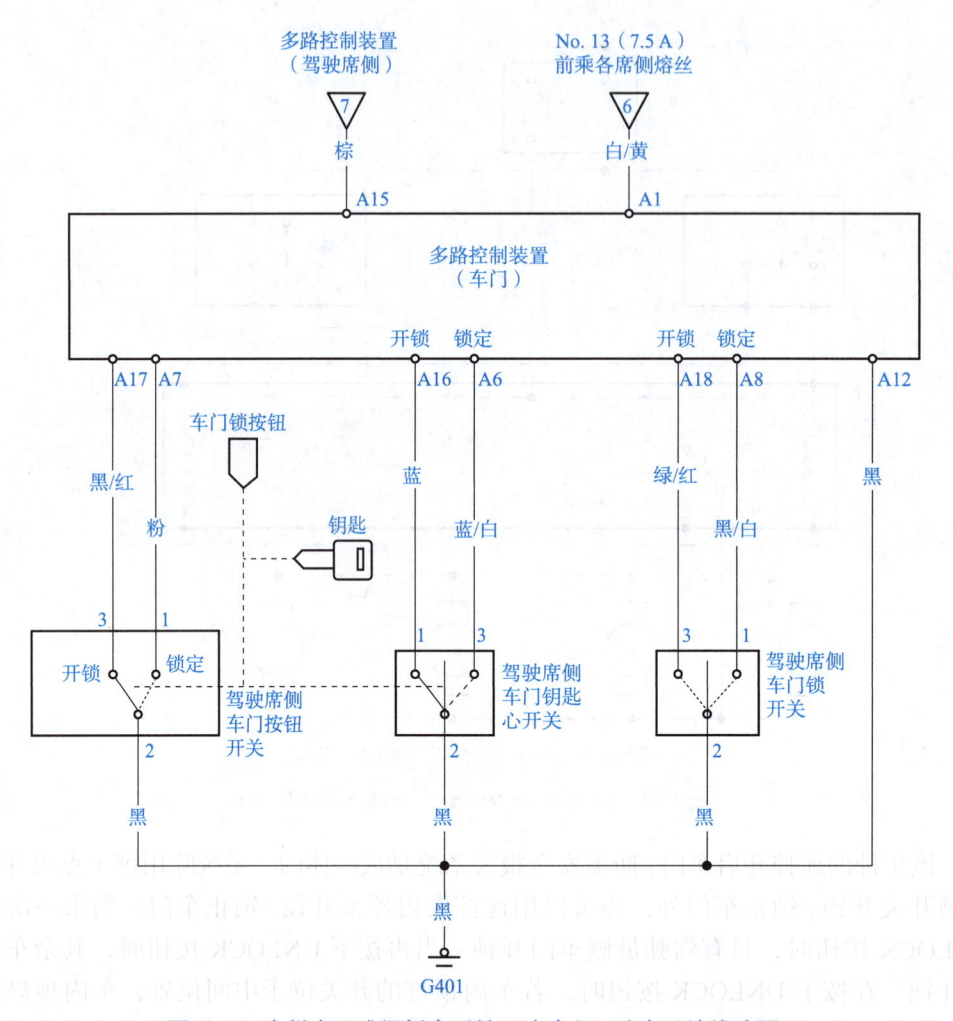

图 4-25　广州本田雅阁轿车遥控开启车门／防盗系统线路图

Fig.4-25　Guangzhou Honda Accord car remote opening door/anti-theft system wiring diagram

**2. 汽车防盗系统的组成**

最基本的汽车防盗系统的组成如图 4-26 所示，通常包括报警启动／解除操作部分、控制电路部分、执行机构部分三个部分。

**3. 汽车防盗系统的类型及特点**

电子式防盗产品是应用最广泛的汽车防盗设备，可分为机械式防盗、电子式防盗、芯片式防盗、网络式防盗四类。

（1）机械式防盗。早期的汽车防盗器材主要是机械式的防盗锁，它主要是靠锁定离合、制动、油门或转向盘、变速挡来达到防盗的目的，但只防盗不报警。因此，对防盗方面能够提供的帮助有限，现在已经很少单独使用，主要与另外两类防盗系统联合使用。

图 4-26　汽车防盗系统组成

Fig.4-26　Automobile anti-theft system composition

机械式防盗的优点是价格低，安装简便；缺点是防盗不彻底，每次拆装比较麻烦，不用时还要找地方放置。机械锁发展至今经过了数次技术升级，目前已有了较可靠的方向盘锁（图 4-27）和排挡锁（图 4-28）等。

图 4-27　护盘式转向盘锁　　　　　　　　图 4-28　排挡锁防盗装置

Fig.4-27　Guard disc steering wheel lock　　Fig.4-28　Gear lock anti-theft device

（2）电子式防盗。为了克服机械锁只防盗不报警的缺点，电子报警防盗器应运而生。它主要靠锁定点火或启动来达到防盗的目的，同时具有防盗和声音报警功能。遥控式汽车防盗器的特点是可遥控防盗器的全部功能，可靠方便，可带有振动侦测门控保护及微波或红外探头等功能。随着科技的发展，遥控式汽车防盗器还增加了许多方便实用的附加功能，如遥控中央门锁、遥控送放冷暖风、遥控电动门窗及遥控开行李箱门等。

（3）芯片式防盗。芯片式数码防盗器是现在汽车防盗器发展的重点，大多数轿车采用这种防盗方式作为原配防盗器。芯片式防盗的基本原理是锁住汽车的发动机、电路和油路，在没有芯片钥匙的情况下无法启动车辆，数字化的密码重码率极低，而且要用密码钥匙接触车上的密码锁才能开锁，杜绝了被扫描的可能。

目前，芯片式防盗已经发展到第四代，最新面世的第四代电子防盗芯片具有特殊的诊断功能，即已获授权者在读取钥匙保密信息时，能够得到该防盗系统的历史信息，系统中经授权的备用钥匙数目、时间印记及其他背景信息，成为收发器安全性的组成部分。

（4）网络式防盗。GPS卫星定位汽车防盗系统属于网络式防盗器，它主要靠锁定点火或启动达到防盗的目的，同时，还可以通过GPS卫星定位系统，将报警信息和报警车辆所在位置无声地传送到报警中心。

GPS防盗器的功能非常多，不仅可以在全国范围内实时监测车辆位置，还可以通过车载移动电话监听车内声音，必要时可以通过手机关闭车辆油路、电路并锁死所有门窗。如果GPS防盗器被非法拆卸，会自动发出报警信息。GPS防盗系统的技术含量高，所以价格高，而且必须在没有盲区的网络（包括中国移动GSM、中国联通CDMA）支持下才能工作，更主要的是需要政府配合公安部门设立监控中心。目前这项技术开始应用到汽车租赁、物流车辆、出租车辆等管理及私家车防盗等方面。随着智能交通（ITS）和通信技术的发展、成熟，该技术必将广泛应用在汽车领域。

## 学习研讨

### 一、门锁故障分析

#### 1. 检查注意事项

（1）无论中央门锁控制系统出现什么故障，应先通过检查，使故障可能存在的部位缩小到一定范围以内，然后拆下车门内饰，露出门锁机构。

（2）先将拨动门锁开关后的情况列成图表，然后和维修手册中的故障诊断图表相对照，以便分析故障原因和部位。

（3）在测试电路前，应结合故障诊断图表，先弄清楚线路图，然后试加蓄电池电压或用欧姆表测量。如果盲目地测试，就会损坏昂贵的电子元件。

#### 2. 门锁故障检查

中央门锁控制系统的常见故障如下：

（1）操作门锁控制开关时，所有门锁均不动作；

（2）不能开门（或锁门）；

（3）个别车门锁不能动作；

（4）速度控制失灵（如果有速度控制）等。

### 二、门锁故障诊断流程

#### 1. 操作门锁控制开关，所有门锁均不动作

这种故障一般发生在电源电路中，其检查诊断流程如图4-29所示。

#### 2. 操作门锁控制开关，不能开门（或锁门）

这种故障是由于开门（或锁门）继电器、门锁控制开关损坏所致，可能是继电器线圈烧断、触点接触不良、开关触点烧坏或导线接头松脱。

图 4-29　检查诊断流程

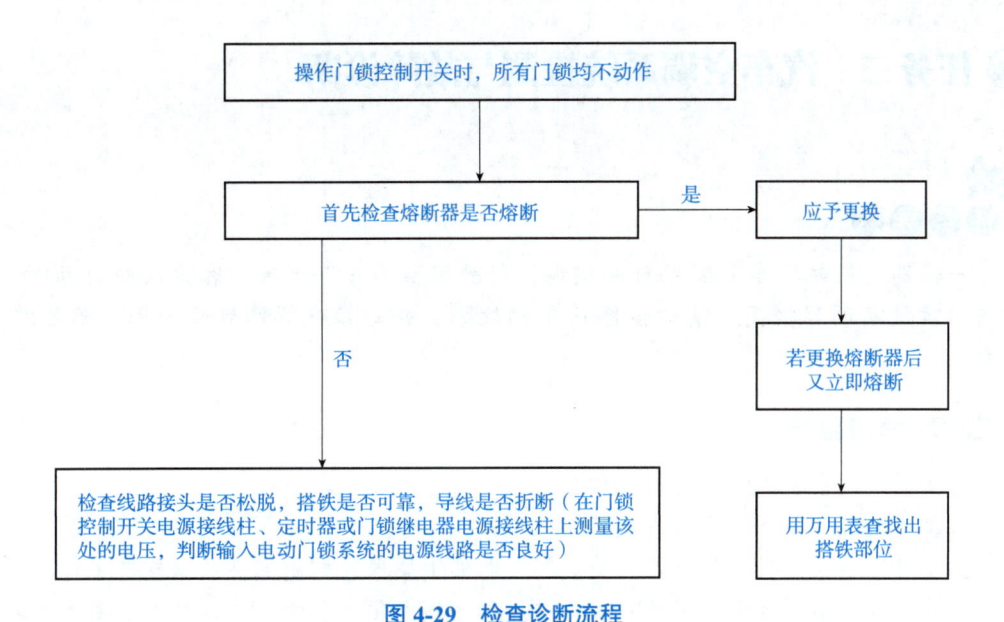

Fig.4-29　Check the diagnostic process

### 3. 操作门锁控制开关，个别车门锁不能动作

这种故障仅出现在相应车门上，可能是连接线路断路或松脱、门锁电动机（或电磁铁式执行器）损坏、门锁连杆操纵机构损坏等。

### 4. 速度控制失灵

图 4-30 所示为速度控制失灵诊断流程。

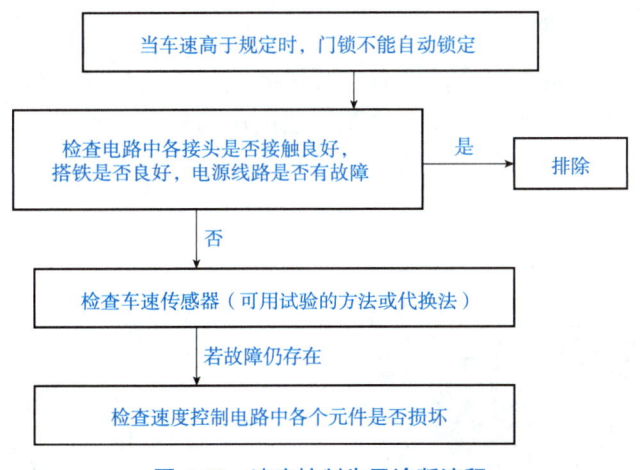

图 4-30　速度控制失灵诊断流程

Fig.4-30　Speed control failure diagnostic process

工作页 15（任务二　中央门锁及防盗系统检测与故障诊断）见工作页手册

## 任务三　汽车空调系统检测与故障诊断

### 任务导入

一辆别克凯越轿车，配置自动空调，行驶里程为 6 万千米，客户反映打开暖风，室内温度没有明显提高，请你检修该车辆故障，并向客户解释故障原因，确定维修方案。

### 学习目标

1. 掌握汽车空调的作用、组成和分类；
2. 掌握汽车空调系统的组成及工作原理；
3. 了解制冷压缩机、蒸发器、节流阀、储液干燥器和控制部件的结构与工作原理；
4. 熟悉汽车空调供暖、配气系统、通风和空气净化装备的结构、功用、基本原理；
5. 能够对空调手动进行检测与维修；
6. 具有质量意识、环保意识、工匠精神、爱岗敬业的职业理念。

### 相关知识

空调是人们夏天避暑的神器，不可或缺，它使房间在炎炎夏日也清凉舒适。在汽车中，也可以起到与家用空调相同的作用。它可以使车内的乘客在炎炎酷暑的日子也凉爽舒适。图 4-31 所示为空调系统效果图。

#### 一、空调系统的组成

汽车空调系统的组成包括制冷装置、暖风装置、通风与空气温度调节装置、空气净化装置和控制装置。汽车空调制冷系统一般由压缩机、冷凝器、储液干燥器、膨胀阀、蒸发器、鼓风机和制冷管道等组成。图 4-32 所示为空调系统组成；图 4-33 所示为空调制冷系统组成。

图 4-31　空调系统效果图
Fig.4-31　Air conditioning system renderings

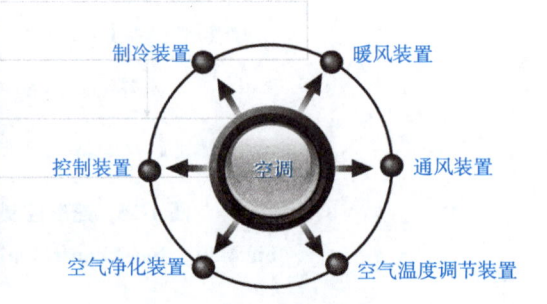

图 4-32　空调系统组成
Fig.4-32　Air conditioning system composition

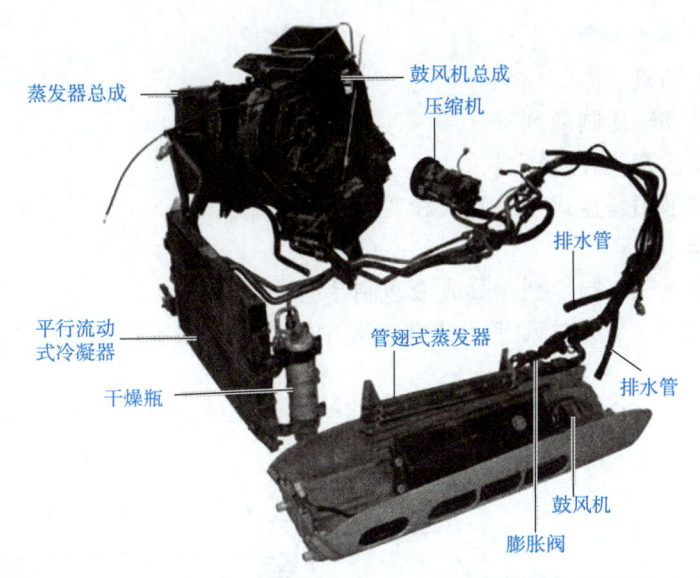

图 4-33 汽车空调制冷系统组成

Fig.4-33 Automobile air conditioning refrigeration system composition

## 1. 制冷系统工作循环

制冷系统利用制冷剂在不同状态时的特性来与空气交换热量，并在密闭的制冷系统内部循环流动。其工作循环包括压缩过程、放热过程、节流过程和吸热过程，如图 4-34 所示。

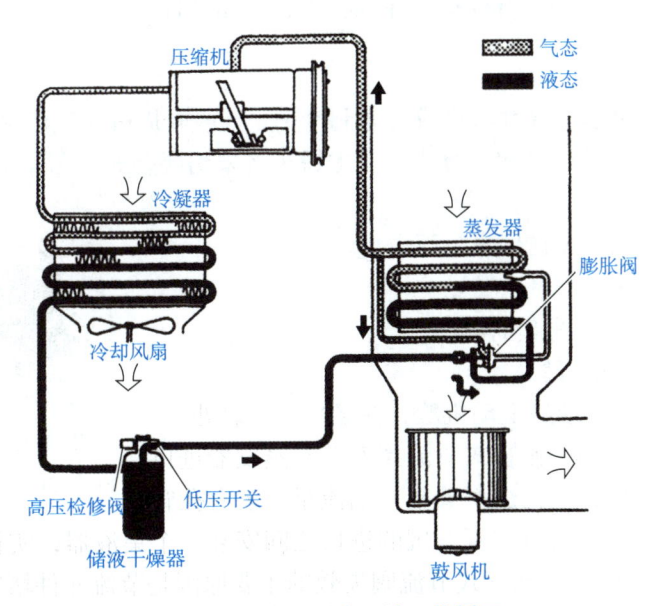

图 4-34 空调制冷系统工作循环

Fig.4-34 Working cycle diagram of air conditioning refrigeration system

## 2. 制冷系统主要部件

（1）空调压缩机。

作用：压缩和输送制冷剂蒸气。

类型：往复活塞式和旋转式。

在轿车上多采用斜盘式、涡旋式和变排量式压缩机。

（2）冷凝器。

作用：将高压气态制冷剂冷凝成液态制冷剂。

类型：管片式、管带式和平行流式，其中轿车多采用平行流式。大客车多采用铜管铝片式。

安装位置：一般安装在散热器之前，与散热器共用风扇。大客车的冷凝器多安装在车厢顶部。平行流式冷凝器如图4-35所示。

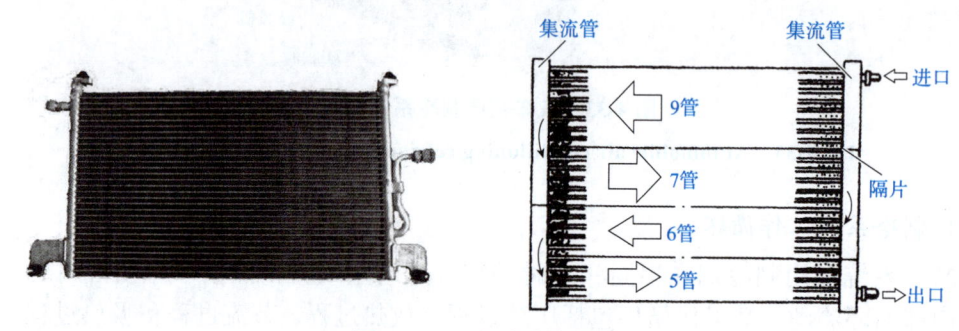

图 4-35 平行流式冷凝器

Fig.4-35 Parallel flow condenser

（3）蒸发器。

作用：将低压液态制冷剂汽化成气态制冷剂，并吸收周围空气热量。

类型：管片式、管带式和层叠式，其中轿车多采用层叠式（图4-36）。大客车多采用铜管铝片式。

安装位置：一般安装在仪表台下方。

（4）节流膨胀装置。

作用：节流降压，调节流量。

类型：膨胀阀和膨胀管。

安装位置：一般安装在发动机舱，在蒸发器入口处。

图 4-36 层叠式蒸发器

Fig.4-36 Stacked evaporator

（5）孔管式节流阀。孔管式节流阀安装在蒸发器进口管中，用于节流降压，但无法调节制冷剂流量。装有孔管的系统必须在蒸发器的出口和压缩机的进口之间安装一个集液器，实行气液分离，以防止压缩机出现"液击"。孔管式节流阀失效的主要原因是节流元件堵塞，更换节流阀时应更换集液器，不同车型的孔管不能互换。图4-37所示为孔管结构示意。

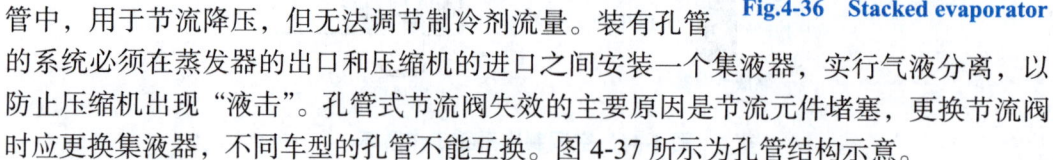

（6）过滤装置。汽车空调中按照节流装置的不同采用不同的过滤装置，主要有储液干燥器和集液器。其中，集液器为节流阀空调低压部分的一个收集容器。

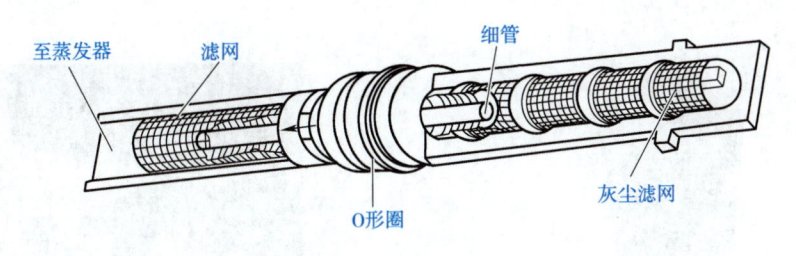

图 4-37　孔管结构示意

Fig.4-37　Schematic diagram of the hole tube structure

储液干燥器的作用：储液、干燥和过滤液态制冷剂。图 4-38 所示为储液干燥器外形及结构示意。

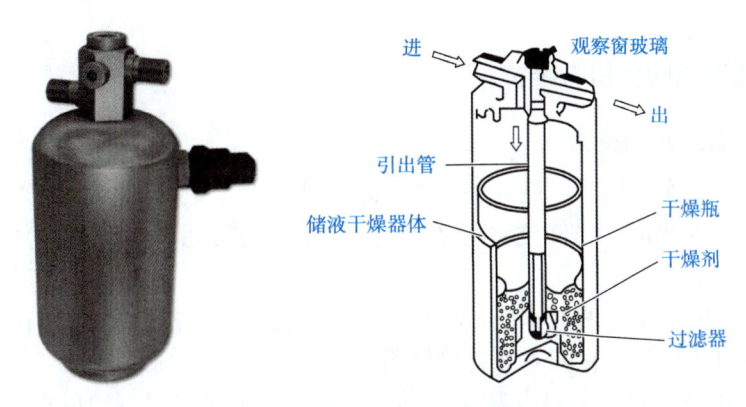

图 4-38　储液干燥器外形及结构示意

Fig.4-38　Schematic diagram of the shape and structure of the receiver dryer

储液干燥器的特点：用于膨胀阀式空调系统。

储液干燥器的安装位置：冷凝器与膨胀阀之间的管路上。

（7）制冷剂。

作用：一是捕获液态制冷剂，防止其进入压缩机；二是吸收制冷剂中的水分；三是过滤杂质。

特点：自身不会减少，只会发生状态的改变。

使用状况：目前汽车空调普遍使用的制冷剂为 R134a，如图 4-39 所示。

汽车空调制冷系统多数故障与制冷剂的泄漏有关，应注意检查，并按规定予以加注。

（8）冷冻油。

作用：润滑、密封、冷却、降噪。

特点：压缩机的专用润滑油，它保证压缩机正常运转、可靠工作和延长使用寿命。

使用状况：使用时必须严格使用原车规定冷冻油（图 4-40）牌号，或换用具有同等性能的冷冻油；注意防潮；不能使用变质的冷冻油；加注时也不宜过量，否则会导致制冷不好；应与制冷剂配合使用，不同冷冻油不能混用。

图 4-39　R134a 制冷剂
Fig.4-39　R134a refrigerant

图 4-40　冷冻油
Fig.4-40　Refrigerating oil

## 二、空调系统的使用与维护

### 1. 汽车空调的正确使用

（1）在换季初次使用时，最好进行杀菌除臭处理；

（2）启动发动机时，汽车空调开关应处于关闭位置，熄火后，也应及时关闭汽车空调；

（3）在不使用汽车空调的季节，最好一个月运转 1～2 次，每次 10 min 左右；

（4）夏日应避免汽车在阳光下直接暴晒；

（5）长时间停车后，车厢内温度会很高，应先开窗及通风，用风扇将车内热空气赶出车厢，再开汽车空调，开汽车空调后车厢门窗应关闭，以降低热负荷；

（6）在突然高挡位启动或长距离上坡行驶时，应暂时关闭汽车空调；

（7）使用汽车空调时，冷气温度不宜调得过低，一般车厢内外温差在 10 ℃ 以内为宜；

（8）定期清洗冷凝器和蒸发箱；

（9）定时清洁或更换过滤器（汽车空调的滤芯）；

（10）在汽车空调运行时，若听到汽车空调装置有异常响声，应立即关闭汽车空调，并及时联系维修人员进行检修。

### 2. 汽车空调系统的日常维护

（1）压缩机。

1）在停用制冷系统后，每周启动压缩机工作 5～10 min。

2）检查制冷压缩机驱动皮带有无裂纹和老化情况。

3）检查制冷压缩机驱动皮带的松紧程度。

4）从压缩机的视镜中检查冷冻油量，看是否有泄漏。

（2）冷凝器。

1）检查冷凝器运行是否正常。

2）检查冷凝器表面有无污物，散热片是否弯曲或阻塞。

3）表面脏污应及时用压缩空气吹净或用压力清水清洗干净，以保持良好的散热条件。

4）检查冷凝器和发动机散热器之间的缝隙是否堵塞。

5）检查冷凝器风扇是否有泥沙、石块等杂物，若有，应及时清理。

（3）蒸发器。

1）检查蒸发器通风口是否清洁，排水道是否畅通，鼓风机运转是否正常。

2）检查蒸发器表面有无污物、散热片是否弯曲或阻塞。

3）检查并清洁空调空气滤清器，必要时更换。

4）检查通往蒸发器的发动机热水管路是否泄漏。

（4）系统接头。

1）检查各管路接头和连接部位、螺栓、螺钉是否有松动现象。

2）检查各管路接头是否与周围机件磨碰。

3）检查各管路接头是否有泄漏。

以上操作每3年进行一次。

（5）电磁离合器。

1）检查其动作应正常，应无打滑现象，接合面应无磨损，离合器轴承应无严重磨损。

2）用塞尺检查其电磁离合器间隙应符合要求。

以上操作每1～2年进行一次。

（6）冷凝器及其冷却风扇。

1）彻底清扫或清洗冷凝器表面的杂质、灰尘，用扁嘴钳扶正和修复散热片。

2）仔细检查冷凝器表面应无异常情况，应无制冷剂泄漏情况。

3）检查冷凝器冷却风扇应运转正常，检查风扇电动机的电刷应无磨损过量的情况。

以上操作每年进行一次。

（7）蒸发器。

1）每年用检漏仪进行一次检漏作业。

2）每2～3年拆开蒸发器盖，清扫蒸发器内部，清除送风通道内的杂物（可用压缩空气来吹）。

（8）储液干燥器。

1）正常情况下，每2年更换一次储液干燥器。

2）因使用不当使系统进入水分后，储液干燥器应及时更换。

3）系统管路被打开时，储液干燥器应及时更换。

（9）膨胀阀。

1）每1～2年检查一次，其动作应正常，开度大小应合适，进口滤网应无堵塞。

2）应每年检查一次管接头，并用检漏仪检查其密封情况。

3）检查管路与其他部件应不相碰，检查软管应无老化、裂纹现象。

每3～5年更换一次制冷系统管路。

（10）驱动机构。

1）应在使用100 h后检查V带张紧度和磨损情况。
2）每3～5年更换V带。
3）每年检查一次张紧轮及轴承，并加注冷冻油。
（11）冷冻油。
1）正常情况下，冷冻油的更换周期为2年。
2）管路有泄漏时，应及时补充冷冻油。

### 学习研讨

制冷系统的学习研讨过程扫描右侧二维码。

### 工作页16（任务三 汽车空调系统检测与故障诊断）见工作页手册

## 任务四 汽车安全气囊系统检测与故障诊断

### 任务导入

车主王先生反映，在正常行车过程中，"AIRBAG"报警灯常亮不灭。请你检修该故障车辆，并向客户解释故障原因及维修方法。

### 学习目标

1. 了解安全气囊的作用、类型及要求；
2. 掌握安全气囊的组成、结构及各部件的相互关系；
3. 熟练介绍安全气囊的工作过程；
4. 能够分析气囊电路；
5. 能够熟练运用检测方法和步骤；
6. 具有质量意识、安全意识、工匠精神、社会责任感和社会参与意识。

### 相关知识

汽车上的安全系统可分为主动安全系统和被动安全系统，如底盘ESP系统称为主动安全系统，而被动安全系统又称为辅助安全系统（Supplemental Restraint System，SRS），也称安全气囊（Airbag）系统。

当汽车发生碰撞时，汽车与汽车或汽车与障碍物之间的碰撞称为一次碰撞。一次碰撞后，汽车的速度将急剧变化，驾驶人和乘员就会受到惯性力的作用而向前运动，并与车内的转向盘、风窗玻璃、仪表台等发生碰撞，这种碰撞称为二次碰撞。一般在车辆事故中，导致驾驶人和乘员受伤的主要是二次碰撞。为了减轻二次碰撞对驾乘人员的伤害，现代汽车上，辅助安全系统已广泛使用。

## 一、安全气囊的作用

安全气囊在车辆发生碰撞事故时保护乘员的安全。图 4-41 所示为安全气囊的作用图。

图 4-41　安全气囊的作用图

Fig.4-41　The role of airbags

## 二、安全气囊系统的分类

安全气囊系统按照传感器类型不同可分为机械式安全气囊系统和电子式安全气囊系统；按照安装位置不同可分为正面碰撞防护安全气囊系统、侧面碰撞防护安全气囊系统、后排碰撞防护安全气囊系统、顶部碰撞防护安全气囊系统、膝部碰撞防护安全气囊系统；按照安装数量不同可分为单气囊系统、双气囊系统、多气囊系统。安全气囊系统分类如图 4-42 所示。

（a）

（b）

（c）

（d）

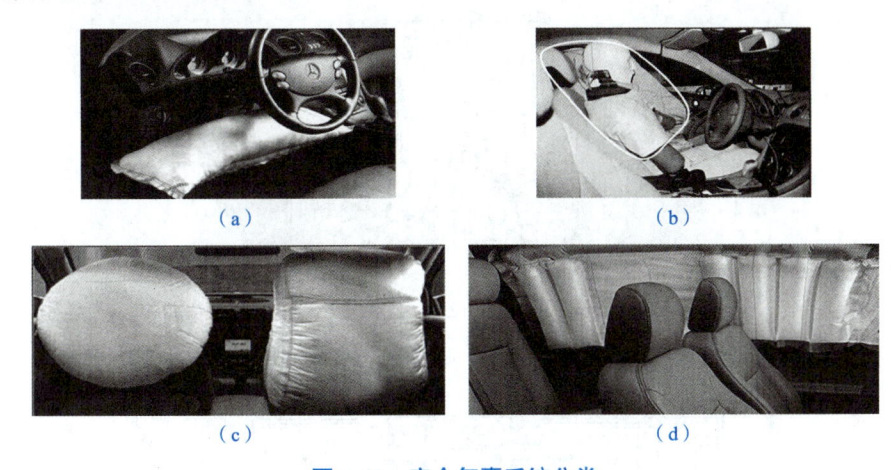

图 4-42　安全气囊系统分类

Fig.4-42　Airbag system classification

（a）膝部安全气囊；（b）头部安全气囊；（c）前排安全气囊；（d）侧面安全气囊

## 三、汽车对安全气囊的要求

（1）可靠性高。安全气囊的使用年限为 7～15 年。

（2）安全。能正确区分制动减速度和碰撞减速度的区别。

（3）灵敏度高。当汽车发生碰撞时，安全气囊在二次碰撞前打开。

（4）有防误爆功能。减速度过低，轻微碰撞不能引爆。

（5）有自动诊断功能。电控安全气囊要有备用电源。

### 四、安全气囊系统的组成

安全气囊由传感器、控制器、气体发生器和气囊等组成。

传感器目前主要有机械式、机械电子式、电子式和智能式四种，以电子式和智能式应用最多。传感器的安装及传感方式有多点式及单点式。例如，有的汽车在前排驾驶员、乘客前面各有一个气囊，在左、右侧汽车挡板处各安置一个传感器，另外，在诊断控制器处有一个传感器。只要挡板处任一传感器闭合，控制器就对传感器送来的信号进行处理和判断，当认为有必要点火时，就发出点火信号使气囊充气。单点传感式安全气囊系统采用单个电子式传感器，并且将传感器、控制及诊断模块都集成在一起。目前，汽车越来越多地采用单点传感式气囊系统。

气体发生器是安全气囊的重要部件，它由点火器及弹丸、爆破盖、发射燃料壳和高压惰性气体瓶组成，如图 4-43 所示。车辆正面发生严重碰撞时，减速力使气囊传感器导通，电流流入点火器使其产生高热，从而点燃点火器内的点火物质。火焰随即扩散到点火药粉和气体发生剂。气体发生剂受热后产生大量氮气，氮气经过滤器降温后进入气囊内。气囊迅速充气并急剧膨胀，冲破转向盘衬垫，缓冲了驾驶员的碰撞冲击。气囊在充气完成后，氮气由释放孔迅速排泄。

图 4-43 安全气囊系统的组成及原理图

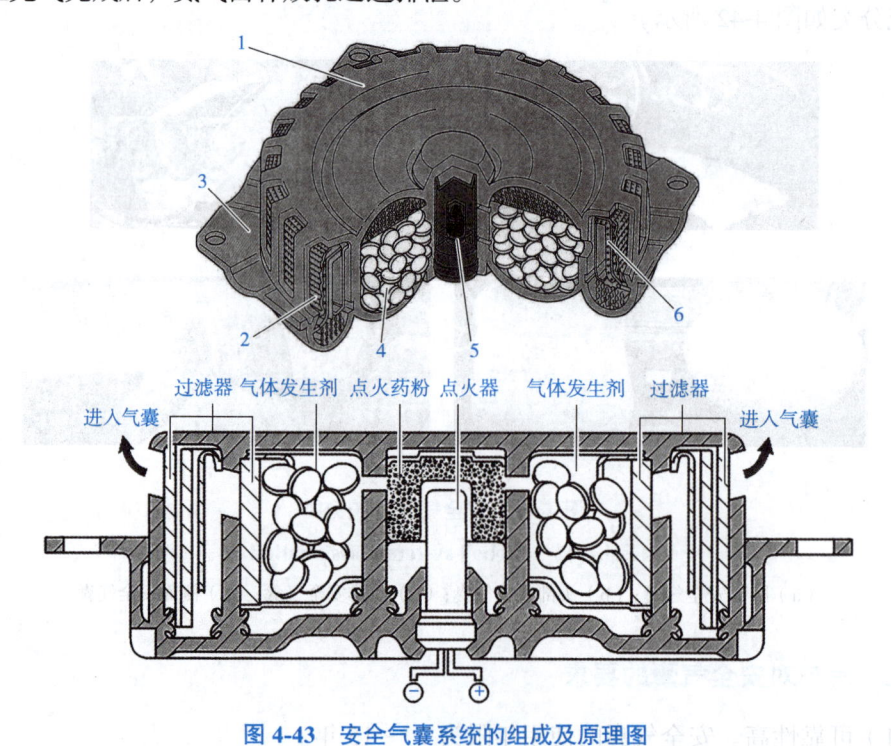

Fig.4-43 The composition and principle diagram of the airbag system

1—上盖；2—充气孔；3—下盖；4—气体发生剂；5—点火器药筒；6—过滤器

气囊用质量轻、强度好、能耐较高温度的尼龙织物制造而成。一般驾驶员用的气囊充气展开的直径约为 70 cm，充气后的厚度约为 15 cm，可充气 65 L。气囊的背面开排气小孔，在碰撞后，利用这些小孔排出袋中空气的阻力效果，吸收乘员与车内构件碰撞的能量，缓和碰撞对人体的伤害。这些小孔也可能预防充入气体爆炸的可能。

气囊表面通常涂上一层合成橡胶膜，这是为了降低织物之间的摩擦系数，便于折叠装配及充气后的展开，也可以起到防止其中气体泄漏的作用。在很短的时间内，使气囊内气体达到一定的压力。

气囊尼龙织物表面可以涂上氯丁胶或硅胶。试验研究表明，硅胶更适合作为涂层材料。硅胶涂膜的摩擦系数小，与人皮肤接触有滑爽感。硅胶与尼龙织物热融合的性能良好。在尼龙熔化与涂膜层融合的温度（121～149 ℃）状况下，氯丁胶的性能容易变差，而硅胶能保持原有性能。如果尼龙织物由于织物处粗细不均造成一些缺陷，在热融合过程中，硅胶能够扩散，填补这些缺陷。硅胶具有良好的耐热性能，涂层可以较薄，比氯丁胶薄些，但耐热性能一样。

### 五、安全气囊系统的工作原理

当汽车发生碰撞事故时，如果汽车行驶速度较小，如小于 20 km/h，碰撞能量不大，安全气囊系统的传感器不会将碰撞信号通过控制器发送给点火器，使气体发生器中的起爆装置引爆，安全气囊就不会工作，因为这种情况下，安全带已经可以保护乘员，即使没有安全带，乘员也不会受到很大伤害。图 4-44 所示为安全气囊工作过程，图 4-45 所示为安全气囊工作原理。

当汽车在碰撞时的行驶速度达到 40 km/h 左右时，传感器感受到较大强度的碰撞，向控制器发出信号。当控制器判断有必要打开气囊时，立即会使气体发生器电路中产生一个电脉冲火花。该火花使发生器中的引爆装置发火，射出的弹丸击破燃料腔盖子。燃料引爆后，产生大量气体及热量，连同气体发生器中预先储存的惰性气体一起经过过滤器冲入气囊。

进入气囊的高压气体迅速使气囊展开，在乘员与汽车内部结构件之间形成一个充满气体的气囊，使乘员能够与比较柔软的气囊相接触，而不是与坚硬的结构件猛烈碰撞，靠气囊的排气孔节流阻尼吸收碰撞的能量，从而达到减少伤害、保护乘员生命安全的目的。

图 4-44  安全气囊工作过程

**Fig.4-44  Airbag working process**

（a）尚未引爆；（b）气囊充满；（c）能量吸收；（d）气体溢出

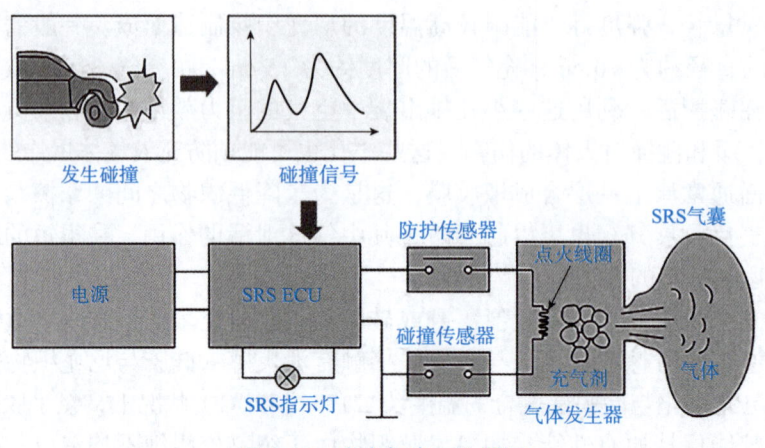

图 4-45　安全气囊工作原理

Fig.4-45　How airbags work

按汽车实际碰撞强度需要启用安全气囊，使点火器及时工作是安全气囊系统保护乘员的关键。气囊从点火到完全展开的时间约为 30 ms。目前，普遍采用的是"5 in—30 ms"准则，即在汽车发止碰撞时，乘员头部向前移动 5 in（127 mm）时的前 30 ms 为最佳点火时刻。点火过早或过晚都不能起到保护乘员的作用，甚全会伤害乘员。

安全气囊系统的工作必须及时、迅速、准确、可靠。当汽车在凹凸不平的路面上行驶或以很低速度行驶遇到碰撞时，安全气囊系统不能够投入工作。由于汽车在行驶过程中，道路上及环境周围的许多不可预料的复杂因素，使确定最佳点火时刻非常困难，这就要求控制器的性能良好、可靠。

汽车在行驶过程中发生碰撞时，首先由传感器接收撞击信号，ECU 接收到信号后，与其原存储信号进行比较，若达到气囊展开条件，则快速引爆可燃物使气囊在极短的时间迅速展开，在驾驶员或乘客的前部形成弹性气垫，从而有效地保护人体头部和胸部，不致伤害驾驶员和乘客。

### 六、安全气囊系统使用注意事项

（1）安全气囊系统属于辅助性安全装置，应配合安全带使用，同时，在转向盘和乘客侧气囊部位不可粘贴任何饰物或胶条。

（2）安全气囊系统不得"带病"运行，否则会造成误触发或不工作，以免对乘员造成意外伤害。

（3）在运输安全气囊组件时，不得与其他危险品一起运输。保存要严格按规定执行，切忌使组件受到磕碰或振动，且温度环境不超过 85 ℃。

### 七、安全气囊系统检测注意事项

（1）首先记录下音响系统的设置内容和密码，以便在维修结束后重新设置。气囊系统安装完成后，切记用万用表测量引发器的电阻，以防止气囊误爆。

（2）对安全气囊系统的任何作业均将点火开关转至"LOCK"位置，拆下蓄电池负极电缆 30 s 以上，等待 ECU 中的电容完全放电后再进行，以免造成气囊误爆。

（3）在拆卸安全气囊时，应将缓冲垫软面朝上，上面不可叠置物品，气囊存放的环境温度不可高于 93 ℃，湿度也不可过高。

（4）不允许对 ECU 控制模块进行敲击、跌落、振动或酸、碱、油、水的侵蚀，如发现有凹陷、裂纹、变形或生锈，要更换新件，控制模块在安装时一定要注意安装方向与模块上标定的方向一致。

（5）决不允许使用其他型号车辆的安全气囊零件进行更换，决不允许重新使用分解、修理过的安全气囊及转向盘衬垫。

（6）对于在组合开关内的螺旋电缆，要使之处于中间位置，否则会引起电缆脱落或其他故障。

### 八、安全气囊系统的故障诊断方法

安全气囊系统的故障难以确诊，一般有警告灯诊断（自诊断）、参数测量和仪器诊断三种方法。

（1）警告灯诊断法：对自诊断接口进行相应的操作，通过仪表板上的安全气囊警告灯读取故障码。

（2）参数测量法：利用诊断测试接口，测出各接口之间的电压与标准值比较，找出故障原因。

（3）仪器诊断法：利用诊断仪器提取故障代码，根据故障代码提示进行相应的故障排除。

### 九、安全气囊系统诊断后的电器检查程序

用一只 12 V 的小灯泡代替气囊接入电路，在接通点火开关、启动发动机、车速超过 80 km/h 紧急制动等任意情况下，小灯泡均不闪亮为正常。

#### 学习研讨

以 LS400 型轿车为例介绍安全气囊系统的故障诊断与检测。凌志 LS400 的安全气囊系统又称辅助乘客保护系统（SRS）。该车 SRS 主要由仪表板上的 SRS 警告灯、气囊前传感器、气囊中央传感器总成、组合开关内的螺旋电缆、气囊、导线及其连接器组成。

#### 1. 自诊断系统

自诊断系统的故障征兆难以确认，在排除故障之前应先读取系统的故障代码，再根据故障代码进行相应的故障诊断与排除。

（1）故障代码的读取：先将点火开关旋到"ACC"或"ON"；等待 20 s 后用跨接线短接 TDCL 的端子 TC 和 E1；通过仪表板上的 SRS 警告灯读取故障代码（SRS 警告灯将按从小到大的顺序显示故障代码）。

（2）故障代码的清除：先用跨接线短接 TDCL 的端子 TC 和 AB；然后将点火开关旋到"ACC"或"ON"，等待 6 s 以上；再从端子 TC 开始交替地将 TC 和 AB 两端子搭铁两次后，使端子 TC 搭铁［此步操作必须保证每次搭铁的时间为（1.0±0.5）s，交替动作的间隔时间应少于 0.2 s］；直到 SRS 警告灯以 50 ms 的频率进行闪烁，表明故障代码已被清除，否则重复此步骤。

**2. SRS 主要元件的检测**

（1）相关元件的参数检测。相关元件的参数检测应符合表 4-2 的要求，否则为元件损坏，应进行更换。

表 4-2　相关元件的控制参数
Table 4-2　Control parameters of related components

| 组件 | 检测元件 | 电压/V "+" | 电压/V "−" | 电压/V 读数 | 欧姆表/Ω 两端子 | 欧姆表/Ω 读数 |
|---|---|---|---|---|---|---|
| 前传感器 | 点火开关置"LOCK"，拨开前传感器连接器，检测传感器各端子 | | | | +S 和 +A | 755～885 |
| | | | | | +S 和 −S | ∞ |
| | | | | | +S 和 −A | ≥1 |
| 螺旋电缆 | 点火开关置"LOCK"，拨开螺旋电缆和中央传感器的连接器，再拔下转向盘衬垫的连接器，检测连接器端子 | D+ | 搭铁 | 0 | D+ 和搭铁 | ∞ |
| | | | | | D− 和搭铁 | ∞ |

（2）中央传感器总成的检测。中央传感器总成从安全传感器接收信号，具有判断气囊是否必须启动和 SRS 诊断等功能。它由中央传感器、安全传感器、点火控制及驱动电路和诊断电路组成，该总成若出现故障，则给出故障代码 31。其检测过程如下：

1）若输出故障代码 31 的同时输出另外的故障代码，应首先排除其他故障，系统的故障代码及故障原因见表 4-3。

表 4-3　LS400 轿车 SRS 的故障代码及故障原因
Table 4-3　Failure codes and failure causes of SRS of LS400 car

| 故障代码 | 故障原因 | 故障代码 | 故障原因 |
|---|---|---|---|
| 11 | ①传爆管或前安全气囊传感器与搭铁短路<br>②前安全气囊传感器或中央传感器总成故障 | 31 | 中央安全气囊传感器总成故障 |
| | | 53 | 前座乘客安全气囊传爆管电路短路 |
| 12 | 传爆管电路与电源电路短路 | 54 | 前座乘客安全气囊传爆管电路断路 |
| 13 | 驾驶员安全气囊传爆管电路短路 | 63 | PL 传爆管电路短路 |
| 14 | 驾驶员安全气囊传爆管电路断路 | 64 | PL 传爆管电路断路 |
| 15 | ①前安全气囊前传感器电路断路<br>②前传感器电路与电源电路短路 | 73 | PR 传爆管电路短路 |
| | | 74 | PR 传爆管电路断路 |
| 22 | SRS 警告灯系统故障 | 正常 | SRS 正常或电源电压降低 |

2）清除存储器中的故障代码 31，点火开关置"LOCK"。

3）20 s 后将点火开关旋到"ACC"或"ON"。

4）20 s 后，再次将点火开关旋到"LOCK"。

5）反复 3）～4）步 5 次以上后，若不输出故障代码 31，则中央传感器工作正常，否则应更换。

### 3. SRS 的故障诊断与检测

若 SRS 警告灯一直发亮，表明系统出现故障。该系统常见的故障主要是电路的短路、断路和元件的损坏。这里只介绍由于电路的问题造成系统的故障。

（1）传爆管电路或前安全气囊电路与搭铁短路的故障诊断。传爆管电路或前安全气囊电路与搭铁短路的故障代码为 11，具体的诊断流程见表 4-4。

表 4-4 传爆管电路或前安全气囊电路与搭铁短路的故障诊断

Table 4-4　Fault diagnosis of short circuit between the booster tube circuit or the front airbag circuit and the ground

| 步骤 | 诊断与检测方法 | 结果 是 | 结果 否 |
| --- | --- | --- | --- |
| 1 | ①拆下蓄电池负极电缆，待 20 s 后再拆下转向盘衬垫<br>②拔下中央传感器总成的连接器<br>③检测连接器端子 +SR 与 –SR、+SL 与 –SL 间的电阻是否为 755～885 Ω | 至步骤 2 | 检测前传感器 |
| 2 | 检测中央传感器总成连接器的端子 +SR、+SL 与搭铁之间的电阻是否为 ∞ | 至步骤 3 | 更换中央和前传感器之间的导线和连接器 |
| 3 | ①拔下转向盘衬垫的连接器<br>②检测螺旋电缆侧连接器端子 D+、D– 与搭铁之间电阻是否为 ∞ | 至步骤 4 | 检测螺旋电缆 |
| 4 | ①连接好中央传感器总成的连接器<br>②用跨接线短接转向盘衬垫连接器的端子 D+ 和 D–<br>③装复蓄电池负极电缆<br>④2 s 后，点火开关置"ACC"或"ON"<br>⑤20 s 后，进行读码操作，是否有故障代码 11 | 检测中央传感器总成 | 至步骤 5 |
| 5 | ①点火开关置"LOCK"。拆下蓄电池负极电缆<br>②20 s 后连接好转向盘衬垫连接器，装复蓄电池负极电缆<br>③2 s 后点火开关置"ACC"或"ON"<br>④20 s 后，进行读码操作，是否有故障代码 11 | 更换转向盘衬垫 | 诊断结束 |

（2）驾驶员安全气囊传爆管电路断路的故障诊断。驾驶员安全气囊传爆管电路断路的故障代码为 14，具体的诊断流程见表 4-5。

表 4-5　驾驶员安全气囊传爆管电路断路的故障诊断程序
Table 4-5　Fault diagnosis procedure for the circuit break of the drivers airbag booster tube

| 步骤 | 诊断与检测方法 | 结果 是 | 结果 否 |
|---|---|---|---|
| 1 | ①拆下蓄电池负极电缆，等 20 s 再拆下转向盘衬垫连接器<br>②拔下中央传感器总成的连接器<br>③检测转向盘衬垫连接器端子 D+ 和 D- 的电阻是否小于 1 Ω | 检测中央传感器总成 | 至步骤 2 |
| 2 | ①拆下连接器 3<br>②检测转向盘衬垫连接器端子 D+ 和 D- 的电阻是否小于 1 Ω | 至步骤 3 | 检测螺旋电缆 |
| 3 | 检测连接器 3 中央传感器总成侧端子 D+ 和 D- 的电阻是否小于 1 Ω | 至步骤 4 | 检测中央传感器和螺旋电缆间的导线 |
| 4 | ①连接好中央传感器总成的连接器和连接器 3<br>②跨接转向盘衬垫连接器中央传感器的端子 D+ 和 D-<br>③装复蓄电池负极电缆，2 s 后，点火开关置 "ACC" 或 "ON"<br>④20 s 后，进行读码操作，是否有故障代码 14 | 检测中央传感器总成 | 至步骤 5 |
| 5 | ①点火开关置 "LOCK"。拆下蓄电池负极电缆<br>②20 s 后连接好转向盘衬垫连接器，装复蓄电池负极电缆<br>③2 s 后点火开关置 "ACC" 或 "ON"<br>④20 s 后，进行读码操作，是否有故障代码 14 | 更换转向盘衬垫 | 诊断结束 |

**工作页 17（任务四　汽车安全气囊系统检测与故障诊断）见工作页手册**

# 项目五
## 汽车整车检测与故障诊断

### 项目导入

汽车性能检测技术就是使用测量仪器设备通过对汽车进行不解体的检查、测试、分析，从而对其性能和技术状况做出评价的一项技术，其内容涉及车辆的动力性、经济性、安全性、操纵性、舒适性及环保性等方面。评价的依据与国家的标准法规有关。

## 任务一 汽油车排放污染物检测

### 任务导入

一辆雪铁龙赛纳进店后，车主反映这辆车最近一个月油耗变得很高，排气管冒黑烟。接车后，目测这辆车在怠速时排气管的情景，黑烟很大，就像柴油车一样。针对这样的故障现象，该如何进行检测呢？

知识拓展：榜样力量五

### 学习目标

1. 了解汽油车排气污染物检测的意义；
2. 能够描述点燃式发动机排气污染物排放的试验方法（双怠速法）；
3. 掌握汽油发动机排气污染物排放的方法（汽车简易工况法）；
4. 能够完成汽油发动机排气污染物排放的检测；
5. 培养爱岗敬业、勤恳踏实、积极进取的职业素养；
6. 贯彻新发展理念，树立环保意识和社会责任感，坚定"中国式现代化是人与自然和谐共生的现代化"的观念。

### 相关知识

#### 一、汽油车排气污染物检测的意义

汽车的废气是燃料在发动机中燃烧后形成的。在燃烧后的生成物中，除水和二氧化碳外，还常含有很多其他的化合物，其中不少是对人体有害的。

在汽油车排放的尾气中，有害气体成分主要是CO（一氧化碳）、HC（碳氢化合物的总称）、$NO_x$（氮氧化合物的总称）等。以前使用含铅汽油作为燃料时，废气中还会有含铅化合物。

柴油车因使用柴油作为燃料，而且运行时气缸中的温度、压力等条件也与汽油车不同，所以，柴油车排气中有害气体成分与汽油车有很大差别，其中，CO和HC这两种成分都比较少（尤其是CO，大约不到汽油机的1/10），主要污染物是碳烟（悬浮的微粒）和$NO_x$。

汽车排放污染物需要经过尾气管中三元催化剂转化成无污染气体，一旦尾气排放系统出现故障，尾气会冒黑烟，对大气造成污染。如图5-1所示，汽车尾气会严重超标。

图 5-1　尾气严重超标

Fig.5-1　Exhaust gas is severely exceeded

可见，汽车在给人类带来交通便利的同时，也造成了排气污染物对环境的污染。治理汽车尾气污染问题已引起全球的重视。为保护人类生存环境，减少大气污染，各国政府都制定了相应的法律法规。

## 二、废气主要污染物产生的原因

如前所述，汽车排气中有害的污染物主要成分是CO、HC、$NO_x$、铅化合物及碳烟等。各种污染物产生的多少与汽车发动机的种类、使用的燃料和运行工况有很大关系。

由于CO、HC和$NO_x$的生成与空燃比、发动机内温度和发动机负荷等有直接关系，所以在发动机不同工况下，CO、HC和$NO_x$的排放量也不同。

CO、HC和$NO_x$的生成与空燃比的定性关系如图5-2所示。CO是在燃料缺氧的条件燃烧下生成的。所以空燃比越小，氧气越少时，CO生成越多，排气中CO的含量也越高。

HC是废气中多种碳氢化合物的总称，是部分燃料未完全参加燃烧的剩余物。在理想空燃比情况下，燃料燃烧最充分，所生成的HC最少。当空燃比较大时，混合气被稀释，火焰传播速度减慢，甚至会断火。此时燃料不能被完全燃烧，故HC含量增大。而当空燃比过小时，由于氧气不足，燃料也不能充分燃烧，故此时HC也会增多。另外，供给系统中燃油的蒸发和滴漏，也会导致HC

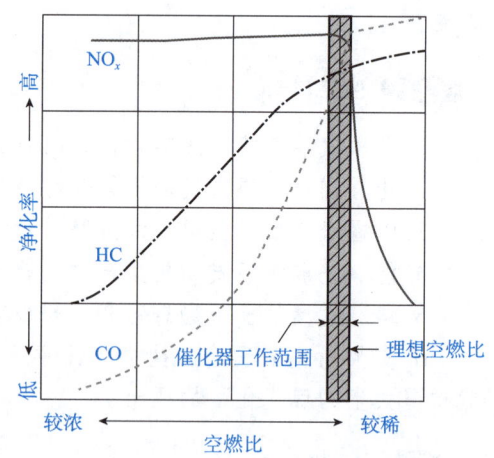

图 5-2　废气的生成与空燃比的关系

Fig.5-2　The relationship between exhaust gas generation and air-fuel ratio

气体直接进入大气。

对 $NO_x$ 而言，情况则很不相同。$NO_x$ 是高温情况下空气中的 $N_2$ 参加反应后的产物，所以在理想空燃比条件下，燃料燃烧最完全、温度最高时，生成的 $NO_x$ 也最多。反之，在燃气过浓或过稀时，燃烧温度都偏低，生成的 $NO_x$ 也比较少。

发动机在冷态、急速或低速、小负荷运行时，需供给较浓的混合气。此时空气不足、燃烧温度低，故 CO、HC 均较多，而 $NO_x$ 较少。发动机在高速、高温、大负荷情况下运行时，空燃比接近理想状态，此时 CO、HC 均较少而 $NO_x$ 较多。

汽车的尾气排放情况，还与车辆使用年限有关。一般来说，车辆排放随着使用年限或行驶里程的增长而逐渐恶化。恶化速度与车的质量和是否经常维修保养有关。因此，加强汽车的维修保养和定期检查，是减少和改善汽车排放的重要措施。

### 三、废气主要污染物的危害

汽车排放污染物主要是一氧化碳（CO）、碳氢化合物（HC）、氮氧化合物（$NO_x$）、硫化物（主要为 $SO_2$）和颗粒物等，这些污染物由汽车的排气管、曲轴箱和燃油系统排出，分别称为排气污染物、曲轴箱污染物和燃油蒸发污染物。如图 5-3 所示为排气污染物的主要成分。

#### 1. 一氧化碳（CO）

一氧化碳（CO）是汽车燃油中碳原子（C）和空气中的氧气（$O_2$）产生不完全氧化反应之后的产物，是一种有毒气体，会与血液中的血红蛋白结合，引起缺氧，是汽车有害排放物中浓度最高的成分。如图 5-4 所示为一氧化碳浓度过高示意。

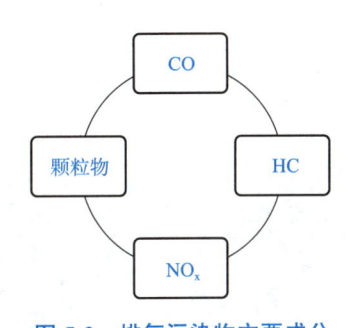

图 5-3　排气污染物主要成分
Fig.5-3　Main components of exhaust pollutants

图 5-4　一氧化碳浓度过高示意
Fig.5-4　Schematic diagram of excessive carbon monoxide concentration

#### 2. 碳氢化合物（HC）

汽车废气中的 HC 是多种碳氢化合物的总称，是发动机未燃尽的燃料分解或供油系统中燃油蒸发所产生的气体。散逸在空气中会形成光化学雾，降低大气能见度，加速各种人工高分子材料的老化和变质（如塑料、橡胶等）。除此之外，这些产生物还会刺激人的眼睛和呼吸道系统，并产生致癌作用，如图 5-5 所示。

### 3. 氮氧化合物（NO$_x$）

发动机排放物中的氮氧化物，90%以上为一氧化氮（NO）。一氧化氮（NO）在大气中会被氧化成带有剧毒的二氧化氮（NO$_2$）。对呼吸系统有强烈的刺激作用，如图5-6所示。

图5-5 碳氢化合物浓度过高示意
Fig.5-5 Schematic diagram of excessive carbon monoxide concentration

图5-6 氮氧化合物浓度过高示意
Fig.5-6 Schematic diagram of excessive nitrogen oxide concentration

### 4. 硫化物

汽车排放污染物中的硫化物主要为二氧化硫（SO$_2$），燃料中的硫和空气中的氧反应而成，SO$_2$对尾气排放系统中的三元催化剂有破坏作用，可刺激人体咽喉和眼睛。SO$_2$还是形成酸雨的主要成分，如图5-7所示。

### 5. 颗粒物

汽车排放污染物中的颗粒物是铅化物、炭烟和油雾的总称。汽车尾气中的颗粒物被吸入人体后，将阻碍血液中的红细胞的生长，使心、肺发生病变，为了减少这种污染，国内外都在大力推广无铅汽油，因为铅会使催化转换器中的铂、钯等贵金属催化剂失效，如图5-8所示。

图5-7 硫化物对森林的破坏图
Fig.5-7 The damage of sulfide to deep forest

图5-8 颗粒物对环境的破坏
Fig.5-8 Damage to the environment by particulate matter

## 四、汽车排放污染物的影响因素

汽车排放污染物中有害物质的含量主要受空燃比（受到发动机负荷、发动机转速等因素影响）、发动机点火提前角等因素的影响。图 5-9 所示为发动机气缸内燃烧示意。

**1. 空燃比**

燃料完全燃烧时理论上的空燃比为 14.7∶1。CO 是燃料缺氧的条件下燃烧而生成的，空燃比越小，氧气越少时，CO 生成越多，排气中 CO 的含量越高。图 5-10 所示为理想空燃比示意。

图 5-9　发动机气缸内燃烧示意
Fig.5-9　Schematic diagram of combustion in the engine cylinder

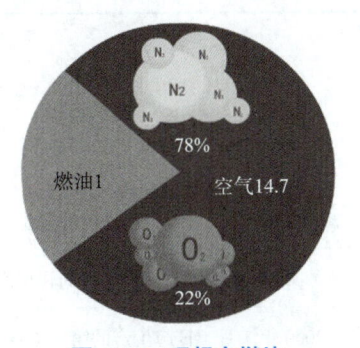

图 5-10　理想空燃比
Fig.5-10　Ideal air-fuel ratio

**2. 发动机点火提前角**

点火提前角过分推迟时，会使 CO 没有充分的时间完全氧化，排放到尾气中的 CO 含量会增加。另外，推迟点火时，HC 会促使 CO 和 HC 后氧化，使 HC 排放降低。图 5-11 所示为发动机推迟点火示意。

图 5-11　发动机推迟点火示意
Fig.5-11　Diagram of delayed engine ignition

**五、汽车排放污染物的检测标准**

随着国家对环境保护的不断重视，我国制定了一系列适合国情的汽车排放标准，对汽油车先实行怠速法控制，再实施强制装置法控制，即对曲轴箱排放和燃油蒸发排放进行控制，最后实行工况法控制；对柴油车则是先实行自由加速法及全负荷法控制烟度，然后与汽油车同步实施工况法，最后考虑制定柴油车颗粒物排放标准。

**1. 点燃式发动机汽车排气污染物双怠速排放限值**

2005年之前在用汽车排气污染物排放限值见表5-1。

表5-1 2005年之前在用汽车排气污染物排放限值

Table 5-1 Exhaust emission limits of in-use vehicles before 2005

| 车型 | 怠速 CO/% | 怠速 HC/$10^{-6}$ | 高怠速 CO/% | 高怠速 HC/$10^{-6}$ |
|---|---|---|---|---|
| 1995年7月1日前生产的轻型汽车 | 4.5 | 1 200 | 3.0 | 900 |
| 1995年7月1日起生产的轻型汽车 | 4.5 | 900 | 3.0 | 900 |
| 2000年7月1日起生产的第一类轻型汽车 | 0.8 | 150 | 0.3 | 100 |
| 2001年10月1日起生产的第二类轻型汽车 | 1.0 | 200 | 0.5 | 150 |
| 1995年7月1日前生产的重型汽车 | 5.0 | 2 000 | 3.5 | 1 200 |
| 1995年7月1日起生产的重型汽车 | 4.5 | 1 200 | 3.0 | 900 |
| 2004年9月1日起生产的重型汽车 | 1.5 | 250 | 0.7 | 200 |

2005年之后在用汽车排气污染物排放限值见表5-2。

表5-2 2005年之后在用汽车排气污染物排放限值

Table 5-2 Exhaust emission limits of in-use vehicles after 2005

| 车型 | 怠速 CO/% | 怠速 HC/$10^{-6}$ | 高怠速 CO/% | 高怠速 HC/$10^{-6}$ |
|---|---|---|---|---|
| 2005年7月1日起新生产的第一类轻型汽车 | 0.5 | 100 | 0.3 | 100 |
| 2005年7月1日起新生产的第二类轻型汽车 | 0.8 | 150 | 0.5 | 150 |
| 2005年7月1日起新生产的重型汽车 | 1.0 | 200 | 0.7 | 200 |

**2. 压燃式发动机汽车排气烟度排放限值**

装配压燃式发动机的车辆，其排气烟度排放限值在《柴油车污染物排放限值及测量方法（自由加速法及加载减速法）》（GB 3847—2018）中有明确的规定。表5-3为压燃式发动机汽车排气烟度排放限值。

表 5-3 压燃式发动机汽车排气烟度排放限值
Table 5-3 Exhaust smoke emission limits of compression-ignition engine vehicles

| 类别 | 自由加速法 光吸收系数（m$^{-1}$）或不透光度（%） | 加载减速法 光吸收系数（m$^{-1}$）或不透光度（%）① | 加载减速法 氮氧化物（×10$^{-6}$）② | 林格曼黑度法 林格曼黑度（级） |
|---|---|---|---|---|
| 限值 a | 1.2（40） | 1.2（40） | 1 500 | 1 |
| 限值 b | 0.7（26） | 0.7（26） | 900 | 1 |

注：①海拔高度高于 1 500 m 的地区加载减速法可以按照每增加 1 000 m 增加 0.25 m$^{-1}$ 幅度调整，总调整不得超过 0.75 m$^{-1}$；
② 2020 年 7 月 1 日前限值 b 过渡限值为 1 200×10$^{-6}$。

### 六、汽车排放污染物的检测仪器

汽车排放物的成分分析和检测，目前主要针对的是汽油车尾气中的一氧化碳（CO）、碳氢化合物（HC）和氮氧化合物（NO$_x$），柴油车的排气烟度常用的检测仪器有不分光红外分析仪（NDIR）、氢火焰离子分析仪（FID）、化学发光分析仪（CLD）、五气体分析仪、滤纸式烟度计、不透光烟度计等。

#### 1. 不分光红外分析仪（NDIR）

不分光红外分析仪用于检测一氧化碳（CO）和二氧化碳（CO$_2$）等。使用不分光红外分析仪（NIDR）是目前测定 CO 最好的仪器，其测量上限为 100%，下限可进行微量（10$^{-6}$ 级）以及痕量（10$^{-9}$ 级）分析。由于不分光红外分析仪具有体积小、检测效率高等优点，也被广泛应用于汽车急速时的碳氢化合物（HC）检测。不分光红外分析仪外观如图 5-12 所示。

图 5-12 不分光红外分析仪
Fig.5-12 Non-spectral infrared analyzer

不分光红外分析仪废气取样装置组成如图 5-13 所示，由导管、取样探头、过滤器、水分分离器、排水泵等组成，通过取样探头从汽车的排气管中采集废气，经过滤器和水分分离器除去废气中的灰尘、碳渣和水分后，送入气体分析装置。

NDIR 由于采用的是不定波长红外线辐射吸收原理，往往只能测试某一波长范围内的碳氢化合物，其对饱和烃较为敏感，对不饱和烃及芳香烃并不敏感，NDIR 只适用于汽车排放废气中的饱和烃化合物检测，其所测试的结果只能表示排气中的饱和烃含量，不能体现所有碳氢化合物（HC）的总含量。要求高精度检测时，不宜使用 NDIR 进行测试。

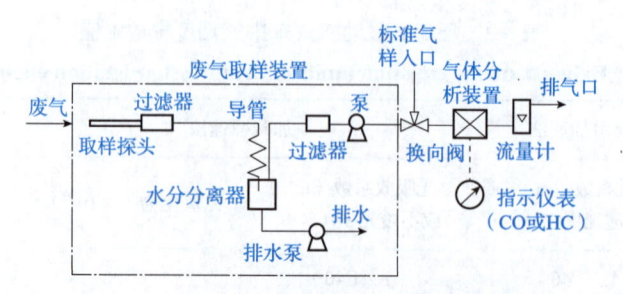

图 5-13 不分光红外分析仪废气取样装置组成

Fig.5-13 Composition of waste gas sampling device of non-dispersive infrared analyzer

### 2. 氢火焰离子分析仪（FID）

FID 适用于绝大多数类型的汽车尾气碳氢化合物（HC）的检测。大多数碳氢化合物（HC）在氢火焰中产生大量的电离现象，由于电离度与引入火焰中的碳氢化合物（HC）分子的碳原子数成正比，所以通过电离现象来测定气体中的碳氢化合物（HC）浓度。相对于 NDIR 检测法，其适应性更强，也更加准确。氢火焰离子分析仪如图 5-14 所示。

氢火焰离子分析仪（FID）通常由燃烧器、离子收集器及测量电路组成。FID 的电离室由金属圆筒作外罩，底座中心有喷嘴，喷嘴附近有环状金属圈（极化极，又称发射极），上端有一个金属圆筒（收集极）。图 5-15 所示为其结构组成。

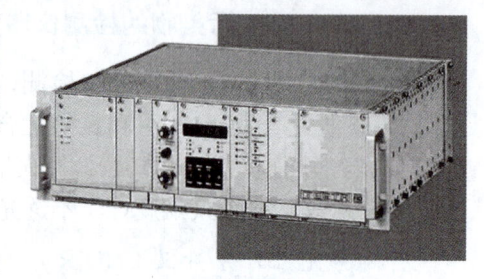

图 5-14 氢火焰离子分析仪

Fig.5-14 Hydrogen flame ion analyzer

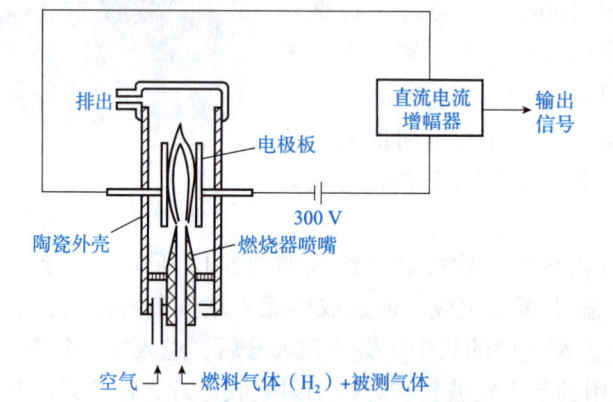

图 5-15 氢火焰离子分析仪结构原理

Fig.5-15 Schematic diagram of the structure of a hydrogen flame ion analyzer

### 3. 化学发光分析仪（CLD）

检测汽车排放尾气中的氮氧化合物（$NO_x$）主要采用仪器是化学发光分析仪（Chemica Luminescent Detection，CLD）。其利用一氧化氮（NO）和臭氧（$O_3$）发生反应生成激发态的二氧化氮（$NO_2$）并发光的原理，检测其发光强度，即可计算出气体中一氧化氮（NO）的浓度。化学发光分析仪如图 5-16 所示。

图 5-16 化学发光分析仪
Fig.5-16 Chemiluminescence analyzer

$O_2$ 进入臭氧发生器，产生的 $O_3$ 进入反应室。进行 NO 检测时，汽车排放尾气经二通阀直接进入反应室，NO 与 $O_3$ 发生反应并激发出光子，光子经滤光片进入光电倍增器，NO 浓度的电信号经放大器传递给指示仪表，指示仪表即可显示 NO 浓度。其中滤光片的作用是分离给定的光谱区域，避免反应气体中其他一些化学发光的干扰。化学发光分析仪结构原理如图 5-17 所示。

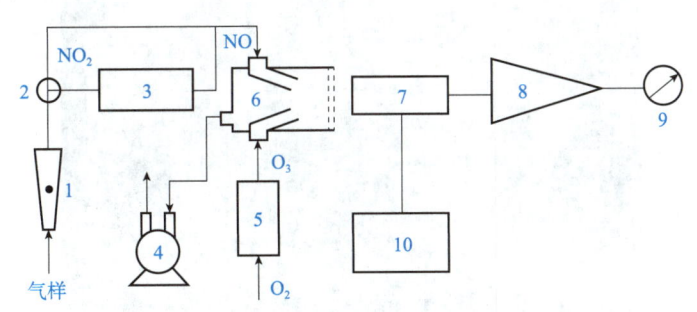

图 5-17 化学发光分析仪结构原理
Fig.5-17 Structure principle of chemiluminescence analyzer
1—流量计；2—二通阀；3—催化转化器；4—抽气泵；5—$O_3$ 发生器；6—反应室；
7—光电倍增器；8—放大器；9—指示仪表；10—高压电源

### 4. 五气体分析仪

五气体分析仪适用于一般汽车的所有排放废气检验工作，因此，被广泛应用于汽车的各种检查、检修工作中，常见的五气体分析仪如 FLA-501 等。其既适用于汽车怠速状态，也适用于简易工况状态，具有适应性强、效率高的特点。五气体分析仪如图 5-18 所示。

图 5-18 五气体分析仪
Fig.5-18 Five gas analyzer

通过五气体分析仪这一种设备，可同时检测汽车尾气中一氧化碳、碳氢化合物、氮氧化合物、氧气、二氧化碳五种气体的浓度。五气体分析仪的操作流程与 NDIR 检测的操作流程类似，在进行检测之前都需要先将车辆预热，然后检查仪器，之后进行检测操作，最后读取数据。五气体分析仪检测流程如图5-19所示。

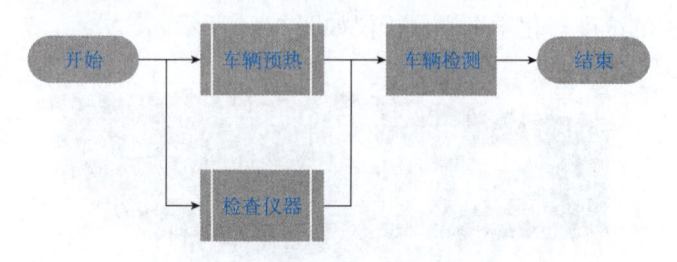

图5-19 五气体分析仪检测流程
Fig.5-19 Five-gas analyzer detection process

### 学习研讨

汽车排放污染物的检测方法主要有怠速法、工况法、烟度法三种。汽车排放污染物的检测现场如图5-20所示。

图5-20 汽车排放污染物的检测现场
Fig.5-20 Inspection site of pollutants emitted by vehicles

**1. 双怠速法**

怠速工况是指发动机无负载运转状态，即离合器处于接合位置、变速器处于空挡位置（对于自动变速箱的车辆应处于"停车"或"P"挡位）；采用化油器供油系统的车辆，阻风门应处于全开位置；油门踏板处于完全松开位置。

高怠速工况是指满足上述（除最后一项）条件，用油门踏板将发动机转速稳定控制在50%额定转速或制造厂技术文件中规定的高怠速转速时的工况。在国家标准《汽油车污染物排放限值及测量方法（双怠速法及简易工况法）》（GB 18285—2018）中将轻型汽车的高怠速转速规定为（2 500±200）r/min，重型车的高怠速转速规定为（1 800±200）r/min；如不适用的，按照制造厂技术文件中规定的高怠速转速。

怠速法是测量汽车在规定怠速工况下排气污染物浓度的方法，主要检测CO和HC。常用的检测仪器为不分光红外分析仪。图5-21所示为双怠速法仪器测量程序。

**图 5-21　双怠速法仪器测量程序**

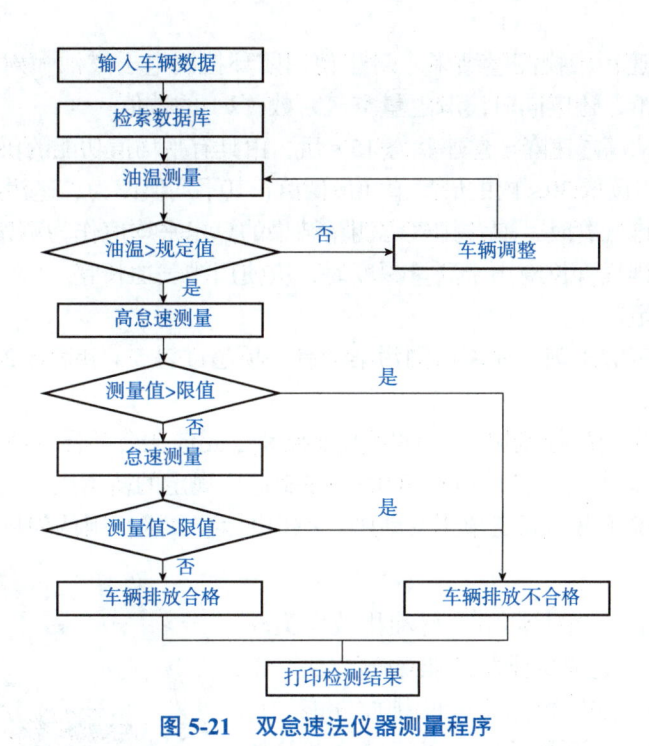

**Fig.5-21　The instrument measurement procedure of the dual idle speed method**

检测步骤如下：

（1）使发动机运行至规定的热状态，将发动机怠速转速和点火正时调整至规定值。

（2）在发动机怠速空转情况下，将挡位置于空挡，松开加速踏板。

（3）发动机由怠速工况加速到额定转速的70%，维持60 s后降至怠速。

（4）将取样探头插入排气管中，深度为400 mm，并固定在排气管上。

（5）发动机在怠速工况下运转15 s后开始读数，读取30 s内的最低值和最高值，取平均值作为测量结果。

过量空气系数（$\lambda$）的要求。对于使用闭环控制电子燃油喷射系统和三元催化转化器技术的汽车进行过量空气系数（$\lambda$）的测定。发动机转速为高怠速转速时，$\lambda$应为1.00 ± 0.03或在制造厂规定的范围内。进行$\lambda$测试前，应按照制造厂使用说明书的规定预热发动机。

（1）应保证被检测车辆处于制造厂规定的正常状态，发动机进气系统应装有空气滤清器，排气系统应装有排气消声器，并不得有泄漏。

（2）应在发动机上安装转速计、点火正时仪、冷却液和润滑油测温计等测量仪器。测量时，发动机冷却液和润滑油温度应不低于80 ℃，或者达到汽车使用说明书规定的热车状态。

（3）发动机从怠速状态加速至70%额定转速，运转30 s后降至高怠速状态。将取样探头插入排气管中，深度不少于400 mm，并固定在排气管上。维持15 s后，由具有平均值功能的仪器读取30 s内的平均值，或者人工读取30 s内的最高值和最低值，其平均值即为高怠速污染物测量结果。对于使用闭环控制电子燃油喷射系统和三元催化转化器技术的汽车，还应同时读取过量空气系数（λ）的数值。

（4）发动机从高怠速降至怠速状态 15 s 后，由具有平均值功能的仪器读取 30 s 内的平均值，或者人工读取 30 s 内的最高值和最低值，其平均值即为怠速污染物测量结果。

（5）若为多排气管时，取各排气管测量结果的算术平均值作为测量结果。

（6）若车辆排气管长度小于测量深度时，应使用排气加长管。

测量结果判定。

（1）对于规定的车辆，如果检测污染物有一项超过表 5-1 和表 5-2 规定的限值，则认为排放不合格。

（2）对于使用闭环控制电子燃油喷射系统和三元催化转化器技术的车辆，发动机转速为高怠速转速时，λ 应为 1.00 ± 0.03 或在制造厂规定的范围内。进行 λ 测试前，应按照制造厂使用说明书的规定预热发动机。λ 超出标准要求，则认为排放不合格。

### 2. 工况法

工况法是将汽车若干常用工况和排放污染较重的工况结合在一起测量排放污染物的方法。工况法的循环试验模式应根据汽车的排放性能、行驶特点、交通状况、道路条件、车流密度和气候地形等因素，对大量统计数据进行科学分析而制定，以最大限度地重现汽车运行时的排放特性。工况法检测现场图如图 5-22 所示。

（1）稳态工况法。稳态工况法（ASM）又称加速模拟工况法，ASM 试验的运转循环由 ASM5025（高负荷低速工况，50% 节气门开度，25 km/h）和 ASM2540（中负荷中速工况，25% 节气门开度，40 km/h）两个稳态工况组成。稳态加载工况是在有负载的条件下检测汽车排放，更接近汽车的实际行驶工况，从国外成功检测经验来看，它是比较理想的检测方法。在不远的将来，强制采用工况法检测乃大势所趋。

图 5-22 工况法检测现场图

Fig.5-22 Working condition method inspection site map

1）检测系统的原理。ASM 是在汽车有负载的情况下进行排放测试，利用底盘测功机模拟道路行驶阻力，汽车按照一定速度，并克服一定的阻力，走完试验工况曲线，可以测量尾气中的污染物含量。它与新车排放测试方法相比，采用的设备仪器做了简化，试验时间也缩短许多，使测试成本大幅度降低，故称简易工况法。

该检测系统使用的主要仪器和设备有底盘测功机、主控计算机、服务器计算机、A/D 数据采集板、五气分析仪、透光式烟度计、显示屏、各传感器及打印机等。其中，底盘测功机由滚筒、功率吸收单元、惯量模拟装置、举升器和转速测量系统等组成，用于模拟车辆在道路上行驶的瞬态工况负荷，并实时测取当前车速。五气分析仪通过采样探头直接获得汽车原始排放气体的浓度值，其中 CO、$CO_2$ 和 HC 采用不分光红外分析仪（NDIR）测量，NO 和 $O_2$ 采用电化学方法测量。该方法在底盘测功机上的测试运转循环由 ASM5025 和 ASM2540 两个工况组成，如图 5-23、表 5-4 所示。

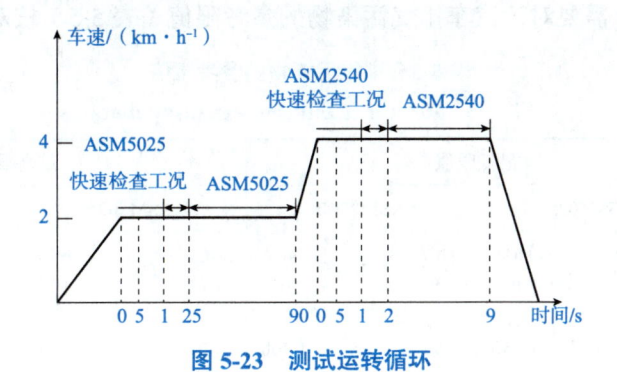

图 5-23　测试运转循环
Fig.5-23　Test operation cycle

表 5-4　ASM5025 和 ASM2540 工况
Table 5-4　Working conditions of ASM5025 and ASM2540

| 工况 | 运转次序 | 速度 /（km·h$^{-1}$） | 操作时间 /s | 测试时间 /s |
|---|---|---|---|---|
| ASM5025 | 1 | 0 → 25 | 5 | — |
|  | 2 | 25 | 15 | |
|  | 3 | 25 | 25 | 10 |
|  | 4 | 25 | 90 | 65 |
| ASM2540 | 5 | 25 → 40 | 5 | — |
|  | 6 | 40 | 15 | |
|  | 7 | 40 | 25 | 10 |
|  | 8 | 40 | 90 | 65 |

ASM 仅适用于最大质量 ≤ 3 800 kg 的汽车。对于检测工具底盘测功机，要求能够对汽车施加与车速相对应的负荷，另外，还需要添加额外负荷，用于模拟加速工况，因此，能进行 ASM 的底盘测功机必须按照规定配备惯性飞轮（或电模拟惯量）。

2）ASM5025 工况检测实施过程如下：

①车辆驱动轮置于底盘测功机滚筒上，将五气分析仪取样探头插入排气管，深度为 400 mm，并固定在排气管上。

②经预热后的汽车加速至 25 km/h，底盘测功机以汽车车速为 25 km/h、加速度为 1.475 m/s$^2$ 时的输出功率的 50% 作为设定功率对汽车加载。

③工况计时器开始计时，汽车以（25±1）km/h 的速度持续运转 5 s。

④系统将根据五气分析仪最长响应时间进行预置，然后开始取样，持续运行 10 s（此时 $t$ = 25 s）。这个阶段为 ASM5025 快速检查工况。

⑤系统继续运行至 90 s（$t$ = 90 s），从 $t$ = 25 s 到 $t$ = 90 s 这 65 s 时间段为 ASM5025

测试时间。

测量结束后，需要对比汽车排气污染物的参考限值（表 5-5）核对数据是否合格。

表 5-5　排气污染物的参考限值

Table 5-5　Reference limits of exhaust pollutants

| 基准质量 (RM) /kg | 最低限值 ASM5025 HC/$10^{-6}$ | CO/% | NO/$10^{-6}$ | ASM2540 HC/$10^{-6}$ | CO/% | NO/$10^{-6}$ | 最高限值 ASM5025 HC/$10^{-6}$ | CO/% | NO/$10^{-6}$ | ASM2540 HC/$10^{-6}$ | CO/% | NO/$10^{-6}$ |
|---|---|---|---|---|---|---|---|---|---|---|---|---|
| RM ≤ 1 020 | 230 | 1.3 | 1 850 | 230 | 1.5 | 1 700 | 120 | 0.6 | 950 | 110 | 0.6 | 850 |
| 1 020<RM ≤ 1 250 | 190 | 1.1 | 1 500 | 190 | 1.2 | 1 350 | 100 | 0.5 | 800 | 90 | 0.5 | 700 |
| 1 250<RM ≤ 1 470 | 170 | 1.0 | 1 300 | 170 | 1.1 | 1 200 | 90 | 0.5 | 700 | 80 | 0.5 | 650 |
| 1 470<RM ≤ 1 700 | 160 | 0.9 | 1 200 | 150 | 1.0 | 1 100 | 80 | 0.4 | 600 | 80 | 0.4 | 550 |
| 1 700<RM ≤ 1 930 | 130 | 0.8 | 1 000 | 130 | 0.8 | 900 | 70 | 0.4 | 500 | 70 | 0.4 | 450 |
| 1 930<RM ≤ 2 150 | 120 | 0.7 | 900 | 120 | 0.8 | 800 | 60 | 0.3 | 450 | 60 | 0.3 | 450 |
| 2 150<RM ≤ 2 500 | 110 | 0.6 | 750 | 110 | 0.7 | 700 | 60 | 0.3 | 400 | 50 | 0.3 | 350 |

（2）瞬态工况法。瞬态工况法是指汽车在底盘测功机上运转，以模拟汽车真实运行工况，在加载情况下测定汽车发动机排出的各种废气成分的瞬态浓度值。瞬态工况法原理如图 5-24 所示。

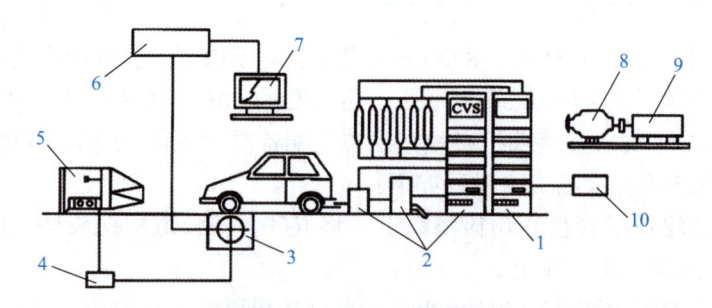

图 5-24　瞬态工况法原理

Fig.5-24　Principle of transient working condition method

1—五气分析仪；2—CVS 采样系统；3—底盘测功机；4—变频器；5—风机；
6—测功机控制台；7—监视器；8—发动机；9—测功机；10—加热过滤器

瞬态工况法运转循环如图 5-25 所示。

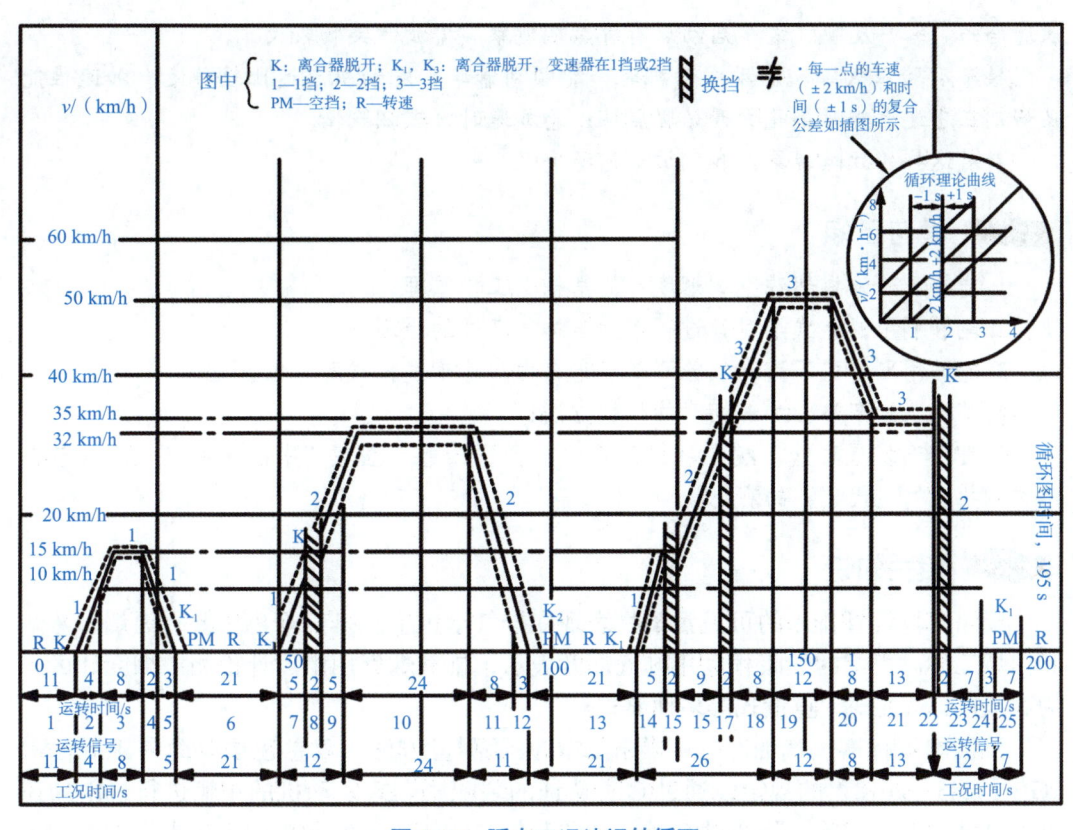

图 5-25 瞬态工况法运转循环

Fig.5-25 Operating cycle of transient operating mode

瞬态工况法检测实施过程如下：

1）根据车辆参数设定的测功机载荷，或根据基准质量设定试验工况吸收功率值。

2）根据需要在发动机上安装转速表和润滑油测温计等检测工具。

3）车辆驱动轮停在转鼓上，将分析仪取样探头插入排气管中，深度为 400 mm，并固定于排气管上。

4）按照试验运转循环开始进行试验。系统主机会自动计算修正，并给出各污染物排放计算结果。

**工作页 18（任务一　汽油车排放污染物检测）见工作页手册**

## 任务二　柴油车自由加速烟度检测

### 任务导入

一辆行驶里程约为 12.3 万千米、搭载 GW2.8TC 型增压共轨柴油发动机的 2013 年长城哈弗。客户反映，该车启动后有冒黑烟现象、排放污染物较大。

接车后验证故障：启动发动机时，能顺利着车。发动机怠速比较稳定、加速性能良好，在怠速运转时排气管开始冒黑烟；急加速时，黑烟剧增。

针对这样的故障现象，我们该如何解决呢？

### 学习目标

1. 能够正确地描述滤纸式烟度计的结构与工作原理；
2. 能够利用滤纸式烟度计进行柴油车排气烟度的检测；
3. 能够用取样式不透光仪检测柴油车自由加速烟度排气可见物含量；
4. 掌握柴油车自由加速烟度的检测方法；
5. 贯彻新发展理念，树立环保意识和社会责任感，坚定"中国式现代化是人与自然和谐共生的现代化"的观念。

### 相关知识

柴油车排气管排出的可见污染物表现在排气烟色上。排气烟色主要有黑烟、蓝烟和白烟三种。黑烟的发暗程度用排气烟度表示，排气烟度用烟度计检测。烟度计可分为滤纸式、远光式、重量式等多种形式。

根据国家标准《汽油车污染物排放限值及测量方法（双怠速法及简易工况法）》（GB 18285—2018）的规定，通过C类认证的装配压燃式发动机的车辆进行自由加速排气可见污染物试验，除通过C类认证的其他装配压燃式发动机的车辆进行自由加速烟度试验。自由加速排气可见污染物试验按国家标准《汽油车污染物排放限值及测量方法（双怠速法及简易工况法）》（GB 18285—2018）附录B进行。自由加速烟度试验按国家标准《柴油车污染物排放限值及测量方法（自由加速法及加载减速法）》（GB 3847—2018）规定进行，采用滤纸式烟度计。

自由加速滤纸式烟度是指在自由加速工况下，从发动机排气管抽取规定长度的排气柱所含的炭烟，使规定面积的清洁滤纸染黑的程度。

自由加速工况是指柴油发动机于怠速工况（发动机运转；离合器处于接合位置；油门踏板与手油门处于松开位置；变速器处于空挡位置；具有排气制动装置的发动机，碟形阀处于全开位置），将油门踏板迅速踩到底，维持4 s后松开。

### 一、滤纸式烟度计

#### 1. 滤纸式烟度计检测烟度的基本原理

滤纸式烟度计是采用滤纸收集汽车发动机排烟，然后通过比较滤纸表面对光的反射率来检测烟度的仪器。从汽车排气管中抽取一定量的废气，废气中的固态颗粒物质将被滤纸过滤，将滤纸染黑。染黑的程度即可表示汽车发动机的排气烟度。滤纸式烟度计外观如图5-26所示。

滤纸式烟度计是用一个活塞式抽气泵，从柴油机排气管中抽取一定容积的排气，使它通过一张一定面积的白色滤纸，排气中的炭烟存留在滤纸上，将其染黑。用检测装置测定滤纸的染黑度即代表柴油车的排气烟度。滤纸式烟度计示意如图 5-27 所示。

## 2. 滤纸式烟度计的结构与工作原理

滤纸式烟度计是世界上应用最广泛的烟度计之一，有手动、半自动和全自动三种形式。滤纸式烟度计由排气取样装置、染黑度检测与指示装置和控制装置等组成，一般还配备有微型打印机。国产 FQD-201 型半自动排气烟度计外形如图 5-28 所示。

图 5-26 滤纸式烟度计外观

Fig.5-26 Appearance of filter paper smoke meter

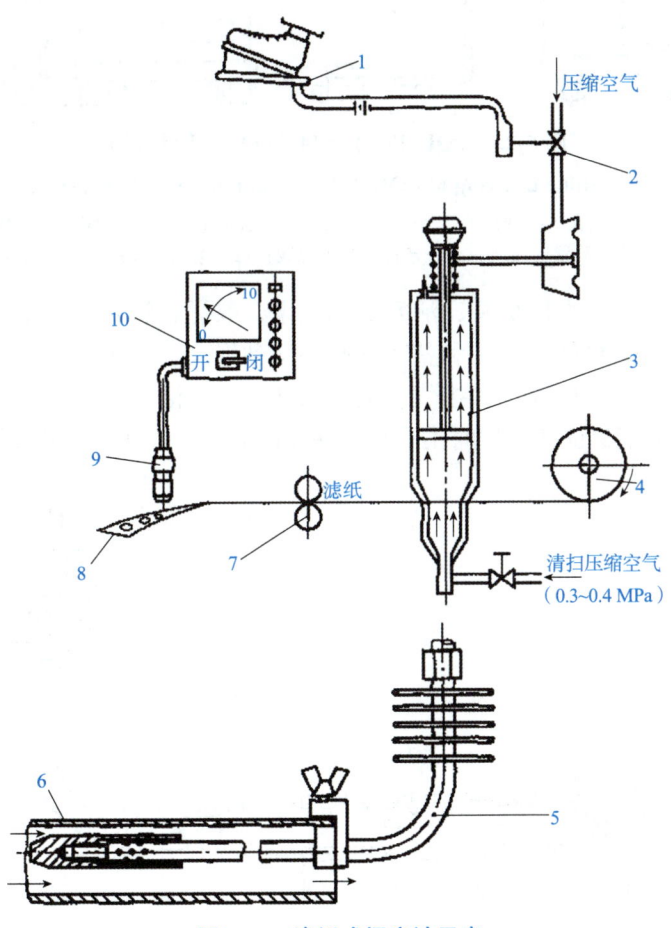

图 5-27 滤纸式烟度计示意

Fig.5-27 Schematic diagram of filter paper smoke meter

1—脚踏开关；2—电磁阀；3—抽气泵；4—滤纸卷；5—取样探头；6—排气管；7—进给机构；
8—染黑的滤纸；9—光电传感器；10—指示电表

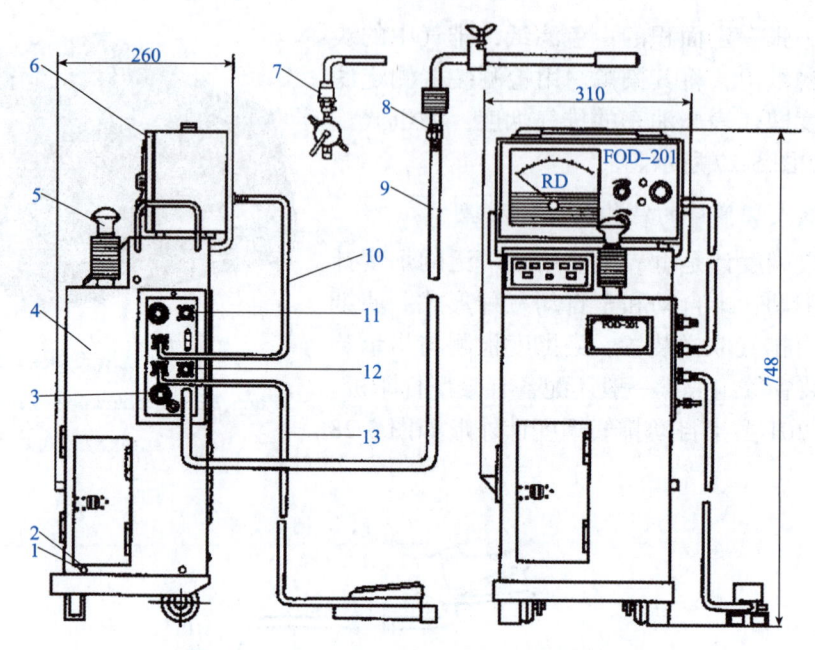

图 5-28 FQD-201 型半自动排气烟度计外形

Fig.5-28 Outline drawing of FQD-201 semi-automatic exhaust smoke meter

1—螺钉；2—垫圈；3—扫气管；4—机壳罩；5—抽气泵；6—指示装置；7—三通阀；8—取样探头；9—取样软管；10—光电检测装置连接线；11—连接直流电源线；12—主电源线；13—脚踏开关连接线

（1）取样装置。由取样探头、活塞式抽气泵、取样软管和压缩空气清洗机构等组成。取样探头可分为台架试验用和整车试验用两种形式。整车试验用取样探头带有散热片，其上装有夹具以便固定在排气管上。取样探头在活塞式抽气泵的作用下抽取排气，其结构形式应能保证在取样时不受排气功压的影响，如图 5-29 所示。

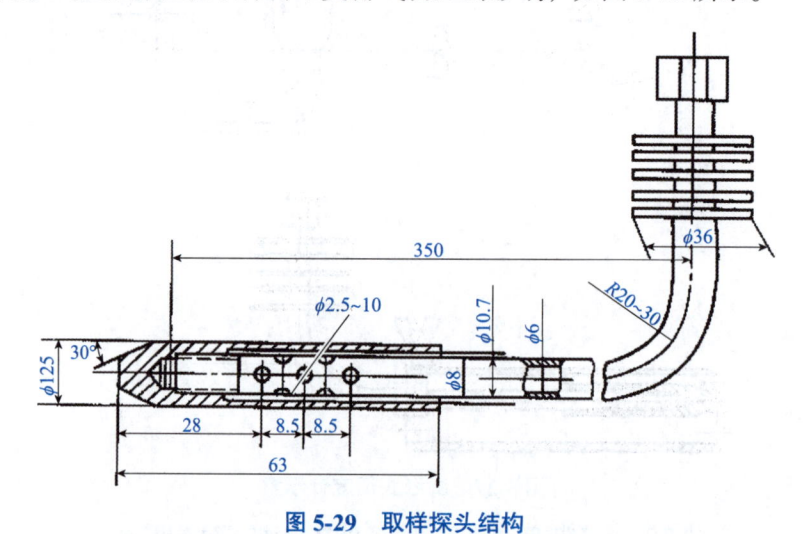

图 5-29 取样探头结构

Fig.5-29 Sampling probe structure diagram

活塞式抽气泵由泵筒、活塞、活塞杆、手柄、复位弹簧、锁止装置、电磁阀和滤纸夹持机构等组成。活塞式抽气泵在使用前，须先压下（手动或自动）抽气泵手柄，直至克服复位弹簧的张力使活塞到达泵筒最下端，并由锁止机构锁止，完成复位过程，以准备下一次抽取排气。当需要取样或在自由加速工况开始的同时，通过捏压橡皮球向抽气泵锁止机构充气（手动式），或通过套在加速踏板上的脚踏开关，在自由加速工况开始的同时操纵电磁阀向抽气泵锁止机构充入压缩空气（半自动式和全自动式），使抽气泵锁止机构取消对活塞的锁止作用，于是活塞在复位弹簧张力作用下迅速而又均匀地回到泵筒的最上端，完成取样过程。此时，若滤纸式烟度计为波许（BOSCH）式，则抽气泵活塞移动全程的抽气量为（330±15）mL，抽气时间为（1.4±0.2）s，且在 1 min 时间内外界空气的渗入量不大于 15 mL。

活塞式抽气泵下端装有滤纸夹持机构。当活塞式抽气泵每次完成复位过程后，通过手动或自动实现对滤纸的夹紧和密封，使取样过程中的排气经滤纸进入泵筒内，炭烟存留在滤纸上并将其染黑，并能保证滤纸的有效工作面直径为 $\phi$32 mm。一旦完成抽气过程，滤纸夹持机构松开，染黑的滤纸位移至光电检测装置下的试样台上。

取样软管将取样探头和活塞式抽气泵连接在一起，由于泵的抽气量与软管的容积有关，所以国家标准《柴油车污染物排放限值及测量方法（自由加速法及加载减速法）》（GB 3847—2018）规定，取样软管长度为 5.0 m，内径为 $\phi$0.2～5 mm，取样系统局部内径不得小于 $\phi$4 mm。

压缩空气清洗机构能在排气取样之前，用压缩空气吹洗取样探头和取样软管内的残留排气炭粒。清洗用压缩空气的压力为 0.3～0.4 MPa。

（2）检测与指示装置。检测与指示装置由光电传感器、指示电表或数字式显示器、滤纸和标准烟样等组成。光电传感器由光源（白炽灯泡）、光电元件（环形硒光电池）和电位器等组成。其工作原理如图 5-30 所示。电源接通后白炽灯泡发亮，其光亮通过带有中心孔的环形硒光电池照射到滤纸上。当滤纸的染黑程度不同时，反射给环形硒光电池感光面的光线强度也不同，因而，环形硒光电池产生的光电流强度也就不同。线路中一般配备电阻 $R_1$ 和 $R_2$ 进行白炽灯泡电流的粗调和细调，以便获得适度的光强，使光源和硒光电池的灵敏度匹配。

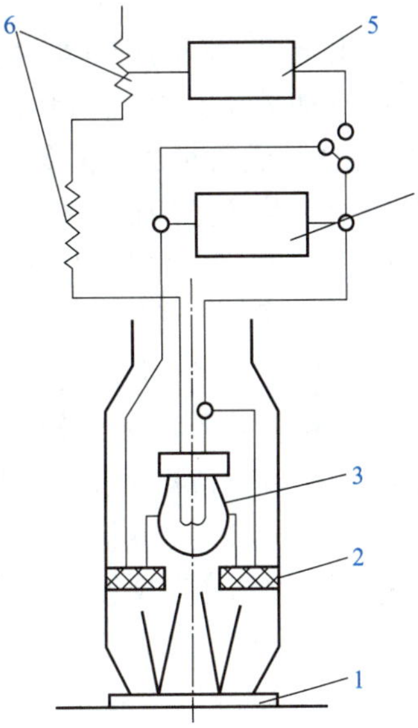

指示电表是一个微安表，是滤纸染黑度也即排气烟度的指示装置。当环形硒光电池送来的电流强度不同时，指示电表指针的位置也不同，指示表头以 0～10 Reqb 单位表示。其中，0 Reqb 是全白滤纸的单位，10 Reqb 是全黑滤纸的单位，从 0～10 均匀分布。国产 FQD-201 型半自动排气烟度计指示装置面板如图 5-31 所示。

**图 5-30 光电传感器原理**
**Fig.5-30 Schematic diagram of photoelectric sensor**
1—滤纸；2—光电元件；3—光源；
4—指示电表；5—电源；6—电阻

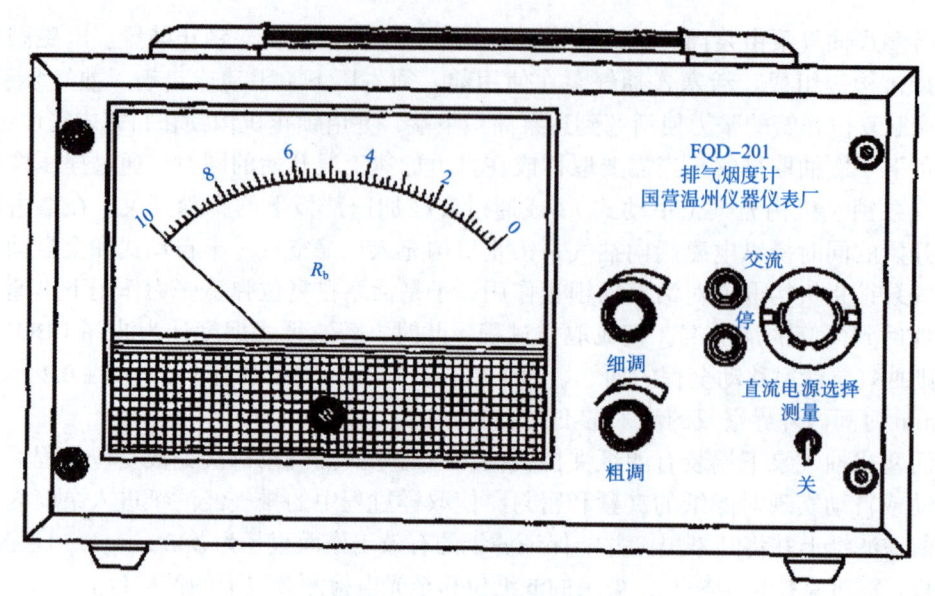

图 5-31　指示装置面板图
Fig.5-31　Panel view of the indicating device

由微机控制的排气烟度计，其指示装置一般采用数字式显示器。如国产 FQD-201B 型半自动数字式排气烟度计采用了 MCS-48 系列单片微机作为仪器机芯，显示器由两位 LED 数码管组成，配备有微型打印机。

检测装置还应配备供标定或校准用的标准烟样和符合规定的滤纸。标准烟样也称为烟度卡，应在烟度计上标定，精确度为 0.5%。当标准烟样用于标定烟度计时，按量程均匀分布不得少于 6 张；当用于校准烟度计时，每台烟度计 3 张，标定值选在 5 Reqb 左右。当烟度计指示电表需要校准时，只要把标准烟样放在光电传感器下，用调节旋钮将指示电表的指针调整到标准烟样所代表的染黑度数值即可达到目的。这可使指示电表保持指示精度，以得出准确的测量结果。

烟度卡必须定期标定，在有效期内使用。滤纸有带状和圆片状两种。带状滤纸在进给机构的作用下能实现连续传送，适用于半自动式和全自动式烟度计；圆片状滤纸仅适用于手动式烟度计。对滤纸的总体要求是反射因数为（92±3）%，当量孔径为 45 μm，透气度为 3 000 mL/cm²（滤纸前后压差为 1.96～3.90 kPa），厚度为 0.18～0.20 mm。

（3）控制装置。半自动和全自动滤纸式烟度计的控制装置，包括用脚操纵的抽气泵脚踏开关和滤纸进给机构。控制用压缩空气的压力为 0.4～0.6 MPa。

## 二、不透光烟度计

不透光烟度计是一种依靠光学鉴定气体中烟尘含量的检测仪器。其可分为全流式和分流式两种类型，均由光源、光通道和光接收器等部分组成。其检测结果与滤纸式烟度计是有区别的。由于排气对光的吸收（或衰减）能力与排气中烟尘含量成正比关系，所以在使用不透光烟度计进行检测时将光吸收系数作为检测结果。不透光烟度计外观如图 5-32 所示。

只有在仪器的自动线性校正之后才能将采样软管插入汽车排气管内，在插入之前必须确保采样管内没有黑烟。加速测试必须在上次检测结束之后才能进行下一次测试。取样探头应深入汽车排气管中约 40 cm 处，探头应位于排气管内排气大致分布均匀处。检测结束后，应先停止发动机，将探头从排气管中取出，待检测显示数据降低为 0 后，关闭仪器电源。

图 5-32 不透光烟度计外观
Fig.5-32 Appearance of the smoke opacity meter

### 学习研讨

#### 一、柴油车自由加速烟度检测

按照国家标准《柴油车污染物排放限值及测量方法（自由加速法及加载减速法）》（GB 3847—2018）的规定，柴油车自由加速烟度的检测应在自由加速工况下，采用滤纸式烟度计按测量规程进行。以 FQD-201 型排气烟度计为例介绍柴油车自由加速烟度的检测方法。检测流程如图 5-33 所示。

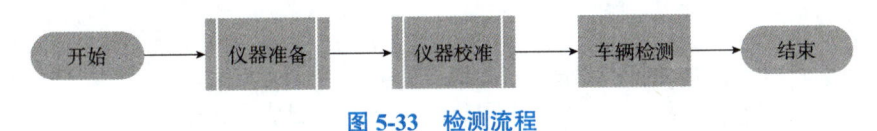

图 5-33 检测流程
Fig.5-33 Detection process

**1. 准备工作**

（1）仪器准备。

1）仪器校准。

①未接通电源时，先检查指示电表指针是否在机械零点上，否则用零点调整螺钉使指针与"0"的刻度重合。

②接通电源，仪器进行预热，然后打开测量开关，在光电传感器下垫 10 张洁白滤纸，调节粗调电位器和细调电位器，使表头指针与"0"的刻度重合。

③在 10 张洁白滤纸上放上标准烟样，光电传感器对准标准烟样中心垂直放置。此时，表头指针应指在标准烟样所代表的染黑度数值上，否则应调节仪器后面板上的小型电位器。

2）检查取样装置和控制装置中各部机件的工作情况，特别要检查脚踏开关与活塞抽气泵动作是否同步。

3）检查控制用压缩空气和清洗用压缩空气的压力是否符合要求。

4）检查滤纸进给机构的工作情况是否正常。

5）检查滤纸是否合格，应洁白无污染。

（2）车辆准备。

1）进气系统应装有空气滤清器，排气系统应装有消声器并且不得有泄漏。

2）柴油应符合相关规定，不得使用燃油添加剂。

3）测量时发动机的冷却水和润滑油温度应达到汽车使用说明书所规定的热状态。

4）自 1975 年 7 月 1 日起新生产柴油车装用的柴油机，应保证启动加油装置在非启动工况不再起作用。

**2. 检测过程**

（1）用压力为 0.3～0.4 MPa 的压缩空气清洗取样管路。

（2）将活塞式抽气泵置于待抽气位置，将洁白的滤纸置于待取样位置，并夹紧。

（3）将取样探头固定于排气管内，插入深度等于 300 mm，并使其轴线与排气管轴线平行。

（4）将脚踏开关引入汽车驾驶室内，但暂不固定在油门踏板上。

（5）按图 5-34 所示的测量规程进行自由加速烟度的检测。在急速工况将加速踏板踩到底，维持 4 s 迅即松开，然后急速运转 16 s，共计 20 s。在急速运转 16 s 的时间内，要用压缩空气清洗机构对取样软管和取样探头吹洗数秒钟。如此重复三次，以熟悉加速方法并将排气管内的炭渣等积存物吹掉。然后将脚踏开关固定在加速踏板上，进行实测。

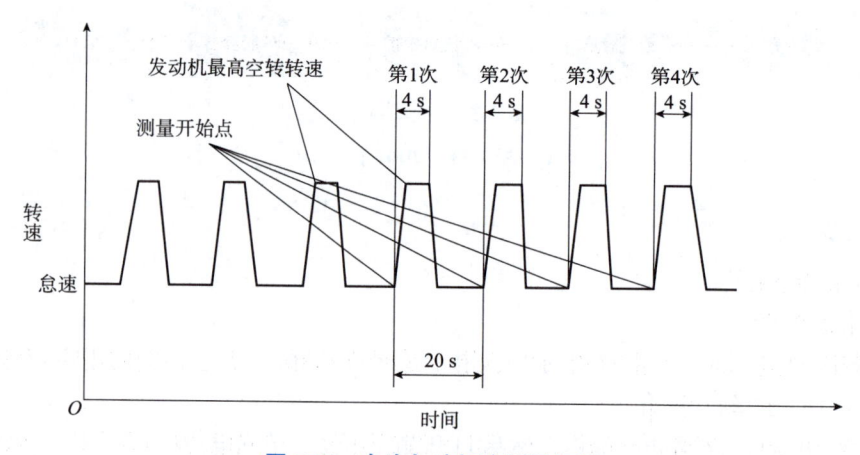

图 5-34　自由加速烟度测量规程

Fig.5-34　Free acceleration smoke measurement procedure

实测时，将加速踏板与脚踏开关一并迅速踩到底，至 4 s 时立刻松开，维持急速运转 16 s，共计 20 s。在 20 s 时间内应完成排气取样、滤纸染黑、走纸、抽气泵复位、检测并指示烟度和清洗等工作。

从第 1 次开始加速至第 2 次开始加速为一个循环，每个循环共计 20 s。实测中需操作 4 个循环，取后 3 个循环烟度读数的算术平均值作为所测烟度值。当汽车发动机出现黑烟冒出排气管的时间与抽气泵开始抽气的时间不同步的现象时，应取最大烟度值作为所测烟度值。

(6) 在被染黑的滤纸上记下试验序号、试验工况和试验日期等，以便保存。

(7) 检测结束，及时关闭电源和气源。

### 二、注意事项

使用滤纸式烟度计测试汽车的尾气烟度，主要采用的是自由加速工况法，可分为三个步骤。需要注意的事项有以下几项：

(1) 在检测中首先要保证仪器的各接头部位密闭良好，检测部分与滤纸紧密接触，不漏气；

(2) 脚踏开关必须可靠地安装在加速踏板上，保证抽气动作与自由加速工况同步；

(3) 每完成一次检测后，都需要用压力为 0.3～0.4 MPa 的压缩空气清洗采样管路并更换滤纸。

**工作页 19（任务二　柴油车自由加速烟度检测）见工作页手册**

## 任务三　汽车动力性检测

### 任务导入

一辆马自达 M6 型汽车，出现行驶无力、加速性能差的现象，试车时，车辆提速较慢，且最高车速仅能达到 100 km/h。针对这样的故障现象，我们该如何检测呢？

### 学习目标

1. 了解汽车动力性评价指标；
2. 掌握影响汽车动力性的因素；
3. 能够掌握汽车动力性台架试验和道路试验检测方法；
4. 基于汽车动力性分析，树立"科学技术就是第一生产力"的意识，培养科技强国与创新精神。

### 相关知识

汽车是一种高效率的交通工具，其运输效率的高低在很大程度上取决于汽车的动力性能。

#### 一、汽车动力性评价指标

汽车具有什么样的动力性是好的，如何评定，观点不同，评价的依据也就不同，目前尚无统一公认的评价指标，汽车检测部门一般常用汽车的最高车速、加速能力、最大爬坡度、发动机最大输出功率、底盘输出最大驱动功率作为动力性评价指标。

## 1. 最高车速

最高车速是指汽车以厂定最大总质量状态，在风速≤3 m/s的条件下，在干燥、清洁、平坦的混凝土或沥青路面上，能够达到的最高稳定行驶速度。

汽车最高车速是汽车能够连续稳定行驶时的最高车速，而不是瞬时达到的最高车速。一般情况下，一般的轿车最高车速为200～260 km/h；客车最高车速为90～130 km/h；货车最高车速为80～110 km/h。

## 2. 加速能力

汽车加速能力是指汽车在行驶中迅速增加行驶速度的能力。通常用汽车加速时间或加速距离表示，它对汽车平均行驶速度影响很大。

（1）加速时间。加速时间是指汽车以厂定最大质量状态，在风速不大于3 m/s的条件下，在干燥、清洁、平坦的混凝土或沥青路面上，由原地或某一低速加速到最高车速的80%所需的时间，单位为s。加速时间可分为原地起步加速时间和超车加速时间。

1）原地起步加速时间：用规定的低挡起步，以最大的加速度逐步换到最高挡后，加速到某一规定的车速所需的时间，其规定车速各国不同，对轿车常用0～80 km/h、0～100 km/h；或用规定的低挡起步，以最大加速度逐步换到最高挡后，达到一定距离所需的时间，其规定距离一般为0～400 m、0～800 m、0～1 000 m。在我国轿车的技术指标中，一般给出的是0～100 km/h的加速能力。

2）超车加速时间：用最高挡或次高挡，由某一预定车速开始，全力加速到某一高速所需的时间，超车加速时间越短，其高挡加速性能越好。

我国对汽车超车加速性能没有明确规定，但大修后的车辆应符合表5-6规定的标准。

表5-6　大修后的车辆标准
Table 5-6　Vehicle standards after overhaul

| 发动机标定功率与汽车整备质量之比 | (ps[①]/t) | 10～15 | 15～20 | 20～25 | 25～50 | >50 |
|---|---|---|---|---|---|---|
|  | (kW/t) | 7.36～11.03 | 11.03～14.71 | 14.71～18.39 | 18.39～36.78 | >36.78 |
| 加速时间/s |  | <30 | <25 | <20 | <15 | <10 |

（2）加速距离。加速距离也可分为原地起步加速距离和超车加速距离。对于原地起步加速距离，是指汽车由1挡或2挡起步，以最大的加速强度，选择恰当的换挡时间，逐步换挡至最高挡位，达到预定车速所经过的路程。可用汽车从静止状态加速行驶至100 km/h速度所经过的路程表示汽车原地起步的加速能力。

超车加速距离是指用最高挡或次高挡由预定的车速，以最大的加速强度，加速到某规定车速所经过的路程。超车加速能力通常采用以最高挡或次高挡从30 km/h或40 km/h的速度全力加速至某预定高速所需的时间表示。

---

[①] 1 ps（马力）=0.735 kW（千瓦）。

### 3. 最大爬坡度

最大爬坡度是指汽车满载时，以 1 挡在良好的混凝土或沥青路面的坡道上，所能爬上的最大坡度。汽车的最大爬坡度表征汽车的爬坡能力。爬坡度可通过爬坡角度和百分比坡度表示。两者之间的关系如下：

$$i_{max} = \tan\theta$$

式中　$i_{max}$——百分比坡度；
　　　$\theta$——坡度角度值。

### 4. 发动机最大输出功率

发动机最大输出功率是指发动机在全负荷状态下，仅带维持运转所必需的附件时所输出的功率，又称总功率。额定功率是发动机在全负荷状态和规定的额定转速下所规定的总功率。在汽车综合性能检测站用无外载测功法或底盘测功机所测定的发动机功率，必须换算为总功率后才能与额定功率比较。

### 5. 底盘输出最大驱动功率

底盘输出最大驱动功率是指汽车在使用直接挡行驶时，驱动轮输出的最大驱动功率（相应的车速在发动机额定转速附近）。底盘输出最大驱动功率一般简称底盘输出最大功率，是实际克服行驶阻力的最大能力，是汽车动力性评价的一项重要指标。

## 二、影响汽车动力性的因素

在汽车的使用过程中，为提高汽车的运行效率，动力性是非常重要的一个方面。为了提高汽车的动力性，使汽车具有合理的动力性参数，必须对影响汽车动力性的各种因素进行分析。而在实际工程中，一般从汽车自身结构和使用环境两个方面进行考量。

### 1. 结构性因素

（1）发动机功率和转矩的影响。一般来说，发动机的最大功率、最大转矩及外特性曲线的形状对汽车的动力性影响最大。在附着条件允许的前提下，发动机功率和转矩越大，汽车的动力性就越好。但是过多偏重增加发动机功率，会导致发动机尺寸、质量、制造成本增加。

（2）主减速器传动比的影响。传动系统总传动比是传动系统各部件传动比的乘积，传动比的选择应使发动机发出的最大功率车速小于等于汽车最高车速。

货车传动比稍大，最高车速虽稍有下降，但后备功率增加较多，有利于加速和上坡。赛车的传动比正好使最大功率车速与最高车速相等；传动系最小传动比的选择还应考虑对燃油经济性的影响。

（3）变速器传动比的影响。变速器 1 挡传动比对汽车动力性的影响最大。对普通汽车来说，变速器 1 挡传动比与主减速器传动比的乘积，决定了传动系统的最大传动比。若 1 挡传动比增大，则 1 挡最大动力因数增大，它应能保证汽车的最大爬坡度。

（4）空气阻力与轮胎的影响。空气阻力在汽车低速时，对汽车动力性影响较小；汽车高速行驶时，空气阻力在汽车行驶阻力中占很大比重，对汽车动力性影响较大。

汽车在良好水平路面上行驶时，轮胎尺寸和主减速器传动比的减小，使汽车质心高度降低，提高了汽车行驶的稳定性，有利于汽车的高速行驶。在松软路面上行驶的汽车，车速不高，要求轮胎半径大些，主要是为了增大附着系数。

### 2. 环境性因素

（1）发动机技术状况不良，则其功率、转矩下降，汽车动力性下降。

（2）汽车传动系统各传动元件的松紧与润滑，前轮定位的调整、轮胎气压、制动性能的好坏、离合器的调整、传动系统润滑油的质量等都直接影响汽车的动力性。

（3）熟练驾驶，适时和迅速换挡及正确选择挡位等，对发挥和利用汽车动力性有很大影响。

（4）高温条件下工作，发动机过热，功率下降，致使汽车动力性下降；高原地区行驶，由于充气量与压缩压力下降，功率下降，也导致汽车动力性下降；不良路况上行驶，不仅滚动阻力增加，更主要的是附着系数减小，使汽车动力性大大下降。

（5）汽车质量增加，动力性变差，行驶的平均速度下降。减轻质量，可以减小汽车行驶时的阻力，使汽车动力性得到改善。

## 学习研讨

### 一、汽车动力性的检测

汽车动力性的检测过程扫描右侧二维码。

### 二、汽车滑行性能测试

（1）确认车轮处于结合状态。

（2）操作计算机系统进入测试状态。

（3）启动汽车，驾驶员将车速提高，当车速超过规定的初始速度后，即根据屏幕提示，切断动力，令车轮滑行直到停止。

（4）计算机可根据测得的车速和时间计算出滑行距离，如图 5-35 所示。

图 5-35　汽车滑行性能测试图

Fig.5-35　Sliding performance test chart

### 三、汽车动力性的道路试验

道路试验对汽车动力性的检测不同于台架试验，主要是测量汽车的最高车速、最低稳定车速、加速能力、最大爬坡度及牵引性能等，室内试验可测量汽车的驱动力和各种阻力。但道路试验会受到道路和环境条件的限制。

#### 1. 检测环境

（1）装载质量。装载质量均匀分布，装载物应固定牢靠，试验过程中不得晃动和颠离；不应因潮湿散失等条件变化而改变其质量，以保证装载质量的大小、分布不变。

（2）轮胎气压。在检测过程中，轮胎冷充气压力应符合该车技术条件的规定，误差不超过 10 kPa。

（3）气象。试验时应是无雨无雾天气，相对湿度小于 95%，气温为 0～40 ℃，风速不大于 3 m/s。

（4）道路。各项性能试验应在清洁、干燥、平坦的用沥青或混凝土铺装的直线道路上进行。道路长为 2～3 km，宽不小于 8 m，纵向坡度在 0.1% 以内。

（5）燃料、润滑油。发动机冷却水的温度为 80～90 ℃，发动机润滑油温度为 50～90 ℃，变速器、驱动桥润滑油温度为 50 ℃以上，必要时可在试验前进行 20～30 min 较高车速的预热行驶。为实现上述热状态，可采取保温措施。

#### 2. 检测仪器

人工手动的试验器具（图 5-36），如计时器（包括秒表，也可使用光电管式等其他计时装置，最小读数为 0.01 s）、钢卷尺、标杆。

自动的试验仪器，如第五轮仪、非接触式速度仪（雷达测速仪）、GPS 车速试验仪器等。

（1）第五轮仪。第五轮仪主要用在机动车辆的道路试验中，用于测量车辆的行程、速度和时间等参数。运用第五轮仪检测时将仪器的机械部分固定在被测车辆的尾部或侧面，随车一起行驶，形成第五轮，因此得名，如图 5-57 所示。

图 5-36 人工手动检测仪器检测图  
Fig.5-36 Manual manual inspection instrument inspection chart

图 5-37 第五轮仪  
Fig.5-37 Fifth wheel

（2）非接触式车速仪（雷达测速仪）。安装在车辆上的光电速度传感器照射路面，将路面图像变换为与车速成正比的频率信号。仪器会显示速度、距离、时间，计算机会自动进行各种数据处理。可用于测量车辆的最高车速、原地起步加速、超车加速、滑行、爬坡度等各种基本性能试验,如图 5-38 所示。

### 3. 滑行检测

在滑行过程中,驾驶员不得转动转向盘。用第五轮仪或非接触式车速仪记录滑行初速度应为(50±0.3)km/h。试验至少往返各滑行一次,往返区段尽量重合。

(1)在长约 1 000 m 的试验路段两端立上标杆作为滑行区段,汽车在进入滑行区段前车速应稍大于 50 km/h。

(2)汽车驶入滑行区段前,驾驶员将变速器排挡置于空挡(松开离合器踏板),汽车开始滑行。

(3)当车速为 50 km/h(汽车应进入滑行区段)时,用仪器监视并进行记录,直至汽车完全停住为止,如图 5-39 所示。

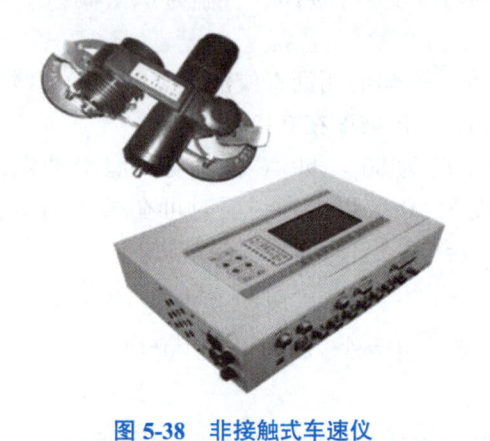

图 5-38 非接触式车速仪
Fig.5-38 Non-contact speedometer

图 5-39 滑行测试图
Fig.5-39 Test chart

### 4. 最高车速检测

最高车速是汽车以厂定最大总质量状态,在无风条件或 <3 m/s 情况下,在水平、良好的沥青或水泥路面上,汽车所能达到的最高稳定行驶速度,如图 5-40 所示。

(1)在道路上选择中间 200 m 为测量路段,并用标杆做好标志,测量路段两端为试验加速区间。选定充足的加速区间,使汽车在驶入测量路段前能够达到最高的稳定车速。

(2)试验汽车在加速区间以最高的稳定车速通过测量路段。试验往返各进行一次,测定汽车通过测量路段的时间。

### 5. 加速性能检测

加速性能是指汽车从较低车速加速到较高车速时获得最短时间的能力,通过加速时间进行衡量。道路检测中常采用起步换挡加速时间和超越加速时间两项指标评价汽车的加速能力,如图 5-41 所示。

(1)超越加速时间测试。在试验道路上,选取 400 m 长度直道作为试验路段。汽车在变速器预定挡位，以预定的车速（从稍高于该挡最低稳定车速起，选 5 的整数倍速度如 20 km/h、25 km/h、30 km/h、35 km/h、40 km/h）做等速行驶，用仪器监督初速度，当车速稳定后（偏差 ±1 km/h），迅速将油门踏板踩到底，对于轿车应达到 100 km/h 以上。用第五轮仪或非接触式车速仪记录汽车的初速度和加速行驶的全过程，试验往返各进行一次，往返加速试验的路段应重合。

图 5-40　最高测速检测图　　　　　　　图 5-41　加速性能检测图
Fig.5-40　The highest speed test chart　　Fig.5-41　Accelerated performance test chart

（2）起步换挡加速时间测试。汽车停于试验路段的一端，变速器置于该车的起步挡位，迅速起步并将油门踏板快速踩到底，使汽车尽快加速行驶，当发动机达到最大功率转速时，力求迅速无声地换挡，换挡后立即将油门全开，直至最高挡最高车速的 80% 以上，对于轿车应加速到 100 km/h 以上。用第五轮仪或非接触式车速仪测定汽车加速行驶的全过程，往返各进行一次，往返试验的路段应重合。

工作页 20（任务三　汽车动力性检测）见工作页手册

## 任务四　汽车经济性检测

### 任务导入

客户到 4S 店反映他驾驶的轿车在公路上行驶油耗增加，要求检修。售后服务经理要求你承接此项工作，做出工作计划和信息采集，初步判断故障原因。

### 学习目标

1. 掌握汽车燃油经济性评价指标；
2. 了解汽车燃油经济性主要因素；
3. 掌握汽车燃油经济性检测方法；
4. 能够理解汽车节能减排及社会经济发展的意义，具有良好的职业素养和责任担当。

## 相关知识

### 一、汽车燃油经济性的评价指标

#### 1. 单位行驶里程的燃油消耗量

在我国及欧洲，常用单位行驶里程的燃油消耗量评价汽车的燃油经济性。关于燃油消耗量的单位，当燃油按质量计算时为 kg/100 km，当燃油按体积计算时为 L/100 km。汽车行驶 100 km 所消耗的燃油越少，说明汽车的燃油经济性越好。我国国家标准《汽车燃料消耗量试验方法 第 1 部分：采用车燃料消耗量试验方法》（GB 12545.1—2008）和汽车行业中广泛采用 L/100 km 作为燃油消耗量的计量单位。

#### 2. 消耗单位燃油所行驶的里程数

在美国，常用消耗单位燃油所行驶的里程数评价汽车的燃油经济性，其单位为 mile/USgal，即 MPG，是指每加仑燃油行驶的英里数。该数值越大，说明汽车的燃油经济性越好。

#### 3. 单位运输工作量的燃油消耗量

在比较不同类型、不同装载质量的车辆燃油经济性时，通常用单位运输工作量的燃油消耗量评价。此时，货车一般采用的单位为 kg/（100 t·km）或 L/（100 t·km），客车一般采用的单位为 kg/（1 000 人·km）或 L/（1 000 人·km）。

### 二、车用油耗仪

#### 1. 油耗传感器

图 5-42 所示为车用油耗仪的结构。

#### 2. 显示装置

车用油耗仪的显示装置多采用微机控制数字显示。有些显示装置能够显示各种类型发动机油耗的累计流量、瞬时流量和累计时间等参数，并具有定时间、定容积、定质量等功能，能对数据进行运算、处理、存储、显示和打印。还有一些智能化的显示装置，不仅包括油耗仪功能，还能显示车辆的车速、累计里程、燃油温度等参数，并能自动完成等速燃油消耗量试验、多工况燃油消耗量试验等测试。

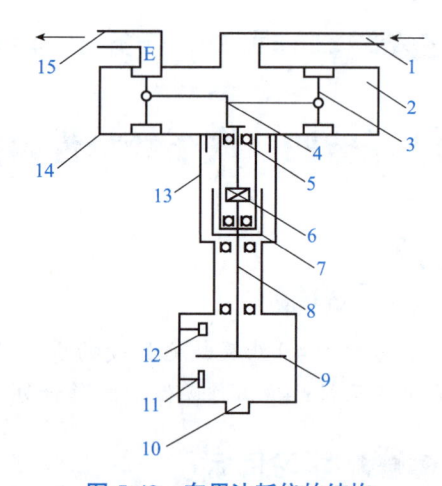

图 5-42 车用油耗仪的结构
Fig.5-42 Structure of a vehicle fuel consumption meter
1—进油道；2—油缸；3—活塞；4—曲轴；5—曲轴轴承；6—主动磁铁；7—从动磁铁；8—转轴；9—光栅板；10—电缆线插座；11—光敏元件；12—发光元件；13—下壳体；14—上壳体；15—出油道

#### 3. 与燃油喷射式汽油机的连接

电控燃油喷射式供油系是国内汽车普遍采用的汽油机形式。在这种供油系中，燃油泵供油量远大于喷油器需油量，多余的燃油经回油管重流回油箱，油耗仪在连接时应避免因回油造成的多余计数，其连接方式如图 5-43（a）所示。在油路中，燃油泵外置，压力调节器的回油管连接在油耗仪的出口管路端。这种连接方式可以避免回油带来的计量失准，但容易使油耗仪及燃油泵之间的油管中因负压而产生气泡，形成气阻。

如图 5-43（b）所示，在油路中增加一个辅助泵，使油耗仪及燃油泵进油端之间的油路保持正压，可防止气泡产生，稳定地进行油耗测量。

（a）

（b）

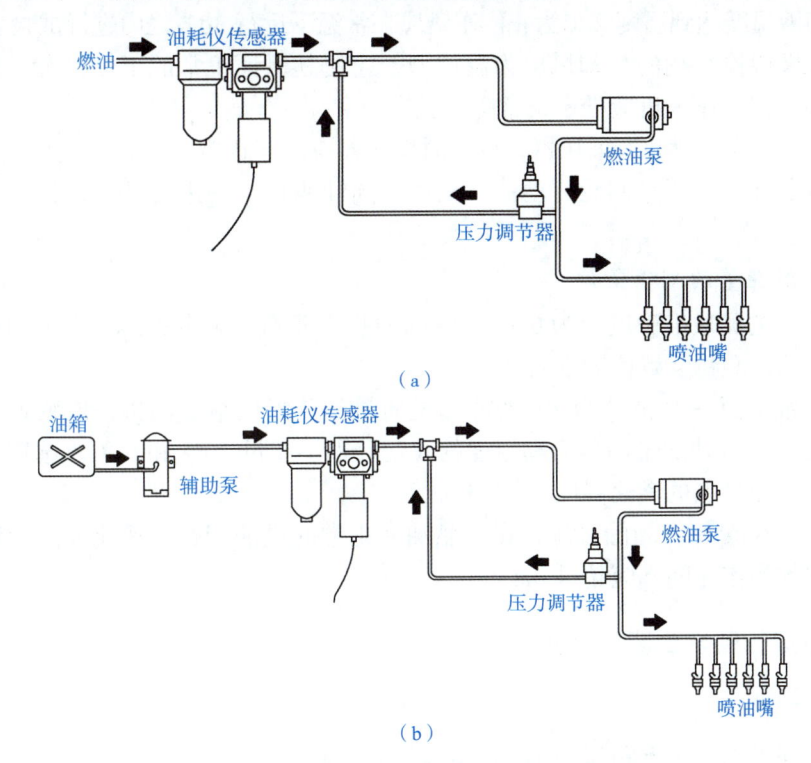

**图 5-43　油耗仪与燃油喷射式汽油机的连接**

Fig.5-43　Connection diagram of fuel consumption meter and fuel injection gasoline engine

### 4. 与柴油机的连接

如图 5-43（a）所示为油耗仪在柴油机供油管路中的连接方法。同样，为了避免回油带来的计量失准，必须将回油管路连接在油耗仪的出口管路端。为了避免大需油量柴油机检测时出现气泡，引起测量误差，应在油箱和油耗仪之间安装辅助泵，如图 5-43（b）所示。

## 三、汽车燃油经济性的检测方法

### 1. 检测要求

（1）待检车辆在进行等速行驶燃油消耗量试验前应进行磨合，磨合至少应行驶 3 000 km；在进行工况循环燃油消耗量试验时不需要磨合。

（2）检查待检车辆进气系统的密封性，避免偶然进气影响混合气的形成。

（3）待检车辆必须清洁，车窗和通风口应关闭，只能使用车辆行驶必需的设备。如果有手探进气预热装置，其应处于制造厂根据进行试验时的环境温度规定的位置。

（4）待检车辆的性能应符合制造厂的规定，能够正常行驶，并顺利地进行冷、热启动。根据制造厂规定调整发动机和车辆操纵件，特别注意怠速装置、启动装置和排气净化系统的调整。

（5）检测前，车辆应放在温度为 20～30 ℃的环境中至少保持 6 h，直至发动机机油温度和冷却液温度达到温度 2 ℃为止。车辆应在常温下运行 30 h 之内进行试验。

（6）如果待检车辆的冷却风扇为温控型，应使其保证正常的工作状态。乘客舱空调系统关闭，但其压缩机应处于正常工作状态。

（7）如果待检车辆装有增压器，试验时增压器应处于正常工作状态。

（8）如果待检车辆是四轮驱动的，只使用同轴两轮驱动进行试验，且应在试验报告中注明。

**2. 燃油消耗量的测量条件**

（1）距离的测量准确度应为 0.3%，时间的测量准确度应为 0.2 s，燃油消耗量、行驶距离和时间的测量装置应同步启动。

（2）燃油通过一个精度为 2% 的能测量质量的装置供给发动机，该装置使车辆上燃油记录装置进口处的燃油压力和温度的改变分别不超过 10% 和 5 ℃。选用容积法测量时，应记录测量点的燃油温度。

（3）也可设置一套阀门系统，保证燃油从正常的供油管路迅速流入测量管路。改变燃油方向的操作时间不应超过 0.2 s。

### 四、等速行驶燃油消耗量检测

**1. 道路试验**

道路试验可以用第五轮仪和非接触式车速仪进行检测。

汽车等速百公里油耗曲线如图 5-44 和图 5-45 所示。

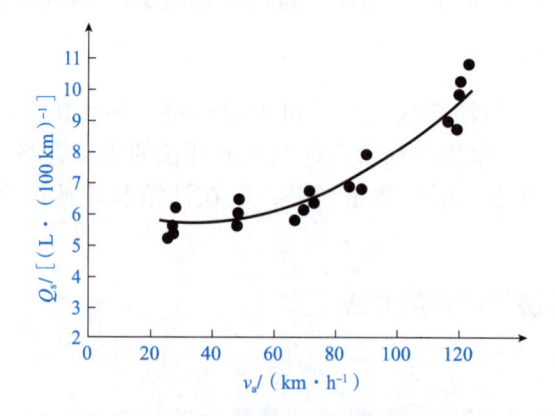

图 5-44　汽车等速百公里油耗曲线

Fig 5-44　Fuel consumption curve of a car at a constant speed of 100 kilometers

图 5-45　第五轮仪（左）和非接触式车速仪（右）

Fig 5-45　Fifth wheel instrument ( left ) and non-contact speedometer ( right )

## 2. 底盘测功机试验

（1）室内测试条件应保证车辆与相同车速道路试验正常运行时的状态一致，包括车辆润滑油、冷却液和燃油温度等方面。

（2）车辆的装载质量应与道路试验时相同。车辆的纵向中心对称面与滚筒轴线垂直，车辆的固定系统不应增加驱动轮的载荷。

（3）车辆达到试验温度后，以接近试验车速的速度在测功机上行驶足够长的距离，以便调节辅助冷却装置来保证车辆温度的稳定性。该阶段持续时间不得低于 5 min。

（4）测量行驶距离不应少于 2 km。试验时，速度变化幅度不大于 0.5 km/h，此时可以断开惯性装置，至少应进行四次测量。

## 五、工况循环燃油消耗量检测

工况试验运转循环图如图 5-46 所示。

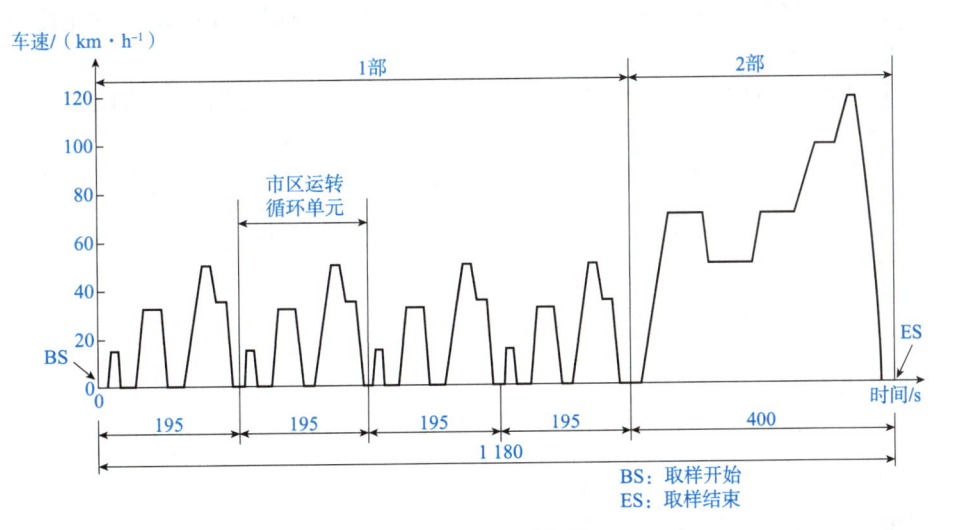

图 5-46　工况试验运转循环图

Fig.5-46　Operating cycle diagram of working condition test

### 六、燃油消耗量的计算

#### 1. 质量法

采用质量法确定燃油消耗量 $C$ 的计算公式为

$$C = \frac{M}{dS_g} \times 100 \quad (\text{L}/100\ \text{km})$$

式中  $M$——燃油消耗量（质量）测量值（kg）；
   $d$——试验期间的实际行驶距离（km）；
   $S_g$——标准温度 20 ℃下的燃油密度（kg/dm²）。

#### 2. 容积法

采用容积法确定燃油消耗量 $C$ 的计算公式为

$$C = \frac{V[1 + a(T_0 - T_F)]}{d} \times 100 \quad (\text{L}/100\ \text{km})$$

式中  $V$——燃油消耗量（体积）测量值（L）；
   $a$——燃油容积膨胀系数，燃油为汽油和柴油时，该系数为 0.001/℃；
   $T_0$——标准温度，$T_0 = 20\ ℃$；
   $T_F$——燃油平均温度，即在每次试验开始和结束时，在容积测量装置上读取的燃油温度的算术平均值（℃）。

#### 3. 碳平衡法

（1）碳平衡法原理。汽车燃油是以 C、H 化合物为主要成分的混合物，燃烧生成 CO、$CO_2$、HC、$H_2O$ 等物质，其燃烧产物中的 C 元素均来自汽油，只要测出单位时间内汽车尾气中的 CO、$CO_2$、HC 中的含碳量，再与单位体积燃油中的碳量相比较，即可得出燃油消耗量。

采用高精度的 $CO_2$、CO、HC 三种组分测量分析单元，运用碳平衡原理，计算得出汽车的燃料消耗量。

（2）计算燃料消耗量模型。为了保证燃料消耗量检测准确性，目前《道路运输车辆燃料消耗量检测评价方法》（GB/T 18566—2011）给出了计算燃料消耗量的模型。

汽油机车辆：

$$FC = 0.115\ 4/D\ (0.866\ 4 \times HC + 0.429 \times CO + 0.273 \times CO_2)$$

柴油机车辆：

$$FC = 0.115\ 5/D\ (0.865\ 8 \times HC + 0.429 \times CO + 0.273 \times CO_2)$$

式中  $FC$——燃料消耗量（L/100 km）；
   $HC$——测得的碳氢排放量（g/km）；
   $CO$——测得的一氧化碳排放量（g/km）；
   $CO_2$——测得的二氧化碳排放量（g/km）；

$D$——288 K（15 ℃）下燃料的密度（kg/L）。

### 七、汽车燃油经济性影响因素

#### 1. 汽车结构方面

（1）发动机。

1）发动机的种类。

①电控燃油喷射式汽油发动机。可以精确地控制可燃混合气的空燃比，保证各气缸供应混合气的均匀性。同时，汽油的雾化效果较好，燃油利用率高。选用电控燃油喷射式汽油发动机有利于提高汽车的燃油经济性，减少污染物排放。

柴油机与汽油机相比，热效率高，特别是在部分负荷时，柴油机的有效燃油消耗率较低。按容积计算，柴油机的燃油消耗比汽油机要节省20%～45%，而且柴油价格较低，排污较少，因此，随着柴油机的性能不断改善，扩大柴油机的使用范围是目前的发展趋势。

②变排量发动机。在保证动力性足够的前提下，一般选用小排量发动机，可以提高发动机的功率利用率，降低汽车的耗油量。而对加速性能和最高车速要求较高的高级轿车，其发动机的排量和功率一般较大，但在城市道路行驶时，大部分情况下，发动机均处在低负荷工况下工作，燃油消耗率较高。

2）发动机的压缩比。提高发动机的压缩比，热效率增加，可以改善发动机的动力性和经济性，而且发动机的燃油消耗率也会有所降低。但汽油机压缩比提高到一定程度后，容易发生爆燃，并且使氮氧化合物（$NO_x$）的排放量增加。因此，汽油机压缩比的提高有一定的限制。

3）断油控制技术。当发动机转速或车辆行驶速度超过限定值时，燃油系统自动停止供油，称为超速断油控制。超速断油可以防止超速引起的危险，同时，有利于减少油耗和污染物排放。

（2）传动系统。

1）变速器的挡位数。变速器的挡位数增加，增多了选用合适挡位的机会，使发动机经常处于经济工况下运行，有利于提高燃油经济性。目前，轿车变速器普遍采用5个挡位。

2）无级变速器。无级变速器有无限个挡位，在任何工作条件下都为发动机处于最经济工况下运行提供了机会。如果无级变速器能始终维持较高的机械效率，则汽车的燃油经济性显著提高。

3）采用超速挡。超速挡又称经济挡，超速挡行驶可以提高发动机负荷率，降低燃油消耗率。

4）传动系统的机械效率。提高传动系统的机械效率，使底盘消耗的能量减少，保持汽车良好的滑行性能，可以提高汽车的燃油经济性。

（3）汽车的外形与轮胎。改善汽车外形，减小空气阻力系数，从而减小汽车高速行驶时的空气阻力，可显著降低油耗。试验表明，改变汽车的车身形状，当空气阻力系数由 0.42 减小到 0.3 时，可使混合百公里油耗降低 9%。

轮胎胎面上的花纹会影响轮胎的附着性能和滚动阻力，从而影响汽车的燃油经济性。子午线轮胎的综合性能好，滚动阻力小，比斜交轮胎节约油耗 6%～8%。

（4）汽车轻量化技术。汽车总质量会影响滚动阻力、上坡阻力和加速阻力，从而影响汽车的燃油经济性。汽车轻量化技术可以减小汽车总质量，有效降低油耗。该技术采取的主要措施有采用高强度材料，如选用低合金高强度钢、铝合金、塑料、陶瓷和各种纤维强化材料等制造汽车零件；改进汽车结构，如采用前轮驱动、承载式车身等；减小车身尺寸、不随意增加附加装置等。

### 2. 汽车使用方面

（1）发动机技术状况。
1）保持发动机正常的工作温度；
2）定期检查并保持足够的气缸压力；
3）保持燃料供给系的良好技术状况；
4）保持点火系统的良好技术状况；
5）保持润滑系统的良好技术状况。

（2）提高驾驶技术。
1）汽车的起步、加速与节油驾驶；
2）行车挡位的选择和变换行车速度。

### 学习研讨

碳平衡法燃料消耗量检测仪及检测实施过程扫描右侧二维码。

**工作页 21（任务四　汽车经济性检测）见工作页手册**

## 任务五　汽车侧滑检测

### 任务导入

一辆哈佛轿车车主反映，汽车在急加速或突然制动时，会有侧向甩尾的现象。这种现象危险吗？是什么原因造成的呢？

### 学习目标

1. 了解汽车侧滑检测的意义；
2. 了解汽车产生侧滑的因素及影响；
3. 掌握汽车侧滑试验台的测量原理；
4. 掌握汽车侧滑检测的方法；

5. 基于汽车侧滑分析，提高安全行车意识，树立责任意识。

### 相关知识

为了保证汽车转向轮无横向滑移的直线滚动，要求车轮外倾角与车轮前束适当配合，通过侧滑试验台检测汽车的侧滑量，主要是检测汽车前束和外倾角是否配合得当。

#### 一、车轮侧滑产生因素及影响

在理想状态下，侧滑量为零，说明汽车行驶时转向轮处于纯滚动状态。此时，轮胎磨损小，行驶阻力小，转向轻便，操纵稳定性好。

**1. 影响车辆侧滑的因素**

影响汽车侧滑的主要因素是前束和车辆外倾角。当车轮外倾角一定时，改变前束值就会导致侧向力及侧滑量成正比地发生变化。因此，当侧滑量超标时，一般情况下调整前束就能使侧滑量合格。假如汽车仅有前束无外倾，则汽车直线行驶时，两转向轮有向内收缩靠拢的趋势。实际上，由于前轴的约束车轮保持直线行驶，车轮对地面产生向外的侧向力，如有自由移动的滑板，则可使之外移。前束和车辆外倾示意如图5-47所示。

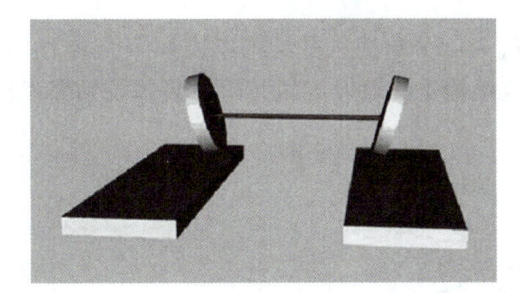

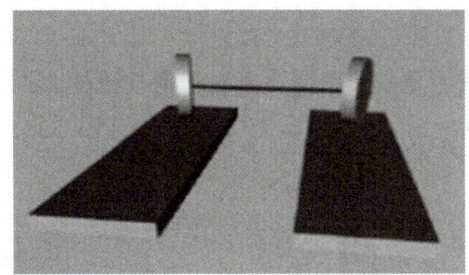

图 5-47 前束和车辆外倾

Fig.5-47 Toe and camber

汽车产生侧滑现象的主要原因：汽车轮毂轴承间隙过大，左右松紧度不一致；转向节主销与衬套磨损，转向节臂松动；左右轮胎气压不等，花纹不一致；轮胎磨损过甚以致严重偏磨；横、直拉杆球头松旷；轮胎上有水、油，花纹中嵌有石子；左右悬架性能不等，前后轴不平行；左右车轮的轴距不同。

**2. 车辆侧滑的影响**

正常情况下，前轮侧滑量的允许范围为 5 m/km，如果侧滑量过大，将对汽车行驶稳定性能、加速性能和燃料经济性能产生不良影响。

（1）影响行驶稳定性。汽车前轮侧滑量增大，对汽车的直线行驶性干扰很大，会出现转向盘沉重，自动回正功能较弱，在车速 50 km/h 以上时甚至出现车头摇摆现象。

（2）增加轮胎磨损。前轮侧滑量增大使轮胎磨损加剧，同时还会引起偏磨，导致轮胎使用寿命下降。

（3）增加燃油消耗。汽车侧滑量增大时，行驶阻力随之增大，相应地，将会增加汽车油耗。

## 二、侧滑试验台的结构

检测汽车车轮的侧滑量需要使用侧滑试验台，如图5-48所示。国内在用的大多数侧滑试验台均是滑板式，可分为单滑板式和双滑板式两种。检测时使汽车前轮在滑板上通过，用检测左右方向位移量的方法来检验侧滑量。

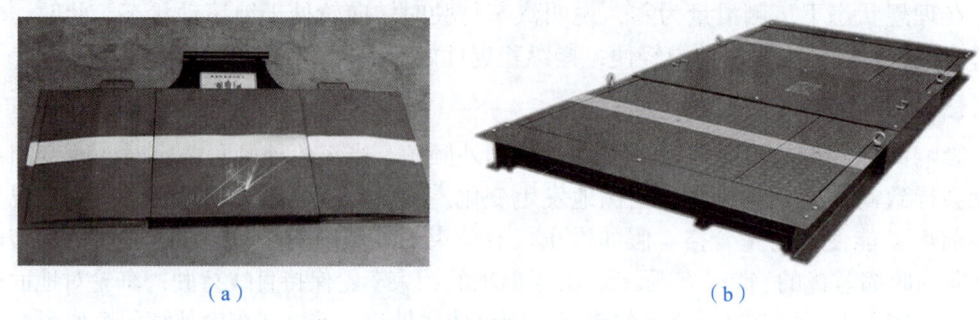

（a） （b）

图 5-48 单滑板和双滑板

Fig.5-48 Single-plate and double-plate

双板联动侧滑试验台主要由机械和电气两部分组成。其结构组成如图5-49所示。机械部分主要由两块滑板、联动机构、回位机构、滚轮及导轨、限位装置及锁零机构组成。电气部分包括位移传感器和电气仪表。

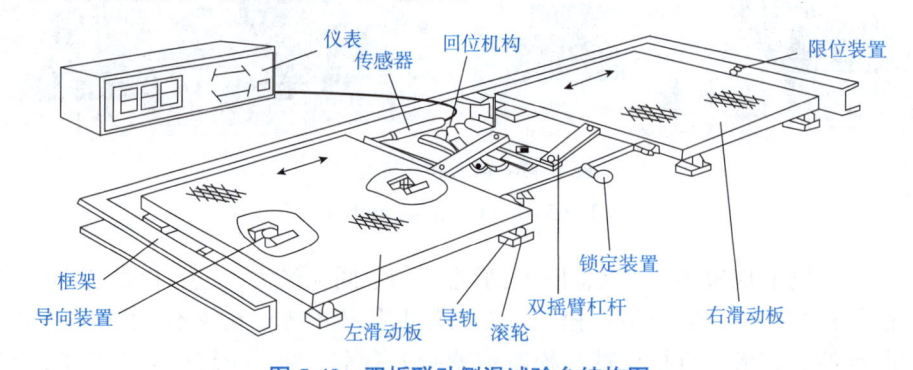

图 5-49 双板联动侧滑试验台结构图

Fig.5-49 Structure drawing of double-plate linkage side-slip inspection bench

## 三、侧滑试验台的测量原理

当车轮在侧滑板上前进时，会引起侧滑板的相对偏移，通过传感器将偏移量信号输入电气仪表，经过计算分析后，即可测得车轮的侧滑量。侧滑试验台的测量实物图如图5-50所示。

### 1. 侧滑板仅受车轮前束作用

当仅考虑车轮有前束时，车轮在前进时，滑动板相对于地面有侧向移动，此时测得的滑动板的横向位移量记为 $S_\mathrm{r}$（大于零）。车轮在后退时，测得的滑动板的横向位移量记为 $S_\mathrm{r}$（小于零）。图 5-51 所示为侧滑板仅受车轮前束作用图。

图 5-50　侧滑试验台的测量实物图

Fig.5-50　The actual picture of the side slip test bench

图 5-51　侧滑板仅受车轮前束作用图

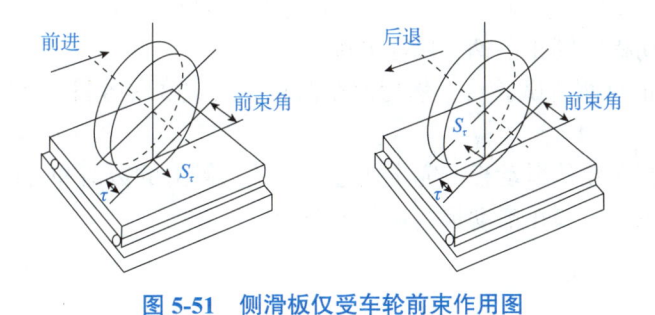

Fig.5-51　The side slide is only affected by the toe of the wheel

### 2. 侧滑板仅受车轮外倾角作用

以右前轮为参考，前进时，当车轮仅有正外倾角时，车轮有向外侧滚动的趋势，由于受到车桥的约束，车轮不可能向外移动，从而通过车轮与滑动板之间的附着作用带动滑动板向内运动，此时测得滑动板向内移动的位移量 $S_a$ 为负值。后退时，引起的侧滑分量为正值。图 5-52 所示为侧滑板仅受车轮外倾角作用图。

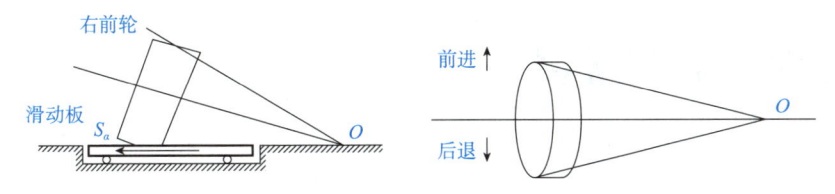

图 5-52　侧滑板仅受车轮外倾角作用图

Fig.5-52　The side slide is only affected by the camber of the wheel

### 学习研讨

#### 一、侧滑量的检测

汽车车轮的侧滑量需要借助侧滑试验台来进行测量，单位用 m/km 表示，即汽车每行驶 1 km 产生侧滑的距离（图 5-53）。

**1. 检测前的准备**

（1）接通电源，晃动滑动板，停止后，查看侧滑量数值是否为零。若显示不为零，需要进行校准。

（2）检查并清除侧滑台及周围场地上的机油、石子等杂物。

（3）检查汽车轮胎气压是否符合出厂规定值。

（4）检查汽车轴重，不要超过试验台的承载能力。

图 5-53　汽车车轮侧滑量的检测实物图
Fig.5-53　Physical image of detection of vehicle wheel side slip

**2. 检测操作**

（1）松开滑动板的锁止手柄，接通电源。

（2）将汽车正对侧滑试验台，然后汽车沿行车线以 3～5 km/h 的低速平稳地驶过滑动板。

（3）当被检测车轮从滑动板上完全通过后，读取侧滑的数值和方向。

（4）检测结束后，锁止滑动板，切断电源。

#### 二、检测注意事项

（1）车辆通过侧滑试验台时，不得转动转向盘。

（2）不得在侧滑台上制动或停车。

（3）不允许承载超标的车辆驶入侧滑试验台，以防止压坏、损伤机件或滑动板。

（4）不允许汽车在测试时进行突然加油、收油或踩离合器，以免改变前轮受力状态和定位角，造成测量误差。

工作页 22（任务五　汽车侧滑检测）见工作页手册

## 任务六　前照灯检测

### 任务导入

一辆凯美瑞轿车，在行车过程中，驾驶员总感觉前照灯的亮度不足、灯光照射位置发生偏移，驾驶员对前方道路情况辨认不清，有时对面来车交会时会有炫目感觉。

检测人员是怎样进行灯光仪的检测呢？

### 学习目标

1. 了解汽车前照灯的评价指标；
2. 了解前照灯检测仪的结构和工作原理；
3. 学会正确使用前照灯检测仪器设备；
4. 掌握应用前照灯检测仪进行光强和光束照射位置的检测；
5. 基于前照灯检测知识分析，树立行车安全意识，牢记国家标准，启发科学兴趣，激发对专业的热爱。

视频：汽车前照灯的检测

### 相关知识

汽车前照灯检测是汽车安全性能检测的重要项目。前照灯诊断的主要参数是发光强度和光束照射位置。当发光强度不足或光束照射位置偏斜时，会造成夜间行车驾驶员视线不清，或使迎面来车的驾驶员眩目，将极大地影响行车安全。因此，应定期对前照灯的发光强度和光束照射位置进行检测、校正。前照灯的技术状况可用屏幕法和前照灯校正仪检测。图5-54所示为汽车前照灯照射效果图。

图 5-54　汽车前照灯照射效果图
Fig.5-54　Car headlight illumination effect diagram

### 一、前照灯评价指标

在汽车检测站中，由于场地空间的限制，大多采用前照灯检测仪来检测前照灯，常用的前照灯检测仪一般为聚光式、屏幕式、投影式、自动追踪光轴式等。

国家标准《机动车运行安全技术条件》（GB 7528—2017）对机动车提出的基本要求如下：

（1）机动车安装的前照灯应有远、近光变换功能。

（2）当远光变为近光时，所有远光应能同时熄灭。

（3）同一辆机动车上的前照灯不应左、右的远、近光灯交叉亮。

（4）所有前照灯的近光均不应炫目。

（5）机动车前照灯光束照射位置在正常使用条件下应保持稳定。

（6）汽车应具有前照灯光束调整装置/功能，以方便地根据装载情况对光束照射位置进行调整，该调整装置如为手动，应坐在驾驶座上就能操作。

#### 1. 发光强度

发光强度是表示光源在一定方向范围内发出的可见光辐射强弱的物理量，单位是坎德拉，简称"坎"，用符号cd表示。

汽车前照灯发光强度标准见表5-7。

表 5-7　汽车前照灯发光强度标准

Table 5-7　Luminous intensity standards of automobile headlamp

| 机动车类型 | | 检查项目 | | | | | |
|---|---|---|---|---|---|---|---|
| | | 新注册车 | | | 在用车 | | |
| | | 一灯制 | 二灯制 | 四灯制 [a] | 一灯制 | 二灯制 | 四灯制 [b] |
| 三轮汽车 | | 8 000 | 6 000 | — | 6 000 | 5 000 | — |
| 最大设计车速小于 70 km/h 的汽车 | | — | 10 000 | 8 000 | — | 8 000 | 6 000 |
| 其他汽车 | | — | 18 000 | 15 000 | — | 15 000 | 12 000 |
| 普通摩托车 | | 10 000 | 8 000 | — | 8 000 | 6 000 | — |
| 轻便摩托车 | | 4 000 | 3 000 | — | 3 000 | 2 500 | — |
| 拖拉机运输机组 | 标定功率 >18 kW | — | 8 000 | — | — | 6 000 | — |
| | 标定功率 ≤18 kW | 6 000 [b] | 6 000 | — | 5 000 [b] | 5 000 | — |

a. 四灯制是指前照灯具有四个远光光束；采用四灯制的机动车其中两只对称的灯达到两灯制的要求视为合格。

b. 允许手扶拖拉机运输机组只能装用一只前照灯。

**2. 光束照射位置**

在空载车状态下，汽车、摩托车前照灯近光光束照射在距离 10 的屏幕上，近光光束明暗截止线转角或中点的垂直方向位置，对近光光束透光面中心（基准中心，下同）高度小于或等于 1 000 mm 的机动车，应不高于近光光束透光面中心所在水平面以下 50 mm 的直线且不低于近光光束透光面中心所在水平面以下 300 mm 的直线；对近光光束透光面中心高度大于 1 000 mm 的机动车，应不高于近光光束透光面中心所在水平面以下 100 mm 的直线且不低于近光光束透光面中心所在水平面以下 350 mm 的直线。除装用一只前照灯的三轮汽车和摩托车外，前照灯近光光束明暗截止线转角或中点的水平方向位置，与近光光束透光面中心所在处置面相比，向左偏移应小于或等于 170 mm，向右偏移应小于或等于 350 mm。

## 二、前照灯光束照射位置标准及屏幕检测法

### 1. 前照灯光束照射位置的检验标准

根据《机动车运行安全技术条件》（GB 7258—2017）的规定，汽车前照灯的检验指标为光束照射位置的偏移值和发光强度（cd）。图 5-55 所示为前照灯光束照射位置的检验图。

前照灯光束照射位置应符合以下要求：

（1）在空载车状态下，汽车、摩托车前照灯近光光束照射在距离 10 的屏幕上，近光光束明暗截止线转角或中点的垂直方向位置，对近光光束透光面中心（基准中心，下同）高度小于或等于 1 000 mm 的机动车，应不高于近光光束透光面中心所在水平面以下 50 mm 的直线且不低于近光光束透光面中心所在水平面以下 300 mm 的直线。

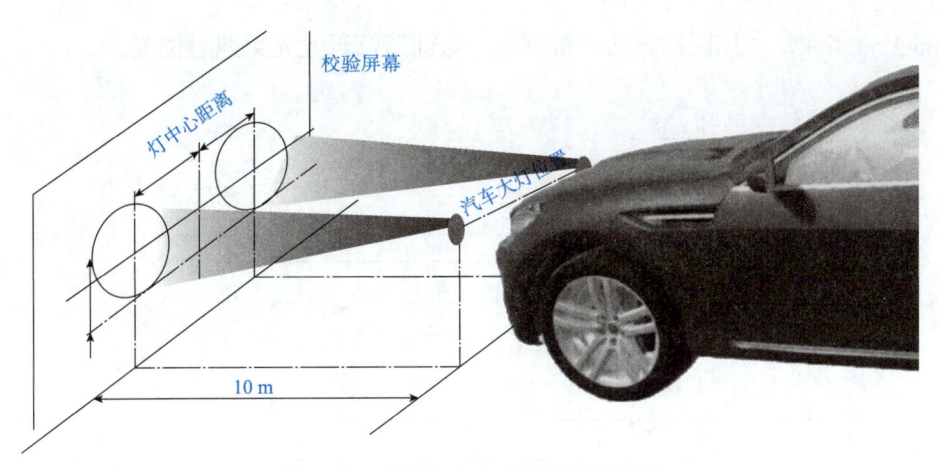

图 5-55 前照灯光束照射位置的检测
Fig.5-55 Detection of the headlight beam irradiation position

（2）对近光光束透光面中心高度大于 1 000 mm 的机动车，应不高于近光光束透光面中心所在水平面以下 100 mm 的直线且不低于近光光束透光面中心所在水平面以下 350 mm 的直线。除装用一只前照灯的三轮汽车和摩托车外，前照灯近光光束明暗截止线转角或中点的水平方向位置，与近光光束透光面中心所在处面相比，向左偏移应小于或等于 170 mm，向右偏移应小于或等于 350 mm。

（3）在空载车状态下，轮式拖拉机运输机组前照灯近光光束照射在距离 10 m 的屏幕上，近光光束中点的垂直位置应小于或等于 0.7H（H 为前照灯近光光束透光面中心的高度），水平位置向右偏移应小于或等于 350 mm 且不应向左偏移。

### 2. 屏幕法检测前照灯光束照射位置

（1）检测的准备。根据《机动车运行安全技术条件》（GB 7258—2017）的规定，用屏幕法检测前照灯光束照射位置时，检查用场地应平整，屏幕与场地应平直，被检验的车辆应在空载、轮胎气压正常、乘坐 1 名驾驶员的条件下进行。将车辆停置于屏幕前，并与屏幕垂直，使前照灯基准中心距离屏幕 10 m，在屏幕上确定与前照灯基准中心离地面距离 H 等高的水平基准线及以车辆纵向中心平面在屏幕上的投影线为基准确定的左右前照灯基准中心位置线。分别测量左、右远近光束的水平或垂直照射方位的偏移值，如图 5-56 所示。

屏幕上画有三条垂直线和三条水平线，中间垂直线 V—V 与被检车辆的纵向中心垂直面对齐，两侧的垂直线 $V_L$—$V_L$ 和 $V_R$—$V_R$ 分别为被检车辆左右前照灯基准中心的垂直线。水平线中的 h—h 线与被检车辆前照灯的基准中心等高，距地面高度为 H；H 为被检车辆前照灯基准中心距地面的高度，其值视被检车型而定。$H_1$ 为远光光束中心离地距，$H_2$ 为近光明暗截止线转角或光束中心离地距。

（2）检测方法。检测时，先遮盖住一边的前照灯，然后打开前照灯的近光开关，未被遮盖的前照灯的近光明暗截止线转角或光束中心应落在图 5-56 中下边水平线与 $V_L$—$V_L$ 或 $V_R$—$V_R$ 线的交点位置上，否则为光束照射位置偏斜。其偏斜方向和偏斜量可在屏幕上直接测量。用同样方法，检测另一边前照灯近光光束照射位置。

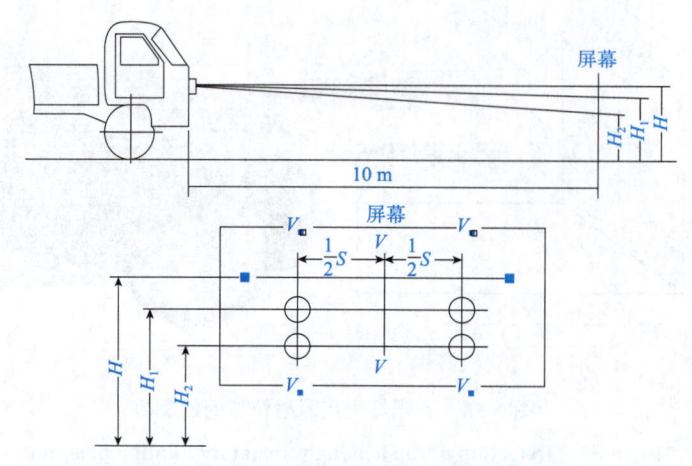

**图 5-56　屏幕法检测前照灯光束照射位置**
Fig.5-56　Screen method to detect the position of the headlight beam

根据检测标准，检测调整前照灯光束的照射位置时，对远、近双光束灯应以检测调整近光光束为主。对于远光单光束前照灯，则要检测远光光束的照射位置。其光束中心应落在中间水平线与 $V_L$—$V_L$ 或 $V_R$—$V_R$ 线的交点位置上。

用屏幕法检测前照灯简单易行，但只能检测出光束的照射位置，不能检测发光强度。为适应不同车型的检测，需经常更换屏幕，检测效率低，同时，需要占用较大场地。因此，目前广泛采用前照灯检测仪对汽车前照灯进行检测。

### 三、前照灯发光强度标准及仪器检测方法

#### 1. 前照灯发光强度的检验标准

《机动车运行安全技术条件》（GB 7258—2017）规定，机动车每只前照灯的远光光束发光强度应达到表 5-8 的要求。测试时，其电源系统应处于充电状态。

**表 5-8　前照灯远光光束发光强度要求（cd）**
Table 5-8　The luminous intensity requirements of the high beam of the headlamp（cd）

| 车辆类型 | 检查项目 | 新注册车 两灯制 | 新注册车 四灯制[①] | 在用车 两灯制 | 在用车 四灯制[①] |
|---|---|---|---|---|---|
| 汽车、无轨电车 | | 18 000 | 15 000 | 15 000 | 12 000 |
| 三轮汽车 | | 6 000 | — | 5 000 | — |
| 拖拉机运输机组 | 标定功率>18 kW | 800 | — | 6 000 | — |
| 拖拉机运输机组 | 标定功率≤18 kW | 600[②] | — | 5 000 | — |

① 采用四灯制的机动车其中两只对称的灯达到两灯制的要求时视为合格；
② 允许手扶拖拉机运输机组只装用一只前照灯。

## 2. 前照灯检测仪检测发光强度和光轴偏斜量

前照灯检测仪是按一定测量距离放在被检车辆的对面，用来检测前照灯发光强度与光轴偏斜量的专用设备。光轴偏斜量表示光束照射位置。

（1）前照灯检测仪的检测原理。前照灯检测仪的类型很多，但基本检测原理类似，一般采用能将吸收的光能变成电流的光电池作为传感器，按照前照灯主光束照射光电池产生电流的大小和比例，来测量前照灯发光强度和光轴偏斜量。

（2）发光强度的检测原理。测量前照灯发光强度的电路由光度计、可变电阻和光电池等组成，如图5-57所示。按规定的距离使前照灯照射光电池，光电池便按受光强度的大小产生相应的光电流使光度计指针摆动，指示出前照灯的发光强度。

前照灯检测仪上用的主要是硒光电池，受光照后，光使金属薄膜和非结晶硒的上下部产生电动势，由于光电池的上部带负电，下部带正电，因此在金属薄膜和铁底板上安装引线后，再将它们用导线连接起来，光电流就可使电流表指针做相应的偏转，如图5-58所示。

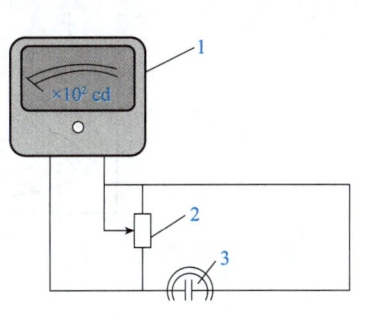

图5-57 发光强度的检测原理图

Fig.5-57 Principle diagram of luminous intensity detection

1—光度计；2—可变电阻；3—光电池

（3）光轴偏斜量的检测原理。测量前照灯光轴偏斜量的电路如图5-59所示，由两对光电池组成，左右一对光电池$S_左$、$S_右$上接有左右偏斜指示计，用于检测光束中心的左右偏斜量；上下一对光电池$S_上$、$S_下$上接有上下偏斜指示计，用于检测光束中心的上下偏斜量。当光电池受到前照灯光束照射时，如果光束照射方向偏斜，将分别使光电池的受光面不一致，因而产生的电流大小也不一致。光电池产生的电流差值分别使上下偏斜指示计及左右偏斜指示计的指针摆动，从而检测出光轴的偏斜方向和偏量。

图5-58 前照灯检测仪结构

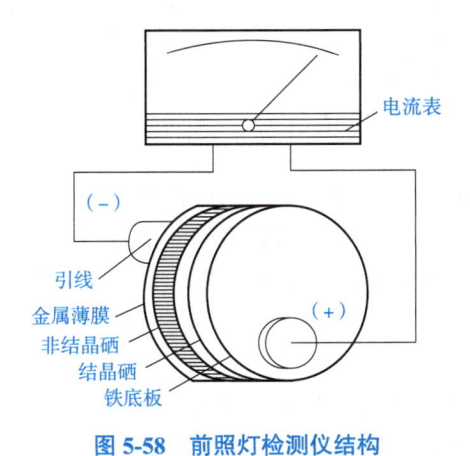

Fig.5-58 Structure diagram of headlamp detector

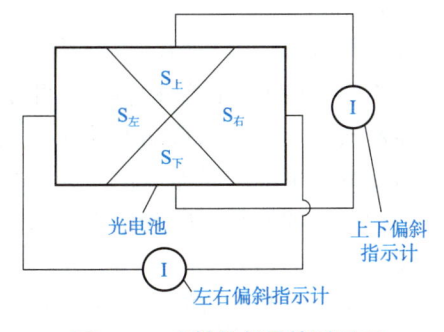

图5-59 光轴偏斜量检测原理

Fig.5-59 Principle diagram of optical axis deflection detection

图 5-60 所示为光轴无偏斜时的情况，这时上下偏斜指示计的指针和左右偏斜指示计的指针均垂直向下，即处于零位。图 5-61 所示为光轴有偏斜时的情况，这时上下偏斜指示计的指针向"下"方向偏斜，左右偏斜指示计的指针向"左"方向偏斜。

若通过适当的调节机构，调整光线照射光电池的位置，使 $S_{左}$、$S_{右}$ 和 $S_{上}$、$S_{下}$ 每对光电池受到的光照强度相同，此时每对光电池输出的电流相等，两偏斜指示计的指针均指向零位，其调节量反映了光束中心的偏斜量。当偏斜指示计指针处于零位时，光电池受到的光照最强，四块光电池所输出电流之和表明了前照灯的发光强度。

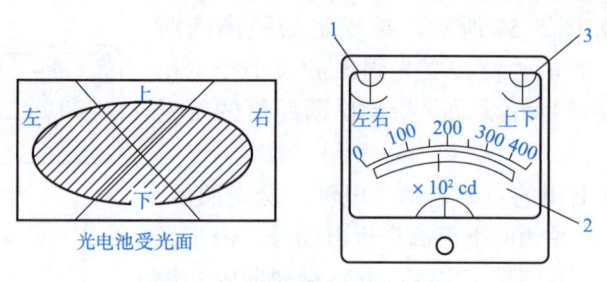

图 5-60 光轴无偏斜时的情况
Fig.5-60 When the optical axis is not deviated
1—左右偏斜指示计；2—光电池；3—上下偏斜指示计

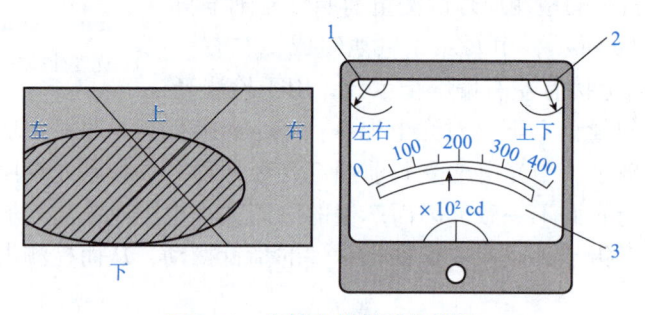

图 5-61 光轴有偏斜时的情况
Fig.5-61 When the optical axis is skewed
1—左右偏斜指示计；2—上下偏斜指示计；3—光度计

### 3. 前照灯检测仪的结构和工作原理

按照前照灯检测仪的结构特征与测量方法不同，常用汽车前照灯检测仪可分为聚光式、屏幕式、投影式和自动追踪光轴式四种类型。这些不同类型的前照灯检测仪均由接受前照灯光束的受光器、使受光器与汽车前照灯对正的照准装置、前照灯发光强度指示装置、光轴偏斜方向和偏斜量指示装置及支柱、底板、导轨、汽车摆正找准装置等组成。

（1）聚光式前照灯检测仪。聚光式前照灯检测仪利用受光器的聚光透镜将前照灯的散射光束聚合起来，并导引到光电池的光照面上，根据其对光电池的照射强度，来检测前照灯的发光强度和光轴偏斜量。检测时，检测仪放在距离前照灯前方 1 m 处。聚光式前照灯检测仪结构组成如图 5-62 所示。

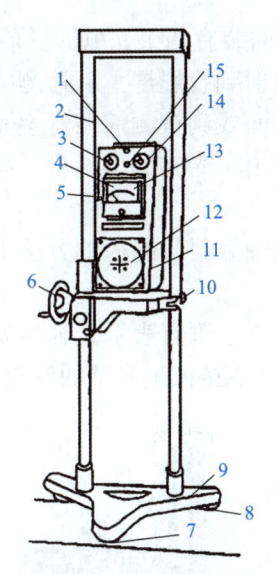

图 5-62　聚光式前照灯检测仪结构组成

Fig.5-62　The structure of the spotlight headlamp detector

1—摆正找准器；2—支柱；3—光轴刻度盘（左、右）；4—左右偏斜指示计；5—光度计；6—升降手轮；
7—车轮；8—导轨；9—底座；10—角度调整螺钉；11—聚光透镜；12—前照灯照准器；
13—上下偏斜指示计；14—光轴刻度盘（上、下）；15—变换开关

（2）屏幕式前照灯检测仪。屏幕式前照灯检测仪在固定屏幕上装有可以左右移动的活动屏幕，在活动屏幕上装有能上下移动的内部带有光电池的受光器。检验时，移动受光器和活动屏幕，使光度计的指示值最大，指示值即发光强度值，该位置即主光轴照射位置，从安装在屏幕上的两个光轴刻度尺即可读得光轴偏斜量。前照灯的光束照射到屏幕上，检测发光强度和光轴偏斜量，通常测试距离为 3 m，如图 5-63 所示。

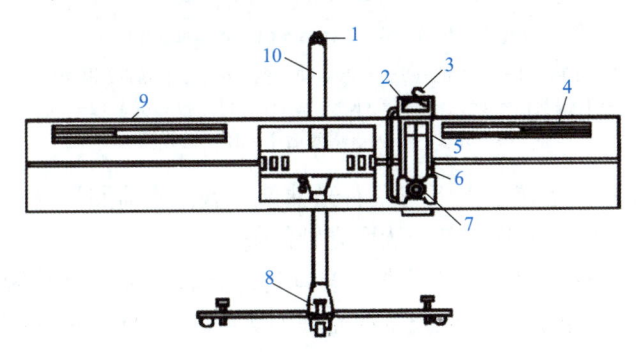

图 5-63　屏幕式前照灯检测仪结构组成

Fig.5-63　The structure of the screen headlamp detector

1—摆正找准器；2—光度计；3—前照灯照准器；4—光轴刻度尺（左、右）；5—活动屏幕；
6—光轴刻度尺（上、下）；7—受光器；8—底座；9—固定屏幕；10—支柱

（3）投影式前照灯检测仪。投影式前照灯检测仪采用将前照灯光束的影像映射到投影屏上，来检测发光强度和光轴偏斜量。检测时，测试距离一般为 3 m。其构造如图 5-64 所示。

在聚光透镜的上下和左右方向装有四个光电池。前照灯光束的影像通过聚光透镜、光度计的光电池和反射镜后，映射到投影屏上。检测时，通过上下、左右移动受光器使光轴偏斜指示计指示为零，从而找到被测前照灯主光轴的方向，然后根据投影屏上前照灯光束影像的位置，即可得出主光轴的偏斜量，同时可从光度计的指示中读取发光强度。

根据投影式前照灯检测仪光轴偏斜量的检测方法不同，有投影屏刻度检测法和光轴刻度盘检测法。

投影屏刻度检测法是在投影屏上刻有表示光轴偏斜量的刻度线。根据前照灯影像中心在投影屏上所处的位置，即可直接读出光轴的偏斜量。

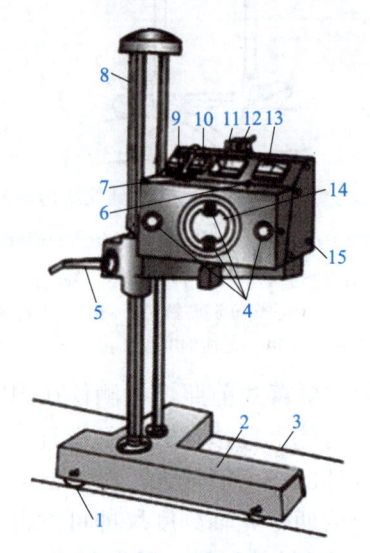

图 5-64　投影式前照灯检测仪

Fig.5-64　Projection headlamp detector

1—车轮；2—底座；3—导轨；4—光电池；5—上下移动手柄；6—上下光轴刻度盘；7—左右光轴刻度盘；8—支柱；9—左右偏斜指示计；10—上下偏斜指示计；11—投影屏；12—汽车摆正找准器；13—光度计；14—聚光透镜；15—受光器

光轴刻度盘检测法是转动上下与左右光轴刻度盘，使前照灯光束影像中心与投影屏坐标原点重合，然后光轴刻度盘上读取光轴偏斜量。

（4）自动追踪光轴式前照灯检测仪。自动追踪光轴式前照灯检测仪采用受光器自动追踪光轴的方法检测前照灯发光强度和光轴偏斜量。一般检测距离为 3 m。其构造如图 5-65 所示。

检测时，前照灯的光束照射到检测仪的受光器上。此时，若前照灯光束照射方向偏斜，则主、副受光器的上下光电池或左右光电池的受光量不等，由其电流的差值控制使受光器上下移动的电动机运转，或控制使控制箱左右移动的电动机运转，并通过传动机构牵动受光器上下移动或驱动控制箱在轨道上左右移动，直至受光器上下、左右光电池受光量相等为止。在追踪光轴时，受光器的位移方向和位移量由光轴偏斜指示计指示，此即前照灯光束的偏斜向和偏斜量，发光强度由光度计指示。

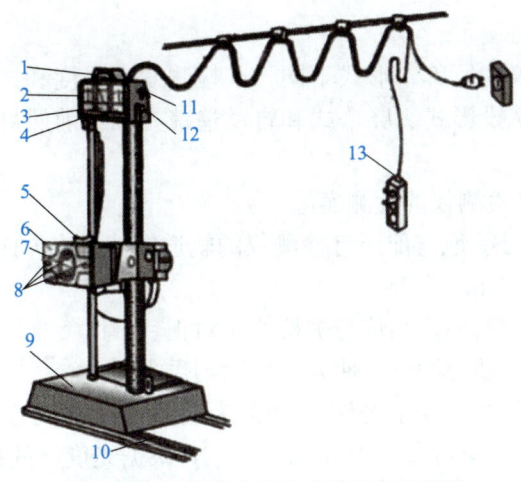

图 5-65　自动追踪光轴式前照灯检测仪

Fig.5-65　Automatic tracking optical axis headlamp detector

1—在用显示器；2—左右偏斜指示计；3—光度计；4—上下偏斜指示计；5—车辆摆正找准器；6—受光器；7—聚光透镜；8—光电池；9—控制箱；10—导轨；11—电源开关；12—熔丝；13—控制盒

### 学习研讨

汽车前照灯检测仪有多种类型，其具体使用方法各不相同。使用时，应根据检测仪规定的步骤进行检测。图5-66所示为汽车前照灯检测仪检测实物图。

前照灯发光强度和光轴偏斜量的检测方法如下。

图 5-66　汽车前照灯检测仪检测实物图

Fig.5-66　Physical image of car headlamp detector

#### 1. 检测前的准备

（1）前照灯检测仪的准备。在不受光的情况下，调整光度计和光轴偏斜量指示计是否对准机械零点。若指针失准，则可用零点调整螺钉调整。

（2）检查聚光透镜和反射镜的镜面上有无污物。若有，则可用柔软的布料或镜头纸擦拭干净。

（3）检查水准器的技术状况。若水准器无气泡，则应进行修理或更换。若气泡不在红线框内，则可用水准器调节器或垫片进行调整。

（4）检查导轨是否沾有泥土等杂物。若有，则应扫除干净。

#### 2. 被检车辆的准备

（1）清除前照灯上的污垢。

（2）轮胎气压应符合汽车制造厂的规定，否则影响车灯中心高度。

（3）汽车在空载状态下时，驾驶位乘坐一位驾驶员。

（4）汽车蓄电池应处于充足电状态，以保证能检测到正确的前照灯光照强度值。

### 3. 检测过程实施

由于前照灯检测仪的厂牌、形式不同，其检测发光强度和光轴偏斜量的具体方法也不尽相同。这里仅就投影式、屏幕式和自动追踪光轴式前照灯检测仪的检测方法进行介绍。

（1）投影式前照灯检测仪的检测实施。

1）将被检汽车尽可能地与前照灯检测仪的轨道保持垂直方向驶近检测仪，使前照灯与检测仪受光器相距 3 m。

2）用汽车摆正找准器使检测仪与被检汽车对正。

3）开亮前照灯，移动检测仪，使光束照射到受光器上。

4）投影屏刻度检测法。要求先使光轴偏斜量指示计的指示为零，然后根据投影屏上前照灯影像中心所在的刻度值读取光轴斜量，再根据光度计的指示读取发光强度值，如图 5-67 所示。

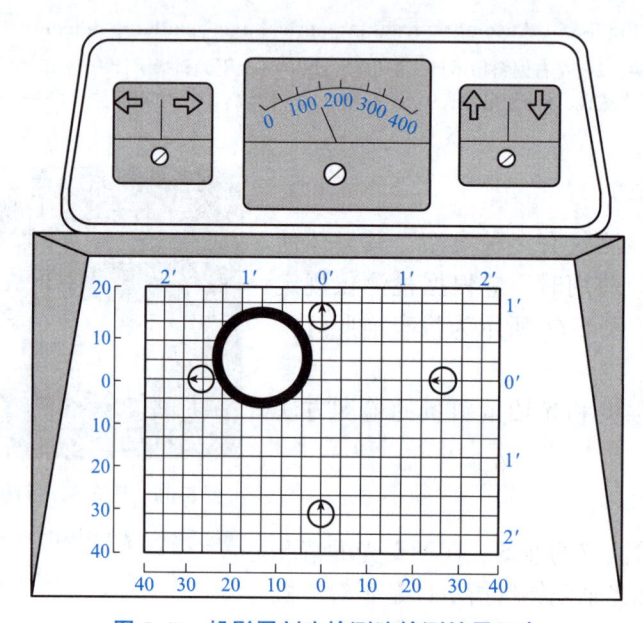

图 5-67　投影屏刻度检测法检测结果示意

Fig.5-67　Schematic diagram of test results of projection screen scale test

5）光轴刻度盘检测法。要求转动光轴刻度盘，使投影屏上的坐标原点与前照灯影像中心重合，读取此时光轴刻度盘上的指示值即光轴偏斜量，再根据光度计上的指示值读取发光强度值，如图 5-68 所示。

（2）自动追踪光轴式前照灯检测仪的检测实施。

1）将被检汽车尽可能地与前照灯检测仪的轨道保持垂直方向驶近检测仪，使前照灯与检测仪受光器相距 3 m。

2）用汽车摆正找准器使检测仪与被检汽车对正。

3）开亮前照灯，接通检测仪电源，用控制器上的上下、左右控制开关移动检测仪的位置，使前照灯光束照射到受光器上。

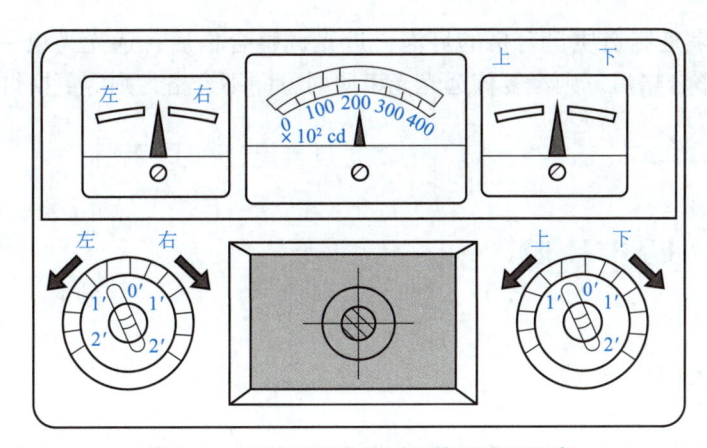

图 5-68　光轴刻度盘检测法检测结果示意

Fig.5-68　Schematic diagram of detection results of optical axis dial detection method

4）按下控制器上的测量开关，受光器随即追踪前照灯光轴，根据光轴偏斜指示计和光度计的指示值，即可得出光轴偏斜量和发光强度值。

5）检测完一只前照灯后用同样的方法检测另一只前照灯。检测结束，前照灯检测仪沿轨道或沿地面退回护栏内，汽车驶出。

（3）屏幕式前照灯检测仪的检测实施。

1）被测车辆驶近检测仪，距离检测仪 1 m，方向垂直于检测仪导轨。用车辆找准器使检测仪与被测车对正。

2）打开前照灯，用前照灯找准器使检测仪与前照灯对正（固定屏幕调整到和前照灯同样高度，受光器与前照灯中心重合）。

3）使左右光轴刻度尺的零点与活动屏幕上的基准指针对正。

4）将受光器上下左右移动，使光度计指示值达到最大值，活动屏幕的上下刻度值和左右刻度值，即光轴的偏斜量。光度计上的指示值，即前照灯发光强度值。

### 4. 检测结果分析

前照灯检验不合格有两种情况：一是前照灯发光强度偏低；二是前照灯照射位置偏斜。

（1）左右前照灯发光强度均偏低。

1）检查前照灯反光镜的光泽是否明亮，如昏暗或镀层剥落或发黑应予更换。

2）检查灯泡是否老化，质量是否符合要求，如老化或质量不符合要求，光度偏低者应更换。

3）检查蓄电池端电压是否偏低，如端电压偏低，应先充足电再检测。仅靠蓄电池供电，前照灯发光强度一般很难达到标准的规定，检测时发电机应供电。

（2）左右前照灯发光强度不一致。检查发光强度偏低的前照灯的反射镜光泽是否灰暗，灯泡是否老化，质量是否符合要求，一般多为搭铁线路接触不良。

（3）前照灯光束照射位置偏斜。前照灯安装位置不当或因强烈振动而错位致使光束照射位置偏斜，应予以调整。前照灯光束照射位置偏斜的调整可在前照灯检测仪上进行。

根据检测标准，在检测调整光束照射位置时，对远、近双光束灯以检测调整近光光束为主。如果是制造质量合格的灯泡，近光调整合格后，远光光束一般也能合格；若近光光束调整合格后，则经复核远光光束照射方向不合格，则应更换灯泡。

**工作页 23（任务六　前照灯检测）见工作页手册**

## 任务七　噪声检测

### 任务导入

一辆帕萨特 B5 轿车，车主反映汽车噪声大，非常难以忍受，高速上行驶，轮胎噪声也非常大，这些有危险吗？针对这样的问题，我们该如何解决呢？

### 学习目标

1. 了解汽车噪声的来源及危害；
2. 掌握汽车噪声的评价指标；
3. 掌握汽车噪声的标准及检测方法；
4. 能够完成汽车噪声的检测；
5. 加强文明驾驶的宣传力度，提高居民对交通噪声污染的认识，增强自我约束和监督意识，折射出城市的文明程度。

视频：汽车噪声的检测

### 相关知识

噪声作为一种严重的公害已日益引起人们的关注，目前世界各国已纷纷制定出控制噪声的标准。噪声的一般定义是频率和声强杂乱无章的声音组合，造成对人和环境的影响。更人性化的描述是人们不喜欢的声音就是噪声。

随着汽车向快速和大功率方面的发展，汽车噪声已成为一些大城市的主要噪声来源。汽车噪声主要包括发动机的机械噪声、燃烧噪声、进排气噪声和风扇噪声；底盘的机械噪声、制动噪声和轮胎噪声，车厢振动噪声，货物撞击噪声，喇叭噪声和转向、倒车时的蜂鸣声等噪声。由于车辆噪声具有游走性，影响范围大，干扰时间长的缺点，因而危害比较大。

#### 一、汽车噪声的来源及危害

在理想状态下，汽车上的机械部件应该按照设计的功能运转，材质不产生不应有的摩擦力和碰撞，也就不会导致异常振动，且不会产生噪声。但实际情况是所有的机械零件在加工时都会存在误差，进而引发噪声。图 5-69 所示为车内噪声检测实物图。

**1. 汽车噪声的来源**

汽车是一种人类制造的机械设备，其在启动和行驶期间各零部件都会产生噪声，根据噪声的来源，可以将汽车噪声分为如下几类。图 5-70 所示为汽车噪声来源示意。

图 5-69　车内噪声检测实物图

Fig.5-69　Physical image of noise detection inside the car

图 5-70　汽车噪声来源

Fig.5-70　Sources of car noise

（1）发动机噪声。发动机在运转过程中，高速空气经空气滤清器、进气管、气门进入气缸，流动的过程中会产生大量气动噪声，即进气系统噪声。发动机转速越快，进气噪声越大。图 5-71 所示为发动机噪声来源位置。

空气和汽油的混合燃气在燃烧室燃烧时也会产生噪声，当活塞上下往复运动时，在上、下止点处所受侧向推力周期性改变方向，造成活塞冲击气缸而产生噪声，活塞与气缸间的间隙越大，噪声越大。图 5-72 所示为燃烧室内噪声来源位置。

图 5-71　发动机噪声来源位置

Fig.5-71　Location map of engine noise source

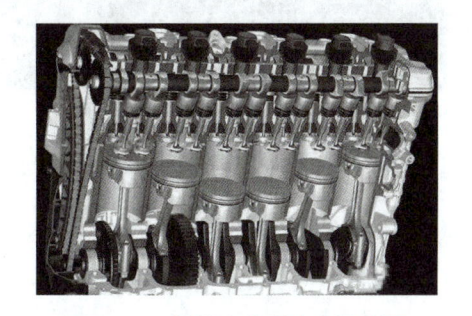

图 5-72　燃烧室内噪声来源位置

Fig.5-72　Location map of noise source in combustion chamber

燃油混合物燃烧完毕后，会从发动机气缸排放到排气系统中，排气噪声是发动机噪声的最主要部分，当排气门开启时，高温、高压的废气从气缸排出，压力突然减小，会形成气流冲击。图 5-73 所示为排气噪声来源位置。

（2）车身结构噪声。汽车的其他结构部分也都会产生噪声，如冷却系统、传动系统、排气系统等。车身结构本身零部件在汽车行驶时也会因为相互摩擦撞击产生振动，进而产生噪声。图 5-74 所示为车身结构噪声来源位置。

（3）空气噪声。空气噪声即风噪。汽车在行驶时，车身将汽车周围空气分离，导致的压力变化产生的噪声；驾驶室和车内各舱体的缝隙在行驶中吸气而导致车身周围气流相互作用产生的噪声。图 5-75 所示为空气噪声来源。

图 5-73　排气噪声来源位置
Fig.5-73　Location map of exhaust noise source

图 5-74　车身结构噪声来源位置
Fig.5-74　Location map of body structure noise source

（4）轮胎噪声。汽车行驶时，轮胎与地面发生摩擦、轮胎体和花纹部分碰撞路面后发生的振动等也都会产生噪声。图 5-76 所示为轮胎噪声来源。

图 5-75　空气噪声来源
Fig.5-75　Air noise source map

图 5-76　轮胎噪声来源
Fig.5-76　Tire noise source map

（5）喇叭噪声。图 5-77 所示为喇叭噪声示意。

图 5-77　喇叭噪声示意
Fig.5-77　Speaker noise diagram

## 2. 汽车噪声的危害

现代城市中的环境噪声主要来源就是汽车噪声，不仅会破坏安静的环境，而且会对人类的身体造成严重的负面影响。

人体在噪声的刺激下，会导致血压异常，尤其对于高血压、心脏病等慢性病患者而言。持续的噪声影响下，大脑皮层的兴奋和抑制过程会失衡，引起条件反射紊乱，表现为头痛、头晕、失眠多梦、嗜睡、易疲劳、易激动、记忆力衰退、注意力不集中、反应迟钝等。长期暴露于噪声环境中除会直接影响儿童的听力外，还会导致儿童视觉注意力和持续性注意力缺陷，甚至导致儿童的智力、记忆力下降及产生阅读障碍等问题。

## 二、噪声的评价指标

（1）噪声的声压和声压级。噪声的主要物理参数有声压与声压级、声强与声强级和声功率与声功率级。其中，声压与声压级是表示声音强弱的最基本的参数。

1）声压是指由于声波的存在引起在弹性介质中压力的变化值。声音的强弱取决于声压，声压越大，听到的声音越强。人耳可以听到的声压范围是 $2 \times 10^{-5}$（听阈声压）～20 Pa（痛阈声压），相差 10 万倍。因此，用声压的绝对值表示声音的强弱会感到很不方便，所以人们常用声压级来表示声音的强弱。

2）声压级是指某点的声压 $P$ 与基准声压（听阈声压）$P_0$ 的比值取常用对数再乘以 20 的值，单位为分贝（dB）。可闻声声压级范围为 0～120 dB。

（2）噪声的频谱。人耳对声音的感觉不仅与声压有关，还与声音的频率有关。人耳可闻声声音的频率为 20～20 000 Hz。一般的声源并不是仅发出单一频率的声音，而是发出具有很多频率成分的复杂声音。声音听起来之所以会有很大的差别，就是因为它们的组成成分不同。因此，为全面了解一个声源的特性，仅知道它在某一频率下的声压级和声功率级是不够的，还必须知道它的各种频率成分和相应的声音强度，这就是频谱分析。

噪声的频谱也是噪声的评价指标之一。以声音频率（Hz）为横坐标、以声音强度（如声压级 dB）为纵坐标绘制的噪声测量图形称为频谱图。

人耳可闻声声音的频率有 1 000 多倍的变化范围，在实际频谱分析中不可能逐个频率分析噪声。在声音测量中，使噪声通过滤波器把可闻声声音的频率范围分割成若干个小的频段，称为频程或频率 $f$。频带的上限频率 $f_h$（或称上截止频率）与下限频率 $f_L$（或下截止频率）具有 $f_h/f_L = 2^n$ 的关系，频带的中心频率 $f_m = \sqrt{f_h \cdot f_L}$，当 $n = 1$ 时称为倍频程或倍频带。可闻声声音频率范围用 10 段倍频程表示，见表 5-9。

表 5-9 倍频程中心频率及频率范围（Hz）
Table 5-9 Octave center frequency and frequency range（Hz）

| 中心频率 | 31.5 | 63 | 125 | 250 | 500 |
|---|---|---|---|---|---|
| 频率范围 | 22～45 | 45～90 | 90～180 | 180～355 | 355～710 |
| 中心频率 | 1 000 | 2 000 | 4 000 | 8 000 | 16 000 |
| 频率范围 | 710～1 400 | 1 400～2 800 | 2 800～5 600 | 5 600～11 200 | 11 200～22 400 |

如果需要更详细地分析噪声，可采用 1/3 倍频程，即可以将每个倍频程分成 3 份。

（3）噪声声压级相同的声音，但由于频率不同，听起来并不一样响；相反，不同频率的声音，虽然声压级也不同，但有时听起来一样响，因此，用声压级测定的声音强弱与人们的生理感觉往往不一样。因而，对噪声的评价常采用与人耳生理感觉相适应的指标。

为了模拟人耳在不同频率有不同的灵敏性，在声级计内设有一种能够模拟人耳的听觉特性，将电信号修正为与听觉近似值的网络，这种网络称作计权网络。通过计权网络测得的声压级，已不再是客观物理量的声压级，而是经过听感修正的声压级，称作计权声级或噪声级。

国际电工委员会（IEC）对声学仪器规定了 A、B、C 等几种国际标准频率计权网络，它们是参考国际标准等响曲线而设计的。由于 A 计权网络的特性曲线接近人耳的听感特性，故目前普遍采用 A 计权网络对噪声进行测量和评价，记作 dB（A）。

### 三、汽车噪声的标准及检测

#### 1. 汽车噪声检验标准

《机动车运行安全技术条件》（GB 7258—2017）对客车车内噪声级、汽车驾驶员耳旁噪声级和机动车喇叭噪声级作了规定，《汽车加速行驶车外噪声限值及测量方法》（GB 1495—2002）对车外最大噪声级及其测量方法作了规定。

（1）车外最大允许噪声级。汽车加速行驶时，车外最大允许噪声级应符合表 5-10 的规定。表中所列各类机动车辆的变型车或改装车（消防车除外）的加速行驶车外最大允许噪声级，应符合其基本型车辆的噪声规定。

表 5-10　车外最大允许噪声级

Table 5-10　Maximum allowable noise level outside the vehicle

| 汽车分类 | 噪声限值 /dB（A） ||
|---|---|---|
| | 第一阶段 | 第二阶段 |
| | 2002.10.1—2004.12.30 期间生产的汽车 | 2005.1.1 以后生产的汽车 |
| $M_1$ | 77 | 74 |
| $M_2$（$GVM \leq 3.50$ t）或 $N_1$（$GVM \leq 3.50$ t）：<br>$GVM \leq 2$ t<br>2 t<$GVM \leq 3.5$ t | <br>78<br>79 | <br>76<br>77 |
| $M_2$（3.5 t<$GVM \leq 5$ t）或 $M_3$（$GVM>5$ t）：<br>$P<150$ kW<br>$P \geq 150$ kW | <br>82<br>85 | <br>80<br>83 |
| $N_2$（3.5 t<$GVM \leq 12$ t），或 $N_3$（$GVM>12$ t）：<br>$P<75$ kW<br>75 kW $\leq P<150$ kW<br>$P \geq 150$ kW | <br>83<br>86<br>88 | <br>81<br>83<br>84 |

说明：1. $M_1$，$M_2$（$GVM \leq 3.5$ t）和 N 类汽车装用直喷式柴油机时，其限值增加 1 dB（A）。

2. 对于越野汽车，其 $GVM>2$ t 时：

如果 $P<150$ kW，其限值增加 1 dB（A）；

如果 $P \geq 150$ kW，其限值增加 2 dB（A）。

3. M 类汽车，若其变速器前进挡多于四个，$P>140$ kW，$P/GVM$ 之比大于 75 kW/t，并且用第三挡测试时其尾端出线的速度大于 61 km/h，则其阻值增加 1 dB（A）。

（2）车内最大允许噪声级。客车车内最大允许噪声级不大于 82 dB。

（3）汽车驾驶员耳旁噪声级。耳旁噪声级应不大于 90 dB。

（4）机动车喇叭噪声级。喇叭噪声级在距车前 2 m、离地高 1.2 m 处测量时，其值应为 90～115 dB。

## 2. 声级计的结构与工作原理

在汽车噪声的测量方法中，国家标准《机动车运行安全技术条件》（GB 7258—2017）规定使用的仪器是声级计。

声级计是一种能将噪声以近似人耳听觉特性测定其噪声级的仪器。将噪声通过声音传感器转换成电压信号，并由前置放大器变换阻抗，使其与输入衰减器匹配，然后信号将由输入放大器送入计权网络处理，再经输出衰减器及放大器将信号放大到一定额度，最后经过有效值验波器进入指示仪表，输出声级读数。可以用来检测机动车的行驶噪声、排气噪声和喇叭声音响度级。图 5-78 所示为声级计的外观。

根据测量精度不同，声级计可分为精密声级计和普通声级计两类；根据所用电源不同，可分为交流式声级计和直流式声级计两类。后者也可以称为便携式声级计，具有体积小、质量轻和现场使用方便等特点。

声级计一般由传声器（声音传感器）、放大器、衰减器、计权网络、检波器、指示表头和电源等组成。其工作原理是被测的声波通过传声器转换为电压信号，根据信号大小选择衰减器或放大器，放大后的信号送入计权网络作处理，最后经过检波器并在以 dB 标度的表头上指示出噪声数值。图 5-79 所示为我国生产的 ND2 型精密声级计。

图 5-78 声级计的外观　　图 5-79 ND2 型精密声级计
Fig.5-78 The appearance of the sound level meter　　Fig.5-79 ND2 precision sound level meter

（1）传声器。传声器是将声波的压力转换成电压信号的装置，也称话筒，是声级计的传感器。常见的传声器有动圈式和电容式等多种形式。

1）动圈式传声器由振动膜片、可动线圈、永久磁铁和变压器等组成。振动膜片受到声波压力作用产生振动,它带动着和它安装在一起的可动线圈在磁场内振动而产生感应电流。该电流根据振动膜片受到声波压力的大小而变化。声压越大,产生的电流就越大。

2)电容式传声器由金属膜片和金属电极构成平板电容的两个极板,当膜片受到声压作用发生变形时,两个极板之间的距离发生变化,电容量也发生变化,从而实现了将声压转换为电信号的作用。电容式传声器具有动态范围大、频率响应平缓、灵敏度高和稳定性好等优点,因而应用广泛。

(2)放大器和衰减器。在放大线路中都采用两级放大器,即输入放大器和输出放大器,其作用是将微弱的电信号放大。输入衰减器和输出衰减器是用来改变输入信号衰减量和输出信号衰减量的,以便使表头指针指在适当的位置。衰减器每一挡的衰减量为10 dB。

(3)计权网络。计权网络一般有A、B、C三种。A计权声级模拟人耳对55 dB以下低强度噪声的频率特性;B计权声级模拟55～85 dB的中等强度噪声的频率特性;C计权声级模拟高强度噪声的频率特性。三者的主要差别是对噪声低频成分的衰减程度不同,A衰减最多,B次之,C衰减量最少。A计权声级由于特性曲线接近人耳的听感特性,因此目前应用最广泛,B、C计权声级已逐渐不被采用。

(4)检波器和指示表头。为了使经过放大的信号通过表头显示出来,声级计还需要有检波器,以便将迅速变化的电压信号转变成变化较慢的直流电压信号。这个直流电压的大小要正比于输入信号的大小。根据测量的需要,检波器有峰值检波器、平均值检波器和均方根值检波器之分。峰值检波器能给出一定时间间隔中的最大值,平均值检波器能在一定时间间隔中测量其绝对平均值。

多数的噪声测量中均采用均方根值检波器。均方根值检波器能对交流信号进行平方、平均和开方,得出电压的均方根值,最后将均方根电压信号输送到指示表头。指示表头是一只电表,只要对其刻度进行标定,就可从表头上直接读出噪声级的dB值。

声级计表头阻尼一般有"快"和"慢"两个挡。"快"挡的平均时间为0.27 s,很接近人耳听觉器官的生理平均时间;"慢"挡的平均时间为1.05 s。当对稳态噪声进行测量或需要记录声级变化过程时,使用"快"挡比较合适;在被测噪声的波动比较大时,使用"慢"挡比较合适。

声级计面板上一般还备有一些插孔,这些插孔如果与便携式倍频带滤波器相连,可组成小型现场使用的简易频谱分析系统;如果与录音机组合,则可将现场噪声录制在磁带上储存下来,待以后再进行更详细的研究;如果与示波器组合,则可观察到声压变化的波形,并可存储波形或用照相机将波形摄制下来;还可以将分析仪、记录仪等仪器与声级计组合、配套使用,这要根据测试条件和测试要求而定。

### 3. 频率分析仪

为了分析汽车混合噪声产生的原因,需要对噪声的频谱进行分析。频率分析仪主要由滤波器、检测放大器和指示装置三个部分组成。在检测时,噪声信号经过一组滤波器，其信号中所含有的不同频率分量将被滤波器逐一分离出来，并由检测放大器将其幅值放大，然后由指示装置直接显示检测结果或绘制频谱图。图 5-80 所示为频率分析仪外观。

图 5-80　频率分析仪外观

Fig.5-80　The appearance of frequency analyzer

## 学习研讨

### 一、声级计的检查、校准及检测方法

《机动车运行安全技术条件》（GB 7258—2017）、《汽车加速行驶车外噪声限值及测量方法》（GB 1495—2002）等标准规定汽车噪声使用的测量仪器有精密声级计或普通声级计和发动机转速表，声级计误差不超过 ±2 dB，并要求在测量前后，按规定进行校准。

#### 1.声级计的检查、校准

（1）在未接通电源时，先检查并调整仪表指针的机械零点。可用零点调整螺钉使指针与零点重合。

（2）检查电池容量。将声级计功能开关对准"电池"，此时电表指针应达到额定红线，否则读数不准确，应更换电池。

（3）打开电源开关，预热仪器 10 min。

（4）校准仪器。每次测量前或使用一段时间后，应对仪器的电路和传声器进行校准。根据声级计上配有的电路校准"参考"位置，校验放大器的工作是否正常。如不正常，应用微调电位计进行调节。电路校准后，再用已知灵敏度的标准传声器对声级计上的传声器进行对比校准。

常用的标准传声器有声级校准器和活塞式发声器，它们的内部都有一个可发出恒定频率、恒定声级的机械装置，因而很容易对比出被检传声器的灵敏度。声级校准器产生的声压级为 94 dB，频率为 1 000 Hz；活塞式发声器产生的声压级为 124 dB，频率为 250 Hz。

（5）将声级计的功能开关对准"线性""快"挡。由于室内的环境噪声一般为 40～60 dB，声级计上应有相应的示值。当变换衰减器刻度盘的挡位时，表头示值应相应变化 10 dB 左右。

（6）检查计权网络。按上述步骤，将"线性"位置依次转换为"C""B""A"。由于室内环境噪声多为低频成分，故经三挡计权网络后的噪声级示值将低于线性值，而且应依次递减。

（7）检查"快""慢"挡。将衰减器刻度盘调到高分贝值处（如 90 dB），通过操作人员发声，来观察"快"挡时的指针能否跟上发音速度，"慢"挡时的指针摆动是否明显迟缓。

（8）在投入使用时，若不知道被测噪声级多大，必须将衰减器刻度盘预先放在最大衰减位置（即 120 dB），然后在实测中逐步旋至被测声级所需要的衰减挡。

**2. 车外噪声测量方法**

（1）测量条件。

1）测量场地应平坦而空旷，在测试中心以 25 m 为半径的范围内，不应有大的反射物，如建筑物、围墙等。

2）测量场地跑道应有 20 m 以上平直、干燥的沥青或混凝土路面。路面坡度不超过 0.5%。

3）本底噪声（包括风噪声）应比所测车辆噪声至少低 10 dB，并保证测量不被偶然的其他声源所干扰。本底噪声是指测量对象噪声不存在时，周围环境的噪声。

4）为避免风噪声干扰，可采用防风罩，但应注意防风罩对声级计灵敏度的影响。

5）声级计附近除测量者外，不应有其他人员，如不可缺少，则必须在测量者背后。

6）被测车辆不载重，测量时发动机应处于正常使用温度，车辆带有其他辅助设备也是噪声来源，测量时是否开动，应按正常使用情况而定。

（2）测量场地及测量位置。如图 5-81 所示为汽车噪声的测量场地及测量位置，测试传声器位于 20 m 跑道中心点 $O$ 两侧，各距中线 7.5 m，距离地面高度为 1.2 m，用角架固定，传声器平行于路面，其线垂直于车辆行驶方向。

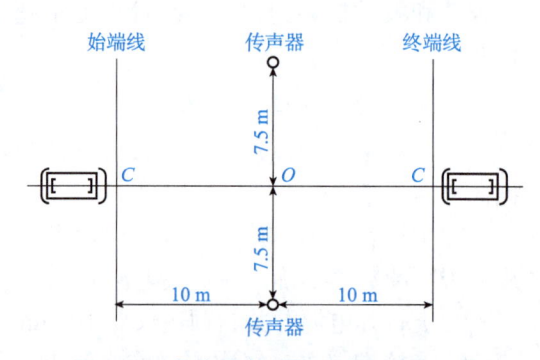

图 5-81　车外噪声测量场地及测量位置

Fig.5-81　Noise measurement site and measurement location outside the vehicle

（3）加速行驶车外噪声测量方法。

1）车辆须按规定条件稳定地到达始端线，前进挡位为 4 挡以上的车辆用第 3 挡，前进挡位为 4 挡或 4 挡以下的用第 2 挡，发动机转速为其标定转速的 3/4。如果此时车速超过了 50 km/h，那么车辆应以 50 km/h 的车速稳定地到达始端线。对于自动变速器的车辆，使用在试验区间加速最快的挡位。辅助变速装置不应使用。在无转速表时，可以控制车速进入测量区，即以所定挡位相当于 3/4 标定转速的车速稳定的到达始端线。

2）从车辆前端到达始端线开始，立即将加速踏板踩踏到底或节气门全开，直线加速行驶，当车辆后端到达终端线时，立即停止加速。车辆后端不包括拖车及和拖车连接的部分。

本测量要求被测车辆在后半区域发动机达到标定转速，如果车速达不到这个要求，可延长 OC 距离为 15 m，如仍达不到这个要求，车辆使用挡位要降低一挡。如果车辆在后半区域超过标定转速，可适当降低到达始端线的转速。

3）声级计用 A 计权网络、"快"挡进行测量，读取车辆驶过时的声级计表头最大读数。

4）同样的测量往返进行 1 次。车辆同侧两次测量结果之差应不大于 2 dB，并将测量结果记入规定的表格中。取每侧 2 次声级平均值中最大值作为检测车的最大噪声级。若只用 1 只声级计测量，同样的测量应进行 4 次，即每侧测量 2 次。

（4）匀速行驶车外噪声测量方法。

1）车辆用常用挡位，加速踏板保持稳定，以 50 km/h 的车速匀速通过测量区域。

2）声级计用 A 计权网络、"快"挡进行测量，读取车辆驶过时声级计表头的最大读数。

3）同样的测量往返进行 1 次，车辆同侧两次测量结果之差不应大于 2 dB，并将测量结果记入规定的表格中。若只用 1 个声级计测量，则同样的测量应进行 4 次，即每侧测量 2 次。

### 3. 车内噪声测量方法

在车辆处于静止状态下且变速器置于空挡时，发动机处于额定转速状态，将声级计放置在座位中左侧 20 cm，距离座位高 75 cm 处，传声器朝向车辆前进方向，采用"快速"模式进行测试。如图 5-82 所示为车内噪声测试实物图。

（1）测量条件。

1）测量跑道应有足够试验需要的长度，应是平直、干燥的沥青或混凝土路面。

2）测量时风速（指相对于地面）应不大于 3 m/s。

图 5-82　车内噪声测试实物图
Fig.5-82　Picture of car interior noise test

3）测量时车辆门窗应关闭。车内带有其他辅助设备是噪声来源，测量时是否开动，应按正常使用情况而定。

4）车内本底噪声比所测车内噪声至少低 10 dB，并保证测量不被偶然的其他声源所干扰。

5）车内除驾驶员和测量人员外，不应有其他人员。

（2）测点位置。

1）车内噪声测量通常在人耳附近设置测点，传声器朝车辆前方向。

2）驾驶室内噪声测点的位置如图 5-83 所示。

3）载客车室内噪声测点可选在车厢中部及最后一排座的中间位置，传声器高度参考图 5-83。

### 二、汽车喇叭声的测量

汽车喇叭声的测点位置如图 5-84 所示，测量时应注意不被偶然的其他声源峰值所干扰。测量次数宜在 2 次以上，并应注意监听喇叭声是否悦耳。

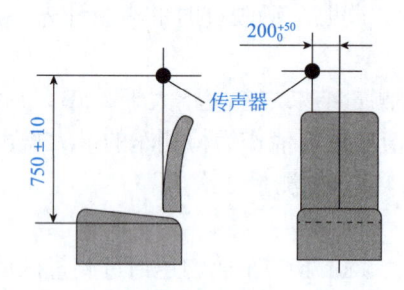

图 5-83 驾驶室内噪声测点的位置
Fig.5-83 Location of noise measurement points in the cab

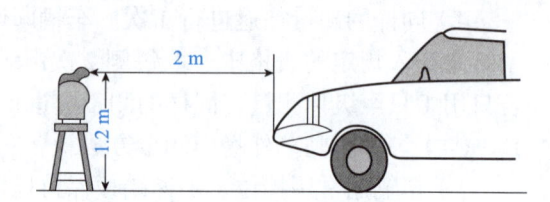

图 5-84 汽车喇叭噪声的测点位置
Fig.5-84 Measuring point position of car horn noise

工作页 24（任务七 噪声检测）见工作页手册

## 任务八 汽车检测站

### 任务导入

常州市由于近年来汽车保有量迅速增加，在武进区汽车城新建一个汽车检测站，招收了一批新员工，要求培训上岗。公司请你作为培训师，完成对新员工的培训任务。

### 学习目标

1. 了解汽车检测站的任务和类型；
2. 能够分析汽车检测站的工艺布局；
3. 能够制定汽车检测站的工作流程；
4. 能够完成汽车检测站的相关检测项目；
5. 树立安全意识、环保意识、责任意识。

### 相关知识

机动车检测站是受国家有关主管部门（公安或交通部门）的委托，按国家有关法律、法规和标准规定，对机动车不解体地进行性能检测

视频：汽车检测站的认知

的场所。检测线是指由若干检测设备按顺序排列后组成的检测系统。检测站视其功能和规模大小，一般包括一条或几条检测线。图 5-85 所示为检测站内景图。

图 5-85　检测站内景图

Fig.5-85　Interior view of safety inspection station

### 一、汽车检测站的任务

根据《机动车安全技术检测站》（GB/T 35347—2017）的规定，汽车检测站的主要任务如下：

（1）对在用运输车辆的技术状况进行检测诊断。

（2）对汽车维修行业的维修车辆进行质量检测。

（3）接受委托，对车辆改装、改造、报废及其有关新工艺、新技术、新产品、科研成果等项目进行检测，提供检测结果。

（4）接受公安、环保、商检、计量和保险等部门的委托，为其进行有关项目的检测，提供检测结果。

### 二、汽车检测站的类型

检测站或检测线的分类方法有以下几种：

（1）根据检测站的职能不同，检测站可分为安全技术检测站和综合性能检测站，它们分属于公安部门和交通部门管理。以后各节中将详细介绍各类检测站的工作情况。

（2）根据检测对象的不同，检测线可分为汽车检测线和摩托车检测线。其中，汽车检测线按汽车吨位大小又可分为大车线、小车线等。

（3）根据检测线的自动化程度不同，检测线可分为手动线（检测设备彼此独立）、半自动线（检测设备由计算机控制数据采集、处理和打印结果）和全自动线（在半自动线基础上加上操作过程的控制和指示）。

（4）根据服务功能不同，检测站可分为安全检测站、维修检测站和综合检测站。不同类型的检测站，其作用也不同。

### 1. 安全检测站

安全检测站是国家的执法机构。针对汽车行驶安全和对环境的污染程度进行总体检测，并与国家有关标准进行对比，给出"合格"或"不合格"的评定，而不进行具体的故障诊断和分析。承担车辆的初次检验和定期检验。图5-86所示为安全检测站外观图。

（1）初次检验。新车登记上牌时进行的安全技术检验，其目的是保证汽车上路行驶之前在技术性能方面必须符合国家有关规定的要求，经国家机动车产品主管部门，依据机动车国家安全技术标准认定的企业，生产的机动车型的新车在出厂时经检验符合机动车国家安全技术标准，获得检验合格证的，免予安全技术检验。

图 5-86　安全检测站外观图
Fig.5-86　Appearance of safety inspection station

（2）定期检验。对登记后上路行驶的机动车，应当依照法律、行政法规的规定，根据车辆用途、载客载货数量、使用年限等不同情况，定期进行安全技术检验。汽车每年检验一次，称为年检。近年来，随着新的道路交通安全法的实施，针对不同类型、不同使用年限的车辆规定了不同的检验周期。

### 2. 维修检测站

维修检测站主要是对维修前、后的车辆的技术状况进行检测，它能检测车辆的主要使用性能，并能进行故障分析与诊断，一般为汽车运输企业或维修企业建立。图5-87所示为维修检测站内部情况图。

### 3. 综合检测站

综合检测站既能承担车辆管理方面的安全环保检测，又能承担车辆维修方面的技术状况检测，还能承担科研或教学方面的性能试验和参数测试。其检测结果既可作为交通运输管理部门发放或吊扣车辆营运证的依据，也可作为维修单位车辆维修质量的凭证。图5-88所示为综合检测站内部场景图。

图 5-87　维修检测站内部情况图
Fig.5-87　Internal situation of the maintenance inspection station

图 5-88　综合检测站内部场景图
Fig.5-88　Internal scene map of comprehensive inspection station

### 三、汽车检测站的检测组成

目前，国内已建立的或正在筹建的检测站大多为 A 级综合检测站。其主要由检测车间、业务大厅、停车场、试车道路及辅助设施等组成。图 5-89 所示为 A 级综合检测站内部场景图。

#### 1. 检测车间

检测车间一般设有单条、双条或三条（多条）自动检测线。车间高度由车间内的噪声、空气污染因素及车轮通行高度决定，一般净空高度不得低于 6 m，进出口高度不得低于 4.5 m。图 5-90 所示为检测车间场景图。

图 5-89　A 级综合检测站内部场景图

Fig.5-89　A-level integrated inspection station internal scene diagram

图 5-90　检测车间场景图

Fig.5-90　Inspection workshop scene graph

#### 2. 业务大厅

业务大厅是检测站的办公场地，车辆的报检、打印报表、办证等都在业务大厅内完成。大厅内设置上线车辆检测动态显示装置。图 5-91 所示为业务大厅场景图。

#### 3. 停车场

停车场是被检车辆停车的场地。停车场地一般可分为待检停车区和已检停车区，它们应有明确的标识加以区分和分开设置。进检车辆、待检车辆和已检车辆的行驶路线应符合检测工艺流程，不能有相互交叉和碰头现象。图 5-92 所示为停车场外观。

图 5-91　业务大厅场景图

Fig.5-91　Business hall scene graph

图 5-92　停车场外观

Fig.5-92　The appearance of parking lot

### 4. 试车道路

试车道路用于受检汽车的委托性检测或争议仲裁性检测。从安全角度考虑，试车道一般设置在检测车间的后面，并在试车道路进出口区域有明显的警示标志，还有驻车坡道，用于驻车制动试验，通常驻车坡道设置在试车道尽头。图5-93所示为试车道路。

### 5. 辅助设施

检测站的辅助设施是为车辆检测提供服务和保障的各种设施的总称。一般包括检测所需的能源供给设施、办公设施、职工休息生活设施及车辆调修设施等。图5-94所示为辅助设施。

图 5-93　试车道路
Fig.5-93　Test road

图 5-94　辅助设施
Fig.5-94　Auxiliary facilities

## 四、汽车综合检测站的检测内容

汽车综合检测站对机动车实施检测主要划分为五类，即综合性能检测、安全环保性能检测、修理质量检测、二级维护竣工检测、委托检测。图5-95所示为汽车综合检测站内部场景图。

### 1. 综合性能检测

综合性能检测项目主要是发动机性能、驱动轮输出功率、制动性能、驻车制动器性能、前照灯特性、车速表性能、车轮定位、车轮动平衡、转向性能、侧滑性能、尾气排放物含量、噪声、轴重、客车防雨密封性、悬架特性、使用可靠性、外部检视。图5-96所示为A级综合性能检测线。

图 5-95　汽车综合检测站内部场景图
Fig.5-95　Interior scene map of automobile comprehensive inspection station

图 5-96　A 级综合性能检测线
Fig.5-96　A-level comprehensive performance testing line

## 2. 安全环保性能检测

安全环保性能检测项目主要包括制动性能、前照灯特性、车速表性能、侧滑性能、尾气排放物含量、噪声、轴重、使用可靠性、外部检视。图 5-97 所示为安全环保性能检测内部场景图。

## 3. 修理质量检测

修理质量检测项目主要包括发动机性能、制动性能、前照灯特性、车速表性能、车轮定位、转向性能、侧滑性能、尾气排放物含量、轴重、客车防雨密封性、使用可靠性、外部检视。图 5-98 所示为修理质量检测现场图。

图 5-97　安全环保性能检测内部场景图
Fig.5-97　Safety and environmental performance testing internal scene diagram

图 5-98　修理质量检测现场图
Fig.5-98　Repair quality inspection site map

## 4. 二级维护竣工检测

二级维护竣工检测项目主要包括发动机性能、制动性能、车轮定位、转向性能、车轮动平衡、侧滑性能、尾气排放物含量、轴重、外部检视。图 5-99 所示为二级维护竣工检测现场图。

## 5. 委托检测

委托检测项目由用户指定，可以是检测线上的任何检测项目，也可以是路试检测项目。图 5-100 所示为委托检测现场图。

图 5-99　二级维护竣工检测现场图
Fig.5-99　Site map of secondary maintenance completion inspection

图 5-100　委托检测现场图
Fig.5-100　Commissioned inspection site map

219

### 五、安全与环保性能检测

#### 1. 安全与环保性能检测的内容和分类

安全与环保性能检测主要包括两个方面内容：一是检查与安全行车相关的项目，如灯光、制动、侧滑等；二是检查与环保相关的项目，如汽车尾气排放情况和噪声等。因此，这类检测站也称为安全-环保型检测站，由公安部门管理。

根据有关政策法规的要求，汽车的安全与环保性能检测站具有以下几种基本检验功能：

（1）初次检验。《中华人民共和国道路交通安全法实施条例》第十七条规定："车辆必须经过车辆管理机关检验合格，领取号牌、行驶证，方准行驶。"因此车主在使用汽车之前，必须首先到车管部门指定的检测站对汽车做初次检验，合格之后方可办理登记申请，领取号牌、行驶证等手续。

初次检验的目的：一是保证汽车来源的合法性；二是保证汽车在技术性能方面必须符合国家有关规定的要求。目前，技术上检验的依据主要就是《机动车运行安全技术条件》（GB 7258—2017）等标准。

（2）定期检验。定期检验就是在用汽车必须按照公安部门的要求，定期到指定的检测站进行安全技术方面的检验。许多国家都有对在用车进行定期检验的要求。通过定期检查，可及时发现技术上的问题。凡检查不合格的，不准上路，必须进行调整或修理。

目前，在我国一般情况下是规定汽车每年检验一次，也称为汽车年检。有些场合下可能一年要检验几次。

（3）临时检验。除定期检验外，在某些情况下，汽车要做临时检查。例如：
1）新车或改装车领取临时号牌时；
2）机动车久置不用后，重新使用时；
3）机动车受到严重损坏，在修复之后、上路之前；
4）国外、境外汽车经批准在我国境内短期行驶时；
5）车管部门规定的其他情况（如春运期间的营运车）等。

（4）特殊检验。特殊检验是指在特殊情况下为特殊目的而进行的检验。如对改装车辆、事故车辆、报废车辆等进行的检验。特殊检验的内容和要求往往与一般检验有所不同。

#### 2. 检测项目及检测站设备布置

（1）检测项目。按照国家标准《机动车安全技术检测站》（GB/T 35347—2017）的规定，安全与环保检测站主要检测以下项目：

1）外观检查。外观检查属于人工检查项目，要检查的项目很多，主要有以下几项：

①车辆外表，如喷漆、喷字是否完好，牌照是否符合规定等；

②各种灯光、后视镜、刮水器、喇叭、仪表等设备是否齐全有效；

③驾驶室及车厢的密封情况，门窗的开闭、门窗玻璃升降是否正常；

④转向盘、离合器、制动踏板的自由行程是否符合要求；

⑤油、水、电、气系统的泄漏情况；

⑥转向系统、制动系统和传动系统各机件是否连接牢固、转动灵活；

⑦前后桥、传动轴、车架等装置是否有明显的断裂、损伤、变形等问题；

⑧排气管、消声器、燃油箱、蓄电池、减震器、冷却风扇等的连接是否可靠等。

这些检查项目总共达60项左右，可大致分成车上和车底两大部分。为了便于检查车底部分，往往需要一条地沟。

2）前轮侧滑量。检查前轮侧滑量，要使用侧滑试验台。

3）轴重测量。轴重也称轴荷，即汽车某一轴的质量，是为了配合检查制动效果而做的一个检测项目。测量轴重使用轴重仪。有时将轴重仪与制动试验台做在一起。

4）制动效果检查。制动检查是安全检测站最重要的检测项目之一。检测制动力要使用制动试验台。

5）车速表校验。车速表校验要在车速表试验台上进行。

6）噪声测量。噪声测量包括车内噪声和喇叭声级。测量噪声使用声级计。

7）前照灯检验。目前，由于在检测站测量近光灯较困难，所以以测量远光灯为主。其包括前照灯的发光强度和照射方向。使用的仪器是前照灯检测仪。

8）排气污染物检测。检查废气排放也是检测站的一项重要任务。对于汽油车来说，要检测CO和HC的排放；对柴油车则检查排气的烟度。

（2）检测设备的布置。

1）提出一个"工位"概念。为了提高检测效率，将上面8个检测项目及2台计算机适当组合成几个检测单元，称为若干工位。每个工位可安排一辆汽车接受该组项目的检测。工位数也就是检测线上同时接受检测的汽车数。一般的检测线可设计成3~5个工位。工位数太少，则检测效率太低；工位数太多，检测线将会太长，占地过多。

2）还有一个检测设备如何组合的问题，或者说，检测项目的先后顺序问题。应该说，汽车先测哪一项、后测哪一项，是没有关系的，需要注意的是，如何布置有利于提高工作效率和使用合理方便。

3）要提高检测效率，各工位需要的检测时间应该比较均衡。例如，四个工位的检测线，如果第三个工位的几个检测项目特别费时间，那么会出现第一、二工位的车辆长期等待而第四个工位长期空闲的局面。

4）要考虑检测项目的配合问题。例如，称轴重一定要在测制动之前进行；测前照灯比较费时，但可与测废气放在同一工位，这样可将测废气与调整前照灯检测仪的位置同时进行。另外，有的项目是在汽车前面检测（如前轴重、前制动、侧滑、前照灯），有的是在后面检测（如后轴重、后制动、废气、烟度），也有的项目可能在车前、可能在车后（如车速表校验），而汽车在检测线上是只能前进、不能后退。

5）还有考虑车间的工作环境。检测废气、烟度和校验车速表时都要排放废气，测车速表时噪声还比较大。所以最好不要将这些项目安排在检测线的中间。

目前，我国引进的某些国外检测线的布置如图 5-101 所示。一般设置如下几个工位：车体上部的外观检查工位，称之为 L 工位（Lamps and Safety Device Inspection，灯光与安全装置检查）。将侧滑、制动和车速表的检测放在一起，称为 ABS 工位（A—Alignment tester，侧滑试验台；B—Brake tester，制动试验台；S—Speedometer tester，车速表试验台）。另外，将前照灯与废气检测放到一起，称为 HX 工位（H-Headlight tester，前照灯检测仪，X—Exhaust gas tester，废气分析仪）。另设车底检查工位，称为 P 工位（Pit Inspection）。

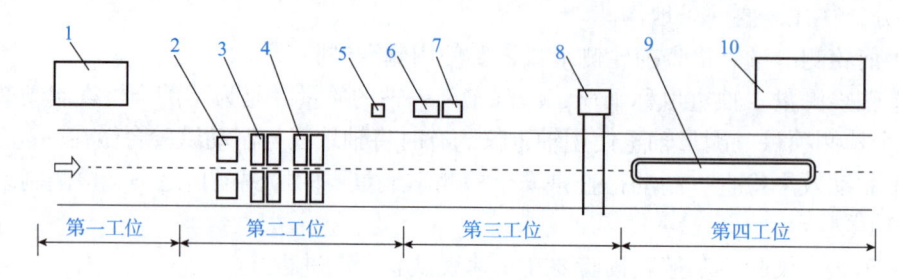

图 5-101　安全检测线设备布置

Fig.5-101　Safety detection line equipment layout

1—入口微机室；2—侧滑试验台；3—制动试验台；4—车速表试验台；5—声级计；
6—废气分析仪；7—烟度计；8—前照灯检测仪；9—地沟；10—主控微机室

图 5-101 是四工位检测线设备布置的一个例子。其中，第一工位为车辆申报和外观检查工位，第二工为 ABS 及噪声检查工位，第三工位是 HX 工位，第四工位是车底检查及结果打印工位。也有的检测线是将外观检查和车底检查合并在一个工位。各工位指示器位于该工位的前上方，图中未画出。

我国自行设计的检测线，就不一定都采用这种布置方式。

目前，国内的检测线都设计成微机控制的自动检测系统。因此，检测线除需要上述检测设备外，还需要一些控制设备。首先是两台计算机：一台放在检测线入口处，用于输入被检车辆的有关信息；另一台则是全系统的主控计算机，放在检测线出口处，用于系统监控、数据采集处理、结果打印和档案管理等。对全自动检测线来说，为了提示各工位检测流程和显示检测结果，常使用工位操作指示器，一般有两种结构形式：一种是灯箱结构，通过点亮灯箱上的某些字牌提示测试操作，或给出测试结果是否合格。如图 5-102 所示为一个用于 ABS 工位的灯箱式工位指示器示例。该图表示侧滑、前制动、后制动、手制动等项目均已测完并有了检测结果（其中侧滑检测不合格），现正在校验车速表。另一种是显示屏结构的工位指示器，提示信息的字符和数字直接以 LED（发光二极管）点阵形式显示，图 5-103 表示某一工位的 LED 指示器，显示字符一般只有 1～2 行，但是其中显示的内容可随时变化，用以及时提示工位操作和给出测试结果。

另外，检测线上还需要一些辅助设备，如对讲机、监视器、反光镜、光电开关等。

**3. 检测流程**

检测流程即某一汽车接受检测的全过程。以目前国内大多数检测站所采用的设备和图 5-103 所示的检测线布置为例进行说明。检测方法所依据的标准是目前通用的《机动车运行安全技术条件》（GB 7258—2017）。应该指出，国内有些检测站采用了平板式制动试验台取代滚筒式制动试验台，或依据其他标准进行检测，其检测过程和方法都可能与此不同。

| 侧滑 | | | O | X |
|---|---|---|---|---|
| 前制动 | 踩下 | 松开 | O | X |
| 后制动 | | | | |
| 手制动 | 拉紧 | 放开 | O | X |
| 车速表 | 40 km/h时按下按钮 | | O | X |
| 前进 | 暂停 | | 重测 | |

车速表　41.6 km/h　合格

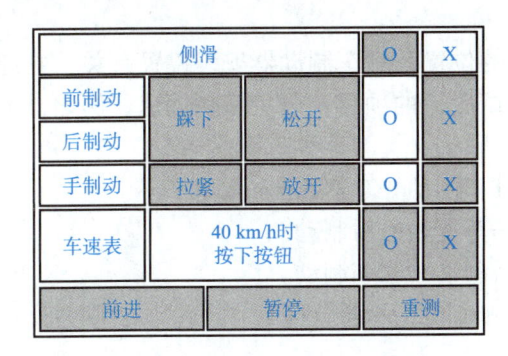

图 5-102　灯箱式工位指示器示例

Fig.5-102　Example of light box type station indicator

图 5-103　LED 点阵式工位指示器示例

Fig.5-103　Example of LED dot matrix station indicator

（1）第一工位。一般在检测线入口处设置一个红绿灯。当第一工位空闲时，绿灯亮，受检车可以驶入。

在该工位一方面做外观检查，同时要将受检车辆的有关资料输入入口计算机。这些资料包括车牌号、发动机号、底盘号、厂牌型号、车主、燃料类别（汽油或柴油，用以决定检测 CO、HC 还是测烟度）、驱动形式（前驱动或后驱动，因为不同的驱动方式在 A、B、S 工位的检测顺序不同，下面还要详细分析）、前照灯制（二灯或四灯，因为不同灯制检测标准不同）、检验类型（初检或年检等）、检验次数等。同时，也要将外观检查的结果输入同一计算机。

检测结束时，程序指示器会显示检测结果。当第二工位无车时，指示器会显示"前进"，提示本工位的车可进入第二工位。

（2）第二工位。进入第二工位后，若是一般后驱动、后驻车制动（手制动作用在后轮）的车辆，检测操作按以下程序进行：

1）侧滑检测：让汽车低速驶过侧滑试验台，此时不可转动转向盘。通过后，第二工位指示器即可显示侧滑检测结果。

2）将前轮驶上轴重仪测量前轴重。

3）将前轮驶上制动试验台测量前轴制动力。按工位指示器的提示，将制动踏板踩踏到底，即可测得前轴制动效果。此时指示器会显示出检测结果。若结果不合格，允许重测一次。

4）后制动：将后轮驶上制动台，按指示器的提示踩住制动踏板。指示器会显示后制动结果。若不合格，允许重测一次。

5）测驻车制动（手制动）：方法与测量前、后轮制动相同。可按指示器的提示拉住手制动杆。若不合格，允许重测一次。

6）车速表校验：将后轮驶上车速表试验台，驾驶员手持测试按钮。慢踩加速踏板（油门），当车速表指示 40 km/h 时按下测试按钮。指示器可显示检测结果。若不合格允许重测一次。测试完成后放松油门踏板，令车轮停转。

7）噪声或喇叭音量测试：按提示要求按喇叭约 2 s，或按要求测量车内噪声。测试完成后，指示器会显示检测结果。

这里需要注意的是，检测顺序与驱动轮的位置及驻车制动器安装位置有关。处理的原则就是测试完成前轮的项目之后，再测试后轮的项目，以免车辆倒退。例如，不同结构的车可采用以下不同的检测顺序：

①后驱动、后驻车：前制动—后制动—驻车制动—车速表。
②前驱动、前驻车：前制动—驻车制动—车速表—后制动。
③前驱动、后驻车：前制动—车速表—后制动—驻车制动。

第二工位测试完成后，若第三工位空闲，则工位指示器会提示"前进"，否则会显示"暂停"。

（3）第三工位。车进入第三工位后，按以下步骤操作：

1）将车停在与前照灯检测仪一定距离处（一般距离是 3 m），面向正前方。前照灯检测仪会自动驶入，分别测量左右灯远光的发光强度和照射方向。检测结果会在工位指示器上显示。

2）按指示器要求检测废气或烟度。检测废气时，令发动机处于怠速状态，将探头插入排气管，几秒钟之后指示器即显示检测结果。检测烟度时，应在发动机怠速状态下，将油门迅速踩到底。几秒钟之后指示器也会显示检测结果。烟度检测要求检测三次，取平均值。

此时若第四工位无车，指示器会提示进入第四工位。

（4）第四工位。第四工位以人工方式检查车底情况。部件连接是否牢固，有无变形、断裂，水、电、油、气有无泄漏等。检测人员通过对讲机或自制的按钮板等设备，将结果送至主控微机。

工位指示器会给出检测结果。主控微机汇总检测数据后，经过处理，打印出检测清单。检测清单的样式见表 5-11。

对检测结果的评价方法是：若某个检测项目中，有任何一个子项目不合格，则该检测项目就不合格。只有该项全部子项目都合格时，该项检测才算合格。同样，全部检测项目合格后，总结果才算合格。只要有一项检测不合格，总结果就不合格，需要送修理厂修理，然后进行复检。

这种全自动检测线的检测效率很高，据某检测线实际测算，一辆车全部检测一遍，大约需要 8 min。即使按三个工位测算，平均不到 3 min 就可检测完一辆车，1 h 可检测 20 辆车。若考虑日常维护，每天按检测 6 h 计算，一天可检测 120 辆车，所以检测线的年检能力可达 3 万辆以上。

检测线的经济效益和社会效益也是很好的。若预计本地区每年可检测汽车 8 000～

10 000 辆，就可考虑建设一个检测站。

### 4.检测站的计算机联网管理

为加强上级主管部门对检测站的管理和数据统计，我国有些省份已开始实施检测站计算机联网工作。从而各检测站的检测数据可以通过专用通信线传送到车管部门的专用服务器，便于上级部门对检测站的数据进行查询、监控和统计工作，大大提高了检测站的管理水平。

（1）联网模式。检测站与车管部门计算机联网，一般是通过 DDN 数字/数据专用网络或通过电话线网络实现。前者是推荐的联网方式，而利用电话网传输是过渡方式。车辆检测数据从检测站的专用计算机通过网络单向传输到当地车管部门的检测数据服务器。

（2）联网方案。由于各地检测站的建站时间先后不同，各检测站的检测设备及微机软硬件配置差别较大，这给联网工作的实施造成一定困难。各地的联网方案也应因地制宜。检测站与上级车管部门联网的示例如图 5-104 所示。

图 5-104　检测系统联网示例图

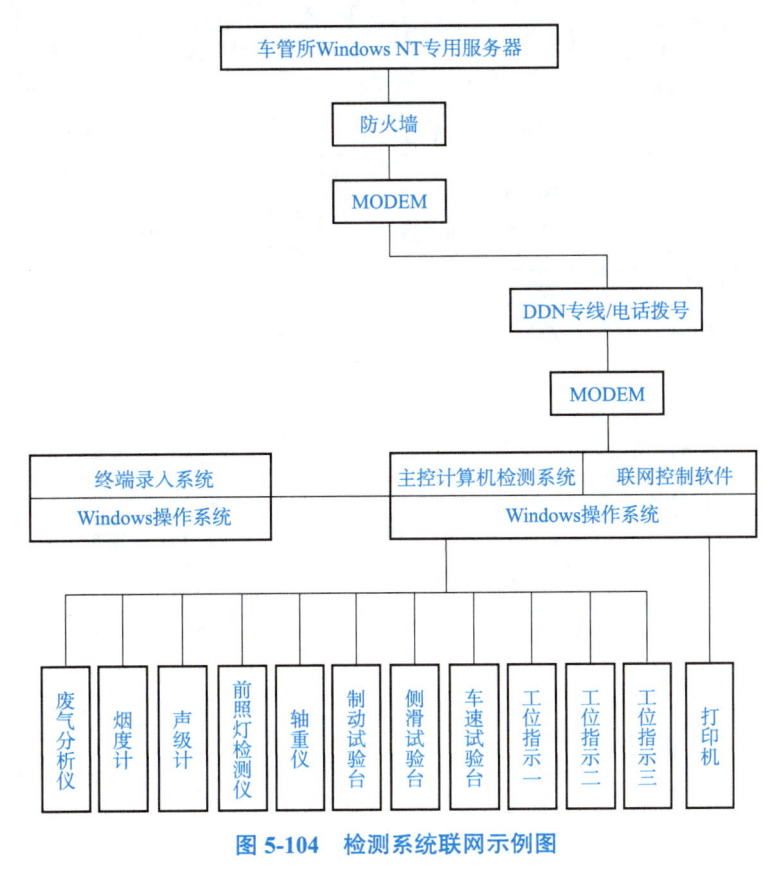

Fig.5-104　Example diagram of the detection system networking

检测系统联网的方案采用 Windows XP/NT 操作系统平台，可将检测系统与联网软件构筑在同一台计算机内，既节约费用，又便于系统升级。

汽车安全检测报告单样式，见表 5-11。

## 表 5-11 汽车安全检测报告单样式
## Table 5-11 Automobile safety inspection report form

江苏省汽车安全检测报告
NO.

检验单位：　　　　代码：　　　　电话：

| 车牌号码 | 粤 B-××××× | 总质量/座位 | |
|---|---|---|---|
| 车主 | ××× | 燃料类别 | 汽油 |
| 号牌种类 | | 驱动形式 | 后驱动 |
| 厂牌型号 | 丰田 | 前照灯制 | 二灯 |
| 发动机号码 | ×××××× | 前照灯高 | mm |
| 车架号码 | ××××××× | 检测次数 | 1 |
| 登记日期 | 2012.11.1 | 检验类型 | 年审 |

| 序号 | | 检测项目及结果 | | | | | 评价 |
|---|---|---|---|---|---|---|---|
| 1 | 排放 | 一氧化碳 | 3.7 | 碳氢化合物 ppm | | 563 | 合格 |
| | | 烟度 Rb | 一次 | 二次 | 三次 | 平均 | |
| 2 | 车速 | 车速表为 40 km/h 时的实测车速 /（km·h$^{-1}$） | | | | 39.1 | 合格 |
| 3 | 前照灯 | 子项 | 光照强度 /×100 cd | 远光偏移 垂直偏差 | 水平偏移 /（mm/10 m） | 近光偏移 垂直偏差 | 水平偏移 /（mm/10 m） | 合格 |
| | | 左内灯 | 239 | 下 135 | | 左 60 | | |
| | | 右内灯 | 221 | 下 136 | | 右 43 | | |
| | | 左外灯 | | | | | | |
| | | 右外灯 | | | | | | |
| 4 | 侧滑 | 侧滑量 /（m·km$^{-1}$） | | | 偏外 2.1 | | 合格 |
| 5 | 喇叭 | 声级 /dB（A） | | | 109.2 | | 合格 |
| 6 | 行车制动 | 子项 | | 轴荷 /kg | 制动力 /（×10 N） | 轮阻滞 /% | 协调时间 /s | 制动力平衡 /% | 轴制动 /% | 整车制动 /% | 合格 |
| | | 前轴 | 左 | 826 | 258 | 3.3 | 0.32 | 9.7 | 62.3 | 63.6 | |
| | | | 右 | | 257 | 0.0 | | | | | |
| | | 后轴 | 左 | 637 | 222 | 2.2 | 0.20 | 18.8 | 65.1 | | |
| | | | 右 | | 193 | 0.1 | | | | | |
| | | 驻车制动 | 左轮 /（×10 N） | 173 | 右轮 /（×10 N） | 174 | 总力/总质量 /% | 28.4 | 合格 |
| 7 | 外检 | 不合格项目：无 | | | | | 合格 |

| 总评结果：合格 检测日期：2012 年 11 月 1 日 | 引车员签章： 年 月 日 | 主任检验员签章： 年 月 日 | 考验员签章： 年 月 日 |
|---|---|---|---|

本检测站对上述检测结果负责

### 六、全自动汽车检测微机控制系统简介

从技术上来说，用于安全检测线的微机控制系统应属于微机工业控制的一个领域。由于这种系统集测量和控制于一体，所以也被看作一种微机测控系统。

#### 1. 微机控制系统的总体要求

（1）检测数据要准确。作为计量器具，每种检测设备都会有一定的误差。而计算机在进行数据采集和数据处理过程中，又难免会产生一些误差。我们总是希望检测结果的数据足够准确，清单上的每项检测结果的误差，都应在该检测项目的允许误差范围之内。为此，要从硬件和软件两个方面设法保证检测系统的精度。例如，在硬件方面，放大电路的线性度要好，A/D 转换精度要足够高，系统要具有较高的稳定性和抗干扰性等；在软件方面，要采用诸如数字滤波和曲线拟合等技术。

（2）系统可靠性要高。检测站的工作环境是比较差的，由于汽车连续通行，存在较多烟尘、噪声、振动和电磁干扰，同时，受气候影响，环境温度也经常变化。而全自动检测线每天要连续工作几个小时，不能因环境干扰或自身系统故障而中断。所以，对系统的可靠性要求很高。因此，硬件系统要采取许多措施，软件上要有系统自检功能。

（3）实时响应要快。由于检测线有几个工位同时工作，计算机既要随时采集数据，又要及时发出提示信息，还要打印数据结果，计算机输入、输出的数据量很大。为了应付繁忙的工作，一方面，计算机本身要具有较高的性能（速度快、容量大）；另一方面，软件上要采用适当的查询、中断和分时处理技术等。

（4）人机界面要好。人机界面要好是软件设计的问题。要做到显示画面清晰、美观，操作、使用方便，主控微机能监控全线各工位的工作情况，便于查阅检测数据，入口微机要便于数据的录入等。

#### 2. 两种基本的系统设计方案

（1）集中控制方案。集中控制方案是以一台主机直接控制整个检测现场的方案。作为一个实例，集中控制系统框图如图 5-105 所示。以主控微机为中心，说明系统是如何工作的。

1）与入口微机通信。被验汽车的资料信息从入口微机输入后，即以串行通信方式送入主控计算机。

2）模拟量输入。很多连接到微机系统上的检测仪器设备，在测量时都会输出小的电信号（mA 或 mV 级信号），它们与被测物理量呈一定函数关系（大部分是正比关系，少数是某种曲线关系）。这些可连续变化的电信号称为模拟信号或模拟量。其中有些小信号来自传感器的输出（如轴重、制动、侧滑等），也有些是来自测量仪表的信号输出端（如废气、烟度、声级等）。图 5-105 中将这些小信号都看作传感器信号。

这些小信号需经放大后，成为"标准信号"，也就是一定大小的电压或电流信号。如 0～5 V 或 0～10 V 的电压信号，或 4～20 mA 的电流信号。这些电信号要经 A/D 转换，即将模拟量转换为数字量后，方能输入计算机。被测信号的变换过程如图 5-106

所示。为了节省 A/D 转换器的数量以降低成本，往往在 A/D 转换之前加一个多路转换开关，在某一时刻只接通其中一路模拟信号。检测信号的输入过程也称为数据采集。

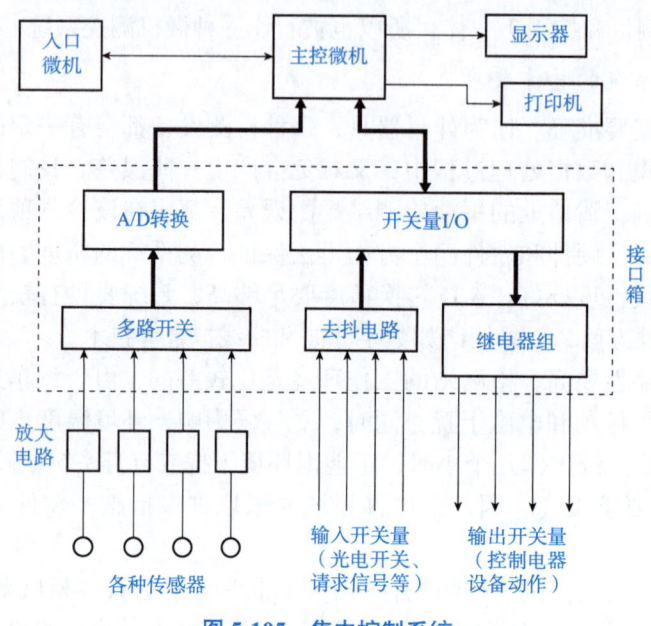

图 5-105　集中控制系统

Fig.5-105　Centralized control system

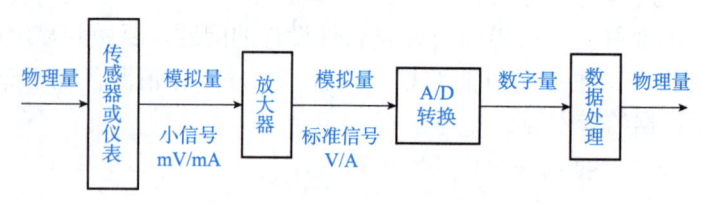

图 5-106　检测信号的多次变换

Fig.5-106　Multiple changes of detection signal

3）开关量与数字信号输入。检测线上有不少开关，如感受车辆通过的光电开关及车速测试请求按钮等。这些信号称为开关信号或开关量。对计算机来说，这些开关量就是以 bit（位）为单位的数字信号。

还有些数字信号，是以脉冲形式输入的（如车速表试验台，以光电编码盘或霍尔元件作为转速传感器时，就会产生与转速成比例的脉冲信号）。这些开关或数字信号在输入主机之前需要经"去抖电路"（或称整形电路）处理，以便将信号整理成规则的脉冲波形。

4）开关量输出。主机要控制很多检测设备的动作，这些控制命令往往也是开关量信号，从并行端口输出。例如，要控制入口处的红绿灯转换、制动试验台和车速表试验台的举升器升降、制动试验台驱动电动机的开停、前照灯检测仪的启动和归位等。若工位指示器是使用灯箱制作的，那么每个灯的亮灭也都是开关信号，开关量将更多。

在图 5-105 中,"开关量 I/O"表示开关量输入/输出端口。另外,微机本身的驱动能力很小,要控制上述这些有一定功率的开关器件,两者中间必须使用继电器。

在系统运行过程中,主机要承担以下工作:

①及时与入口微机通信,以及时取得被验车的有关资料。

②数据采集和数据处理。由上述过程和图 5-106 可知,检测数据送到主机之前,经过了多次变换。送入主机之后,必须首先还原成被测物理量,还要使主机处理的最终结果与被测原始物理量尽可能一致,要排除干扰信号,这就需要采用数字滤波、曲线拟合等软件。另外,要判断该检测项目是否合格,还要考虑不同的车型、种类、不同的检测标准等,这些都要由软件进行分析、计算和处理。

③检测过程控制。全线几个工位要同时检测各自不同的项目,主机必须监视各工位的工作状态,并及时向工位指示器发出相应的控制信息,给检测设备发出动作命令。

④显示与打印。主机要将检测线工作状况在显示器上以不同窗口或画面的形式显示出来。某车检测结束,还必须马上汇总数据打印检测清单。

可见,这种集中控制系统的主机工作是非常繁忙的。

(2)分级分布控制方案。分级分布控制方案类似于工业过程控制中的分散控制系统。它由一台主控计算机和若干现场控制微机(一般是用单片机或单板机)组成一种树形结构。其框图如图 5-107 所示。

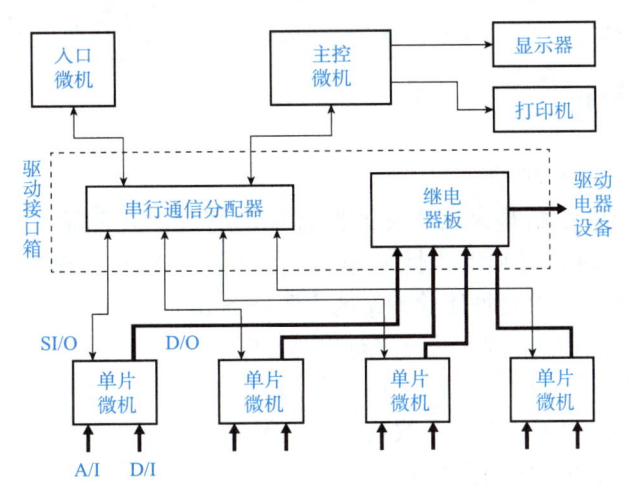

图 5-107 分级分布控制系统

Fig.5-107 Hierarchical distributed control system

在这种系统中,主控微机负责全线过程控制、打印及数据管理工作,而检测现场数据采集、数据处理、开关量输入/输出控制及数据通信等任务则由单片机承担。所以,每个单片机都包含放大电路、A/D 转换器、开关量输入/输出和串行通信接口等。在图 5-107 中,A/I 表示模拟量输入,D/I、D/O 分别代表开关量输入和输出,SI/O 表示串行通信接口。一般每个单片机控制 1~2 个检测项目,所以,每个工位至少有 1 台单片机(作为示意图,图 5-107 中只画了 4 台单片机,实际可能不只 4 台)。有的检测线设计中,单片机还接有数显电路,可以显示检测结果。这种单片机系统就成为完整意义的智能化检测仪表。

从图 5-107 中可以看出,单片机、入口微机与主机之间,全部是以串行通信形式进行信息传输。而主机本身并没有那么多串行通信接口,所以使用了一个"串行通信分配器",它起到"电话总交换机"的作用。

**3. 两种方案的比较**

集中控制系统现场各工位的全部数据采集、处理、打印、开关量 I/O 及整个过程控制等都由一台主机完成。因此,集中控制系统的主要优点是结构简单、硬件设备较少,微机系统资源利用充分,检测线造价较低;缺点是主机任务繁重,对主机的要求很高,因为一旦主机出现故障,就会引起全线瘫痪,所以系统的可靠性比较低。另外,模拟量的长线传输,容易产生干扰,就有可能影响检测精度。

分级分布控制系统除主机外,还有多台单片机作为现场控制。这种方式的主要优点是各台微机分工明确,任务比较均衡,便于局部调试和维护。由于单片机一般做成显示仪表,所以若主机出现故障,各工位仍可独立工作,从而提高了系统的可靠性。另外,由于模拟量的采集处理都在下位机进行,通信线传输的都是数字量,从而提高了系统的抗干扰能力。这种方案的缺点是系统较复杂,需要硬件较多,系统成本较高,维护工作量也比较大。

## 学习研讨

### 一、综合性能检测

**1. 综合性能检测站的职能**

汽车综合性能检测站是隶属于交通监理部门管理的检测站。其主要用于对运输车辆进行技术状况的监督和综合性能检验。按照《机动车安全技术检测站》(GB/T 35347—2017)的规定,综合性能检测站的主要任务如下:

(1) 对在用运输车辆的技术状况进行检测诊断;

(2) 对汽车维修行业的维修车辆进行质量检测;

(3) 接受委托,对车辆改装、改造、报废及其有关新工艺、新技术、新产品、科研成果等项目进行检测,提供检测结果;

(4) 接受公安、环保、商检、计量和保险等部门的委托,为其进行有关项目的检测,提供检测结果。

综上可以看出,综合性能检测站的功能比安全-环保型检测站要强一些,也是技术上比较权威的检验部门。

**2. 对综合性能检测站的一般要求**

(1) 检测项目及设备要求。综合性能检测站的检测项目与设备要求见表 5-12。

(2) 对计算机系统的要求。按照《汽车综合性能检测机构能力的通用要求》(GB/T

17993—2017）规定，如综合性能检测站采用计算机系统的，应满足下列要求：
1）采用计算机系统后，应不影响原检测设备所具有的功能；
2）采用计算机系统后，系统的示值误差应不低于原检测设备的精度要求；
3）当计算机及其附属设备、接口等出现故障时，原检测设备应能正常工作。
（3）对检测站人员的要求。
1）各级站应配备站长、技术负责人、质量负责人和专职检测员。
2）技术负责人、质量负责人应具有相应专业中级以上（含中级）技术职称。
3）全体检测人员必须经专门培训、考核、取得岗位合格证书。

表 5-12 汽车综合性能检测站检测项目及设备要求

Table 5-12 Testing items and equipment requirements of automobile comprehensive performance testing stations

| 序号 | 项目 | 检测项目 | 常见设备 | 计算机控制方式 |
|---|---|---|---|---|
| 1 | 动力性 | 发动机功率 | 汽车发动机检测仪 | 联网 |
| | | 底盘输出功率 | 汽车底盘测功机、大气压计、温度计、湿度计 | |
| | | 加速时间 | | |
| | | 驱动轮轮边稳定车速 | | |
| 2 | 经济性 | 等速百公里油耗 | 汽车底盘测功机、碳平衡油耗仪 | 联网 |
| 3 | 制动性能和滑行性能 | 轴载质量 | 轴（轮）重仪 | 人工录入或联网 |
| | | 制动力 | 制动检测试验台、专用检测设备 | |
| | | 制动不平衡力 | | |
| | | 车轮阻滞力 | | |
| | | 驻车制动力 | | |
| | | 制动系统协调时间 | | |
| | | 制动踏板力 | 制动踏板力计 | |
| | | 驻车制动装置操纵力 | 操纵力计 | |
| | | 制动距离 | 非接触式速度计 | |
| | | 制动减速度 | 便携式制动性能检测仪、非接触式速度计 | |
| 4 | 转向操纵性 | 侧滑量 | 侧滑检验台 | 联网 |
| | | 转向盘自由转动量 | 转向角检测仪 | 人工录入或联网 |
| 5 | 悬架特性 | 吸收率 | 悬架装置检验台 | 联网 |
| | | 左右轮吸收率差 | | |

续表

| 序号 | 项目 | 检测项目 | 常见设备 | 计算机控制方式 |
|---|---|---|---|---|
| 6 | 废气排放 | 汽油车废气排放 | 排气分析仪 | 联网 |
| | | 柴油车废气排放 | 排气烟度检测系统 | |
| 7 | 前照灯 | 前照灯发光强度 | 前照灯检测仪 | 联网 |
| | | 前照灯光轴偏移量 | | |
| 8 | | 车速表、里程表示值 | 车速表试验台（或汽车底盘测功机） | 联网 |
| 9 | 汽车噪声 | 客车内噪声 | 声级计 | 联网 |
| | | 驾驶员身旁噪声 | | |
| | | 车外噪声 | | |
| 10 | | 车身防雨密封性 | 喷淋装置 | 人工录入 |
| 11 | | 汽车侧倾角 | 汽车侧倾角检验仪 | 联网 |
| 12 | | 车轮阻滞力 | 滚筒反力式制动检验台 | 联网 |
| 13 | | 整车外观 | 轮胎气压表、钢卷尺、漆膜光泽测量仪、钢板尺、轮胎花纹深度尺 | 人工录入 |
| 14 | | 发动机诊断 | 汽车发动机检测仪、发动机示波器、曲轴箱窜气量检测仪、汽缸压力表 | 人工录入或联网 |
| 15 | | 底盘诊断 | 车轮动平衡机、汽车底盘间隙检测仪、传动系统游动角检测仪、不解体探伤仪、测温计、秒表 | 人工录入或联网 |

**3. 综合检测站设备布置**

以 A 级综合检测站为例进行说明。

检测站一般设计成两条检测线，一条是普通的安全检测线；另一条是对其他专用设备检测的综合检测线。图 5-108 给出了一种综合检测线设备布置图。

（1）安全检测线部分。安全检测线是有三个工位的。

第一工位除车辆数据录入外，包括车速表、废气（或烟度）和侧滑。之所以把这几个检测项目放在一起，是考虑它们的污染都比较大，置于检测线入口处，有利于通风。

第二工位包括灯光、喇叭和外观检查，所以该工位有一条地沟。

第三工位包括轴重、制动及液压踏板力计等。

（2）综合检测线部分。综合检测线也是三个工位，这里对有关项目和设备稍加解释。

第一工位的设备包括发动机综合分析仪、油耗计和底盘测功机等。发动机综合分析仪是测试发动机功率、点火等工作状况的仪器，底盘测功机和油耗计用于测量汽车的驱动力、功率、加速性等动力性能和燃料消耗情况。

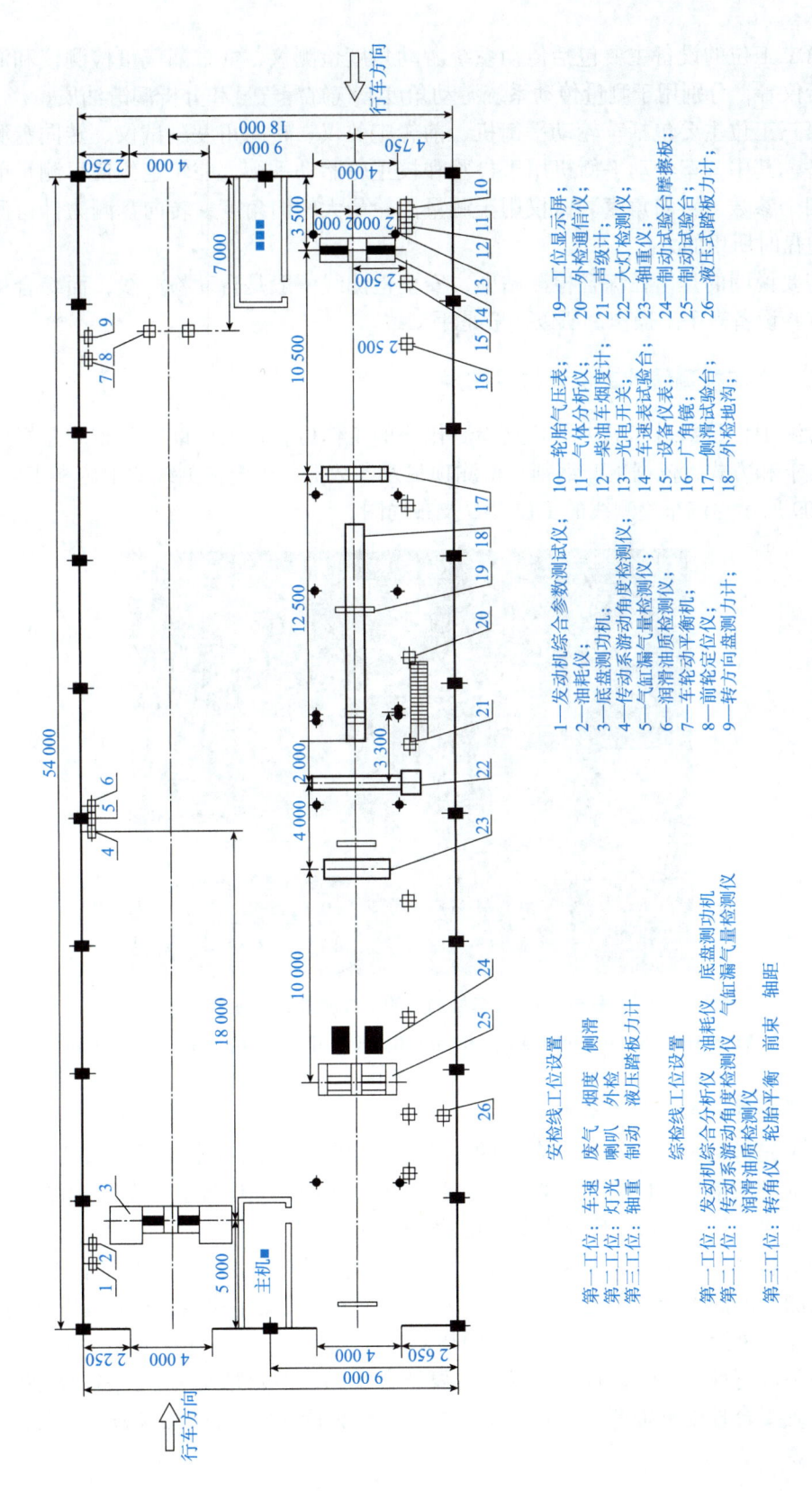

图 5-108 综合检测线设备布置图

Fig.5-108 Comprehensive inspection line layout drawing

1—发动机综合参数测试仪；
2—油耗仪；
3—底盘测功机；
4—传动系游动角度检测仪；
5—气缸漏气量检测仪；
6—润滑油质检测仪；
7—车轮动平衡机；
8—前轮定位仪；
9—转向盘测力计；
10—轮胎气压表；
11—气体分析仪；
12—柴油车烟度计；
13—光电开关；
14—车速表试验台；
15—设备仪表；
16—广角镜；
17—侧滑试验台；
18—外检地沟；
19—工位显示屏；
20—外检通信仪；
21—声级计；
22—大灯检测仪；
23—轴重；
24—制动试验台脚踏板；
25—制动试验台；
26—液压式踏板力计；

安检线工位设置
第一工位：车速 灯光 轴重
第二工位：废气 烟度 侧滑
第三工位：喇叭 外检 制动 液压踏板力计

综检线工位设置
第一工位：发动机综合分析仪 油耗仪 底盘测功机
第二工位：传动系游动角度检测仪 气缸漏气量检测仪
第三工位：润滑油质检测仪 轮胎平衡 转角仪 前束 轴距

第二工位的设备主要包括传动系统游动角度检测仪、气缸漏气量检测仪和润滑油质检验仪等，分别用于测量传动系统游动角度、气缸漏气量和分析润滑油质量。

第三工位主要包括车轮动平衡机、前轮定位仪、转向角度测试仪、转向盘测力计等设备。其中，车轮动平衡机用于检验和校正轮胎动平衡，前轮定位仪可测量前轮定位的四个参数，转向角度测试仪用于测量前轮最大转向角度，转向盘测力计可测量转动转向盘时所用的力。

需要说明的是，在综合检测站中，安全检测线一般是自动检测线，而综合检测线由于有些设备需手工操作，所以一般是手动线。

### 二、汽车检测线的工位设置及布局

检测工位是指对车辆进行独立检测作业的工作位置。工位设置及布局是指按照一定的要求和方式，依据生产纲领、检测项目及参数等，确定检测线的工位和工艺流程。图 5-109 所示为汽车检测线的工位设置及布局图。

图 5-109　汽车检测线的工位设置及布局图

Fig.5-109　Station setting and layout diagram of automobile inspection line

#### 1. 工位设置及布局的基本要求

（1）先进性。工位设置及布局的先进性应该体现在新技术、新工艺的有效运用，能充分地利用信息、网络、计算机控制技术等。先进的工位设置及布局能保证检测过程的有序和高效，能适应现代汽车高技术性能检测的需求。

（2）前瞻性。工位设置及布局要适应国家有关政策、法律、法规变化的需要，要适应检测标准的更新和变化。工位设计及布局应考虑检测站功能的扩展和发展的需要，其工艺性应灵活、项目参数的增减和调整要留有空间、技术手段要能随时更新。

（3）可行性。工位设置及布局一定要结合实际，不能好大求全、浪费资源和重复投资。既要合理配置资源，又要以充分的资源保证国家有关法律、法规及标准的贯彻和落实。

## 2. 工位设置及布局的基本形式

检测线工位的设置最好遵循"三最原则"，即检测时全线综合效率最高、所需人员最少、对现场的污染最小。我国引进的检测线的工位布局一般如下：

（1）L工位：负责汽车车体上部的外观检查。

（2）ABS工位：包含侧滑试验台、制动试验台、车速表试验台，统称为侧滑制动车速表工位。

（3）HX工位：包含前照灯检验仪、废气分析仪，统称灯光尾气工位。

（4）P工位：车底检查工位，需要设置地沟。

## 3. 双线综合式工位布置及检测流程

双线综合式工位设置是将汽车安全环保检测项目组成的工位布置成一条检测线，即安全环保检测线，再将汽车性能综合检测项目组成的工位布置成另一条检测线，即综合检测线。双线综合式工位布置如图5-110所示。

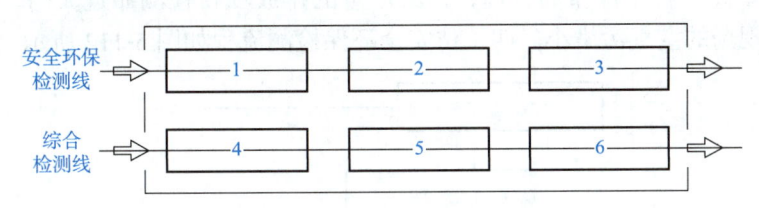

图5-110 双线综合式工位布置

Fig.5-110 Two-line integrated station layout

1—外观检查工位；2—侧滑制动车速表工位；3—灯光尾气工位；4—外观检查及车轮定位工位；5—制动工位；6—底盘测功工位

（1）安全环保检测线。安全环保检测线检测的内容基本一致，但项目的组合、工位的设置因实际情况的不同会有差异，通常设置3～5个工位。

1）四工位安全环保检测线。国内采用的一种四工位安全环保检测线包括外部检查工位，排放、车速表工位，轴重、制动工位，前照灯及噪声、侧滑工位。四工位安全环保检测线布置图如图5-111所示。

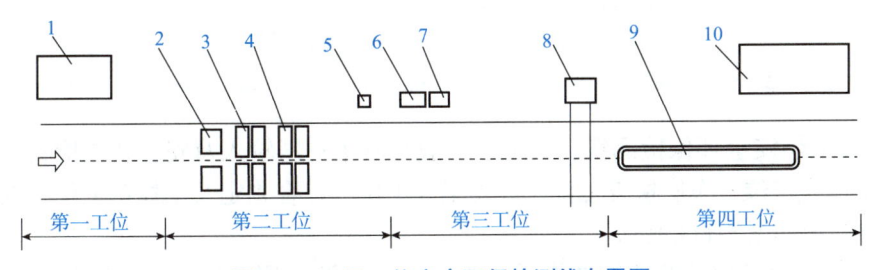

图5-111 四工位安全环保检测线布置图

Fig.5-111 Four-station safety and environmental protection inspection line layout drawing

1—入口计算机房；2—侧滑试验台；3—制动试验台；4—车速试验台；5—声级计；6—废气分析仪；7—烟度计；8—前照灯检测仪；9—地沟；10—主控计算机房

①外部检查工位：设置在室外，属于人工检验，主要进行车辆唯一性确认、整车

装备完整有效性检查等。

②排放、车速表工位：检测项目是排放检测、烟度检测、车速表检测、车底外观检查、汽车底盘间隙检测等。该工位配置的主要设备有不分光红外分析仪、不透光烟度计、车速表校验试验台、汽车底盘间隙检测台等。另外，还配有地沟，用于车底外观检查。

③轴重、制动工位：主要检测内容是各轴轴重、各轮制动力、制动力平衡、车轮阻滞力、驻车制动力和制动协调时间。该工位配置的主要设备有制动试验台、轴重计。

④前照灯及噪声、侧滑工位：检测项目是前照灯检测、喇叭声级检测、车轮侧滑量检测等。该工位配置的主要设备有汽车前照灯检测仪、声级计和双滑板式侧滑试验台。

四工位安全环保检测线各工位检测项目搭配恰当，工艺节拍性好，工位停留时间短，检测效率高；各工位布局合理，污染严重的排放项目检测靠近大门，检测时车辆排放对检测现场的空气污染小。四工位安全环保检测流程如图 5-112 所示。

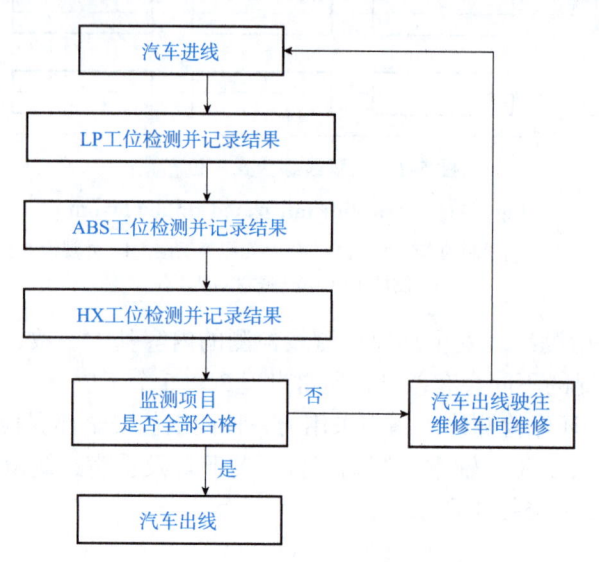

图 5-112 四工位安全环保检测流程图

Fig.5-112 Four-station safety and environmental protection inspection flow chart

2）五工位安全环保检测线。五工位一般是汽车资料输入及安全装置检查工位、侧滑制动车速表工位、车底检查工位、灯光尾气工位、综合判定及主控室工位。五工位安全环保检测线如图 5-113 所示。

全自动安全环保检测线进线指示灯为绿灯时，被检测车辆可驶入检测线停在第一工位上。此时，进线指示灯转为红色。输入车辆相关资料后，即可进行检测，并将检测结果显示在检验程序指示器上。当第二工位无车时，指示器会显示"前进"二字。当汽车驶离时遮挡光电开关，进线指示灯转为绿色，通知下一辆汽车驶入。全自动安全环保检测线检测流程如图 5-114 所示。

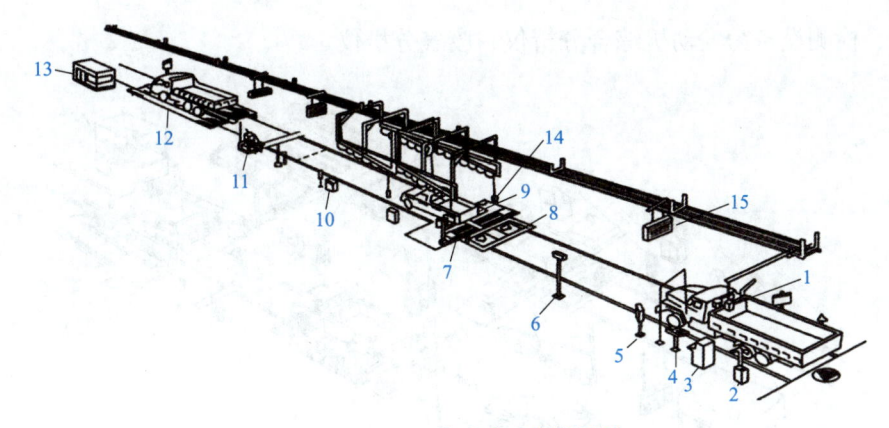

图 5-113 五工位安全环保检测线

Fig.5-113 Five-station safety and environmental protection inspection line

1—进线指示器；2—烟度计；3—汽车资料登录计算机；4—安全装置检查不合格项目输入键盘；5—烟度计；6—电视摄像机；7—制动试验台；8—侧滑试验台；9—车速表试验台；10—废气分析仪；11—前照灯检测仪；12—车底检查工位；13—主控室；14—车速表检测申报开关；15—检验程序指示器

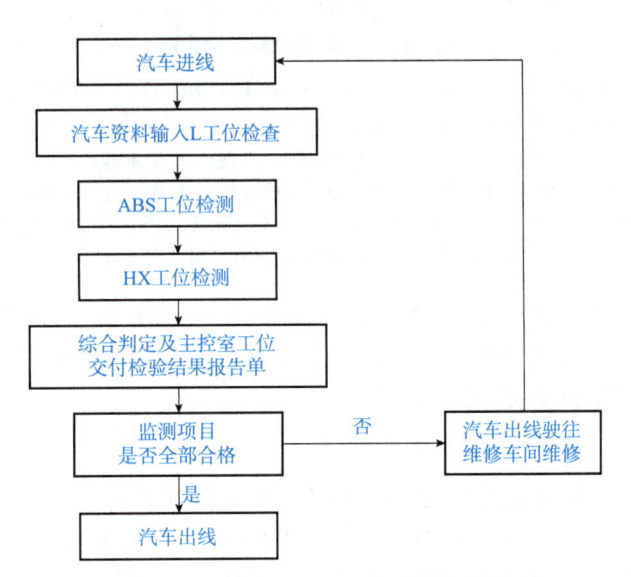

图 5-114 全自动安全环保检测线检测流程图

Fig.5-114 Flow chart of automatic safety and environmental protection testing line

（2）综合检测线。国内大多 A 级检测站都采用安全环保检测线与综合检测线分离的形式。综合检测线主要由底盘测功工位、发动机综合检测工位和车轮定位及转向检测工位组成。综合检测线布置如图 5-115 所示。

综合检测线上测量的项目如下：

1）测试整车性能：检测驱动轮的输出功率或驱动力，测试车速、加速性能、滑行性能，检测百公里耗油量和经济车速等，检测设备为底盘测功机。

2）测试发动机性能和技术状况：点火系，废气排放，供油系、润滑系检测、分析和判断，检测设备为发动机综合分析仪、废气分析仪。

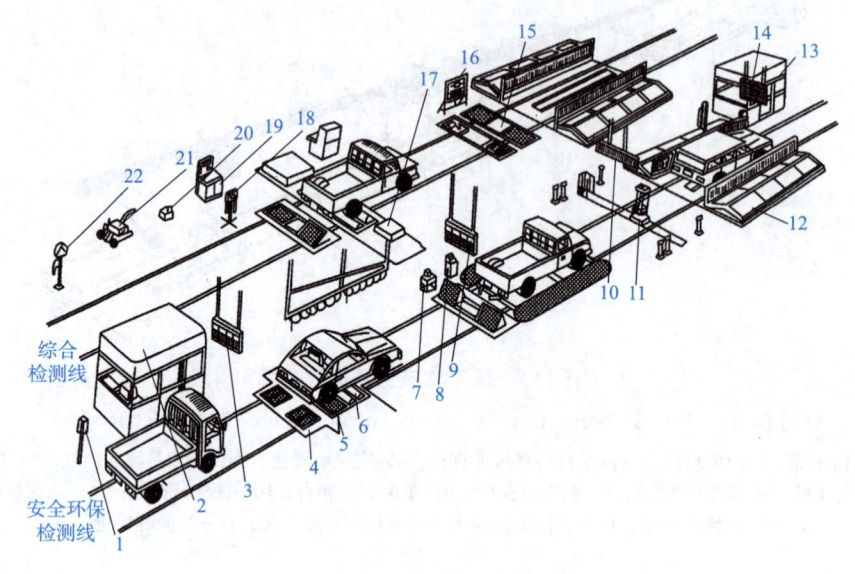

图 5-115　综合检测线布置图

Fig.5-115　Comprehensive inspection line layout drawing

1—进线指示灯；2—进线控制室；3—L 工位检验程序指示器；4, 15—侧滑试验台；5—制动试验台；6—车速表试验台；7—废气分析仪；8—烟度计；9—ABS 工位检验程序指示器；10—HX 工位检验程序指示器；11—前照灯检测仪；12—地沟系统；13—主控制室；14—P 工位检验程序指示器；16—前轮定位检测仪；17—底盘测功工位；18, 19—发动机综合测试仪；20—机油清净性分析仪；21—就车式车轮平衡机；22—轮胎自动充气机

3）测试底盘技术状况：车轮定位、传动系统、转向系统等，检测设备为四轮定位仪。
4）异响检测、分析并判断：发动机和传动系统，检测设备为异响分析仪。
检测各总成温度和发动机排气温度。

### 4. 全能综合式工位布置及检测流程

全能综合检测线设有包括安全环保检测线在内的比较齐全的工位，通常的工位设置及布局是外部检查工位→车轮定位工位→制动工位→底盘测功工位。

（1）外部检查工位设置在室外，主要进行车辆唯一性确认、整车装备完整有效性检查。

（2）车轮定位工位的主要检测项目有车轮动平衡检测、车轮定位检测、车轮侧滑量检测、底盘间隙检测、传动系统游动间隙检测、转向系统检测、悬架检测。

（3）制动工位的主要检测项目有轴重、各轮制动力、制动力平衡、车轮阻滞力、驻车制动力、制动协调时间。

（4）底盘测功工位的主要检测项目有底盘测功、车速表校验、油耗测量、排放检测、电气检测、发动机各大系统综合检测、前照灯检验、噪声测定等。

全能综合检测线检测工序一般有 L 工位检测、ABS 及噪声检查工位检测、HX 工位检测、P 工位检测。其检测步骤如图 5-116 所示。

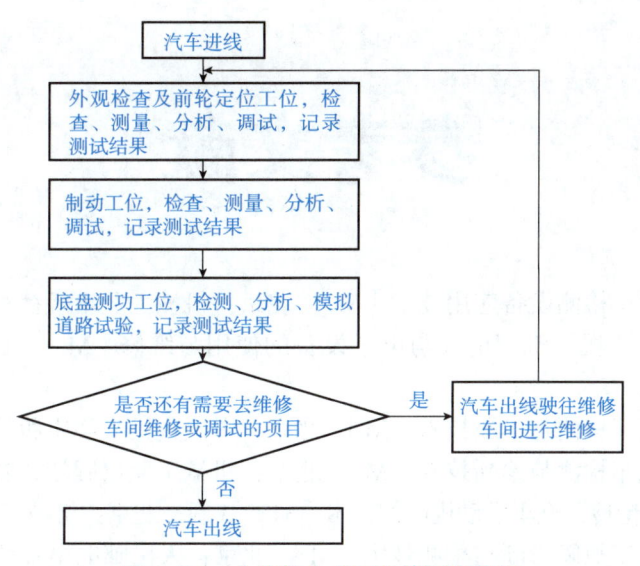

图 5-116　全能综合式工位检测流程图

Fig.5-116　Almighty comprehensive station inspection flow chart system

### 5. 检测站的计算机控制系统

现代汽车检测站普遍采用计算机控制系统，该系统将计算机技术与自动控制技术、网络通信技术相结合，对车辆的安全性、动力性、燃料经济性、尾气排放、整车装备等参数进行测量、计算、判断，并将结果进行输出、存储、传送。检测站的计算机控制系统实物图如图 5-117 所示。汽车检测站计算机控制系统由车辆登录子系统、测控子系统、监控子系统、业务管理子系统、财务子系统、系统维护子系统等构成。

图 5-117　检测站的计算机控制系统实物图

Fig.5-117　Physical map of the computer control of the inspection station

工作页 25（任务八　汽车检测站）见工作页手册

# 参考文献

［1］ 张建俊. 汽车检测设备应用技术［M］. 北京：机械工业出版社，2002.
［2］ 邵恩坡，吴文民. 汽车电气与电子设备的使用与维修［M］. 北京：中国电力出版社，2004.
［3］ 吴兴敏. 汽车检测与诊断技术［M］. 北京：中国人民大学出版社，2008.
［4］ 邹小明. 汽车检测与诊断技术［M］. 北京：机械工业出版社，2006.
［5］ 张西振，黄艳玲. 汽车发动机电控技术［M］. 3版. 北京：机械工业出版社，2017.
［6］ 王秀贞. 汽车故障诊断与检测技术［M］. 北京：人民邮电出版社，2003.
［7］ 索文义. 汽车电器设备电路与维修［M］. 2版. 北京：化学工业出版社，2015.
［8］ 陈焕江. 汽车检测与诊断［M］. 3版. 北京：机械工业出版社，2014.
［9］ 王忠良，王子晨. 汽车检测与诊断［M］. 北京：高等教育出版社，2020.
［10］ 丁在明. 汽车故障诊断与检测［M］. 北京：北京理工大学出版社，2019.
［11］ 李德刚，李春彦，许允. 汽车性能检测与故障诊断［M］. 南京：东南大学出版社，2017.
［12］ https：//mooc.icve.com.cn/cms/courseDetails/index.htm?cid=qcjzqd050xjx721.

# 汽车故障综合诊断技术

## 工作页手册

主　编　卢　华　张红党
副主编　杨宏图　张凤娇　吴海龙
参　编　陈　新　廖旭晖　卞荣花　於立新
主　审　李　彦

北京理工大学出版社
BEIJING INSTITUTE OF TECHNOLOGY PRESS

# 目 录
## CONTENTS

**项目一　汽车故障综合诊断技术的基础知识** ……………………………………… 1

　　工作页 1（任务一　了解汽车故障诊断的基本概况）…………………………… 1
　　工作页 2（任务二　学习汽车故障综合诊断基础知识）………………………… 2

**项目二　发动机的检测与故障诊断** ………………………………………………… 4

　　工作页 3（任务一　掌握发动机主要检测设备的使用方法）…………………… 4
　　工作页 4（任务二　发动机功率的检测）………………………………………… 6
　　工作页 5（任务三　气缸密封性的检测）………………………………………… 9
　　工作页 6（任务四　点火系统检测）……………………………………………… 11
　　工作页 7（任务五　发动机异响的诊断）………………………………………… 13
　　工作页 8（任务六　电子控制汽油喷射式发动机的检测与故障诊断）………… 16
　　工作页 9（任务七　高压共轨柴油机电控系统故障诊断）……………………… 18

**项目三　汽车底盘的机械系统检测与故障诊断** …………………………………… 21

　　工作页 10（任务一　传动系统检测与故障诊断）……………………………… 21
　　工作页 11（任务二　转向系统检测与故障诊断）……………………………… 23
　　工作页 12（任务三　行驶系统检测与故障诊断）……………………………… 26
　　工作页 13（任务四　制动系统检测与故障诊断）……………………………… 29

**项目四　汽车车身电控系统检测与故障诊断** ……………………………………… 33

　　工作页 14（任务一　电子巡航控制系统故障诊断）…………………………… 33
　　工作页 15（任务二　中央门锁及防盗系统检测与故障诊断）………………… 36
　　工作页 16（任务三　汽车空调系统检测与故障诊断）………………………… 39
　　工作页 17（任务四　汽车安全气囊系统检测与故障诊断）…………………… 41

## 项目五  汽车整车检测与故障诊断······45

工作页 18（任务一　汽油车排放污染物检测）······45

工作页 19（任务二　柴油车自由加速烟度检测）······48

工作页 20（任务三　汽车动力性检测）······50

工作页 21（任务四　汽车经济性检测）······53

工作页 22（任务五　汽车侧滑检测）······56

工作页 23（任务六　前照灯检测）······59

工作页 24（任务七　噪声检测）······62

工作页 25（任务八　汽车检测站）······64

# 项目一
## 汽车故障综合诊断技术的基础知识

### 工作页 1（任务一　了解汽车故障诊断的基本概况）

**汽车故障诊断基本概况检查与评价**

| 项目名称 | 汽车故障综合诊断技术的基础知识 | 学生姓名 | | 学号 | |
|---|---|---|---|---|---|
| 任务一 | 了解汽车故障诊断的基本概况 | 学时 | 1 | 成绩 | |
| 实训设备 | 相关资料 | 实训场地 | | 日期 | |
| 任务目的 | （1）了解汽车故障诊断技术的一些基本专业术语；<br>（2）了解汽车故障的变化规律；<br>（3）了解汽车故障诊断类型、方法及特点 | | | | |

## 检查评价内容

### ➡ 任务实施

（1）汽车故障诊断技术的一些基本专业术语有哪些？




（2）汽车故障的变化规律是怎样的？




（3）汽车故障诊断类型、方法及特点是什么？

## 任务评价

表1-1 汽车故障诊断基本概况表现评分表

| 序号 | 评价项目 | 评价指标 | 分值 | 自评（30%） | 互评（30%） | 师评（40%） | 合计 |
|---|---|---|---|---|---|---|---|
| 1 | 职业素养（30分） | 制订计划能力强，严谨认真 | 5 | | | | |
| | | 责任意识、服从意识 | 5 | | | | |
| | | 团队合作、交流沟通、分享能力 | 5 | | | | |
| | | 遵守行业规范、现场7S管理 | 5 | | | | |
| | | 完成任务积极主动 | 5 | | | | |
| | | 采取多种手段收集信息、解决问题 | 5 | | | | |
| 2 | 专业能力（60分） | 了解汽车故障诊断技术的一些基本专业术语 | 20 | | | | |
| | | 了解汽车故障的变化规律 | 20 | | | | |
| | | 了解汽车故障诊断类型、方法及特点 | 20 | | | | |
| 3 | 创新意识（10分） | 创新性思维和行动 | 10 | | | | |
| | 合计 | | 100 | | | | |
| | 综合得分 | | | | | | |

## 工作页2（任务二 学习汽车故障综合诊断基础知识）

### 汽车故障综合诊断基础知识检查与评价

| 项目名称 | 汽车故障综合诊断技术的基础知识 | 学生姓名 | | 学号 | |
|---|---|---|---|---|---|
| 任务二 | 学习汽车故障综合诊断基础知识 | 学时 | 1 | 成绩 | |
| 实训设备 | 相关资料 | 实训场地 | | 日期 | |
| 任务目的 | （1）学习汽车的诊断参数；<br>（2）学习汽车的诊断标准；<br>（3）学习汽车的诊断周期 | | | | |

# 检查评价内容

## ➡ 任务实施

（1）什么是汽车的诊断参数？一般有哪些？

（2）什么是汽车的诊断标准？类型有哪些？

（3）什么是汽车的诊断周期？

## ➡ 任务评价

表 1-2　汽车故障综合诊断基础知识表现评分表

| 序号 | 评价项目 | 评价指标 | 分值 | 自评（30%） | 互评（30%） | 师评（40%） | 合计 |
|---|---|---|---|---|---|---|---|
| 1 | 职业素养（30分） | 制订计划能力强，严谨认真 | 5 | | | | |
| | | 责任意识、服从意识 | 5 | | | | |
| | | 团队合作、交流沟通、分享能力 | 5 | | | | |
| | | 遵守行业规范，现场7S管理 | 5 | | | | |
| | | 完成任务积极主动 | 5 | | | | |
| | | 采取多种手段收集信息、解决问题 | 5 | | | | |
| 2 | 专业能力（60分） | 学习汽车的诊断参数 | 20 | | | | |
| | | 学习汽车的诊断标准 | 20 | | | | |
| | | 学习汽车的诊断周期 | 20 | | | | |
| 3 | 创新意识（10分） | 创新性思维和行动 | 10 | | | | |
| | | 合计 | 100 | | | | |
| | | 综合得分 | | | | | |

# 项目二
## 发动机的检测与故障诊断

### 工作页 3（任务一　掌握发动机主要检测设备的使用方法）

**发动机主要检测设备的使用方法检查与评价**

| 项目名称 | 发动机的检测与故障诊断 | 学生姓名 | | 学号 | |
|---|---|---|---|---|---|
| 任务一 | 掌握发动机主要检测设备的使用方法 | 学时 | 6 | 成绩 | |
| 实训设备 | 相关资料 | 实训场地 | | 日期 | |
| 任务目的 | （1）掌握汽车万用表、内窥镜的作用及使用方法；<br>（2）掌握解码器的作用及使用方法；<br>（3）掌握发动机综合性能分析仪的作用及使用方法 ||||| 

### 一、资讯

1. 在发动机的综合性能检测中，使用到的检测设备主要有_____、_____、_____、_____、_____。

2. 万用表可测量_____、_____、_____、_____、_____等。

3. 解码器的功能主要有_____、_____、_____。

4. 发动机综合性能分析仪主要由_____、_____、_____、_____组成。

### 二、计划与决策

请根据汽车检测的要求，确定所需要的工具，并制订详细的检查和更换计划。

#### 1. 组织方式

（1）实训场地：

（2）实训设备：

（3）实训工具：

#### 2. 操作要求

3. 检测

三、实施

（1）用金德 KT600 解码器检测奇瑞 A3 进取型轿车的 ABS 速度传感器，进行特征波形测试、读故障码和数据流。

（2）用博世 FSA740 发动机综合性能分析仪检测奇瑞 A3 进取型轿车的电控发动机的传感器和执行器，进行波形测试、读故障码和数据流。

四、任务反思

（1）叙述汽车万用表的功能。

（2）叙述解码器的功能。

（3）叙述发动机综合性能分析仪的功能。

## 任务评价

**表 2-1 发动机主要检测设备的使用方法表现评分表**

| 序号 | 评价项目 | 评价指标 | 分值 | 自评（30%） | 互评（30%） | 师评（40%） | 合计 |
|---|---|---|---|---|---|---|---|
| 1 | 职业素养（30分） | 制订计划能力强，严谨认真 | 5 | | | | |
| | | 责任意识、服从意识 | 5 | | | | |
| | | 团队合作、交流沟通、分享能力 | 5 | | | | |
| | | 遵守行业规范，现场7S管理 | 5 | | | | |
| | | 完成任务积极主动 | 5 | | | | |
| | | 采取多种手段收集信息、解决问题 | 5 | | | | |
| 2 | 专业能力（60分） | 掌握汽车万用表、内窥镜的作用及使用方法 | 20 | | | | |
| | | 掌握解码器的作用及使用方法 | 20 | | | | |
| | | 掌握发动机综合性能分析仪的作用及使用方法 | 20 | | | | |
| 3 | 创新意识（10分） | 创新性思维和行动 | 10 | | | | |
| | 合计 | | 100 | | | | |
| | 综合得分 | | | | | | |

## 工作页 4（任务二 发动机功率的检测）

### 发动机功率的检测与评价

| 项目名称 | 发动机的检测与故障诊断 | 学生姓名 | | 学号 | |
|---|---|---|---|---|---|
| 任务二 | 发动机功率的检测 | 学时 | 2 | 成绩 | |
| 实训设备 | 相关资料 | 实训场地 | | 日期 | |
| 任务目的 | （1）掌握发动机功率检测的方法和特点；<br>（2）掌握发动机无负荷测功的一般方法；<br>（3）利用无负荷测功设备检测发动机的单缸功率 | | | | |

### 一、资讯

1.测量发动机的功率，可以有_____和_____两类方法。

2.测量发动机最大功率的下降程度，可以作为衡量发动机_____或_____技术状况变化的一个指标。

3. 可以采用_____办法来判断某缸技术状况是否完好。
4. 可使用_____设备进行无外载测功。

## 二、计划与决策

请根据汽车检测的要求，确定所需要的工具，并制订详细的检查和更换计划。

### 1. 组织方式

（1）实训场地：

（2）实训设备：

（3）实训工具：

### 2. 操作要求

### 3. 检测

## 三、实施

（1）使用发动机综合性能分析仪对某型号汽车发动机进行无外载测功。

（2）发动机的单缸功率检测试验。

### 四、任务反思

（1）叙述发动机功率检测的作用。

（2）叙述发动机无负荷测功的方法。

（3）叙述发动机单缸功率检测的作用。

### 任务评价

表 2-2　发动机功率的检测表现评分表

| 序号 | 评价项目 | 评价指标 | 分值 | 自评（30%） | 互评（30%） | 师评（40%） | 合计 |
|---|---|---|---|---|---|---|---|
| 1 | 职业素养（30分） | 制订计划能力强，严谨认真 | 5 | | | | |
| | | 责任意识、服从意识 | 5 | | | | |
| | | 团队合作、交流沟通、分享能力 | 5 | | | | |
| | | 遵守行业规范，现场 7S 管理 | 5 | | | | |
| | | 完成任务积极主动 | 5 | | | | |
| | | 采取多种手段收集信息、解决问题 | 5 | | | | |
| 2 | 专业能力（60分） | 掌握发动机功率检测的方法和特点 | 20 | | | | |
| | | 掌握发动机无负荷测功的一般方法 | 20 | | | | |
| | | 利用无负荷测功设备检测发动机的单缸功率 | 20 | | | | |
| 3 | 创新意识（10分） | 创新性思维和行动 | 10 | | | | |
| | 合计 | | 100 | | | | |
| | 综合得分 | | | | | | |

## 工作页 5（任务三　气缸密封性的检测）

**气缸密封性的检测与评价**

| 项目名称 | 发动机的检测与故障诊断 | 学生姓名 |  | 学号 |  |
|---|---|---|---|---|---|
| 任务三 | 气缸密封性的检测 | 学时 | 2 | 成绩 |  |
| 实训设备 | 相关资料 | 实训场地 |  | 日期 |  |
| 任务目的 | （1）掌握发动机气缸压缩压力的检测方法与步骤；<br>（2）掌握发动机进气管真空度的检测方法和步骤 ||||||

### 一、资讯

1.气缸密封性与发动机的_____、_____、_____、_____、_____和_____等零件的技术状况有关。

2.气缸密封性的诊断参数主要有_____、_____、_____、_____及_____等。

3.检测气缸压力所使用的检测设备有_____和_____。

### 二、计划与决策

请根据汽车检测的要求，确定所需要的工具，并制订详细的检查和更换计划。

#### 1. 组织方式

（1）实训场地：

（2）实训设备：

（3）实训工具：

#### 2. 操作要求

#### 3. 检测

## 三、实施

（1）使用气缸压力表检测某型号汽车发动机气缸压缩压力。

（2）用真空表检测某型号汽车发动机进气管真空度。

## 四、任务反思

（1）叙述气缸密封性检测的作用。

（2）叙述气缸密封性检测的方法。

（3）叙述发动机进气管真空度检测的作用。

## 任务评价

表 2-3　气缸密封性的检测表现评分表

| 序号 | 评价项目 | 评价指标 | 分值 | 自评（30%） | 互评（30%） | 师评（40%） | 合计 |
|---|---|---|---|---|---|---|---|
| 1 | 职业素养（30分） | 制订计划能力强，严谨认真 | 5 | | | | |
| | | 责任意识、服从意识 | 5 | | | | |
| | | 团队合作、交流沟通、分享能力 | 5 | | | | |
| | | 遵守行业规范，现场 7S 管理 | 5 | | | | |
| | | 完成任务积极主动 | 5 | | | | |
| | | 采取多种手段收集信息、解决问题 | 5 | | | | |

续表

| 序号 | 评价项目 | 评价指标 | 分值 | 自评（30%） | 互评（30%） | 师评（40%） | 合计 |
|---|---|---|---|---|---|---|---|
| 2 | 专业能力（60分） | 掌握发动机气缸压缩压力的检测方法与步骤 | 30 | | | | |
| | | 掌握发动机进气管真空度的检测方法和步骤 | 30 | | | | |
| 3 | 创新意识（10分） | 创新性思维和行动 | 10 | | | | |
| | | 合计 | 100 | | | | |
| | | 综合得分 | | | | | |

## 工作页 6（任务四　点火系统检测）

**点火系统的检测与评价**

| 项目名称 | 发动机的检测与故障诊断 | 学生姓名 | | 学号 | |
|---|---|---|---|---|---|
| 任务四 | 点火系统检测 | 学时 | 2 | 成绩 | |
| 实训设备 | 相关资料 | 实训场地 | | 日期 | |
| 任务目的 | （1）掌握汽油发动机传统点火系统点火初级、次级电压标准波形，并会进行典型故障波形分析；<br>（2）掌握发动机点火提前角的作用及测试方法 | | | | |

### 一、资讯

1. 对点火系统进行检查的方法，主要是利用仪器分析点火线圈_____、_____电压波形，进而判断点火系统的工作情况及测试_____等。

2. 对点火系统进行检查一般使用_____或_____等仪器。

3. 从点火开始到活塞到达_____的这段时间_____的角度就是点火提前角。

4. 目前一般使用_____或_____来测试点火提前角。

### 二、计划与决策

请根据汽车检测的要求，确定所需要的工具，并制订详细的检查和更换计划。

**1. 组织方式**

（1）实训场地：

（2）实训设备：

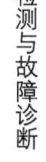

（3）实训工具：

2. 操作要求

3. 检测

三、实施

（1）使用示波器功能检查汽车发动机点火系统波形。

（2）用点火正时灯检测汽车发动机的点火提前角。

四、任务反思

（1）分析次级点火电压标准波形上每个特征点和每一段的意义。

（2）叙述用某种仪器检测发动机点火波形的方法。

（3）叙述用点火正时灯检测汽车发动机的点火提前角的方法。

## 任务评价

表 2-4　点火系统的检测表现评分表

| 序号 | 评价项目 | 评价指标 | 分值 | 自评（30%） | 互评（30%） | 师评（40%） | 合计 |
|---|---|---|---|---|---|---|---|
| 1 | 职业素养（30分） | 制订计划能力强，严谨认真 | 5 | | | | |
| | | 责任意识、服从意识 | 5 | | | | |
| | | 团队合作、交流沟通、分享能力 | 5 | | | | |
| | | 遵守行业规范，现场7S管理 | 5 | | | | |
| | | 完成任务积极主动 | 5 | | | | |
| | | 采取多种手段收集信息、解决问题 | 5 | | | | |
| 2 | 专业能力（60分） | 掌握汽油发动机传统点火系统点火初级、次级电压标准波形，并会进行典型故障波形分析 | 30 | | | | |
| | | 掌握发动机点火提前角的作用及测试方法 | 30 | | | | |
| 3 | 创新意识（10分） | 创新性思维和行动 | 10 | | | | |
| | 合计 | | 100 | | | | |
| | 综合得分 | | | | | | |

## 工作页7（任务五　发动机异响的诊断）

### 发动机异响的诊断与评价

| 项目名称 | 发动机的检测与故障诊断 | 学生姓名 | | 学号 | |
|---|---|---|---|---|---|
| 任务五 | 发动机异响的诊断 | 学时 | 2 | 成绩 | |
| 实训设备 | 相关资料 | 实训场地 | | 日期 | |
| 任务目的 | （1）了解发动机常见的异响；<br>（2）掌握发动机异响的检测诊断方法 | | | | |

## 一、资讯

1. 发动机的异响，主要有_____、_____、_____和_____等类别。

2. 发动机常见异响，主要有_____、_____、_____、_____、_____、_____、_____等。

3. 常见异响的诊断方法有_____和_____。

## 二、计划与决策

请根据汽车检测的要求，确定所需要的工具，并制订详细的检查和更换计划。

### 1. 组织方式

（1）实训场地：

（2）实训设备：

（3）实训工具：

### 2. 操作要求

### 3. 检测

## 三、实施

（1）能够正确进行发动机异响的检测与诊断。

（2）能够对常见发动机异响波形进行分析。

### 四、任务反思

（1）发动机的常见异响有哪些？

（2）叙述发动机的常见异响的诊断方法。

### ➡ 任务评价

表 2-5　发动机异响的诊断表现评分表

| 序号 | 评价项目 | 评价指标 | 分值 | 自评（30%） | 互评（30%） | 师评（40%） | 合计 |
|---|---|---|---|---|---|---|---|
| 1 | 职业素养（30分） | 制订计划能力强，严谨认真 | 5 | | | | |
| | | 责任意识、服从意识 | 5 | | | | |
| | | 团队合作、交流沟通、分享能力 | 5 | | | | |
| | | 遵守行业规范，现场 7S 管理 | 5 | | | | |
| | | 完成任务积极主动 | 5 | | | | |
| | | 采取多种手段收集信息、解决问题 | 5 | | | | |
| 2 | 专业能力（60分） | 了解发动机常见的异响 | 30 | | | | |
| | | 掌握发动机异响的检测诊断方法 | 30 | | | | |
| 3 | 创新意识（10分） | 创新性思维和行动 | 10 | | | | |
| | | 合计 | 100 | | | | |
| | | 综合得分 | | | | | |

## 工作页 8（任务六 电子控制汽油喷射式发动机的检测与故障诊断）

**电子控制汽油喷射式发动机的检测与故障诊断**

| 项目名称 | 发动机的检测与故障诊断 | 学生姓名 | | 学号 | |
|---|---|---|---|---|---|
| 任务六 | 电子控制汽油喷射式发动机的检测与故障诊断 | 学时 | 6 | 成绩 | |
| 实训设备 | 相关资料 | 实训场地 | | 日期 | |
| 任务目的 | （1）掌握电子控制汽油喷射式发动机的故障诊断方法；<br>（2）掌握电子控制汽油喷射式发动机主要元件的检测方法 | | | | |

### 一、资讯

1. 电子控制汽油喷射系统通常由＿＿＿＿＿、＿＿＿＿＿和＿＿＿＿＿等组成。

2. 如何根据电路图确定传感器、执行器的信号线？

3. 如何通过检测仪的双通道检测曲轴位置传感器和凸轮轴位置传感器的波形？

4. 如何读取电控发动机故障码和数据流？

5. 如何进行尾气检测，并通过数据分析确定发动机故障？

### 二、计划与决策

请根据汽车检测的要求，确定所需要的工具，并制订详细的检查和更换计划。

**1. 组织方式**

（1）实训场地：

（2）实训设备：

（3）实训工具：

2. 操作要求

3. 检测

## 三、实施

利用博世 FSA740 发动机综合性能分析仪对奇瑞 A3 进取型轿车电控发动机的传感器和执行器进行波形测试、读取发动机故障码和数据流以及进行汽车尾气数据检测。记录相关数据。

## 四、任务反思

（1）电控喷射发动机故障诊断的步骤有哪些？

（2）什么是电控发动机的自诊断系统？有什么功能？

（3）ECU 有哪些检测内容？检测时应注意什么？

## 任务评价

表 2-6　电子控制汽油喷射式发动机的检测与故障诊断表现评分表

| 序号 | 评价项目 | 评价指标 | 分值 | 自评（30%） | 互评（30%） | 师评（40%） | 合计 |
|---|---|---|---|---|---|---|---|
| 1 | 职业素养（30分） | 制订计划能力强，严谨认真 | 5 | | | | |
| | | 责任意识、服从意识 | 5 | | | | |
| | | 团队合作、交流沟通、分享能力 | 5 | | | | |
| | | 遵守行业规范，现场 7S 管理 | 5 | | | | |
| | | 完成任务积极主动 | 5 | | | | |
| | | 采取多种手段收集信息、解决问题 | 5 | | | | |

续表

| 序号 | 评价项目 | 评价指标 | 分值 | 自评（30%） | 互评（30%） | 师评（40%） | 合计 |
|---|---|---|---|---|---|---|---|
| 2 | 专业能力（60分） | 正确使用仪器设备（FSA740） | 15 | | | | |
| | | 使用维修手册（查阅电路图） | 15 | | | | |
| | | 传感器、执行器波形检测 | 15 | | | | |
| | | 读取故障码、数据流 | 15 | | | | |
| 3 | 创新意识（10分） | 创新性思维和行动 | 10 | | | | |
| | | 合计 | 100 | | | | |
| | | 综合得分 | | | | | |

## 工作页9（任务七 高压共轨柴油机电控系统故障诊断）

### 高压共轨柴油机电控系统故障诊断与评价

| 项目名称 | 发动机的检测与故障诊断 | 学生姓名 | | 学号 | |
|---|---|---|---|---|---|
| 任务七 | 高压共轨柴油机电控系统故障诊断 | 学时 | 2 | 成绩 | |
| 实训设备 | 相关资料 | 实训场地 | | 日期 | |
| 任务目的 | （1）了解共轨式电子控制柴油喷射系统的构成；<br>（2）掌握共轨式电控柴油喷射系统技术状况的检测方法；<br>（3）掌握高压共轨柴油机电控系统故障诊断的方法 | | | | |

### 一、资讯

1. 共轨柴油喷射系统可以分为_____、_____、_____3个部分。
2. 共轨柴油喷射控制系统包括_____、_____、_____3个部分。
3. 共轨压力控制子系统包括_____、_____、_____、_____、_____、_____等部分。
4. 共轨式电控柴油喷射系统的技术状况可以用_____、_____、_____和_____等评价。

### 二、计划与决策

请根据汽车检测的要求，确定所需要的工具，并制订详细的检查和更换计划。

**1. 组织方式**

（1）实训场地：

（2）实训设备：

（3）实训工具：

2. 操作要求

3. 检测

三、实施

（1）共轨式电控柴油喷射系统技术状况的检测方法。

（2）电控柴油机常见故障及原因。

四、任务反思

（1）高压共轨柴油机动力不足的原因有哪些？

（2）简述电控喷油器故障诊断方法。

## 任务评价

表 2-7　高压共轨柴油机电控系统故障诊断表现评分表

| 序号 | 评价项目 | 评价指标 | 分值 | 自评（30%） | 互评（30%） | 师评（40%） | 合计 |
|---|---|---|---|---|---|---|---|
| 1 | 职业素养（30分） | 制订计划能力强，严谨认真 | 5 | | | | |
| | | 责任意识、服从意识 | 5 | | | | |
| | | 团队合作、交流沟通、分享能力 | 5 | | | | |
| | | 遵守行业规范，现场 7S 管理 | 5 | | | | |
| | | 完成任务积极主动 | 5 | | | | |
| | | 采取多种手段收集信息、解决问题 | 5 | | | | |
| 2 | 专业能力（60分） | 了解共轨式电子控制柴油喷射系统的构成 | 20 | | | | |
| | | 掌握共轨式电控柴油喷射系统技术状况的检测方法 | 20 | | | | |
| | | 掌握高压共轨式柴油机电控系统故障诊断的方法 | 20 | | | | |
| 3 | 创新意识（10分） | 创新性思维和行动 | 10 | | | | |
| | 合计 | | 100 | | | | |
| | 综合得分 | | | | | | |

# 项目三
## 汽车底盘的机械系统检测与故障诊断

### 工作页 10（任务一 传动系统检测与故障诊断）

**传动系统检测与评价**

| 项目名称 | 汽车底盘的机械系统检测与故障诊断 | 学生姓名 | | 学号 | |
|---|---|---|---|---|---|
| 任务一 | 传动系统检测与故障诊断 | 学时 | 4 | 成绩 | |
| 实训设备 | 相关资料 | 实训场地 | | 日期 | |
| 任务目的 | （1）能掌握离合器检测方法；<br>（2）能掌握变速器检测方法；<br>（3）能掌握传动装置检测方法 | | | | |

#### 一、资讯

1. 观察如下汽车传动系统示意图，在图中按照序号填写部件的名称及各部件作用。

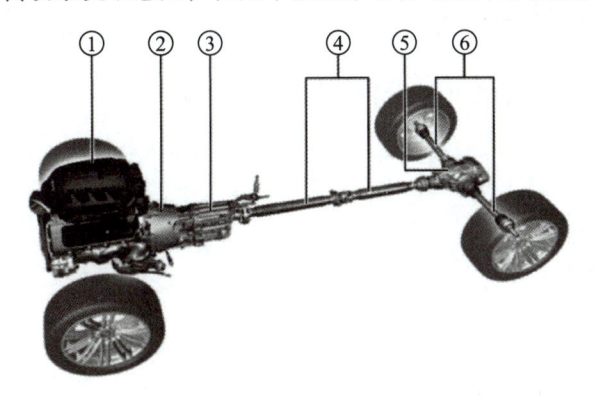

2. 离合器用于使用手动变速器的车辆，位于_____和_____之间。其主要的作用有_____；切断动力传递，保证换挡平顺；_____。

3. 驱动轴又称为_____，是将差速器与_____连接起来的轴。驱动轴是差速器与_____之间传递_____的轴。

#### 二、计划与决策

请查阅相关车型维修手册，确定更换离合器摩擦片的基本流程，明确所需要的设备和工具，对小组成员进行合理分工，制订详细的离合器检查和更换计划。

### 1. 组织方式

（1）实训场地：

（2）实训设备：

（3）实训工具：

### 2. 操作要求

### 3. 离合器基本检查项目

## 三、实施

### 1. 传感器检测

（1）万用表使用方法：

（2）转速传感器与油温传感器检测标准：

（3）检测结果：

（4）结果判断：

### 2. 执行器检测

（1）换挡电磁阀与压力电磁阀检测标准：

（2）检测结果：

（3）结果判断：

## 四、任务反思

（1）离合器摩擦片磨损过度会造成哪些故障现象？

（2）离合器压盘平面度不合格可能会造成哪些故障现象？

（3）叙述油温传感器的功用。

（4）描述换挡电磁阀的检测方法。

## ➡ 任务评价

表 3-1　传动系统检测与故障诊断表现评分表

| 序号 | 评价项目 | 评价指标 | 分值 | 自评（30%） | 互评（30%） | 师评（40%） | 合计 |
|---|---|---|---|---|---|---|---|
| 1 | 职业素养（30分） | 制订计划能力强，严谨认真 | 5 | | | | |
| | | 责任意识、服从意识 | 5 | | | | |
| | | 团队合作、交流沟通、分享能力 | 5 | | | | |
| | | 遵守行业规范，现场7S管理 | 5 | | | | |
| | | 完成任务积极主动 | 5 | | | | |
| | | 采取多种手段收集信息、解决问题 | 5 | | | | |
| 2 | 专业能力（60分） | 能掌握离合器检测方法 | 20 | | | | |
| | | 能掌握变速器检测方法 | 20 | | | | |
| | | 能掌握传动装置检测方法 | 20 | | | | |
| 3 | 创新意识（10分） | 创新性思维和行动 | 10 | | | | |
| | | 合计 | 100 | | | | |
| | | 综合得分 | | | | | |

### 工作页 11（任务二　转向系统检测与故障诊断）

#### 转向系统检测与评价

| 项目名称 | 汽车底盘的机械系统检测与故障诊断 | 学生姓名 | | 学号 | |
|---|---|---|---|---|---|
| 任务二 | 转向系统检测与故障诊断 | 学时 | 4 | 成绩 | |
| 实训设备 | 相关资料 | 实训场地 | | 日期 | |
| 任务目的 | （1）能描述电动转向系统的组成；<br>（2）能掌握电动转向系统的检测方法；<br>（3）养成自主学习的习惯，培养规范操作的工作作风及环保意识 | | | | |

## 一、资讯

1. 电控动力转向系统英文 Electric Power Steering，简称_____，驾驶员在操纵转向盘进行转向时，转矩传感器检测到转向盘的转向及_____，将电压信号输送到电子控制单元，电子控制单元根据转矩传感器检测到的转矩电压信号、转动方向和车速信号等，向电动机控制器发出指令，使_____输出相应大小和方向的转向_____，从而产生辅助动力。

2. 电控动力转向系统由集成在转向柱上的_____、车速传感器、机械助力装置、转向机及计算机控制单元组成。

3. 在行车过程中，驾驶人通过_____来确定所施加的转向力矩的大小，从而得到需要的转向助力力矩。

4. 转矩传感器通过 CAN 数据总线将信号传递到_____控制单元 J527，转向柱电子系统控制单元中的电子装置分析转向角大小信号。

5. 电动式电控动力转向系统可以根据速度改变助力的大小，能够让转向盘在低速时更_____，而在高速时更_____。

## 二、计划与决策

请根据转向沉重故障检查和诊断方法，确定所需要的检测仪器、工具，并对小组成员进行合理分工，制订详细的检查和更换计划。

### 1. 组织方式

（1）实训场地：

（2）实训设备：

（3）实训工具：

### 2. 操作要求

### 3. 检测计划

### 三、实施

（1）使用诊断仪读取故障码和数据流。

（2）查阅维修手册，并画出转向控制电路图。

（3）检测结果判定方法。

### 四、任务反思

（1）在电路图中转向力矩传感器的名称代号是什么？

（2）找到转向控制单元 J500 的安装位置。

（3）J500 无法和其他控制单元通信的可能原因有哪些？

## 任务评价

表 3-2　转向系统检测与故障诊断表现评分表

| 序号 | 评价项目 | 评价指标 | 分值 | 自评（30%） | 互评（30%） | 师评（40%） | 合计 |
|---|---|---|---|---|---|---|---|
| 1 | 职业素养（30分） | 制订计划能力强，严谨认真 | 5 | | | | |
| | | 责任意识、服从意识 | 5 | | | | |
| | | 团队合作、交流沟通、分享能力 | 5 | | | | |
| | | 遵守行业规范，现场7S管理 | 5 | | | | |
| | | 完成任务积极主动 | 5 | | | | |
| | | 采取多种手段收集信息、解决问题 | 5 | | | | |
| 2 | 专业能力（60分） | 能描述电动转向系统的组成 | 20 | | | | |
| | | 能掌握电动转向系统的检测方法 | 20 | | | | |
| | | 养成自主学习的习惯、培养规范操作的工作作风及环保意识 | 20 | | | | |
| 3 | 创新意识（10分） | 创新性思维和行动 | 10 | | | | |
| | 合计 | | 100 | | | | |
| | 综合得分 | | | | | | |

## 工作页 12（任务三　行驶系统检测与故障诊断）

### 行驶系统检测与评价

| 项目名称 | 汽车底盘的机械系统检测与故障诊断 | 学生姓名 | | 学号 | |
|---|---|---|---|---|---|
| 任务三 | 行驶系统检测与故障诊断 | 学时 | 4 | 成绩 | |
| 实训设备 | 相关资料 | 实训场地 | | 日期 | |
| 任务目的 | （1）能描述常用汽车悬架装置检验台类型及检验方法；<br>（2）能说明汽车悬架装置检验台的结构及原理；<br>（3）能完成谐振式悬架装置检验任务；<br>（4）能对汽车悬架装置检验数据进行分析评价；<br>（5）掌握四轮定位的方法 | | | | |

### 一、资讯

1._____主要是测试减震器性能，因为_____和与之相连的_____

____等构成了复杂的系统，在评价_____的同时，也就对_____作出了综合的评价。

2.《机动车安全技术检验项目和方法》（GB 38900—2020）规定：对于_____，应按规定进行_____。

3.汽车悬架装置检验台根据其结构形式，可分为_____、_____、_____三类。目前，普遍采用的是_____。

4.悬架装置检验台通过_____、_____、_____、_____迫使_____，在开机数秒后_____，电储能_____。

5.汽车悬架装置最容易发生故障的元件是_____。

6.有故障的减震器在行驶中会使_____，甚至_____。其不良后果是：_____，特别是曲线行驶难以控制；_____；车身长时间的_____；影响_____等部件过载等。

7._____利用汽车在测试平板上紧急制动过程来测定汽车制动和悬架性能。

## 二、计划与决策

请根据汽车检测的要求，确定所需要的工具，并制订详细的检查和更换计划。

1. 组织方式

（1）实训场地：

（2）实训设备：

（3）实训工具：

2. 操作要求

3. 检测计划

### 三、实施

（1）四轮定位测试仪器及车辆的准备有哪些？

（2）安全注意事项有哪些？

（3）检验程序是什么？

（4）检验台检验标准限值是多少？

### 四、任务反思

（1）描述常用汽车悬架装置检验台类型及检验方法。

（2）说明汽车悬架装置检验台的结构。

（3）说明汽车悬架装置检验台的原理。

（4）简述影响汽车悬架装置检测不合格的原因。

## 任务评价

**表 3-3　行驶系统检测与故障诊断表现评分表**

| 序号 | 评价项目 | 评价指标 | 分值 | 自评（30%） | 互评（30%） | 师评（40%） | 合计 |
|---|---|---|---|---|---|---|---|
| 1 | 职业素养（30分） | 制订计划能力强，严谨认真 | 5 | | | | |
| | | 责任意识、服从意识 | 5 | | | | |
| | | 团队合作、交流沟通、分享能力 | 5 | | | | |
| | | 遵守行业规范，现场 7S 管理 | 5 | | | | |
| | | 完成任务积极主动 | 5 | | | | |
| | | 采取多种手段收集信息、解决问题 | 5 | | | | |
| 2 | 专业能力（60分） | 能描述常用汽车悬架装置检验台类型及检验方法 | 12 | | | | |
| | | 能说明汽车悬架装置检验台的结构及原理 | 12 | | | | |
| | | 能完成谐振式悬架装置检验任务 | 12 | | | | |
| | | 能对汽车悬架装置检验数据进行分析评价 | 12 | | | | |
| | | 掌握四轮定位的方法 | 12 | | | | |
| 3 | 创新意识（10分） | 创新性思维和行动 | 10 | | | | |
| | | 合计 | 100 | | | | |
| | | 综合得分 | | | | | |

## 工作页 13（任务四　制动系统检测与故障诊断）

### 制动系统检测与评价

| 项目名称 | 汽车底盘的机械系统检测与故障诊断 | 学生姓名 | | 学号 | |
|---|---|---|---|---|---|
| 任务四 | 制动系统检测与故障诊断 | 学时 | 4 | 成绩 | |
| 实训设备 | 相关资料 | 实训场地 | | 日期 | |
| 任务目的 | （1）能描述轴（轮）重仪的类型；<br>（2）能说明轴（轮）重仪的结构及原理；<br>（3）能完成轴（轮）重仪的检验 | | | | |

## 一、资讯

1. 汽车制动性能台架检测是以_____、_____和_____作为评价指标。

2. 目前，我国机动车检验机构配备的制动性能台架检测设备多为_____和_____。_____的设计、生产制造执行《滚筒反力式汽车制动检验台》（GB/T 13564—2022），_____的产品设计、生产依据《平板式制动检验台》（GB/T 28529—2012）执行。

3. 汽车的制动性主要由三个方面来评价：_____、_____、_____。

4. 滚筒反力式制动检验台由结构完全相同的_____和_____组成。

5. 平板式制动检验台由_____、_____、_____、_____、_____等组成。

6. 平板式制动检验台模拟_____进行检测，能够_____及_____。

7. 测试平板是_____和_____的承受与传递装置。

## 二、计划与决策

请根据汽车检测的要求，确定所需要的工具，并制订详细的检查和更换计划。

### 1. 组织方式

（1）实训场地：

（2）实训设备：

（3）实训工具：

### 2. 操作要求

### 3. 检测计划

## 三、实施

（1）滚筒反力式检验台和平板制动检验台的准备工作有哪些？

（2）滚筒反力式检验台检测过程包括哪些？

（3）平板制动检验台检测过程包括哪些？

（4）两种检验台式检测限值分别是多少？

## 四、任务反思

（1）描述汽车制动性能评价指标。

（2）说明滚筒反力式制动检验台结构和测试原理。

（3）说明平板式制动检验台结构和测试原理。

（4）简述影响制动检验不合格的原因。

## ➡ 任务评价

表 3-4　制动系统检测与故障诊断表现评分表

| 序号 | 评价项目 | 评价指标 | 分值 | 自评（30%） | 互评（30%） | 师评（40%） | 合计 |
|---|---|---|---|---|---|---|---|
| 1 | 职业素养（30分） | 制订计划能力强，严谨认真 | 5 | | | | |
| | | 责任意识、服从意识 | 5 | | | | |
| | | 团队合作、交流沟通、分享能力 | 5 | | | | |
| | | 遵守行业规范，现场 7S 管理 | 5 | | | | |
| | | 完成任务积极主动 | 5 | | | | |
| | | 采取多种手段收集信息、解决问题 | 5 | | | | |
| 2 | 专业能力（60分） | 能描述轴（轮）重仪的类型 | 20 | | | | |
| | | 能说明轴（轮）重仪的结构及原理 | 20 | | | | |
| | | 能完成轴（轮）重仪的检验 | 20 | | | | |
| 3 | 创新意识（10分） | 创新性思维和行动 | 10 | | | | |
| | 合计 | | 100 | | | | |
| | 综合得分 | | | | | | |

# 项目四
# 汽车车身电控系统检测与故障诊断

## 工作页 14（任务一　电子巡航控制系统故障诊断）

**电子巡航控制系统故障诊断与评价**

| 项目名称 | 汽车车身电控系统检测与故障诊断 | 学生姓名 | | 学号 | |
|---|---|---|---|---|---|
| 任务一 | 电子巡航控制系统故障诊断 | 学时 | 4 | 成绩 | |
| 实训设备 | 相关资料 | 实训场地 | | 日期 | |
| 任务目的 | （1）能掌握电子巡航控制系统故障诊断方法；<br>（2）能完成电子巡航控制系统故障诊断流程 | | | | |

### 一、资讯

1. 定速巡航系统，缩写为 CCS，又称为_____。

2. 电子智能式定速巡航控制系统，适用于_____的车辆，应用广泛。

3. 定速巡航控制系统主要由_____、_____、控制器及巡航执行器等组成。

4. 常见的定速巡航的控制方式有_____、_____。

5. 当_____时，这个开关会接通，会以信号的形式传递给定速巡航控制单元，定速巡航功能将自动取消。

6. 对于自动变速器车型，当驾驶员将挂挡手柄置于_____挡时，定速巡航控制单元将接收到此开关信号，定速巡航功能将自动取消。

7. 巡航控制系统根据_____维持汽车匀速行驶。

### 二、计划与决策

请根据定速巡航系统的检修要求，确定所需要的工具，并对小组成员进行合理分工，制订详细的检查和更换计划。

1.需要的工具

2. 小组成员分工

3. 工作计划与决策

三、实施

1. 定速巡航操作开关的检测与更换

观察举升机，阅读操作规程和注意事项。

（1）将诊断仪 VAS6150 的测试接头 VAS5054 连接到诊断座上，点火开关置于 ON 位置（不启动发动机），打开诊断仪。

（2）选择以下菜单项进行操作：选择自诊断功能，选择 16- 转向柱电子装置，从功能列表中选择测量值功能，选择 004 组，操纵巡航开关分别置于各个挡位时，读取数据流。

如果在操作开关各个挡位，数据流中不能显示开关状态变化，则应更换操作开关。

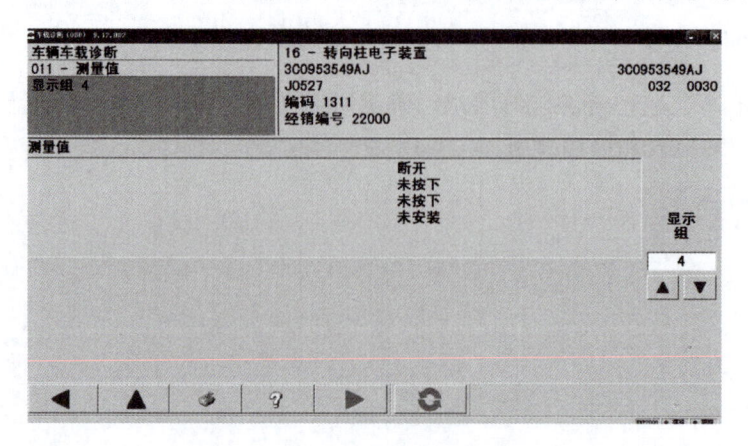

## 2. 轮速传感器的检测与更换

（1）将诊断仪 VAS6150 的测试接头 VAS5054 连接到诊断座上，点火开关置于 ON 位置（不启动发动机），打开诊断仪。

（2）读取故障代码。

（3）读取数据流。

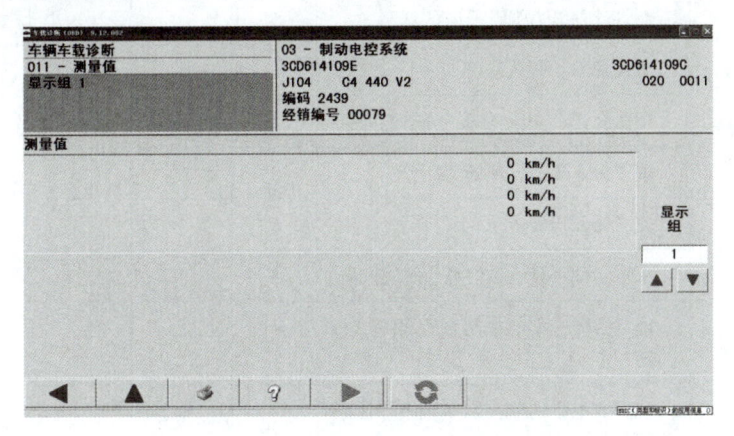

（4）测量轮速传感器电源电压。测量左前轮速传感器 G47 的 1 号端子对地电压：_____。

（5）测量轮速传感器线束导通情况。用万用表电阻挡测量传感器端子 1 和 2 分别与 ABS 控制单元 J104 端子 T38/27 和 T28/28 之间的电阻：_____。

## 四、任务反思

（1）叙述定速巡航系统的结构及工作原理。

（2）简述定速巡航控制系统的激活操作。

（3）叙述制动开关的检测与更换方法。

（4）叙述传感器的检测与更换方法。

（5）该任务测量过程中使用了哪些检测设备？有何注意事项？

## 任务评价

表 4-1 电子巡航控制系统故障诊断表现评分表

| 序号 | 评价项目 | 评价指标 | 分值 | 自评（30%） | 互评（30%） | 师评（40%） | 合计 |
|---|---|---|---|---|---|---|---|
| 1 | 职业素养（30分） | 制订计划能力强，严谨认真 | 5 | | | | |
| | | 责任意识、服从意识 | 5 | | | | |
| | | 团队合作、交流沟通、分享能力 | 5 | | | | |
| | | 遵守行业规范，现场7S管理 | 5 | | | | |
| | | 完成任务积极主动 | 5 | | | | |
| | | 采取多种手段收集信息、解决问题 | 5 | | | | |
| 2 | 专业能力（60分） | 能掌握电子巡航控制系统故障诊断方法 | 30 | | | | |
| | | 能完成电子巡航控制系统故障诊断流程 | 30 | | | | |
| 3 | 创新意识（10分） | 创新性思维和行动 | 10 | | | | |
| | | 合计 | 100 | | | | |
| | | 综合得分 | | | | | |

## 工作页 15（任务二 中央门锁及防盗系统检测与故障诊断）

### 中央门锁及防盗系统检测与评价

| 项目名称 | 汽车车身电控系统检测与故障诊断 | 学生姓名 | | 学号 | |
|---|---|---|---|---|---|
| 任务二 | 中央门锁及防盗系统检测与故障诊断 | 学时 | 4 | 成绩 | |
| 实训设备 | 相关资料 | 实训场地 | | 日期 | |
| 任务目的 | （1）能掌握中央门锁系统故障诊断方法；<br>（2）能完成防盗系统故障诊断流程 | | | | |

### 一、资讯

1. 防盗报警系统由_____、_____和_____等组成。
2. 防盗报警系统增加了防盗功能，主要有_____功能和_____功能。
3. 增强中央门锁功能有_____、_____、_____、_____。

4. 发动机防盗系统一般有_____、_____、_____、_____、_____和_____。

## 二、计划与决策

请根据中央门锁及防盗系统的检修要求，确定所需要的工具，并对小组成员进行合理分工，制订详细的检查和更换计划。

### 1. 需要的工具

### 2. 小组成员分工

### 3. 工作计划与决策

## 三、实施

（1）防盗报警系统的组成部件包括哪些？具体的功用是什么？

（2）匹配点火钥匙。

（3）遥控钥匙电池的拆装步骤。
1）拆卸：
①
②

③
④

2）安装：

①
②
③
④

### 四、任务反思

（1）叙述中央门锁系统的组成。



（2）简述中央门锁系统的类型和作用。



（3）描述中央门锁系统的工作原理。



## 任务评价

表 4-2　中央门锁及防盗系统检测与故障诊断表现评分表

| 序号 | 评价项目 | 评价指标 | 分值 | 自评（30%） | 互评（30%） | 师评（40%） | 合计 |
|---|---|---|---|---|---|---|---|
| 1 | 职业素养（30分） | 制订计划能力强，严谨认真 | 5 | | | | |
| | | 责任意识、服从意识 | 5 | | | | |
| | | 团队合作、交流沟通、分享能力 | 5 | | | | |
| | | 遵守行业规范、现场 7S 管理 | 5 | | | | |
| | | 完成任务积极主动 | 5 | | | | |
| | | 采取多种手段收集信息、解决问题 | 5 | | | | |
| 2 | 专业能力（60分） | 能掌握中央门锁系统故障诊断方法 | 30 | | | | |
| | | 能完成防盗系统故障诊断流程 | 30 | | | | |
| 3 | 创新意识（10分） | 创新性思维和行动 | 10 | | | | |
| | 合计 | | 100 | | | | |
| | 综合得分 | | | | | | |

## 工作页16（任务三　汽车空调系统检测与故障诊断）

### 汽车空调系统检测与评价

| 项目名称 | 汽车车身电控系统检测与故障诊断 | 学生姓名 | | 学号 | |
|---|---|---|---|---|---|
| 任务三 | 汽车空调系统检测与故障诊断 | 学时 | 4 | 成绩 | |
| 实训设备 | 相关资料 | 实训场地 | | 日期 | |
| 任务目的 | （1）能描述汽车自动空调各传感器和执行器的安装位置及工作原理；<br>（2）能分析自动空调系统及各电气电控元件电路；<br>（3）能描述自动空调传感器与执行器的功用与工作原理；<br>（4）能正确检修与更换自动空调各传感器与执行器；<br>（5）掌握自动空调典型故障的诊断与排除的方法 | | | | |

### 一、资讯

1. 汽车空调控制系统按控制功能的不同可分为_____空调和_____空调两种。

2. 自动空调控制系统由_____、配气系统和_____系统三部分组成。配气系统与手动空调相似，不同的是各风门的位置变化不是由拉绳操纵机构或真空操纵机构控制，而是由伺服电机控制。

3. 自动空调电子控制系统由_____、ECU 和_____三部分组成。

4. 自动空调控制风门位置的伺服电机的种类有三种：一是_____伺服电机，又称为通风模式伺服电机；二是_____伺服电机，又称为温度风门伺服电机；三是_____伺服电机，又称为出风方式伺服电机或气流方向伺服电机。

5. 出风模式伺服电机一般包括两个：一是_____风门伺服电机；二是_____空间风门/除霜风门伺服电机。

### 二、计划与决策

请按照汽车空调维修的基本要求，对任务描述中李先生迈腾轿车自动空调故障警告灯报警的故障进行分析，并对小组成员进行合理分工，确定所需要的工具，制订详细的检查和维修计划。

#### 1. 需要的资料、工具

#### 2. 小组成员分工

3. 解决问题的步骤

三、实施

空调压力传感器 G65 的检测。

（1）空调压力传感器的拆装。

1）为便于检测，拆下_____。脱开高压传感器的插接器。

2）从制冷剂高压管路上拆下高压传感器。

安装与拆卸的顺序相反。

（2）万用表检测。

1）检查电源电压。脱开插接器，将点火开关置_____挡，但不启动发动机。测量传感器电源端子和搭铁端子之间的电压，应为_____V 左右。

2）检查传感器信号电压。插好传感器连接器，测量传感器信号端子和搭铁端子之间的电压，此时信号电压应为_____V，若低于 0.5 V，说明_____；若高于 4.5 V，说明_____。

（3）自诊断检测。压力传感器有故障时，ECU 自诊断系统能够储存相应的故障码，用故障诊断仪读取故障码可快速判断故障部位。

在空调高压系统压力过高或过低时，也会储存空调压力传感器的故障码。

四、任务反思

（1）叙述汽车检测的意义。

（2）简述汽油车常用的尾气检测方法。

## 任务评价

表 4-3　汽车空调系统检测表现评分表

| 序号 | 评价项目 | 评价指标 | 分值 | 自评（30%） | 互评（30%） | 师评（40%） | 合计 |
|---|---|---|---|---|---|---|---|
| 1 | 职业素养（30分） | 制订计划能力强，严谨认真 | 5 | | | | |
| | | 责任意识、服从意识 | 5 | | | | |
| | | 团队合作、交流沟通、分享能力 | 5 | | | | |
| | | 遵守行业规范，现场7S管理 | 5 | | | | |
| | | 完成任务积极主动 | 5 | | | | |
| | | 采取多种手段收集信息、解决问题 | 5 | | | | |
| 2 | 专业能力（60分） | 能描述汽车自动空调各传感器和执行器的安装位置及工作原理 | 12 | | | | |
| | | 能分析自动空调系统及各电气电控元件电路 | 12 | | | | |
| | | 能描述自动空调传感器与执行器的功用与工作原理 | 12 | | | | |
| | | 能正确检修与更换自动空调各传感器与执行器 | 12 | | | | |
| | | 掌握自动空调典型故障的诊断与排除的方法 | 12 | | | | |
| 3 | 创新意识（10分） | 创新性思维和行动 | 10 | | | | |
| | 合计 | | 100 | | | | |
| | 综合得分 | | | | | | |

## 工作页 17（任务四　汽车安全气囊系统检测与故障诊断）

### 汽车安全气囊系统的检测与评价

| 项目名称 | 汽车车身电控系统检测与故障诊断 | 学生姓名 | | 学号 | |
|---|---|---|---|---|---|
| 任务四 | 汽车安全气囊系统检测与故障诊断 | 学时 | 4 | 成绩 | |
| 实训设备 | 相关资料 | 实训场地 | | 日期 | |
| 任务目的 | （1）能描述汽车安全气囊系统的功能、组成、各部分功用和工作原理；<br>（2）能描述汽车安全气囊系统的分类；<br>（3）能正确识读和分析汽车安全气囊系统电路图；<br>（4）能诊断与排除汽车安全气囊系统的故障；<br>（5）养成自主学习的习惯，培养规范操作的工作作风及环保意识 | | | | |

一、资讯

1. 碰撞传感器相当于一只控制开关，其工作状态取决于汽车碰撞时_____的大小。

2. 常用的机械式碰撞传感器有_____、_____、_____三种。

3. 汽车安全气囊系统主要由_____、_____、_____、_____等组成。

4. 安全气囊传感器包括_____、_____和_____。

5. 安全气囊组件主要由_____、_____和_____组成。

二、计划与决策

请根据汽车检测的要求，确定所需要的工具，并制订详细的检查和更换计划。

1. 组织方式

（1）实训场地：

（2）实训设备：

（3）实训工具：

2. 操作要求

3. 检测

### 三、实施

（1）安全气囊的组成部件包括哪些？具体的功用是什么？

（2）查阅维修手册，借助检测设备，写出故障诊断的步骤。

### 四、任务反思

（1）叙述汽车安全气囊系统的作用条件。

（2）如何处理废旧安全气囊？

（3）简述安全气囊的工作过程，检修时应注意的事项。

（4）电控安全气囊系统点火器的引爆条件是什么？

## 任务评价

表4-4　汽车安全气囊系统检测与故障诊断表现评分表

| 序号 | 评价项目 | 评价指标 | 分值 | 自评（30%） | 互评（30%） | 师评（40%） | 合计 |
|---|---|---|---|---|---|---|---|
| 1 | 职业素养（30分） | 制订计划能力强，严谨认真 | 5 | | | | |
| | | 责任意识、服从意识 | 5 | | | | |
| | | 团队合作、交流沟通、分享能力 | 5 | | | | |
| | | 遵守行业规范、现场7S管理 | 5 | | | | |
| | | 完成任务积极主动 | 5 | | | | |
| | | 采取多种手段收集信息、解决问题 | 5 | | | | |

续表

| 序号 | 评价项目 | 评价指标 | 分值 | 自评（30%） | 互评（30%） | 师评（40%） | 合计 |
|---|---|---|---|---|---|---|---|
| 2 | 专业能力（60分） | 能描述汽车安全气囊系统的功能、组成、各部分功用和工作原理 | 15 | | | | |
| | | 能描述汽车安全气囊系统的分类 | 15 | | | | |
| | | 能正确识读和分析汽车安全气囊系统电路图 | 15 | | | | |
| | | 能诊断与排除汽车安全气囊系统的故障 | 15 | | | | |
| 3 | 创新意识（10分） | 创新性思维和行动 | 10 | | | | |
| | 合计 | | 100 | | | | |
| | 综合得分 | | | | | | |

# 项目五
## 汽车整车检测与故障诊断

### 工作页 18（任务一　汽油车排放污染物检测）

**汽车排放污染物检测与评价**

| 项目名称 | 汽车整车检测与故障诊断 | 学生姓名 | | 学号 | |
|---|---|---|---|---|---|
| 任务一 | 汽油车排放污染物检测 | 学时 | 4 | 成绩 | |
| 实训设备 | 相关资料 | 实训场地 | | 日期 | |
| 任务目的 | （1）能描述点燃式发动机排气污染物排放的试验方法（双怠速法）；<br>（2）能说明点燃式发动机在用汽车简易工况法进行排气污染物排放的测试原理；<br>（3）能完成点燃式发动机排气污染物排放的试验方法（简易工况法） | | | | |

### 一、资讯

1. 目前我国检测方法主要分为_____、_____、_____三大类，分属_____、_____、_____监管。

2. 汽车排气分析仪按照其原理可分为_____、_____、_____三种。

3. 汽车排气分析仪按照测量气体数量可分为_____、_____、_____分析仪，目前普遍采用_____分析仪进行检测。

4. 目前汽油车常用的尾气检测方法主要有_____、_____、_____和_____。

5. Lug Down 工况法试验系统由_____、_____、_____、_____及_____、_____、_____等组成。

### 二、计划与决策

请根据汽车检测的要求，确定所需要的工具，并制订详细的检查和更换计划。

**1. 组织方式**

（1）实训场地：

（2）实训设备：

（3）实训工具：

## 2. 操作要求



## 3. 检测




## 三、实施

### 1. 汽油机双怠速检测方法

（1）在发动机上安装_____；

（2）发动机由_____；

（3）尾气分析仪取样探头插入_____；

（4）发动机稳定维持_____，_____，_____，读取_____，取_____，_____此过程中；

（5）发动机由_____；待发动机_____，尾气分析仪开始取值，_____，_____取平均数为_____；多排气管时_____。

### 2. 汽油机简易瞬态工况法测试过程及限值

（1）根据需要在发动机上安装_____。

（2）驱动轮停在转鼓上，将分析仪取样探头插入_____。

（3）按照试验运转循环开始进行试验。

1）启动发动机：_____。

2）怠速：_____。

3）加速：_____。

4）减速：_____。

5）等速：_____。

### 3. 汽油机简易稳态工况法测试过程

（1）ASM5025 工况：

（2）ASM2540 工况：

### 四、任务反思

（1）叙述汽车检测的意义。

（2）简述汽油车常用的尾气检测方法。

### 任务评价

表 5-1　汽车排气污染物检测表现评分表

| 序号 | 评价项目 | 评价指标 | 分值 | 自评（30%） | 互评（30%） | 师评（40%） | 合计 |
|---|---|---|---|---|---|---|---|
| 1 | 职业素养（30分） | 制订计划能力强，严谨认真 | 5 | | | | |
| | | 责任意识、服从意识 | 5 | | | | |
| | | 团队合作、交流沟通、分享能力 | 5 | | | | |
| | | 遵守行业规范，现场 7S 管理 | 5 | | | | |
| | | 完成任务积极主动 | 5 | | | | |
| | | 采取多种手段收集信息、解决问题 | 5 | | | | |
| 2 | 专业能力（60分） | 能描述点燃式发动机排气污染物排放的试验方法（双怠速法） | 20 | | | | |
| | | 能说明点燃式发动机在用汽车简易工况法进行排气污染物排放的测试原理 | 20 | | | | |
| | | 能完成点燃式发动机排气污染物排放的试验方法（简易工况法） | 20 | | | | |
| 3 | 创新意识（10分） | 创新性思维和行动 | 10 | | | | |
| | 合计 | | 100 | | | | |
| | 综合得分 | | | | | | |

## 工作页 19（任务二　柴油车自由加速烟度检测）

**柴油车自由加速烟度检测与评价**

| 项目名称 | 汽车整车检测与故障诊断 | 学生姓名 | | 学号 | |
|---|---|---|---|---|---|
| 任务二 | 柴油车自由加速烟度检测 | 学时 | 2 | 成绩 | |
| 实训设备 | 相关资料 | 实训场地 | | 日期 | |
| 任务目的 | （1）能描述压燃式发动机排气污染物排放的试验方法（不透光烟度计）；<br>（2）能完成压燃式发动机排气烟度排放的试验方法（加载减速工况法） | | | | |

### 一、资讯

1. 透射式烟度计又称为_____。
2. 由于测试和数据采集是完全自动的，不透光烟度计需满足以下技术要求：_____、_____、_____。
3. 透射式烟度计整体结构主要由_____、_____、_____、_____、_____组成。

### 二、计划与决策

请根据汽车检测的要求，确定所需要的工具，并制订详细的检查和更换计划。

#### 1. 组织方式

（1）实训场地：

（2）实训设备：

（3）实训工具：

#### 2. 操作要求

#### 3. 检测

## 三、实施

（1）不透光烟度法操作过程包括哪些？

（2）柴油车加载减速（Lug Down）工况法测试过程包括哪些？

## 四、任务反思

（1）描述不透光烟度计测量误差原因。

（2）说明压燃式发动机在用汽车加载减速工况法进行排气烟度排放的测试原理。

## ➡ 任务评价

表 5-2　柴油车自由加速烟度检测表现评分表

| 序号 | 评价项目 | 评价指标 | 分值 | 自评（30%） | 互评（30%） | 师评（40%） | 合计 |
|---|---|---|---|---|---|---|---|
| 1 | 职业素养（30分） | 制订计划能力强，严谨认真 | 5 | | | | |
| | | 责任意识、服从意识 | 5 | | | | |
| | | 团队合作、交流沟通、分享能力 | 5 | | | | |
| | | 遵守行业规范，现场 7S 管理 | 5 | | | | |
| | | 完成任务积极主动 | 5 | | | | |
| | | 采取多种手段收集信息、解决问题 | 5 | | | | |

续表

| 序号 | 评价项目 | 评价指标 | 分值 | 自评（30%） | 互评（30%） | 师评（40%） | 合计 |
|---|---|---|---|---|---|---|---|
| 2 | 专业能力（60分） | 能描述压燃式发动机排气污染物排放的试验方法（不透光烟度计） | 30 | | | | |
| | | 能描述压燃式发动机排气烟度排放的试验方法（加载减速工况法） | 30 | | | | |
| 3 | 创新意识（10分） | 创新性思维和行动 | 10 | | | | |
| | 合计 | | 100 | | | | |
| | 综合得分 | | | | | | |

## 工作页 20（任务三　汽车动力性检测）

### 汽车动力性检测与评价

| 项目名称 | 汽车整车检测与故障诊断 | 学生姓名 | | 学号 | |
|---|---|---|---|---|---|
| 任务三 | 汽车动力性检测 | 学时 | 4 | 成绩 | |
| 实训设备 | 相关资料 | 实训场地 | | 日期 | |
| 任务目的 | （1）能描述底盘测功机的检测原理；<br>（2）能说明底盘测功机结构和基本功能；<br>（3）能描述底盘测功机的检验方法及要求；<br>（4）能对比底盘测功机测试精度及分析不合格原因 | | | | |

### 一、资讯

1. 汽车底盘测功机按结构可分为三大类：_____、_____、_____。
2. 汽车底盘测功机的主要功能包括_____、_____、_____、_____。
3. 汽车底盘测功机基本结构包括_____。
4. 底盘测功机检测原理：（1）_____；（2）_____；（3）_____。
5. 汽车底盘测功机测试不合格原因分析：（1）_____；（2）_____；（3）_____。
6. 汽车检测线使用的底盘测功机功率吸收装置的类型有_____、_____和_____。
7. 测力装置有_____、_____和_____三种形式，目前应用较多的是_____。
8. 测速装置多为电测式，一般由_____、_____和_____组成。

### 二、计划与决策

请根据汽车检测的要求，确定所需要的工具，并制订详细的检查和更换计划。

1. 组织方式

（1）实训场地：

（2）实训设备：

（3）实训工具：

2. 操作要求

3. 检测

## 三、实施

1. 试验条件

（1）环境状态：

（2）台架准备：

（3）测试车辆的准备：

2. 驱动轮输出功率的检测

3. 驱动轮输出功率的试验

4.汽车底盘测功机底盘输出功率检验标准

### 四、任务反思

（1）叙述底盘测功机的检测原理。

（2）说明底盘测功机结构和基本功能。

（3）描述底盘测功机的检验方法及要求。

（4）简述影响底盘测功机测试不合格的原因。

## 任务评价

表 5-3　汽车动力性检测表现评分表

| 序号 | 评价项目 | 评价指标 | 分值 | 自评（30%） | 互评（30%） | 师评（40%） | 合计 |
|---|---|---|---|---|---|---|---|
| 1 | 职业素养（30分） | 制订计划能力强，严谨认真 | 5 | | | | |
| | | 责任意识、服从意识 | 5 | | | | |
| | | 团队合作、交流沟通、分享能力 | 5 | | | | |
| | | 遵守行业规范，现场 7S 管理 | 5 | | | | |
| | | 完成任务积极主动 | 5 | | | | |
| | | 采取多种手段收集信息、解决问题 | 5 | | | | |
| 2 | 专业能力（60分） | 能描述底盘测功机的检测原理 | 15 | | | | |
| | | 能说明底盘测功机的结构和基本功能 | 15 | | | | |
| | | 能描述底盘测功机的检验方法及要求 | 15 | | | | |
| | | 能对比底盘测功机测试精度及分析不合格原因 | 15 | | | | |
| 3 | 创新意识（10分） | 创新性思维和行动 | 10 | | | | |
| | 合计 | | 100 | | | | |
| | 综合得分 | | | | | | |

## 工作页 21（任务四　汽车经济性检测）

**汽车经济性检测与评价**

| 项目名称 | 汽车整车检测与故障诊断 | 学生姓名 | | 学号 | |
|---|---|---|---|---|---|
| 任务四 | 汽车经济性检测 | 学时 | 4 | 成绩 | |
| 实训设备 | 相关资料 | 实训场地 | | 日期 | |
| 任务目的 | （1）能描述汽车燃料消耗的相关标准及仪器类型；<br>（2）能描述碳平衡法的基本原理；<br>（3）能说明碳平衡油耗检测系统的组成；<br>（4）能完成碳平衡油耗检测和评价 | | | | |

### 一、资讯

1. 燃料消耗量检测仪按照原理可分为_____、_____和_____。

2. 碳平衡法燃料消耗量检测仪主要由_____、_____、_____和_____等构成。

3. 《机动车安全技术检验项目和方法》（GB 38900—2020）规定：_____。

4. 汽车碳平衡油耗仪的基本功能是_____，其核心构成是_____。

5. 测控系统可_____，并可_____。

6. 浓度测量装置用于_____。$CO_2$、CO 的浓度单位为_____，HC 的浓度单位为_____。

7. 流量测量装置可实时同步_____、_____，计算并实时存储气体标况流量。

8. 排气稀释收集装置是_____，进而_____。

### 二、计划与决策

请根据汽车检测的要求，确定所需要的工具，并制订详细的检查和更换计划。

**1. 组织方式**

（1）实训场地：

（2）实训设备：

（3）实训工具：

2. 操作要求

3. 检测计划

## 三、实施

1. 检测准备

（1）底盘测功机：

（2）油耗仪：

（3）受检汽车：

（4）燃料：

（5）确认受检汽车的检测工况：

2. 检测程序

3. 检测结果判定方法

### 四、任务反思

（1）叙述汽车燃料消耗的相关标准及仪器类型。

（2）描述碳平衡法的基本原理。

（3）说明碳平衡油耗检测系统的组成。

（4）简述影响碳平衡法检测的原因。

## 任务评价

表 5-4　汽车经济性检测表现评分表

| 序号 | 评价项目 | 评价指标 | 分值 | 自评（30%） | 互评（30%） | 师评（40%） | 合计 |
|---|---|---|---|---|---|---|---|
| 1 | 职业素养（30分） | 制订计划能力强，严谨认真 | 5 | | | | |
| | | 责任意识、服从意识 | 5 | | | | |
| | | 团队合作、交流沟通、分享能力 | 5 | | | | |
| | | 遵守行业规范，现场 7S 管理 | 5 | | | | |
| | | 完成任务积极主动 | 5 | | | | |
| | | 采取多种手段收集信息、解决问题 | 5 | | | | |
| 2 | 专业能力（60分） | 能描述汽车燃料消耗的相关标准及仪器类型 | 15 | | | | |
| | | 能描述碳平衡法的基本原理 | 15 | | | | |
| | | 能说明碳平衡油耗检测系统的组成 | 15 | | | | |
| | | 能完成碳平衡油耗检测和评价 | 15 | | | | |
| 3 | 创新意识（10分） | 创新性思维和行动 | 10 | | | | |
| | 合计 | | 100 | | | | |
| | 综合得分 | | | | | | |

## 工作页 22（任务五　汽车侧滑检测）

### 汽车侧滑检测与评价

| 项目名称 | 汽车整车检测与故障诊断 | 学生姓名 | | 学号 | |
|---|---|---|---|---|---|
| 任务五 | 汽车侧滑检测 | 学时 | 4 | 成绩 | |
| 实训设备 | 相关资料 | 实训场地 | | 日期 | |
| 任务目的 | （1）能描述双板联动侧滑试验台的结构及原理；<br>（2）能完成汽车侧滑量检验；<br>（3）能说明汽车侧滑量的评价标准；<br>（4）能对比分析造成侧滑量不合格的原因 | | | | |

### 一、资讯

1._____是使汽车在滑板上驶过时，用_____，并判断_____。

2. 双板联动侧滑试验台主要由_____和_____两部分组成。机械部分主要由_____、_____、_____、_____及_____、_____组成。电气部分包括_____和_____。

3. 目前常用的位移传感器有_____和_____两种。

4. 指示仪表可分为_____和_____两种，目前检验检测机构普遍使用的是_____，早期自整角电机式测量装置一般采用_____。

5 汽车侧滑试验台按测量滑板长度，一般可分为_____与_____两种。

6. 回零机构保证_____。限位装置是_____，起_____的作用。

7._____能在设备空闲或设备运输时保护传感器。_____能够保证滑板轻便自如地移动。

8._____多为智能仪表，实际就是一个_____。

### 二、计划与决策

请根据汽车检测的要求，确定所需要的工具，并制订详细的检查和更换计划。

**1. 组织方式**

（1）实训场地：


（2）实训设备：

（3）实训工具：

2. 操作要求

3. 检测

三、实施

（1）测试前的准备工作有哪些？

（2）安全注意事项有哪些？

（3）检验程序包括哪些？

（4）侧滑试验台检验标准限值是多少？

四、任务反思

（1）描述双板联动侧滑试验台的结构。

（2）描述双板联动侧滑试验台的原理。

（3）说明汽车侧滑量的评价标准。

（4）简述造成侧滑量不合格的原因。

## 任务评价

表 5-5  汽车侧滑检测表现评分表

| 序号 | 评价项目 | 评价指标 | 分值 | 自评（30%） | 互评（30%） | 师评（40%） | 合计 |
|---|---|---|---|---|---|---|---|
| 1 | 职业素养（30分） | 制订计划能力强，严谨认真 | 5 | | | | |
| | | 责任意识、服从意识 | 5 | | | | |
| | | 团队合作、交流沟通、分享能力 | 5 | | | | |
| | | 遵守行业规范，现场 7S 管理 | 5 | | | | |
| | | 完成任务积极主动 | 5 | | | | |
| | | 采取多种手段收集信息、解决问题 | 5 | | | | |
| 2 | 专业能力（60分） | 能描述双板联动侧滑试验台的结构及原理 | 15 | | | | |
| | | 能完成汽车侧滑量检验 | 15 | | | | |
| | | 能说明汽车侧滑量的评价标准 | 15 | | | | |
| | | 能对比分析造成侧滑量不合格的原因 | 15 | | | | |
| 3 | 创新意识（10分） | 创新性思维和行动 | 10 | | | | |
| | 合计 | | 100 | | | | |
| | 综合得分 | | | | | | |

## 工作页 23（任务六　前照灯检测）

**前照灯检测与评价**

| 项目名称 | 汽车整车检测与故障诊断 | 学生姓名 | | 学号 | |
|---|---|---|---|---|---|
| 任务六 | 前照灯检测 | 学时 | 2 | 成绩 | |
| 实训设备 | 相关资料 | 实训场地 | | 日期 | |
| 任务目的 | （1）能说明前照灯光学特性；<br>（2）能描述前照灯检测设备的分类；<br>（3）能说明前照灯检测设备的结构及基本原理；<br>（4）能描述前照灯检测的检验方法；<br>（5）能对前照灯检测结果进行分析 | | | | |

### 一、资讯

1. 机动车前照灯检测仪是根据相关标准的要求，对_____，其生产制造执行《机动车前照灯检测仪》（JT/T 508—2015）标准。

2. 前照灯特性包括_____、_____和_____三个方面。

3. 前照灯检测仪类型有_____、_____、_____和_____。

4. 前照灯不合格有两种情况：_____，_____。

5. 全自动灯光仪除了_____，还有全自动控制的和_____，以达到快速找准被测前照灯及其光束的目的，这些机构都由_____、_____、_____组成，实现精密定位控制。

6. 因为受照物体得到的_____与_____有关，因此，全光束的特性常用光源发光强度来表述。

7. _____和_____的灯光仪都具备_____，由于_____，有些产品采用光接受箱仰角调节来实现光轴追踪。

8. 配光特性是指_____。

### 二、计划与决策

请根据汽车检测的要求，确定所需要的工具，并制订详细的检查和更换计划。

**1. 组织方式**

（1）实训场地：


（2）实训设备：

（3）实训工具：

2. 操作要求

3. 检测计划

## 三、实施

（1）自动式前照灯检测仪检验检测步骤包括哪些？

（2）三轮汽车、摩托车前照灯检验步骤包括哪些？

## 四、任务反思

（1）说明前照灯光学特性。

（2）描述前照灯检测设备的分类。

（3）说明前照灯检测设备的结构及基本原理。

（4）简述前照灯检测的检验方法。

> **任务评价**

表 5-6　汽车前照灯检测表现评分表

| 序号 | 评价项目 | 评价指标 | 分值 | 自评（30%） | 互评（30%） | 师评（40%） | 合计 |
|---|---|---|---|---|---|---|---|
| 1 | 职业素养（30分） | 制订计划能力强，严谨认真 | 5 | | | | |
| | | 责任意识、服从意识 | 5 | | | | |
| | | 团队合作、交流沟通、分享能力 | 5 | | | | |
| | | 遵守行业规范，现场7S管理 | 5 | | | | |
| | | 完成任务积极主动 | 5 | | | | |
| | | 采取多种手段收集信息、解决问题 | 5 | | | | |
| 2 | 专业能力（60分） | 能说明前照灯光学特性 | 12 | | | | |
| | | 能描述前照灯检测设备的分类 | 12 | | | | |
| | | 能说明前照灯检测设备的结构及基本原理 | 12 | | | | |
| | | 能描述前照灯检测的检验方法 | 12 | | | | |
| | | 能对前照灯检测结果进行分析 | 12 | | | | |
| 3 | 创新意识（10分） | 创新性思维和行动 | 10 | | | | |
| | 合计 | | 100 | | | | |
| | 综合得分 | | | | | | |

## 工作页 24（任务七　噪声检测）

### 噪声检测与评价

| 项目名称 | 汽车整车检测与故障诊断 | 学生姓名 | | 学号 | |
|---|---|---|---|---|---|
| 任务七 | 噪声检测 | 学时 | 2 | 成绩 | |
| 实训设备 | 相关资料 | 实训场地 | | 日期 | |
| 任务目的 | （1）能描述汽车喇叭声级计的结构和检测原理；<br>（2）能完成汽车喇叭噪声检验；<br>（3）能说明汽车喇叭噪声检测的标准 | | | | |

### 一、资讯

1. 车辆喇叭声级是衡量汽车性能的重要指标之一，同时也将成为_____、_____。

2. 声级计是用于测量_____的最常用的仪器，它由_____、_____、_____、_____和_____等组成。

3. 声级计是测量_____的仪器。按供电电源种类可以分为_____和_____两种，其中_____声级计因操作携带方便，所以比较常用。

4. 根据《机动车安全技术检验项目和方法》（GB 38900—2020），汽车喇叭声级标准限值在_____、_____测量时，为_____。

5. 当_____时，人会感觉到明显的不适；60～80 dB 的噪声可_____；当_____时，则对人体健康造成危害。

6. _____也称话筒，是将_____，_____是声级计中的关键元件之一。

7. 常见的传声器有_____、_____、_____和_____数种。

8. 检波电路亦称为_____，它能_____。

### 二、计划与决策

请根据汽车检测的要求，确定所需要的工具，并制订详细的检查和更换计划。

#### 1. 组织方式

（1）实训场地：

（2）实训设备：

（3）实训工具：

**2. 操作要求**

**3. 检测计划**

**三、实施**

（1）检测步骤：

（2）检测结果分析：

**四、任务反思**

（1）描述汽车喇叭声级计的结构。

（2）描述汽车喇叭声级计的检测原理。

（3）说明汽车喇叭噪声检测的标准。

（4）简述影响汽车喇叭噪声检测不合格的原因。

## ➡ 任务评价

表 5-7　噪声检测表现评分表

| 序号 | 评价项目 | 评价指标 | 分值 | 自评（30%） | 互评（30%） | 师评（40%） | 合计 |
|---|---|---|---|---|---|---|---|
| 1 | 职业素养（30分） | 制订计划能力强，严谨认真 | 5 | | | | |
| | | 责任意识、服从意识 | 5 | | | | |
| | | 团队合作、交流沟通、分享能力 | 5 | | | | |
| | | 遵守行业规范、现场7S管理 | 5 | | | | |
| | | 完成任务积极主动 | 5 | | | | |
| | | 采取多种手段收集信息、解决问题 | 5 | | | | |
| 2 | 专业能力（60分） | 能描述汽车喇叭声级计的结构和检测原理 | 20 | | | | |
| | | 能完成汽车喇叭噪声检验 | 20 | | | | |
| | | 能说明汽车喇叭噪声检测的标准 | 20 | | | | |
| 3 | 创新意识（10分） | 创新性思维和行动 | 10 | | | | |
| | 合计 | | 100 | | | | |
| | 综合得分 | | | | | | |

## 工作页 25（任务八　汽车检测站）

### 汽车检测站检验与评价

| 项目名称 | 汽车整车检测与故障诊断 | 学生姓名 | | 学号 | |
|---|---|---|---|---|---|
| 任务八 | 汽车检测站 | 学时 | 4 | 成绩 | |
| 实训设备 | 相关资料 | 实训场地 | | 日期 | |
| 任务目的 | （1）能介绍各类机动车检验的期限；<br>（2）能使用检验检测机构计算机控制系统 | | | | |

一、资讯

1. 车辆检测是国家为了_____，保障_____以及_____而对_____的一项规定，是_____的_____一种收费业务。

2._____机动车检测的具体业务，由_____承担，所出具的检测报告是_____或_____其他委托部门行政执法的凭证，因此应按照《检验检测机构资质认定管理办法》的规定，必须_____、_____和_____。

3. 汽车检验检测机构计算机控制系统是将_____、_____相结合，对_____、_____、_____、_____和_____进行综合管理的。

4. 计算机控制系统由_____和_____两部分组成。_____部分包括计算机及_____、_____、_____、_____；软件部分包括_____、_____和_____等。

二、计划与决策

请根据汽车检测的要求，确定所需要的工具，并制订详细的检查和更换计划。

1. 组织方式

（1）实训场地：

（2）实训设备：

（3）实训工具：

2. 操作要求

3. 检测

### 三、实施

（1）按照交接流程表，完成模拟交接工作。

（2）登录操作流程有哪些？

### 四、任务反思

（1）介绍各类机动车检验的期限。

（2）说出计算机控制系统的分类。

（3）简述计算机控制系统各子系统的功能。

## 任务评价

表 5-8　汽车检测站表现评分表

| 序号 | 评价项目 | 评价指标 | 分值 | 自评（30%） | 互评（30%） | 师评（40%） | 合计 |
| --- | --- | --- | --- | --- | --- | --- | --- |
| 1 | 职业素养（30分） | 制订计划能力强，严谨认真 | 5 | | | | |
| | | 责任意识、服从意识 | 5 | | | | |
| | | 团队合作、交流沟通、分享能力 | 5 | | | | |
| | | 遵守行业规范，现场7S管理 | 5 | | | | |
| | | 完成任务积极主动 | 5 | | | | |
| | | 采取多种手段收集信息、解决问题 | 5 | | | | |

续表

| 序号 | 评价项目 | 评价指标 | 分值 | 自评（30%） | 互评（30%） | 师评（40%） | 合计 |
|---|---|---|---|---|---|---|---|
| 2 | 专业能力（60分） | 能介绍各类机动车检验的期限 | 30 | | | | |
| | | 能使用检验检测机构计算机控制系统 | 30 | | | | |
| 3 | 创新意识（10分） | 创新性思维和行动 | 10 | | | | |
| | 合计 | | 100 | | | | |
| | 综合得分 | | | | | | |